Bibliografische Information der Deutschen Nationalbibliothek

Die Deutsche Nationalbibliothek verzeichnet diese Publikation
in der Deutschen Nationalbibliografie; detaillierte bibliografische Daten
sind im Internet über http://dnb.d-nb.de abrufbar.

© 2007 oekom, München
oekom verlag, Gesellschaft für ökologische Kommunikation mbH
Waltherstraße 29, 80337 München
Lektorat: Dr. Manuel Schneider (Projektbüro !make sense!)
Satz: Werner Schneider
Umschlaggestaltung: Sandra Filic
Titelbilder: Scherenschnitt – bpk / Staatsbibliothek zu Berlin; Foto – Hugo Lehmann

Druck: Kessler Druck + Medien, Bobingen
Alle Rechte vorbehalten
ISBN 978-3-86581-042-7
Printed in Germany

Josef H. Reichholf

Stadtnatur

Eine neue Heimat für Tiere und Pflanzen

Der Stadt München
zum 850. Geburtstag
gewidmet.

INHALT

Vorwort	7
Entstehung und Aufbau des Buches	9

I. BEFUNDE

1. Die Stadt – attraktiv für Mensch und Natur	16
2. Ursachen I – strukturreiche Stadt-Landschaft	26
3. Ursachen II – nährstoffarme, trockene und warme Biotope	33
4. Ursachen III – geschützter und sicherer Lebensraum	39
5. Wärmeinsel Stadt – Testfall für den Klimawandel?	45
6. Entwicklung der urbanen Artenvielfalt	50

II. VORURTEILE

7. Stadtnatur – Natur »zweiter Klasse«?	54
8. »Öde« Stadt – »gutes« Land?	57
9. Die »unwirtliche« Stadt?	61
10. Die »überfremdete« Natur?	67

III. UNERWARTETES

11. Stadtleben für Säugetiere	74
12. Je größer die Stadt, desto mehr Brutvögel	81
13. Klimawandel lässt die Vögel kalt	91
14. Die Amsel – vom scheuen Waldvogel zum typischen Stadtbewohner	102
15. Die Mistel und ihre »Pflanzer«	111
16. Stadtkrähen – unbeliebt, aber intelligent	124

IV. BESONDERHEITEN

17. Berlin – Hauptstadt der Nachtigallen — 138
18. Der Wanderfalke als »City-Falke« — 147
19. Lerchengesang und dröhnende Jets — 154
20. Rushhour bei Vögeln — 161
21. Mit-Esser in der Stadt — 173
22. Die Stadt als »Mischwald« und exotischer Garten — 182
23. Fernwanderer unter den Schmetterlingen — 198
24. Unsichtbare Schönheiten — 206
25. Lichter der Großstadt – Glühwürmchen und ihre Leidenschaft für Schnecken — 215
26. Die Stadt als Labor – Schnirkelschnecken, Drosseln und die natürliche Selektion — 221
27. Gartenteiche – Zeitraffer natürlicher Sukzession — 228

V. PROBLEME

28. Stadt-Enten – ein heilloses Durcheinander? — 238
29. Fuchsbandwurm und Marderschäden — 255
30. Zeckengefahr durch Igel — 266
31. Die »Invasion« der Nacktschnecken — 275

VI. AUSBLICK

32. Restbiotope, Restpopulationen und ihr Überleben — 284
33. Folgerungen für Stadtentwicklung und Naturschutz – sieben Thesen — 292
34. Natur erleben in der Stadt — 299

VII. ANHANG

Weiter forschen an der Stadtnatur – Ermutigung für Pädagogen und Naturschützer — 304

Zitierte und weiterführende Literatur — 306

Register – Tiere und Pflanzen der Stadtnatur — 311

Bildnachweis — 318

Vorwort

Natur in der Stadt ist keine Natur »zweiter Klasse«. Sie ist nicht weniger Natur als jene der Kulturlandschaft draußen, in die wir gehen, wenn wir uns »in die Natur« begeben. Im Gegenteil: »Stadtnatur« ist vielfältiger, weniger bedroht und geringeren Belastungen ausgesetzt. Vor allem ist sie uns näher! Wir haben den Tieren und Pflanzen in der Stadt bisher viel zu wenig Aufmerksamkeit geschenkt. Warum ist die Stadtnatur so, wie sie (geworden) ist? Was sind die Gründe für die überraschende Vielfalt an Arten, die wir in den Städten vorfinden? Welche Chancen bietet uns »Natur in der Stadt«? Was bedeutet sie für die weitere Entwicklung von Städten? Das sind die Kernfragen, die in diesem Buch behandelt und an einer Reihe von Beispielen erläutert werden sollen.

In unserer Zeit sind die Städte zu Inseln der Vielfalt geworden. Ein Meer von Monotonie umgibt sie. Kulturlandschaft nennen wir die freie Landschaft zwar immer noch, möchten damit aber lieber etwas anderes meinen, als wir es in Wirklichkeit zu sehen bekommen. Aus dem Kontrast zwischen Stadt und Land wird klar, warum die Städte nicht nur für uns Menschen, sondern auch für Tiere und Pflanzen so wichtig geworden sind. Als »seltsame Attraktoren« vereinen sie uns Menschen nämlich überall mit einer erstaunlich lebendigen Stadtnatur. Von ihr soll in diesem Buch die Rede sein.

Ich muss zugeben, dass mich München in den gut 40 Jahren, die ich nun in dieser Stadt lebe, als Großstadt für sich eingenommen hat. Das liegt nicht nur an der hohen Lebensqualität, die München bekanntermaßen bietet, sondern auch an den spezifischen Qualitäten seiner »Stadtnatur«. Es macht zumindest für einen Biologen einen großen Unterschied, ob man bei jeder Gelegenheit, die sich bietet, dem Arbeitsort in der Stadt entflieht, um hinaus in die Natur zu kommen, oder ob man sich mit gleicher Begeisterung wie in einem »Wildnisgebiet« auch mit der »Stadtnatur« befassen und sich in sie hinein vertiefen kann. München bietet beides, viel Natur in der Stadt und noch viel mehr außerhalb im Nahbereich. Aber dass nunmehr seit einem Jahrzehnt die Isar als Wildfluss in die Stadt hinein und durch sie hindurch fließen kann, zeichnet München in wirklich besonderer Weise aus.

So trägt die Auswahl der Beispiele an Tieren und Pflanzen der Stadtnatur durchaus persönliche Züge. Sie ist von München sehr stark beeinflusst. Doch die Konsequenzen, die sich aus den Befunden für München ziehen lassen, werden sich als weithin zutreffend herausstellen – gerade auch für den Naturschutz.

Meine Begeisterung für die Tiere und Pflanzen, die in der Stadt leben, steckt im Buch, und ohne sie wäre es nicht zustande gekommen. Ein Jahrzehnt Vorlesungen über die Stadtökologie an der Technischen Universität München sowie die Arbeit mit den interessierten Studierenden haben auf ihre Weise dazu ganz wesentlich beigetragen.

München, zu Neujahr 2007　　　　　　　　　　　　　　　Josef H. Reichholf

Entstehung und Aufbau des Buches

Die Zoologische Staatssammlung in München (ZSM) gehört zu den weltweit größten wissenschaftlichen Sammlungen von Tieren. Die Magazine enthalten Millionen von Schmetterlingen, Käfern und anderen Insekten, Hunderttausende von Schnecken, Muscheln, Seesternen, Fischen, Schlangen, Echsen, auch Skelette und Häute von Säugetieren sowie über 60.000 Vogelbälge, die zwei Drittel aller Vogelarten repräsentieren, die es gibt. Die Magazine sind unterirdisch gebaut, um die Sammlungen, die in mehr als zwei Jahrhunderten angelegt worden sind, auf bestmögliche Weise zu erhalten und um ihre Auswertbarkeit für die Zukunft zu garantieren.

Drei Stockwerke tief ist das futuristisch anmutende, mit Titan verkleidete Gebäude in den Boden hinein versenkt. Auf dem »Dach« breitet sich eine Wiese aus. Reichlich blüht sie im Sommer und blumenreich ist auch das umliegende, zur Zoologischen Staatssammlung gehörige Gelände. Wie eine Insel liegt es im westlichen Münchner Stadtteil Obermenzing zwischen einer stark frequentierten Straße und ausgedehnten Wohnsiedlungsbereichen. Vielfältiges Leben herrscht auf dieser Insel. Vögel sind so gut wie immer anwesend. Schmetterlinge fliegen von März bis in den Spätherbst hinein. Am kleinen Teich am Fuß eines kegelförmigen, alles überragenden Hügels gibt es Libellen, Köcherfliegen, Wasserschmetterlinge und viele andere Tiere. Die ganze Fülle des Tierlebens auf der Zoologischen Staatssammlung ist längst noch nicht erfasst, auch wenn sich in Teilbereichen abzeichnet, was dieses Stückchen Erde in einer Millionenstadt für eine Artenvielfalt beherbergt: mehr als 450 verschiedene Arten von Schmetterlingen zum Beispiel.

Das Gelände, auf dem die Zoologische Staatssammlung in den frühen 1980er Jahren erbaut worden war, gehörte zum Komplex der Grünflächen im Münchner Westen, deren Kernstück der Nymphenburger Park ist. Im Frühsommer 1985 konnte der Neubau bezogen werden. Vorher war die Sammlung seit dem Ende des Zweiten Weltkriegs genau 40 Jahre lang im Nordflügel des Nymphenburger Schlosses »provisorisch« untergebracht. 1974 kam ich als junger Zoologe dorthin und erhielt die Sektion Ornitho-

Abb. 1: »Dachgarten« der überwiegend unterirdisch gebauten Zoologischen Staatssammlung München, auf dem seit 1985 die Entwicklung der Artenvielfalt dokumentiert werden konnte.

logie übertragen. Damals war mir und den anderen Münchner Zoologen und Naturschützern nicht bewusst, welche Artenfülle um das Schloss herum vorhanden war. Die Stadt schien uninteressant; Exkursionen machte man in die Umgebung, um »in die Natur« zu kommen.

Großartige Natur gibt es um München herum allerdings wirklich reichlich. Deshalb notierte ich am Nymphenburger Schloss zwischen 1974 und 1985 nur Außergewöhnliches; etwa einen Wespenbussard, der wie ein Huhn im Hinterhof ein Nest von Roten Wespen aus dem Boden scharrte und dabei halb darin verschwand. Oder einen Waldkauz auf dem Dach des Nordflügels, der uns zusah, wie wir ihm tote Mäuse bereitlegten, um ihn zu füttern. Er holte sie sich, als ob er zahm gewesen wäre. Mehrfach »rettete« ich frisch geschlüpfte Stockentenküken aus dem allseits geschlossenen, von hohen Gebäuden umstandenen Innenhof und trug sie zu den Gewässern des Schlossparks hinüber – von der fliegenden Entenmutter begleitet. Gelegentlich beobachtete ich kleine Gruppen von Girlitzen, die im Hof auf dem offenen Boden nach Nahrung suchten. Im Frühsommer lauschte ich abends dem Chor der Laubfrösche, der aus dem Botanischen Garten herüberschallte, und sah den Gänsen zu, die in Keilen über das Schloss flogen, so als ob sie im Wind über wilden Küsten kreuzen würden. Gleich am ersten Gewässer des Schlossparks gab es damals eine bunte Schar von Enten. Einige trugen »Federkrönchen« auf dem Oberkopf, die an Pfauen erinnerten. Von Mai bis Ende Juli jagten mit schrillen Rufen große Schwärme von Mauerseglern ums Schloss. Und so fort.

Nach dem Umzug in die neue, unterirdisch angelegte Zoologische Staatssammlung fing ich an, genauere Aufzeichnungen zu machen. Hier war dank der Unterstützung durch den damaligen Direktor Prof. Dr. Ernst Josef Fittkau und der von ihm veranlassten Gründung der Abteilung »Faunistik und Ökologie«, die von 1985 bis 1995 existierte, die Möglichkeit gegeben, von Anfang an die Entwicklungen auf dem Gelände mitzuverfolgen. Es bedarf von innen heraus nur weniger Schritte, um »oben« und »draußen« zu sein. Ein kleines Stück Wald in der einen Ecke, das ganz offene, von größerer Vegetation frei gehaltene »Dach«, der »Hügel« mit weitem Ausblick über die Stadt und die Gärten der Nachbarschaft bilden das Ambiente dieser Insel für die Stadtnatur. Rasch zeigte sich, welche Fülle von Tierleben und was für eine Vielfalt an Pflanzen hier vorhanden war und sich entwickelte. Jahr für Jahr gab es neue Überraschungen. Jeder Gang aufs Gelände ist immer noch, nach mehr als 20 Jahren, ergiebig und interessant.

Und so füllten sich die Notizbücher. Verschiedene Untersuchungsprogramme konnten anlaufen und kontinuierlich weitergeführt werden. Die Kolleginnen und Kollegen in der Zoologischen Staatssammlung bieten zudem die Gewähr, dass alle Arten, auch solche aus den ungewöhnlichsten Tiergruppen, richtig bestimmt und gegebenenfalls mit dem Sammlungsmaterial verglichen werden können. Ganz besonders zu danken habe ich Dr. Andreas Segerer für die Bestimmungshilfe bei Kleinschmetterlingen (Microlepidoptera) und Dr. Axel Hausmann bei Schwierigkeiten mit Großschmetterlingen (Macrolepidoptera). Dr. Martin Baehr half bei Käfern und Spinnen. Diesen äußerst günstigen Umständen ist es zu verdanken, dass eine Vielzahl höchst unterschiedlicher Aspekte der »Stadtnatur« im Laufe der Zeit aufgegriffen und bearbeitet werden konnten. Umfassend mitbeteiligt war und ist an diesen Arbeiten Miki Sakamoto.

Aus den Erfahrungen in der Lehrtätigkeit an der Technischen Universität München und den Aktivitäten im Naturschutz ergibt sich eine Art »Gebrauchsanleitung« für dieses Buch. Es gliedert sich in einen kompakten Anfangsteil (I), der einen Überblick über die Artenvielfalt in unseren Städten vermittelt und die Analyse der drei Hauptgründe für diese Vielfalt beinhaltet. In den anschließenden Kapiteln über die »Vorurteile« (II) wird gezeigt, wie vorbelastet von früheren Ansichten über die Städte unsere Urteile über die Stadtnatur immer noch sind. Die folgenden Teile gehen auf besondere Phänomene der Stadtnatur näher ein: Teil III berichtet von »Unerwartetem«, das von den üblichen Vorstellungen über die Natur der Städte abweicht; Teil IV beschreibt und analysiert »Besonderheiten«, die Großstädte allgemein und nicht nur München auszeichnen, während Teil V »Probleme« behandelt, die mit den Pflanzen und Tieren als unseren städtischen Mitbewohnern zusammenhängen (können). Vieles, was in diesem Teil behandelt wird, kommt immer wieder in Anfragen der Medien vor.

Daraus entnahm ich im Laufe der Jahre, was für die Bevölkerung interessant ist. Das Buch endet mit einen »Ausblick« (Teil VI), der die Folgerungen aus dem Dargelegten zieht und konkrete Forderungen für Stadtentwicklung und Naturschutz enthält.

Alle Einzelkapitel von Teil III bis V können für sich und ohne direkten Zusammenhang mit den anderen gelesen werden. Deshalb ergeben sich an verschiedenen Stellen leichte Überschneidungen im Inhalt und auch kleinere Wiederholungen. Die abschließenden Folgerungen für Stadtentwicklung, Naturschutz in der Stadt und für die Administration lassen sich gleichfalls weitestgehend für sich genommen betrachten. Als Grundlage dafür reichen die Eingangsteile I und II aus. Querverweise zu den entsprechenden Spezialkapiteln liefern die jeweiligen Begründungen.

Abb. 2: Graugänse im Nymphenburger Schlosspark

Bei der Vielfältigkeit des Themas ist es unvermeidlich gewesen, selektiv vorzugehen. Dass dabei die persönlichen Vorlieben eine große Rolle gespielt haben, soll gar nicht verhehlt werden. Die eigenen Befunde und Erfahrungen lassen sich immer besser darstellen als solche von anderen. Damit sollte keine qualitative Beurteilung verbunden sein, denn es gibt in der Tat viel umfangreichere und bessere Detailforschungen zur Stadtnatur aus anderen Städten. Ganz besonders hervorzuheben ist im Hinblick auf die ökologisch-wissenschaftliche Erforschung Berlin, aber Hamburg, Köln und andere Großstädte folgen dichtauf. Allein die relevante Literatur anführen zu wollen, die über Tiere, Pflanzen, Biotope und die Umwelt in den Städten vorliegt, würde den Rahmen dieses Buches hoffnungslos sprengen. Die

Bevorzugung Münchens liegt also an mir. Dennoch bin ich überzeugt, dass München eine gute Wahl darstellt und dass sich ein wesentlicher Teil der Befunde auf fast alle anderen Städte in Mitteleuropa übertragen lässt, und sei es auch, um Unterschiedlichkeiten aufzuzeigen. Genau dies ist das Anliegen: Die Untersuchungen sollen zur Vertiefung anregen und zur Ausweitung auf andere Städte. Manch Unfertiges in diesem Buch versteht sich aus dem Zweck, einen Anstoß zu geben.

Für München soll das Buch zum Ausdruck bringen, welche Lebensqualitäten auch für Pflanzen und Tiere diese international so hoch geschätzte Stadt bietet. Ihren »Wohnsitz München« haben die Arten der Stadtnatur von sich aus frei gewählt. Das besagt viel! Deshalb ist es München zum 850. Geburtstag gewidmet. Bis zur Vollendung des Jahrtausends kann die Münchner Stadtnatur durchaus noch reichhaltiger und schöner werden.

BEFUNDE **L.**

1 Die Stadt – attraktiv für Mensch und Natur

Die Stadt gilt als die naturfernste Form der Landnutzung durch den Menschen. Sie stellt das Ende einer Serie von menschengemachten Veränderungen dar. Am Anfang steht die wahre Wildnis ohne Menschen, am Ende die Stadt. Nirgends wirkt der menschliche »Fußabdruck« so stark wie in den großstädtischen Ballungsgebieten, wo sich Menschenmassen ansammeln, die in einigen Riesenstädten der Bevölkerung ganzer Staaten entsprechen. Die »Megastädte« haben inzwischen Dimensionen von mehr als 30 Millionen Menschen erreicht und überschritten. Doch auch deutsche Millionenstädte übertreffen mit ihrer Einwohnerzahl manche Bundesländer. Berlin dehnt sich zusammen mit Potsdam über eine Fläche von fast 1.000 Quadratkilometern aus und bedeckt damit rund dreimal so viel Land wie München. Von Köln bis Dortmund reiht sich Großstadt an Großstadt – vielfach fast ohne erkennbare Grenzen und Übergänge. Etwa zehn Millionen Menschen leben in diesem Raum einer Megalopolis mit vielen Zentren. Richtige Armenviertel gibt es in diesen unseren Großstädten kaum; Elendsquartiere, die einen Großteil der besonders bevölkerungsreichen Megastädte der Dritten Welt ausmachen, kennt man hier gar nicht. Dennoch gelten vielfach die Lebensbedingungen als kaum zumutbar schlecht. Bis in die jüngere Vergangenheit belasteten extreme Luftverschmutzung und Verkehrs- oder Fabriklärm die mitteleuropäischen Großstädte. Aus den Kriegsruinen wurden sie aufgebaut.

Zu Beginn von Wochenende oder Ferien verlassen große Teile der Bewohner ihre Städte, um sich draußen auf dem Land oder in ferneren Urlaubsgebieten zu erholen. Wie durch eine unsichtbare Pumpe getrieben, strömen sie aus der Stadt, um am Abend oder zum Wochenbeginn gleichsam davon wieder zurückgesogen zu werden. Der Psychologe Alexander Mitscherlich prägte mit seinem Pamphlet 1965 das Schlagwort von der »Unwirtlichkeit unserer Städte«. Darin schreibt er vom Wuchern der Stadt wie ein Krebsgeschwür; ein Vergleich, den Konrad Lorenz (1973) aufgriff und in sein Buch über die »Acht Todsünden der zivilisierten Menschheit« einbaute.

Warum aber zog es die Menschen in die Städte? Warum zieht der Moloch Stadt umso mehr an, je größer er geworden ist? Darauf gibt es viele Antworten. An vorderster, zumeist an erster Stelle steht das Angebot an Arbeit, die Verdienstmöglichkeit also. Zudem bietet die Stadt mehr als das Land – auch in kultureller Hinsicht. »Stadtleben macht frei« lautet eine andere bekannte Schlagzeile. Sie kontrastiert zum Land, das eigentlich viel freier sein sollte, jedoch das Leben für die Menschen tatsächlich enger macht. Die Offenheit des Landes täuscht. Je dichter die Stadt, je höher die Wolkenkratzer, desto »freier« ist das Leben darin. Man kennt die Nachbarn kaum noch und muss auf sie keine Rücksicht mehr nehmen. Mit wachsender Anonymität gewinnt der Mensch an Freiheit, zu tun, was er will. Merkwürdigerweise werden dabei die tatsächlich vorhandenen Einschränkungen, von denen es weitaus mehr als auf dem Land gibt, gar nicht so beschränkend und störend empfunden. Die Menschen kommen einander so nahe, dass nicht selten kaum Raum zum Atmen bleibt, wenn die Nahverkehrsmittel wieder einmal, wie so oft, hoffnungslos überfüllt sind. Am Land würde man dies als gänzlich unzumutbare, unsittliche Annäherung abwehren. Man weiß auch, dass eine Fahrt mit öffentlichen Verkehrsmitteln das Risiko einer Ansteckung mit einer typisch saisonalen Infektionskrankheit, wie der Grippe, mit sich bringt. Wer es dann vorzieht, mit dem Auto zu fahren, steckt im Stau und verliert Zeit. Sehr viele Menschen auf wenig Raum zusammengeballt bedeuten auf jeden Fall Enge. Dennoch wollen weit weniger Menschen auf dem Land leben als in der Stadt und kaum jemand möchte ein Einsiedlerdasein weitab von anderen führen.

Was immer an Gründen im Einzelnen dafür angeführt wird, dass sich so viele Menschen das antun, in Verdichtungsräumen zu leben, ändert nichts an der Tatsache, dass wir nicht allein diesem »seltsamen Attraktor« Stadt erliegen. Vielen anderen Lebewesen ergeht es genauso. Städte sind so attraktiv, dass Artenreichtum und Häufigkeit zum Beispiel bei den Vögeln mit zunehmender Größe der Städte stark ansteigen und nicht etwa abnehmen. Berlin ist die vogelreichste Stadt Deutschlands, fast gleich liegt Hamburg. München und Köln folgen, und so weiter. Innerhalb des Stadtgebietes der Hauptstadt kommen etwa zwei Drittel aller Vogelarten als Brutvögel vor, die es zwischen Meer und Alpen in ganz Deutschland gibt. Nehmen wir die Gäste hinzu, die zu den Zugzeiten oder zur Überwinterung nach Berlin kommen, so entfallen rein rechnerisch zwei bis drei Vögel auf jeden Einwohner Berlins. Ganz ähnliche Werte ergeben sich für München und die anderen Großstädte, auch jene im europäischen Umkreis.

Der Vogelreichtum der Großstädte ist kein deutsches, sondern ein allgemeines Phänomen. Mit anderen Tiergruppen verhält es sich ganz ähnlich, soweit dazu entsprechende Untersuchungen vorliegen. Von ein paar ganz großen Arten und solchen, die das Meer als Lebensraum brauchen, abgesehen, kommen im Stadtgebiet von Berlin auch nahezu alle Arten frei lebender Säugetiere vor. In der entsprechenden Liste für München fehlt anscheinend keine Art, die vorkommen könnte oder vom Naturraum hier leben sollte. Steinböcke und Gämsen gibt es natürlich nicht frei in München, wohl aber Biber, Rehe, Hasen, Füchse, Dachse und so weiter. Es steht Hirschen frei, über die Isarauen die Stadt zu erreichen, so wie die Wildschweine in die Vororte von Berlin eindringen können. Über die Vielfalt der Schmetterlinge in den Städten, insbesondere der nachtaktiven und daher schwer festzustellenden Arten, beginnen wir erst allmählich genauere Vorstellungen zu gewinnen. Bei wild wachsenden Pflanzen, die nicht künstlich angepflanzt worden sind, ergaben zahlreiche Untersuchungen der letzten Jahrzehnte eine ganz unerwartete große städtische Vielfalt. Sie übertrifft die freie Umgebung der Städte nicht selten um das Doppelte. Die Fülle der echten Gartenpflanzen wurde offenbar noch nirgends auf größerer Fläche oder in ganzen Städten umfassend ermittelt, obgleich sehr viele Arten mit ihrem Blühen für Insekten attraktiv sind und über einen viel längeren Zeitraum Blüten anbieten als in der freien Natur draußen.

Abb. 3: Die Isar fließt seit den 1990er Jahren als renaturierter Wildfluss durch das Stadtgebiet von München.

Überhaupt ist dem »Fremden« viel zu wenig Aufmerksamkeit zuteil geworden. Dabei fügen sich all die fremden Arten mit den »heimischen« gerade in den großen Städten zu einer neuen Einheit zusammen, die nicht weniger interessant ist als die früheren Neuerungen, die mit der Ausbreitung des Ackerbaus zustande gekommen waren. Sie schufen das, was wir heute »Kulturlandschaft« nennen und in ihrer früheren Vielfalt gern wiederherstellen oder erhalten möchte. Die »Stadtlandschaft« ist eine weitere solche Kulturlandschaft mit eigenen Qualitäten, wie wärmeres Innenklima, größere Strukturiertheit und weniger Verfolgung der frei lebenden Arten durch die Menschen.

Beginnen wir unsere nähere Analyse des angedeuteten Artenreichtums in den Städten mit den Vögeln. Denn die Vögel sind die am besten untersuchte Tiergruppe. Diese Feststellung gilt für Deutschland wie auch weltweit, auch wenn wir nicht gerade zur Spitzengruppe der Länder mit umfassender Erhebung von Verbreitung und Häufigkeit der Vögel zählen. Großbritannien ist Deutschland da weit voraus. Aber wir haben genügend ornithologische Studien, die das zum Ausdruck bringen, worum es hier zunächst geht: Artenreichtum und Häufigkeit der Vögel in den Städten. Die besten Untersuchungen hierzu gibt es für die beiden größten deutschen Städte, für Berlin und für Hamburg. Doch eine ganze Anzahl weiterer qualitativ hochwertiger und quantitativ umfassender »Stadtkartierungen« liegt auch für andere Städte unterschiedlichster Größe in Deutschland vor.

Ihnen allen gemeinsam ist der Befund, dass Städte erheblich reicher an Vogelarten sind, als es auf ihre Flächengröße bezogen dem Landesdurchschnitt entsprechen würde. 15, 20 oder mehr als 20 Prozent liegen die Befunde in aller Regel über den Erwartungswerten. Diese gehen von Berechnungen aus, denen zufolge der Artenreichtum mit der Größe der Fläche im Allgemeinen zunimmt. Wie stark, hängt davon ab, ob es sich um Flächen handelt, die zu einem zusammenhängenden Großraum gehören, oder um stark verinselte Gebiete. In der allgemeinen Biogeographie ist diese Abhängigkeit als so genannte Arten/Flächen-Beziehung bekannt, die auch »Arten/Areal-Beziehung« genannt wird. Kennt man die durchschnittliche Artenzahl auf der zugrunde gelegten Einheitsfläche, also zum Beispiel die Zahl der Brutvogelarten pro Quadratkilometer in Mitteleuropa, so lassen sich Erwartungswerte berechnen. Sie bedeuten, dass so und so viele Arten von Brutvögeln etwa auf einer Fläche von 25 oder 300 Quadratkilometern erwartet würden, wenn diese Flächen nichts weiter als mitteleuropäische Durchschnittslandschaft sind. Denn die Artenzahl nimmt mit einer ganz bestimmten Steigung zu. Die zugehörige, vielfach überprüfte und für brauchbar befundene Formel lautet:

$$S = C A^z$$

S entspricht dabei der zu berechnenden Artenzahl (englisch »species«), A der Flächengröße (englisch »area«) in Flächeneinheiten (z.B. Quadratkilometer), der Exponent z hat für flächig-kontinentale Bereiche den numerischen Wert 0,14, für insulare Verhältnisse aber das Doppelte, nämlich 0,28, und der Faktor C ist nichts weiter als die durchschnittliche Artenzahl der betreffenden Gruppe pro Flächeneinheit; hier also der Brutvögel. Der zugehörige numerische Wert ist 42,8 (= 42,8 Brutvogelarten pro Quadratkilometer in Mitteleuropa) (Reichholf 1980).

Auf einer 25 Quadratkilometer großen Fläche im niederbayerischen Gäuboden sollten daher etwa 67 verschiedene Arten von Brutvögeln vorkommen, im 300 Quadratkilometer großen Stadtgebiet von München 95. Das sind die errechneten Erwartungswerte. Tatsächlich wurden auf der Gäuboden-Fläche, die auch Dörfer enthält, aber nur 45 Arten gefunden, in München hingegen 112. Damit liegt das intensiv landwirtschaftlich genutzte Gäubodenland ein Drittel unter dem Erwartungswert und hat ein entsprechendes »Artendefizit«, während München um 18 Prozent die Erwartung übertrifft. Beim Regensburger Stadtgebiet sind es sogar, wie auch bei Berlin, 25 Prozent. Vergleicht man das offene Agrarland mit den Innenstädten, so schneidet die City immer noch besser ab, obgleich man sie für »Betonwüsten« hält.

Der persönliche Eindruck kann aber bekanntlich sehr trügerisch sein, zumal wenn wir unbewusst das »Grün« von Mais oder kniehoch aufgewachsenem Dauergrünland gegen Bauwerke »messen«. Tiere wie Pflanzen »urteilen« auf ihre Weise nicht selten ganz anders, als wir erwarten. Abb. 4 zeigt, wie die Artenzahl an Vögeln mit der Größe der Stadt zunimmt und nicht etwa zurückgeht, wie man annehmen möchte. Noch weit stärker nimmt die Häufigkeit der Vögel zu, nämlich in derselben Weise wie die Zahl der Menschen. So lässt sich für die Stadt Dachau ein Gesamtbestand an Brutvögeln von einigen 10.000 kalkulieren, während es München auf sicherlich wenigstens zwei Millionen und Berlin wohl auf mehr als fünf Millionen bringt. Wer sich das Morgenkonzert der Vögel im Mai anhört, bevor der Verkehrslärm zu stark wird, stimmt dieser Feststellung vom eigenen Eindruck her sicherlich zu. Noch viel deutlicher wird jedoch der Unterschied im Winter, wenn Wälder und Schutzgebiete wie vogelleer wirken, während es in der Stadt an Vögeln wimmelt. Abb. 5 zeigt dies für Januarzählungen in München und im Naturschutzgebiet Isarauen südlich von München. Sie fallen der Individuenzahl nach um das Zehnfache besser in der Stadt aus als im Naturschutzgebiet mit dem durchschnittlich Dreifachen an Vogelarten.

Der Vergleich betrifft das sehr naturnah verbliebene Isartal südlich von München (Abb. 3). Es ist als Naturschutzgebiet ausgewiesen. Die Isar durchzieht das Tal als Wildfluss. Die Zonierung entwickelt sich von Kiesbänken am Fluss über bewachsene Inseln, Uferwald, einen seit Jahrzehnten unbewirtschafteten Schneeheide-Kiefernwald bis hin zum Hochufer der Isar. Die jeweils am Tag davor oder danach durchgeführten Bestandserfassungen der Vögel in München beziehen sich auf das westliche Stadtgebiet von Obermenzing im Nahbereich der Zoologischen Staatssammlung. Es stellt ein typisches Wohnsiedlungsgebiet dar. Gewässer sind hier nicht vorhanden. Daher wurden Wasservögel an der Isar nicht in die Auswertung von Abb. 5 mit einbezogen.

Abb. 4: Zahl der Brutvogelarten im Stadtgebiet

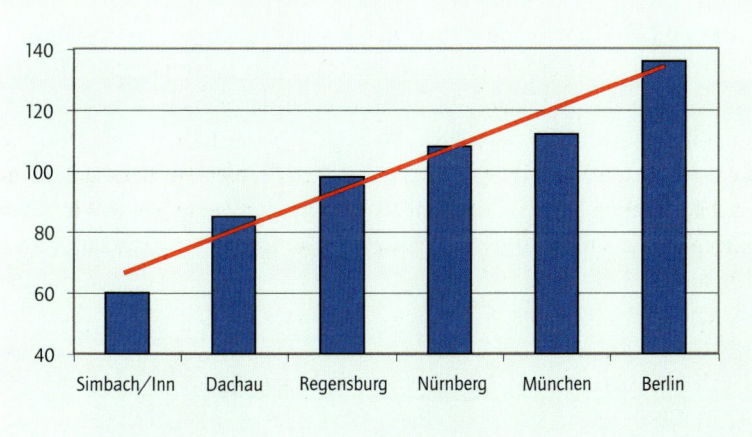

Anstieg des Artenreichtums an Brutvögeln von Kleinstädten bis zu deutschen Millionen-Metropolen. Der Anstieg ist statistisch eindeutig (signifikant).

Abb. 5: Vogelhäufigkeit im Winter

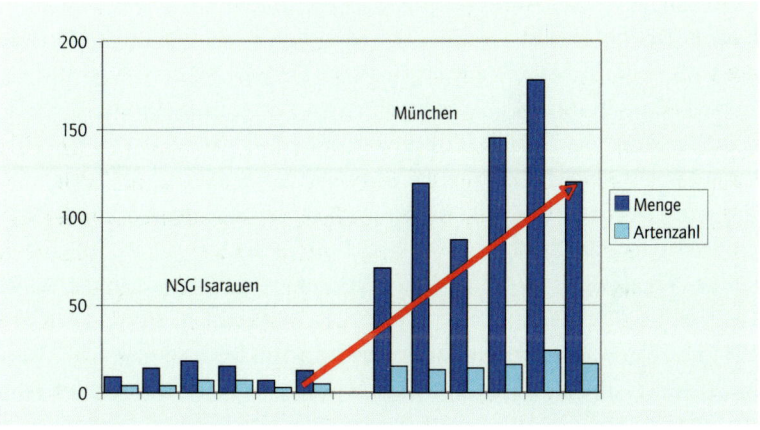

Vergleich von Häufigkeit und Artenvielfalt der Vögel im Winter (1. Januarhälfte) im Naturschutzgebiet (NSG) Isarauen südlich von München und im westlichen Stadtgebiet Münchens (2000–2005). Pro 30 Minuten Wegstrecke beträgt der Durchschnitt für das NSG 12,6 Vögel und für München 120 Vögel, also das Zehnfache. Die Artenzahl steigt in der Stadt auf das mehr als Dreifache von fünf auf 16,4 unterschiedliche Arten bei insgesamt 13 Arten im NSG und 27 in München.

Für die Brutbestände ergaben flächenbezogene Untersuchungen zum Beispiel für Köln Siedlungsdichten von 640 bis 1.150 Brutpaaren pro Quadratkilometer; eine Brutvogelhäufigkeit, die jener in sehr vogelreichen Auwäldern an der Donau (etwa 1.200 Brutpaare pro Quadratkilometer) gleichkommt (Kahl-Dunkel 1994, Vidal 1975), sie aber an Artenzahl um

Abb. 6: Für Kleinvögel wie die Schwanzmeise sind die im Winter wärmeren Städte besonders attraktiv. Ihre Körperinnentemperatur, die sie gegenüber der Kälte aufrechterhalten muss, beträgt über 40 Grad Celsius.

zehn Prozent übertrifft. Großflächige Agrarlandschaft (Bezzel 1982) hatte noch vor Beginn der starken Rückgänge der Tierwelt auf den Fluren nur ein Fünftel oder weniger an Vögeln zur Brutzeit. Das Artenspektrum im Stadtstaat Hamburg übertraf mit 160 Brutvogelarten (Mitschke & Baumung 2001) jenes damalige in der niederbayerischen Agrarlandschaft an der Donau (22 Arten) um mehr als das Siebenfache. Doch während in der Agrarlandschaft großflächig starke Rückgänge der Vögel und Artenverluste in den beiden letzten Jahrzehnten des 20. Jahrhunderts auftraten, hielten sich die Städte gut oder ihre Vogelwelt nahm weiter zu. So verzeichnete Berlin zwischen 1975 und 1990 die stärksten Zugewinne an Brutvogelarten seit 1850. Auch in München und anderen Großstädten kamen neue Brutvogelarten zum Spektrum hinzu, so dass sie, verglichen mit dem Ende des 19. Jahrhunderts, erheblich artenreicher geworden sind. Vielfach konkurrieren sie bereits mit bekannten Vogelschutzgebieten, auch wenn natürlich besondere Arten, vor allem solche, die sehr scheu sind, die Städte noch meiden oder im Stadtgebiet keine geeigneten Brutplätze finden.

Nun sind die Vögel dank ihrer Flugfähigkeit die flexibelsten Tiere überhaupt. Ihr intensiver Stoffwechsel macht sie zudem weitgehend unabhängig von den Schwankungen der äußeren Lebensbedingungen. Viele Arten, insbesondere die Kleinvögel, leben mit Körperinnentemperaturen von mehr als 40 Grad Celsius. Sofern sie entsprechend ergiebige Nahrungsquellen zur Verfügung haben, können sie daher extreme Temperaturunterschiede überstehen. So winzige Vögel wie der Zaunkönig *(Troglodytes troglodytes)*

(Abb. 41; s.u. S. 97), das Wintergoldhähnchen *(Regulus regulus)* oder die Schwanzmeise *(Aegithalos caudatus)* (Abb. 6) gleichen in eisigen Winternächten einen Temperaturunterschied von 60 Grad und mehr aus, wenn die Außentemperatur unter minus 20 Grad absinkt. Da dieses intensive »Heizen« viel Energie kostet, stellt das Aufsuchen der wärmeren Städte in Kältephasen des Winters zweifellos eine Minderung des Aufwandes zu Lebenserhaltung dar. Doch Ansammlungen von Kleinvögeln ziehen auch Feinde auf sich, wie den Sperber *(Accipiter nisus)* (vgl. Kapitel 14). Wie sehr manche Vogelarten auch die Fütterungen in den Städten bevorzugen, zeigen ihre Ansammlungen an den Futterhäuschen und die Zusammenballungen von Wasservögeln auf den städtischen Gewässern. Die hohe Häufigkeit der Vögel zur Brutzeit erklärt die Winterfütterung jedoch nicht. Verständlich wird sie, wenn man die Befunde zur Häufigkeit von Insekten, beispielsweise von Schmetterlingen, näher betrachtet. Lichtfallenfänge ergaben mit ihrer standardisierten Erfassung fast das gleiche Bild wie bei den Vögeln. Das geht aus Abb. 7 hervor.

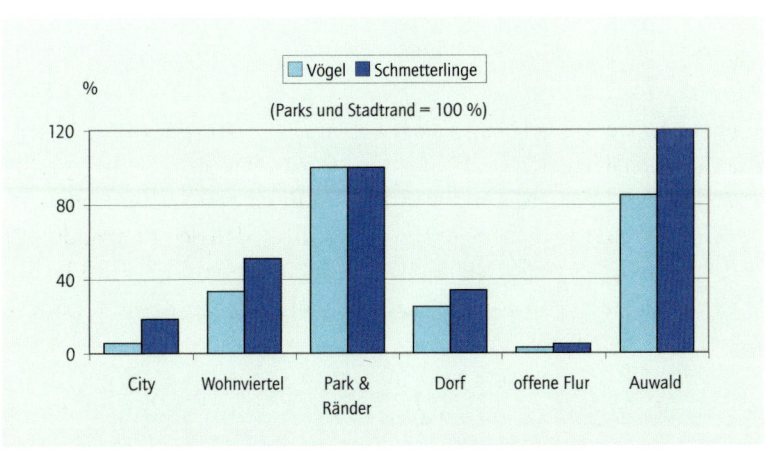

Abb. 7: Artenreichtum in Stadt und Land

Gleichlaufende Veränderung im Artenreichtum von Vögeln und Schmetterlingen von der Innenstadt über die Wohnsiedlungs- und Außenbereiche zur freien Flur und zum Auwald (Parks und Stadtrand = 100 Prozent). Die Schmetterlinge (vgl. Kapitel 23/24) zeigen denselben Trend bei noch weit höheren Artenzahlen als die Vögel.

Die Schmetterlinge – wie etwa das Gemeine Blutströpfchen *(Zygaena filipendulae)* (Abb. 9) – können als Indikatoren für andere Gruppen von Insekten gelten. Ihre hohen Artenzahlen in der Stadt lassen sich jedoch nicht so leicht in Häufigkeiten übertragen, weil Lichtfallen nur sehr kleinräumig fangen und die Lichtkonkurrenz durch die Beleuchtung von Straßen und Gebäuden sehr hoch ist. In Kapitel 23 und 24 wird näher darauf eingegangen. Hier geht es zunächst darum, festzuhalten, dass die Schmetterlinge durchaus auch beachtlich hohe Werte des Artenreichtums in Städten erreichen können. Dieser Befund wirft die Frage nach den Futterpflanzen auf. Kommen sie in der Stadt überhaupt vor und wie steht es um die Artendiversität der Flora?

Hierzu gibt es eindrucksvolle Untersuchungen aus Berlin (Kunik 1974). Mit 230 wild wachsenden Pflanzenarten pro Quadratkilometer war die Berliner Innenstadt artenreicher als der Stadtrand und vor allem als das Umland (Abb. 8). Wie bei den Vögeln und Schmetterlingen gab es im Wohnsiedlungsbereich mit aufgelockerter Bebauung die höchsten Werte (424 Arten pro Quadratkilometer).

Abb. 8: Artenvielfalt bei Wildpflanzen in Berlin

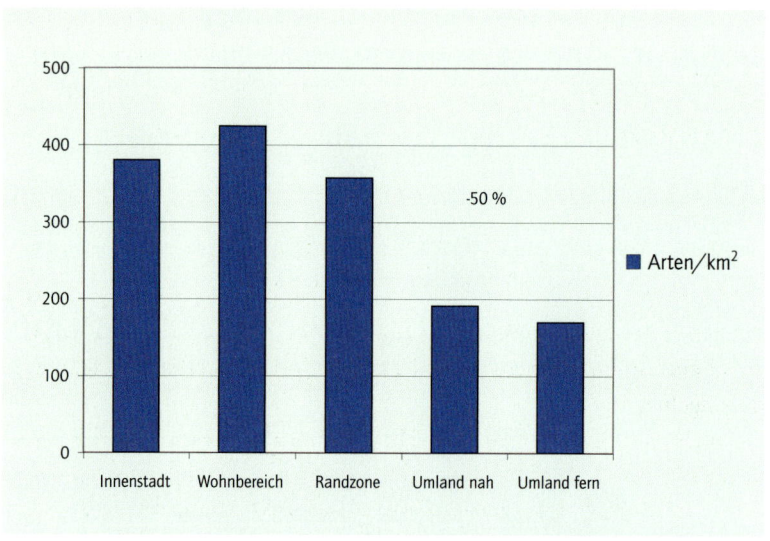

Rückgang der Artenvielfalt wild wachsender Pflanzen im »Querschnitt« von der Innenstadt zum Umland von Berlin (nach Daten von Kunik 1974).

Einen ganz ähnlichen Befund publizierte Konopka (1999) für das gesamte Stadtgebiet von Nürnberg, wo mit rund 1.100 wild wachsenden Pflanzenarten ziemlich genau die doppelte Zahl wie für gleich große Flächen im Umland festgestellt wurde. Die rasche Vereinheitlichung der Pflanzenwelt, die sich beim Verlassen der Städte auf den Fluren zeigt, ist allgemein offensichtlich geworden, seit das Einheitsgrün des Dauergrünlandes kaum noch bunte Blüten entwickelt. Die teuren Ackerrandstreifenprogramme zur Erhaltung der Ackerwildkräuter, die vordem ahrhundertelang Unkräuter genannt worden waren, unterstreichen diesen Befund. Sie würden gar nicht nötig sein, wäre die Vielfalt der Flora in Feld und Flur erhalten

Abb. 9: Schmetterlinge wie das Gemeine Blutströpfchen treten in großer Zahl und Artenvielfalt in der Stadt auf. Offenbar finden sie dort genügend Futterpflanzen.

geblieben. Die in den letzten zwei bis drei Jahrzehnten durchgeführten Artenkartierungen und Biotoperfassungen in den Städten haben inzwischen ein umfangreiches, noch viel zu wenig ausgewertetes Datenmaterial angehäuft.

Auch wenn die Befunde im Einzelfall unterschiedlich gelagert sein mögen, so geht mit Sicherheit aus ihnen hervor, dass die Städte (sehr) artenreich sind. Die hier angeführten Beispiele sind keine Extremfälle. Sie wurden auch nicht ausgewählt, weil sie »passen«, sondern sie sollen lediglich an nachvollziehbaren, zum Teil schon lange vorhandenen Ergebnissen (Klausnitzer 1987) die Ausgangslage illustrieren. Auf die Tier- und Pflanzenwelt bezogen sind die Städte offenbar keineswegs »unwirtlich«, sondern »einladend«. Die Arten kamen von selbst, etablierten sich auch ohne direktes Zutun des Menschen und fügten sich zu einer neuartigen Großgemeinschaft der »Stadtbiozönosen« zusammen. Was dazu veranlasste und warum so viele Arten so erfolgreich die Städte besiedelten, soll in den folgenden drei Kapiteln näher behandelt werden.

2 Ursachen I –
strukturreiche Stadt-Landschaft

Verglichen mit dem offenen Land oder mit größeren Wäldern sind die Städte außerordentlich strukturiert. Auf engstem Raum grenzen Gebäude unterschiedlicher Größe und Höhe an kurzrasige Freiflächen, Verkehrslinien, Baumbestände oder Hecken; sonnig warme Südlagen wechseln mit kühlen, feuchten Schattenzonen und häufig gibt es auch Gewässer in der Stadt. Die meisten Städte, zumal die größeren, liegen an Flüssen, Seeufern oder am Meer. Damit können die Städte als Ganzes nahezu alle Haupttypen von Lebensräumen einer Großregion aufweisen, wenngleich manche nur in flächenmäßig geringem Umfang. So gibt es zwar ausgedehnte, zumeist jedoch eher parkartige Wälder in den Großstädten, aber natürlich keine dichten, großen Bergwälder, in denen sich scheue Großtierarten halten könnten. Der Hinweis auf »scheu« ist jedoch höchst angebracht, weil die Entwicklung in den letzten Jahrzehnten und Befunde aus anderen Gebieten der Erde zeigten, dass sehr wohl auch hierzulande für »scheu« gehaltene Tiere in die Städte vorrücken können, wenn die Intensität ihrer Verfolgung abnimmt. So suchen Wildschweine die Vorgärten von Berlin und Weißwedelhirsche die Randstädte der nordamerikanischen Metropolen auf, wenn auf dem Land die Jagdsaison angefangen hat. Die Stadt bietet ihnen mehr Sicherheit als der Wald. Wo Luchse *(Lynx lynx)* wieder eingebürgert worden sind, kann die erstaunte Bevölkerung am Stadtrand, wie etwa in Kaiserslautern, mitunter diese Katze im Vorgarten antreffen. Wie ein Geist pflegt der Luchs jedoch zu verschwinden, wenn er sich entdeckt fühlt.

Doch was hier wie zusammenhanglos an Einzelbeispielen aufgerollt wird, hat einen gemeinsamen Hintergrund. Die Strukturiertheit der Stadt ist einer der drei wichtigsten Faktoren, die ihren überraschend hohen Artenreichtum ermöglichen. Meist machen wir uns gar nicht mehr klar, wie groß der Unterschied im Vergleich zum offenen Land tatsächlich ist, denn viele Menschen schätzen gerade die freien Ausblicke über die Landschaft. Die Stadt ist ihnen zu eng – und deshalb wollen sie »hinaus«, wann immer das möglich ist.

Abb. 10 vermittelt mit einem Blick auf den westlichen Münchner Stadtteil Obermenzing eine Vorstellung von der Strukturiertheit der Stadtlandschaft. Das Wort drückt bereits den scheinbaren Widerspruch mit der Verbindung von Stadt und Land aus. Doch es kommt der Wirklichkeit näher als die herkömmliche Kontrastierung von Stadt und Land.

Abb. 10: Strukturen der Stadt-Landschaft

Das Lagebild der Zoologischen Staatssammlung in München (die »Kreise« im Bildzentrum) im Stadtteil Obermenzing zeigt die Strukturiertheit der Stadt-Landschaft. Am linken Bildrand würde der Nymphenburger Park angrenzen. Erkennbar sind zwei Bahnlinien, Teile einer größeren Parkanlage im Hintergrund (der sog. »Durchblick«-Park) und die vielen Bäume und Gärten in dieser Wohngegend mit zumeist kleinen Häusern.

Vergegenwärtigen wir uns anhand kennzeichnender Tier- und Pflanzenarten die »Strukturelemente«, so ergeben sich ganz von selbst die Zusammenhänge mit den Herkunftsbiotopen. Gebäude, vor allem alter, massiver Bauart, wie Burgen, Stadtmauern und dergleichen entsprechen dem Strukturelement der Felsen. Moderne Ansammlungen von Wolkenkratzern ragen wie schroffe Felstürme empor. Dass sie mit ihren Glasfronten kaum irgendeinen Ansatz bieten, auf dem sich felsbewohnende Pflanzen und Tiere einfinden könnten, liegt auf der Hand. Das war bei den alten (mittelalterlichen) Bauwerken anders. Burgen, Türme und riesige Stadtmauern zogen typische Felsbewohner an, die wohl auch zu den Erstbesiedlern der Städte gehörten: Hausrotschwanz *(Phoenicurus ochruros)*, Mauersegler *(Apus apus)*, Turmfalken *(Falco tinnunculus)*, Dohlen *(Corvus monedula)* und andere Tierarten sowie Pflanzen wie die Mauerraute *(Asplenium ruta-muraria)*, Mauerpfeffer *(Sedum)*-Arten und diverse Flechten. So lange die Städte sehr kompakt und dicht geschlossen blieben, waren sie im Wesentlichen für solche Arten attraktiv, die als Felsbewohner mit Mauerwerk zurechtkommen konnten.

Das änderte sich in den letzten Jahrhunderten. Die Städte öffneten sich, wuchsen über die Stadtmauern hinaus und fingen an, sich mehr oder minder intensiv mit dem Umland zu verzahnen (Reichholf 1989). Zum Strukturelement »Fels« kamen nun Gärten und Wiesenflächen, Parks und Waldstücke sowie Teiche hinzu. Was sich dadurch insbesondere steigerte, waren die so genannten Randeffekte. Mit Buschwerk bestandene Zäune entsprechen Hecken und diese kann man durchaus als »doppelte Waldränder« ohne Wald dazwischen kennzeichnen. Die kleinen Rasenflächen, der vielfach offene, immer wieder bewirtschaftete Boden der Kleingärten, das längere Zeit gar nicht weiter genutzte Brachland der Ruderalflächen und natürlich all das, was sich entlang der Wege und Zäune ausbreiten kann, erhöhte nachhaltig den strukturellen Reichtum der Stadtlandschaft. Man kann die Strukturiertheit in Grenzlinien pro Hektar oder pro Quadratkilometer berechnen und dem, seit den Zeiten der Flurbereinigung weithin ausgeräumten, der früheren Kleinstrukturen beraubten »Land« gegenüber stellen. Die Strukturdiversität der Städte liegt dabei nahezu ausnahmslos um mehrere Größenordnungen über jener der Fluren oder unserer Wirtschaftsforste. Dass die einzelnen Strukturelemente an Ort und Stelle oft nur sehr kleinflächig ausgebildet sind, schmälert offenbar ihre Wirkung bei weitem nicht so sehr, wie man annehmen möchte.

Woran das liegt, geht aus Forschungen hervor, die sich mit der Landschaftsstruktur und ihrer Wirkung auf die Biodiversität befassten (MacArthur & Wilson 1967, MacArthur 1972 und Pielou 1979 erarbeiteten hierzu die wissenschaftlichen Grundlagen). Aus einer Vielzahl von Folgeuntersuchungen ging eindeutig hervor, dass Strukturvielfalt die Artenvielfalt fördert, nicht selten sogar entscheidend bedingt. Nur ist sie schwierig zu messen, weil für die verschiedenen Arten recht unterschiedliche Strukturen bedeutsam sein können. So bildet für viele Arten der Waldrand eine recht scharfe Grenze, während andere frei darüber hinwegwechseln und Wald und Wiese, wie beispielsweise die Rehe oder Füchse, gewiss mehr als Teile ihres Lebensraumes denn als Grenzen betrachten. Ähnlich verhält es sich mit der Stadt. Längst weiß man, dass viele der Vögel, die im Winter an die Futterstellen kommen, zur Brutzeit gar nicht in der Stadt leben, oder dass harte Winter die frei lebenden Tiere stärker in die Städte »drücken« als milde Witterung. Doch worum es eigentlich geht, hat damit nur indirekt zu tun. Unterschiedliche Lebensräume, Biotope genannt, sind zu verschiedenen Zeiten unterschiedlich produktiv. Setzen sie sich wie Mosaiksteine zusammen, ergeben sie ein anderes »Bild« als großflächig einheitliche Biotope – und eine viel höhere Diversität.

Diese Gegebenheit bemerkten schon die oben genannten Begründer der modernen quantitativen Biogeographie, Robert MacArthur und Edward O. Wilson. Sie sahen in den Befunden über echte Inseln, die sie auswerteten, dass nahe beisammenliegende Inseln, Archipele, deutlich bis ganz erheblich mehr Arten insgesamt aufweisen als Landflächen gleicher Gesamtgröße. Mit zunehmender Größe einer Insel steigt ihre Artenzahl zwar rund doppelt so steil an wie bei gleicher Flächenzunahme auf dem (weitflächig einheitlichen) Festland. Aber die Zunahme der Diversität verläuft noch weitaus steiler, wenn viele Inseln nahe beieinanderliegen. So hat Indonesien, die größte Inselwelt der Erde, mehr als doppelt so viele Vogelarten pro 1.000 Quadratkilometer als das üblicherweise für die artenreichste Region gehaltene Amazonien.

Abb. 11: Strukturreichtum der bebauten Stadt

Was sich dort für die langen Zeiträume der Evolution ausdrückt, kommt nun in kleinerem Maßstab, aber auf grundsätzlich dieselbe Weise in der Artenvielfalt der Städte zustande. Durch das Zusammenrücken zahlreicher unterschiedlicher Biotope, die einander so nahe bleiben, dass die Arten ihren Zusammenhalt in den Populationen behalten, auch wenn etwa für einzelne Vogelmännchen ein Revier nur einige Gärten umfasst und das nächste dann jenseits der Straße beginnt, kommt eine insgesamt außerordentlich hohe Diversität zustande. Sogar Kolonien können sich an geeigneten Stellen gründen, deren Mitglieder dann entsprechend ausschwärmen und verschiedene Teilstücke der Stadtlandschaft nutzen. Stadttauben *(Columba livia f. domestica)* machen das so, aber auch Mauersegler *(Apus apus)* und Haussperlinge *(Passer domesticus)*. Imker wissen, dass Honigbienen *(Apis mellifica)* durchaus auch in Stadtgärten höchst erfolgreich Tracht in Form von Honig und Pollen eintragen können; nicht selten mehr als »draußen auf dem Land«, wo das Angebot an Blüten nicht so reichhaltig und über einen so langen Zeitraum im Jahr verteilt vorhanden ist.

Formal drückt sich diese Mosaikwirkung der vielen »Inselbiotope« in der Stadt durch den hohen Exponenten in der Arten/Flächen-Gleichung aus. Die 95 Vogelarten, die auf 300 Quadratkilometern mitteleuropäischer Durchschnittsfläche zu erwarten wären, erreichen im Stadtgebiet von München schon Gebiete mit weniger als einem Zehntel der Fläche. Die tatsächlichen 112 Brutvogelarten der Millionenstadt entsprechen einer Mosaikfläche von nur 30 Quadratkilometern. Der Exponent der Arten-Flächen-Beziehung nimmt dabei mit 0,28 die doppelte Größe des üblichen (0,14) an – genau wie bei typisch insularen Verhältnissen. Noch ausgeprägter zeigt sich die Wirkung dieser kleinteiligen Mosaikstruktur bei Kleintieren, wie bei Schmetterlingen, und Pflanzen. Das wird in den Kapiteln 23 bis 27 vertieft behandelt.

Der Bezug auf die Biogeographie von Inseln, hier von »Biotopinseln«, muss allerdings auch die andere Seite berücksichtigen. Sie besagt, dass die Wahrscheinlichkeit, wieder auszusterben, stark zunimmt, wenn die Biotop- oder Habitatinsel immer weiter verkleinert wird. Kleinstinseln beherbergen deshalb weit weniger Arten auf Dauer als Ausschnitte dieser Größe in einem großflächig zusammenhängenden Lebensraum. Lokales Aussterben sollte also häufig vorkommen, rasche Wiederansiedlung auch. Ihr Ergebnis lässt sich in der Bilanz als so genannter Artenumsatz (Turnover) fassen. Für die Praxis geeignet ist die prozentuale Austauschrate von Arten. Sie errechnet sich von einer Erhebung auf die nächste nach der Zahl der fehlenden und der neu hinzugekommenen Arten als Prozentsatz, bezogen auf die Gesamtzahl der Arten. Bei Schmetterlingen liegt die Rate des Artenaustausches zumeist bei durchschnittlich einem Drittel des Artenspektrums, kann aber auf bis zu 60 Prozent ansteigen, wenn extrem unterschiedliche Jahre aufeinander folgen, oder bei recht gleichartigem Witterungsverlauf nur zehn bis 15 Prozent ausmachen.

Erstaunlicherweise fällt der Artenumsatz bei Schmetterlingen in der Stadt nicht wesentlich anders aus als draußen am Dorfrand oder am Auwald. Das bedeutet, dass allem »Augenschein« zum Trotz die Isolation der Einzelvorkommen in den Städten doch nicht um so viel ausgeprägter als in der freien Landschaft ist. Das wäre auch nicht wirklich zu erwarten, wenn man sich die beiden Komponenten der Isolationswirkung vergegenwärtigt: Entfernung zum nächsten Vorkommen und Hindernisse dazwischen. In der Stadt gibt es zwar viele Hindernisse für die Ausbreitung der Arten, für ihr »Dispersal«. Aber dafür sind die Entfernungen gering. Am Land verhält es sich umgekehrt. Hinzu kommt, dass gerade für Kleintiere, wie Insekten, ganz erhebliche Flächenanteile des Landes zeitweise ziemlich massiv vergiftet sind, weil Pflanzenschutzmittel eingesetzt werden. In der Stadt spielt diese Vergiftung keine oder eine ungleich geringfügigere Rolle.

Ein anderes, im Sommer alltägliches Beispiel weist in dieselbe Richtung. Wer bei entsprechend günstiger Witterung mit dem Auto in der Stadt unterwegs ist, wird dank der geringen Fahrtgeschwindigkeiten weitaus weniger tote Insekten, vor allem auch Schmetterlinge, an seinem Fahrzeug feststellen als bei einer Überlandfahrt mit derselben Gesamtfahrstrecke. Und trotz flächenbezogen höchster Verkehrsdichte fallen in der Stadt die Verkehrsverluste bei Säugetieren und Vögeln am geringsten aus – mit weitem Abstand von den Todesraten auf Landstraßen. Effekte der Entfernung, wie sie in der freien Landschaft so wesentlich die Ausbreitung von Arten beeinflussen, wirken somit in den Städten, zumindest in großen Bereichen der Stadtlandschaft, weniger isolierend. Dass es davon ganz erhebliche Ausnahmen gibt, liegt auf der Hand. Das wird am Beispiel der Entwicklung von Schneckenpopulationen (Kapitel 26 und 31) näher ausgeführt.

Fassen wir nochmals zusammen: Artenvielfalt hängt vom Strukturreichtum ab. In dieser Hinsicht zeichnen sich die Städte ganz besonders aus (Abb. 11). Zur Aufrechterhaltung bedarf es jedoch eines ausreichenden Austausches zwischen den örtlichen Vorkommen. Der Artenumsatz in der Stadt verläuft anscheinend nicht wesentlich anders als auf dem Land. Das bedeutet, dass die räumliche Nähe der Einzelvorkommen zueinander die Vielfalt erhält, gleichzeitig aber eine hohe Dynamik auftritt. Die einzelne Stelle, die in der Stadt genauer untersucht wird, kann in wenigen Jahren eine ganz anders zusammengesetzte Tier- und Pflanzenwelt aufweisen. Die Vorkommen müssen nicht »ortsstabil« sein, um sich im Stadtgebiet erhalten zu können, weil dieses selbst auch eine Dynamik aufweist, die sich sehr stark von den Verhältnissen am Land unterscheidet. Dort erzeugt die Bewirtschaftung alljährlich offene Böden ohne Bewuchs (Abb. 12), die grundsätzlich geeignet wären, von einer Vielzahl von Tier- und Pflanzenarten besiedelt zu werden. Die Landwirtschaft verhindert dies jedoch zugunsten der einen Art von Nutzpflanzen, die auf der betreffenden, mitunter recht ausgedehnten Fläche möglichst konkurrenzlos und verlustfrei aufwachsen und Produktion liefern soll. Wenn in der Stadt freie Flächen entstehen, werden sie bei weitem nicht so gründlich und so schnell bepflanzt und gestaltet. Weitaus mehr Land darf sich ohne direkte »Vorgabe« durch den Menschen entwickeln. So merkwürdig es auch klingen mag: Die Stadt lässt mehr natürliches Werden und viel mehr Dynamik zu als das Land. Vieles, was Menschen als Störungen empfinden, stört in der Natur ganz und gar nicht, sondern ist notwendiger Auslöser von Dynamik. Zusammen mit der Vielfalt an Strukturen erhält sie die Diversität der Arten und gefährdet sie nicht.

Abb. 12: Monotonie des »bebauten«, landwirtschaftlich genutzten Landes

Die Stadt als Ganzes hat große Teile ihrer Flächen fest bebaut. Das ist so. Doch das »versiegelte« Land macht auch in den großstädtischen Ballungsräumen nur einen Teil der Gesamtfläche aus. Dieser liegt in aller Regel (weit) unter 50 Prozent, oft nur bei einem Drittel der Stadtfläche oder weniger. Das »bebaute« Land erscheint uns offen, obgleich es in Wirklichkeit von der Landwirtschaft weit fester im Griff gehalten wird als die Stadt. Dort sind in der Regel mehr, viel mehr als die Hälfte der Flächen kompromisslos einer bestimmten Art von Produktion zugeteilt. »Bebauen« hat nicht ohne Grund hier einen doppelten und doch im Grundsatz gleichartigen Wortsinn. Die Landwirtschaft »bebaut« ihr Land; die Stadt hat es auch »bebaut«. Das Land ist nicht »Natur«, sondern Menschenwelt wie die Stadt. Bekanntlich sind auch viele Wälder als gepflanzte Forste nicht gerade naturgemäß in Aufbau, Wuchsform und Entwicklungsmöglichkeiten. Wir müssen uns frei machen von der verbreiteten, gleichwohl aber unzutreffenden Vorstellung, das freie Land wäre »natürlicher« als die Stadt. Beide stellen äußerst stark veränderte Räume dar, die weit entfernt sind von einem Zustand der Landschaft, wie er sich ohne das Wirken des Menschen einstellen würde. Doch dass die Städte vielfach weit artenreicher als das Land (geworden) sind, gibt zu denken. Reichen Strukturiertheit und Dynamik aus, um den so krassen Unterschied zu erklären, wie er sich in den Befunden von Abb. 4, 5, 7 und 8 ausdrückt?

3 Ursachen II –
nährstoffarme, trockene und warme Biotope

In den Städten sind große Teile des Bodens bebaut, geteert, gepflastert oder auf andere Weise »versiegelt«. In den Innenstädten gibt es, von dann meist nur kleinen Parkanlagen abgesehen, kaum noch Stellen mit offenem Boden. Im breiten Gürtel der Wohnsiedlungen sieht das anders aus (vgl. dazu auch Abb. 10). Die bebaute Fläche nimmt rasch ab und geht unter 50, vielfach unter 30 Prozent zurück. Doch da auf dem Land der Anteil geteerter Straßen meist nur wenige Prozent der Gesamtfläche ausmacht, ist die Flur zweifellos »offen« im Vergleich zu den Stadtflächen. Die bloßen Feststellungen, dass es sich so verhält, besagen jedoch noch nichts darüber, wie sich die Versiegelung auswirkt und wie die Folgen zu bewerten sind.

Von versiegelten Flächen läuft das Wasser ab, ohne nennenswert zu versickern. Was nicht gleich wieder verdunstet, gerät in die Kanalisation. Starkregen schwemmen den Schmutz von den Straßen und Plätzen mit sich fort und transportieren diesen in die Abwasserkanäle. Von den Dächern wird der Niederschlag häufig direkt in die Kanalisation eingeleitet. Mit Folgen für die Abwasserreinigungsanlagen: Bei Wolkenbrüchen können sie die Wassermassen unter Umständen nicht mehr aufnehmen und laufen über. Der Straßenschmutz mit Reifenabrieb gehört in die Sparte der problematischen Bestandteile des Abwassers. Also ist die Versiegelung »schlecht«. Zu den Klärwerken liefert sie auf jeden Fall belastetes Abwasser. Dennoch: Von seltenen Ausnahmen abgesehen, wird all das, was aus der Stadt ausgeschwemmt wird, über die Kanalisation entsorgt und nach dem Stand der Technik geklärt. Die Entsorgung des Niederschlags verursacht somit Kosten, die in die Abwassergebühren eingehen.

Doch wie sieht es damit draußen auf der nicht versiegelten Flur aus? Keineswegs im Umkehrschluss »einfach gut«! Im Gegenteil: Was dieselben Starkregen dort ausschwemmen und als Oberflächenabfluss in die Bäche und Flüsse transportieren oder dem Grundwasser zuführen, erweist sich bei genauerer Betrachtung als noch viel belasteter als das Abwasser der Freiflächen in der Stadt. Denn ohne geklärt zu werden, verfrachtet der Niederschlag jede Menge Düngemittel, vor allem die leicht wasserlöslichen Nitrate und Phosphate aus dem Mineraldünger und der Gülle, und die vielen Stoffe, die von der Landwirtschaft eingesetzt werden: Herbizide, Pestizide, Fungizide, Wachstumsverkürzer und so weiter. So gut wie nichts davon wird über Klärwerke dem Abfluss entzogen. All diese Stoffe aus der Landwirtschaft gelangen in mehr oder minder großen Mengen in das Grundwasser, in die Bäche und in die Seen. Die davon ausgehende Belastung ist so groß, dass sich außerhalb der zumeist hart umkämpften und von Eintrag von den Seiten her bedrohten Wasserschutzgebiete landauf, landab kein Grundwasser mehr als Trinkwasser benutzen lässt.

Durch schwere Maschinen verdichtete Böden lassen mitunter kaum weniger Wasser pro Quadratkilometer oberflächlich ablaufen als die versiegelten Bereiche der Städte. Die Abschwemmungen von Bodenteilchen nach Starkregen im Frühjahr sind allenthalben sichtbar, wo keine einigermaßen geschlossene Decke von Feldfrüchten die Vorgänge (die dennoch stattfinden) zudeckt. Denn Mais und Rüben oder Kartoffeln decken bis weit in den Sommer hinein den Boden bei weitem nicht so dicht ab, wie es nötig wäre, um die Abschwemmungen zu verhindern. Allein mit Pflanzennährstoffen wird das Land flächendeckend so stark überdüngt, dass die Stickstoffbilanz alljährlich Überschüsse von durchschnittlich mehr als 100 Kilogramm Stickstoff pro Hektar und Jahr ergibt, die nicht genutzt werden. In weiten Regionen, vor allem im Nordwesten und Südosten Deutschlands, reicht die Überdüngung bis über 200 Kilogramm Stickstoff pro Hektar und Jahr hinaus (Reichholf 2005a).

Jahrhundertelang war das ganz anders. Es herrschte Mangel an jenen Stoffen, die von den Nutzpflanzen zum Wachstum und zur Ausbildung reicher Erträge benötigt werden. Das Land war ausgemagert. Entsprechend niedrig lagen die Hektarerträge, sei es beim Weizen oder den weniger anspruchsvollen Kartoffeln. An so nährstoffbedürftige Pflanzen, wie es der Mais *(Zea mays)* ist, wäre ohne künstliche Düngung gar nicht zu denken gewesen. Eine Pflanze, die in einer Saison, von Mitte Mai bis in den September hinein, volle zwei Meter und höher aufwächst, braucht außerordentlich viel mineralische Düngestoffe, insbesondere Stickstoffverbindungen. Der »künstliche Dünger« machte es möglich; die aus der Stallviehhaltung von großen Mengen Rindern und Schweinen anfallende Gülle lieferte nach und nach ähnliche Mengen dazu. Doch die Gülle fällt zu Zeiten des Jahres an, in denen die Pflanzen das Überangebot nicht verkraften oder gar nichts damit anfangen können: im Vorfrühling nach dem Winter, wenn die Gülledepots voll sind, im Hochsommer, wenn die Ernte entsprechende Flächen für die Ausbringung frei gemacht hat, und wieder im Spätherbst vor Beginn des Winters, wenn die Depots leer sein müssen (Abb. 13).

Abb. 13: Ausbringen der Gülle im Winter, wenn die Pflanzen keine zusätzlichen Nährstoffe benötigen

Die Folgen sind massive Überdüngung und die davon ausgehende Vereinheitlichung des Pflanzenkleides der Fluren. Solche Arten von Pflanzen, die einen hohen Stickstoffbedarf haben oder viel davon aushalten können, gewinnen die Oberhand, während die weitaus größere Anzahl an Arten, die auf magere, nährstoffarme Verhältnisse eingestellt sind, verschwinden. Das Dauergrünland wird artenarm, aber »fett«. Fettwiesen nennt man seit langem solch hoch produktives Grünland. Magerrasen hingegen gibt es kaum noch. Denn wo sie von Natur aus vorkämen und wo nicht künstlich überdüngt worden ist, reichert ein weiterer Vorgang die Landschaft mit Nährstoffen an. In den modernen Hochleistungs-Heizkraftwerken und bei sehr schneller Fahrt mit hohen Drehzahlen der Motoren wird Luftstickstoff mit verbrannt. Als so genannte NOx-Verbindungen geraten sie in die Luft. Der Regen wäscht sie aus und düngt auch dort, wo die Landwirtschaft gar nicht tätig ist. Viele Naturschutzgebiete fingen in den 1980er Jahren verstärkt an zuzuwachsen, weil diese Düngung von außen, auf dem Luftweg, durch keine entsprechenden »Entnahmen« ausgeglichen wurde, wie sie früher etwa die Beweidung mit Schafen oder Ziegen verursacht hatte.

Was hier in gedrängter Form beschrieben wird, verursacht in den letzten Jahrzehnten noch größere Artenrückgänge und -verluste als die Flurbereinigung. Da die landwirtschaftlich genutzten Fluren in Mitteleuropa zwischen 50 und 60 Prozent (gebietsweise noch mehr) an der Landesfläche einnehmen, entfällt auf sie auch der mit weitem Abstand größte Teil der Artengefährdung. Die Flächenanteile von Städten und großen Verkehrsanlagen können mit ihrem Anteil von kaum mehr als zehn Prozent die Rückgänge zwar nicht ausgleichen, aber sie zeigen, wie diese zustande gekommen sind. Denn in den Städten (und nahezu ausnahmslos auch auf den großen Industrieflächen oder Verkehrsanlagen) gibt es diese Überdüngung nicht. Hier wird höchstens in Kleingärten oder auf besonderen Rasenflächen nur punktuell bis kleinräumig Dünger eingesetzt. Der weitaus größte Teil des Stadtgebietes bleibt frei davon. Die Autos fahren langsam; die Heizkraftwerke schicken ihre Fracht hoch in die Atmosphäre und die Bodenversiegelung schwemmt einen ganz erheblichen Teil der dennoch auf den Boden gelangenden Pflanzennährstoffe aus. Deshalb bleiben in den Städten vielfach magere, nährstoffarme Zustände erhalten (Abb. 14) oder sie können, wenn ein Gelände frei gemacht wird, entsprechend länger anhalten als auf dem überdüngten Land.

Die Wirkung dieser Überdüngung betrifft keineswegs allein das Grundwasser oder die Bäche und Tümpel. Wo es zu viel Stickstoff und andere wichtige Pflanzennährstoffe in den Böden gibt, wächst die Vegetation schon im Frühjahr viel schneller und weitaus dichter auf als auf Gelände mit Nährstoffarmut. Überschüsse bedeuten allgemein ökologisch ausgedrückt den Zustand der Eutrophie; Mangel ist Oligotrophie. Der Zwischenbereich »mesotropher Verhältnisse« lässt sich jedoch kaum aufrechterhalten. In der Natur bildet er stets nur einen mehr oder minder kurzzeitig andauernden Übergang vom einen zum anderen Zustand. Im Hinblick auf die Pflanzen und ihre Nutzung wäre der mittlere Zustand zwar ideal, weil diese dann genauso viel verbrauchen würden, wie Nährstoffe vorhanden sind, und weder Überschüsse als Rest noch Mangel, der die Produktivität begrenzt, eintreten könnten. Aber da Verluste unvermeidlich sind, geht der Landwirt wie ein Gärtner, der reiche Ernte erzielen möchte, nach dem Prinzip »viel hilft viel« vor. Und so kommen die Überschüsse an Nährstoffen zustande, die das Grundwasser, die Seen und Teiche, die Böden und zuzeiten auch die Luft belasten. Es hat mit guter Landluft wirklich nichts mehr zu tun, wenn mehrmals im Jahr das Land zum Himmel stinkt, weil die ausgebrachte Gülle in viel zu großen Mengen ausgebracht wird. In dieser Hinsicht verbesserten sich die lufthygienischen Verhältnisse in den Städten im vergangenen halben Jahrhundert ganz beträchtlich, während es am Land zur geduldeten, durch die so genannte ordnungsgemäße Landwirtschaft sanktionierten Verschlechterung kam.

Rasches und zu dichtes Aufwachsen der Pflanzendecke bedeutet aber auch, dass die Bodenoberfläche und der bodennahe Bereich in ihrem Kleinklima kalt und feucht bleiben, auch wenn darüber – und die offiziellen meteorologischen Messungen scheinen dies anzuzeigen – schönes und warmes Frühsommerwetter herrscht. Die Überdüngung bescherte uns eine Umkehrung der klimatischen Gegebenheiten. Wo es früher draußen auf dem (übernutzten, ausgebeuteten) Land warm und trocken gewesen war, ist es nun kühl und feucht. Die meisten Insekten und viele andere Kleintiere hängen in ihren Vorkommen und ihrem Gedeihen jedoch nicht von den offiziellen meteorologischen Messwerten ab, sondern davon, wie direkt in ihren Lebensbereichen Temperatur und Feuchte beschaffen sind. Die Tier- und Pflanzenarten, die trockene, warme Bedingungen zum Leben brauchen, sind daher weithin rückläufig geworden oder ganz aus unseren Fluren und Landschaften verschwunden, während sich die an feucht-kühle Verhältnisse angepassten Arten ausbreiten konnten. Solche gibt es jedoch weitaus weniger als die Wärme und Trockenheit liebenden Arten.

Der gegenwärtig vielfach beklagte Artenrückgang traf daher mit weitem Abstand am stärksten die Fauna und Flora der Fluren, in deutlich geringerem Umfang die Wälder, die aber gleichfalls auch immer dichter werden und kaum noch offene, sonnige Schläge enthalten, und so gut wie gar nicht die Städte. In ihnen blieben die Verhältnisse weitaus günstiger, weil die geschilderten Umstände über den hohen Grad der Bodenversiegelung, verstärkt durch die Wärmeaufnahme und -abstrahlung der Gebäude, die trockenwarmen Bedingungen förderten oder zumindest aufrechterhalten konnten. Dass auch in den Städten da und dort manch magerer Standort zuwächst, ist kein grundsätzlicher Widerspruch, sondern bestätigt diese Entwicklungen. Das Wuchern der Pflanzenwelt aufgrund der Überdüngung wirft auch komplizierte Probleme hinsichtlich des Umgangs mit »geschützten Bereichen« in den Städten auf. Sollen sie weiter zuwachsen und ihren Artenreichtum verlieren? Oder halten Störungen durch die Menschen diese, den meisten geschützten Arten abträglichen Entwicklungen besser zurück, als ein doch nicht so recht funktionierendes Management der Natur dies leisten könnte? Darauf wird noch an verschiedenen Stellen zurückzukommen sein.

Abb. 14: Magere Blumenwiese, wie sie für städtische Biotope typisch ist

Halten wir hier fest: In den Städten, insbesondere in Großstädten, können weite Bereiche nährstoffarm verbleiben oder durch Eingriffe, die aus ganz anderen Gründen getätigt werden, diese immer wieder ausmagern, während das Land seit Jahrzehnten zugedüngt wird. Der Artenreichtum der Städte hängt in beträchtlichem Umfang davon ab, ob die Biotope nährstoffarm bleiben können oder nicht. Die Versiegelung, die zunächst als großer Nachteil angesehen wurde, erweist sich bei genauerer Betrachtung geradezu als Voraussetzung für die Erhaltung von Vielfalt. Nochmals sei hier betont, dass es um das »Urteil« der Pflanzen und Tiere selbst geht, und nicht um Wünsche oder Vorstellungen der Menschen, die Leitbilder zur Natur und ihrer Erhaltung in guter Absicht aufstellen. Die Wirklichkeit sieht bekanntlich nicht selten ganz anders aus. Wenn in einem nur 6.000 Quadratmeter kleinen, allseits von hohen Gebäuden abgeschlossenen Innenhof der Schlossanlage von Nymphenburg in München nach vier Jahren Lichtfang die stattliche Anzahl von fast 400 verschiedenen nachtaktiven Schmetterlingsarten zusammengekommen war, so drückt dieser Artenreichtum höchst deutlich aus, wie sehr wir uns verschätzen können, wenn wir meinen, die Stadt sei einfach von vornherein »schlecht« und das Land »gut«.

Ausmaß und Bedeutung der Überdüngung für Erhaltung und Schutz der Arten sind erst in den letzten Jahren genauer bekannt geworden. Die Städte bieten hierzu beides: Vergleiche zu den Entwicklungen auf dem Land und die Möglichkeit, die Arten besser zu schützen, als dies »draußen« möglich ist. Die Frage des Schutzes betrifft dabei insbesondere die größeren Arten der Vögel und der Säugetiere; Arten, die draußen scheu sind, weil sie verfolgt werden. Auch ihnen hat die Stadt viel zu bieten. An erster Stelle steht die Sicherheit, in der die bejagten Tiere im Siedlungsraum der Menschen leben können. Viele Arten nutzen diese Sicherheit – und es werden immer mehr!

4 Ursachen III –
geschützter und sicherer Lebensraum

Das ganze Jahr über, vor allem aber im Winter, drängeln sich Wasservögel an den Futterstellen in den Städten. Drei Arten bilden die Hauptmenge: die großen Höckerschwäne *(Cygnus olor)* (Abb. 15), weiß mit rotem Schnabel und schwarzem Höcker am Schnabelansatz, oder fahlfarben an Schnäbel und Beinen, wenn das Gefieder sie mit grauen Federn noch als Jungvögel ausweist, die ganz schwarz gefiederten Blesshühner *(Fulica atra)* mit kurzem Schnabel, auffällig weißem Stirnlatz und merkwürdig nickendem Schwimmen, und die »Enten«. Bei diesen handelt es sich zumeist (oder ausschließlich) um futterzahme, wildfarbene oder halbwilde Stockenten *(Anas platyrhynchos)*, die Stammart der Hausente. Da bei den Stockenten gelegentlich auch Farbabweichungen auftreten, gegenwärtig allerdings viel seltener als früher (vgl. Kapitel 28), weisen Körperform und Verhalten sie mitunter klarer als die artgemäße Färbung und Zeichnung als Stockente aus.

An manchen Parkgewässern kommen Gänse hinzu, die aber lieber direkt an Land um Futter betteln: die großen Kanadagänse *(Branta canadensis)* mit ihrer markanten weißen Querbinde an den Kopfseiten und die kleineren grauen Gänse mit rötlich-gelblichen Schnäbeln und dem typischen Hausgansgeschnatter, die Graugänse *(Anser anser)*. Mitunter gibt es, wie im Nymphenburger Park in München, Kreuzungen zwischen beiden einander so unähnlichen Arten, die sich dann mit keinem gewöhnlichen Vogelbestimmungsbuch erkennen lassen. Der Kopf ist fleckig mit breiterem weißen Seitenteil, die Größe liegt zwischen jener der beiden Arten und sie schließen sich meistens entweder den Kanada- oder den Graugänsen an. Im Winter mischen sich auch die kleinen, schwarzweiß gefiederten Reiherenten *(Aythya fuligula)* mit dem dünnen, weit nach hinten hängenden Federschopf auf dem Hinterkopf und die rot-braunköpfigen Tafelenten *(Aythya ferina)* mit dem fein gewellten, grauen Rücken in die Schar der bettelnden Wasservögel. Die Weibchen beider Arten sind ohne markante Zeichnung bräunlich; jene der Reiherenten dunkler und in der Kopfform anders als die Tafelenten. Sie wagen sich nicht so weit vor wie die Schwäne und die Gänse, die häufig den Menschen das Futter direkt aus der Hand nehmen. Was so zahm ist, achtet man nicht. Handelt es sich dabei zudem noch um Vögel, die ursprünglich in Gefangenschaft gehalten wurden und, wie die Kanadagänse aus Nordamerika, von weit her stammen, kümmert sich niemand sonst um sie, abgesehen von den Menschen, die Freude daran haben, die Vögel zu füttern.

Manche exotische Art gesellte sich zu diesen futterzahmen Wasservögeln, wie die inzwischen in München, Wien und anderen Großstädten frei brütende, besonders auffällig bunte Mandarinente *(Aix galericulata)*. Sie stammt ursprünglich aus Ostasien. Ihrer Schönheit wegen wurde sie gern beim Ziergeflügel auf Privatteichen oder kleineren Gewässern in Parkanlagen gehalten. Von dort verwilderte sie. Heute gibt es in England größere Vorkommen der Mandarinenten als vielerorts in ihrer chinesischen Heimat. Auf diese »fremden Arten« wird in anderem Zusammenhang (Kapitel 10) Bezug genommen. Hier geht es um die Rahmenbedingungen, die dazu geführt haben, dass Schwäne, Blesshühner sowie diverse Arten von Enten so »zahm« wie im Zoo geworden sind und dennoch frei auf den Stadtgewässern leben, an den Ufern auch brüten und sogar vor Hunden weit weniger Scheu als ihre frei lebenden Artgenossen zeigen. Der Grund scheint klar. Die Menschen bieten diesen Vögeln regelmäßig Futter. Um an diese Nahrung zu gelangen, bauten die großen Schwäne wie die kleineren Enten und Blesshühner ihre natürliche Scheu ab und wurden »futterzahm«. Dass sie vor den Menschen nicht mehr wie ihre wilde Artverwandtschaft fliehen, zeigt eben, wie sehr sie »verstädtert« und in ihrem natürlichen Verhalten verändert sind.

Wie viele »einfache Erklärungen« ist auch diese falsch. Das geht aus dem Verhalten einer ganzen Reihe anderer Wasservögel hervor, die nicht um Futter betteln und sich, betrachtet man sie genauer, offenbar überhaupt nicht um den Menschen kümmern. Für fünf bis sechs weitere, mit jedem einigermaßen brauchbaren Vogelbuch leicht zu bestimmende Entenarten trifft dies zu. Ganz besonders eindrucksvoll führen sich aber die den Enten nahestehenden, sich aber ganz anders, nämlich im Wesentlichen von Fischen ernährenden Gänsesäger *(Mergus merganser)* (Abb. 16) vor. Gänsesäger halten sich auf den Gewässern des Nymphenburger Parks oder an der Isar im Stadtgebiet von München nicht nur auf, um hier buchstäblich in Ruhe ruhen zu können, weil sie niemand stört und sie sich an den Menschen im Park und am Fluss nicht stören. Gänsesäger erregen zumeist kein Interesse der Menschen, die vorbeikommen. Später, ab Anfang oder Mitte Mai, führen die Weibchen ihre Jungen auf denselben Gewässern. Irgendwo oben in einer geräumigen Baumhöhle, in einem Turm oder sonst wo hatten sie gebrütet. Die Jungen müssen mitunter aus kaum glaublicher Höhe in die Tiefe springen, damit sie die Mutter zum auserwählten Gewässer führen kann. Handelt es sich um einen Kirchturm, sieht das gefährlich aus. Doch die frisch

Abb. 15: Höckerschwäne zählen zu den futterzahmen Wasservögeln.

Abb. 16: Gänsesäger wurden in der Stadt mit dem Menschen »vertraut«, aber im Gegensatz zu den Schwänen, Blesshühnern und Enten nicht futterzahm.

geschlüpften Küken gleiten wie Flaumbällchen zum Boden. In der Regel geschieht ihnen nichts. Nun führt sie die Mutter über Straßen und Wege in genau derselben Weise zum Wasser, wie das auch die Stockentenmütter mit ihrer Kinderschar tun, wenn sie Straßen überqueren. Autofahrer halten an, um die Familie sicher passieren zu lassen.

Im Unterschied zu den Stockenten, die zu den Fütterungen kommen, machen dies Gänsesäger aber höchst selten oder überhaupt nicht, wenn die Gewässer in der Stadt genügend Kleinfische und große Wasserinsekten haben. Von Letzteren ernähren sich die kleinen Jungen, bis sie groß genug geworden sind, selbst unter Wasser nach Fischen zu jagen.

Die Gänsesäger sind in doppelter Weise aufschlussreich. Erstens ist ganz sicher, dass sie nicht vom gebotenen Futter in die Stadt gelockt worden sind. Niemand kam, um sie etwa mit Sardinen aus der Dose oder gar mit lebenden Kleinfischen anzufüttern. Zweitens verlief die »Verstädterung« gleichsam direkt unter unseren Augen in den letzten zwei Jahrzehnten. An der Isar, am Lech und einigen weiteren Flüssen, die aus den Alpen kommen, hatte sich seit den 1970er Jahren ein Brutbestand von Gänsesägern entwickelt. Auslöser war wohl, dass große Auffangbecken für Hochwasser am Alpenrand gebaut worden waren, die das Wasser der Flüsse klären, weil die mitgeführten Schwebstoffe in den Stauseen ausfallen und sedimentieren. An der Isar bewirkte dies der große Sylvensteinspeicher, am Lech der Forggensee. Die recht selten gewordenen Gänsesäger waren unter Schutz gestellt worden. Die Einstellung der Bejagung verminderte bei diesem kleinen, aber rasch anwachsenden Bestand am Alpenrand die Fluchtdistanz, zumal die zugehörigen Vögel an den Schweizer Seen und am Bodensee überwinterten, wo sie gleichfalls unbejagt blieben. Insbesondere an der Isar wurden sie aber mit dem Erholungsbetrieb konfrontiert. Die Säger lernten von klein an die Harmlosigkeit der Menschen und der Boote kennen. Ihre Scheu ging zurück. Abnehmende Störungsempfindlichkeit öffnete ihnen den Zugang zur Großstadt, wo es auf den Wasserflächen der Parkseen oft ruhiger zugeht als draußen an der Isar. Die Fluchtdistanz verminderte sich nach und nach bis auf zehn Meter oder weniger. Jetzt können sie die Vorteile der Stadt umfassend nutzen, ohne Futter von den Menschen dafür bekommen zu müssen. Sie wurden »vertraut«, aber nicht zahm!

Die Artgenossen, die aus nördlichen und östlichen Brutgebieten an die Seen und Stauseen zum Überwintern kommen, legen die Scheu nicht ab. Sie müssen damit rechnen, dass dort geschossen wird – wenn auch nicht direkt auf die Säger, so doch auf die anderen Wasservögel, mit denen zusammen sie sich auf den Gewässern eingefunden haben. Dass die Schüsse normalerweise nicht ihnen, sondern den »jagdbaren« Stockenten gelten, wissen sie nicht. Das zu lernen, fällt weitaus schwerer und ist auch viel riskanter, als sich in die Sicherheit eines Stadtparks zu begeben.

Bei der weitaus überwiegenden Mehrheit der Wasservögel verhält es sich so. Sie haben gelernt, dass ihnen in der Stadt keine (oder nur höchst selten einmal) Gefahr droht. Menschen sind für sie ziemlich bedeutungslos. Sie halten sich an die Wege und bleiben damit im kalkulierbaren Abstand zu den ruhenden, balzenden oder nach Nahrung suchenden Enten oder

Gänsen. Die Handvoll futterzahmer Arten mag ein Lockmittel sein, macht aber den entscheidenden Unterschied nicht aus. Weit mehr Vögel, auch solche, die nicht zu den Wasservögeln gehören, kennen die Harmlosigkeit der Stadtbevölkerung und fühlen sich sicher. Die Kleinvögel drücken dieses Verhältnis auf ihre Weise aus. Nur ganz wenige, meistens nur einzelne Meisen oder die fälschlicherweise »frech« genannten Spatzen, lassen sich direkt füttern. Die vielen anderen weichen nur ein wenig aus, so wie sie es auch tun würden, wenn draußen »in der Natur« Kühe oder sonstige Großtiere kommen, vor denen sie keine Angst zu haben brauchen.

In anderen Ländern verhalten sich auch Säugetiere so, die wir als »scheu« und »wild« zu bezeichnen pflegen. In England laufen Füchse in Großstädten wie London und Bristol am helllichten Tag herum, rollen sich auf Terrassen zusammen, um ein Mittagsschläfchen zu halten, oder suchen in aller Gemütsruhe in Anwesenheit von Menschen Abfallkörbe nach Verwertbarem durch. In Nordamerika tun dies bekanntlich auch die bei uns so extrem scheuen Waschbären *(Procyon lotor)*. Erst in neuerer Zeit lassen sich bei uns in Deutschland Füchse am Tage in der Stadt sehen. Früher hielt man Füchse, die sich am Tag zeigten, selbstverständlich für tollwütig, ob sie es waren oder nicht. Denn ein rechtes »Wildtier« hat »wild«, also scheu zu sein. Sonst ist es irgendwie bereits verdorben.

Diese Einstufung, wie Wildtiere sein sollen, beginnt sich zu ändern. Schrittmacher sind die Erfahrungen in den Städten, denn sie zeigen, dass das Wildsein nichts weiter als ein Vorurteil ist. Viele Säugetiere und Vögel könnten durchaus ganz gut in der Menschenwelt leben, wenn man sie nur leben ließe. Sie brauchen nicht futterzahm und abhängig gemacht zu werden. Sie sollen gar nicht so abhängig sein wie die Rehe *(Capreolus capreolus)* und die Hirsche *(Cervus elaphus)* in Wald und Flur, wo sie der Fütterung bedürfen und ohne diese nur in weitaus geringeren Beständen, gebietsweise überhaupt nicht, überleben könnten. Damwild *(Dama dama)* und Jagdfasan *(Phasianus colchicus)* könnten in Mitteleuropa auf sich allein gestellt in ihren meisten Vorkommen gar nicht überleben, gelten jedoch als Wild. Stein- oder Hausmarder *(Martes foina)* gibt es in den Städten in mehrfach höherer Häufigkeit als draußen auf den Fluren – und sie sind dennoch keine Haustiere, sondern ganz normal frei lebende Marder! Beißen sie Kabel in geparkten Autos an, wird so ein »unnatürliches Verhalten« in der Stadt weit eher toleriert und nicht gleich mit der »Todesstrafe« geahndet, als wenn sie auf dem Land in den Hühnerstall eingedrungen sind und sich Eier oder ein Huhn geholt haben.

So führt uns die verringerte Scheu vieler Tiere in der Stadt vor Augen, wie sie sein und leben könnten, wenn ihnen draußen nicht so sehr nachgestellt würde. Dass die meisten Säugetiere sich nur nachts hinaus trauen, ist unnatürlich. Wenn sie in der Stadt auch am Tage zu sehen sind, entspricht dies weit mehr ihrer Natur. Gewiss, bei manchen Tieren ist es gut, wenn sie den Menschen nicht zu nahe kommen. Wildschweinbesuch ist problematisch, vor allem wenn kleine Junge in der Rotte sind. Noch größere Schwierigkeiten würde ein Bär im Stadtwald verursachen. Doch es gibt Städte in Europa, die durchaus nachts auch regelmäßig Bärenbesuch bekommen. Man braucht Erfahrung im Umgang mit Wildtieren, um die Risiken beurteilen zu können – auch für die Beurteilung der Menschen und ihres Verhaltens.

Ein dritter wichtiger Befund ergibt sich hieraus. Die Scheu nimmt vielen Vögeln und Säugetieren vielfach Möglichkeiten zum Leben, wo es den sonstigen Verhältnissen zufolge durchaus ginge. Seltenheit draußen in der Natur muss nicht nur die Folge fehlender oder unzureichender Lebensgrundlagen sein. Die Anfälligkeit für Störungen kann die Nutzbarkeit des Lebensraumes stark beeinträchtigen. Auf wie kleinen Flächen in den Städten wie viele Arten leben können, drückt aus, dass es auch anders ginge – wenn die Tiere nicht zu scheu wären! Auf andere Weise äußert sich dieses Prinzip auch bei zahlreichen Kleintieren und bei empfindlichen Pflanzen. Wo regelmäßig gespritzt und vergiftet wird, können sie nicht überleben. Manch geschützter Art, wie zum Beispiel zahlreichen Singvögeln, mindert dieses Vergiften das Nahrungsangebot so sehr, dass sie nicht mehr vorkommen, obgleich die »Biotopstruktur« ihre Existenz durchaus zuließe. Kommen nun aber auch noch Störungen hinzu, welche die Wege länger machen, die für die Futtersuche aufgewendet werden müssen, klappt es mit erfolgreicher Fortpflanzung bald nicht mehr. Störungen kosten fast immer zusätzliche Energie für die Flucht und sie nehmen Zeit für die Suche nach Nahrung.

Wo die Tiere nicht (mehr) störungsempfindlich sein müssen, gewinnen sie diese Verluste zurück. Auch das ist ein weiterer großer Vorteil des Lebens in der Stadt. Bei Vögeln und Säugetieren trägt er ganz erheblich dazu bei, dass diese beiden besonders empfindlichen wie auch sehr lernfähigen Tiergruppen in der Stadt in größerer Häufigkeit und Artenvielfalt vorkommen als auf vergleichbaren Flächen auf dem Land.

5 Wärmeinsel Stadt – Testfall für den Klimawandel?

Das Stadtklima ist in der Regel wärmer und trockener als das Klima im Umland. Besonders die »Aufwärmung der Städte« kennt man seit Jahrzehnten. Die Durchschnittstemperaturen liegen je nach Größe der Stadt um mehrere Grad über denen des freien Landes. Städte sind »Wärmeinseln« und zumeist auch trockener, weil der Niederschlag rascher abfließt und die Gebäude schneller die Feuchtigkeit verdunsten lassen als mit dichter Vegetation bedeckte Gelände gleicher Größen. Millionenstädte liegen mit drei bis fünf Grad Celsius über dem Durchschnitt und um 20 bis 35 Prozent darunter bei der Feuchte. Somit sollte es erstens Wärme liebende Arten häufiger in den Städten als im Umland geben und sollten zweitens die Auswirkungen der prognostizierten Klimaerwärmung an den vielen vorhandenen Beispielen der Städte vergleichend erforscht werden können. Sie bilden gleichsam über alle Regionen verteilte Modellserien von den Tropen bis an den Rand der Arktis und von den Meeresküsten bis hinauf in höhere Bergregionen. Für die Klimafolgenforschung bieten sich Städte geradezu an. Merkwürdigerweise werden sie jedoch offenbar überhaupt nicht als Modellfälle genutzt. Computermodelle werden der vorhandenen Wirklichkeit vorgezogen. Bevor man darauf näher eingehen kann, ist es hilfreich, die Besonderheiten des Stadtklimas genauer zu betrachten. Wie kommen die höheren Werte des Durchschnitts zustande? Wie wirken sie im Jahreslauf auf Pflanzen und Tiere?

Städte werden beheizt und sie heizen sich auf. Beide Effekte tragen zur Erhöhung der Durchschnittstemperaturen bei. Das Heizen findet im Winterhalbjahr statt. Es betrifft daher nur am Rande die Vegetationsperiode, also die Zeit, in der Pflanzen im Freiland wachsen. Dass das Wachstum unter den Stadtbedingungen deutlich früher beginnt und sich im Spätherbst länger hinzieht, hat jedoch bei weitem nicht die Bedeutung, die meist unterstellt wird. Darauf wird unten noch näher Bezug genommen. Der Hauptteil der Erwärmung betrifft das Winterhalbjahr. Am stärksten ist sie im Hochwinter ausgeprägt. Je niedriger die Außentemperaturen liegen, desto mehr wird in den Gebäuden geheizt. Die nächtlichen Minima können zwischen Innenstadt und freiem Umland um zehn Grad voneinander abweichen. Für das Überstehen langer, kalter Winternächte macht das etwa bei Kleinvögeln, wie den Meisen, oder auch bei Amseln einen ganz erheblichen Unterschied aus.

Im Sommer heizen sich die Gebäude sonnenseitig beträchtlich auf, doch die entsprechenden Schattenlagen gleichen dies zum Teil wieder aus. In Wald und Flur gibt es im Sommer keine auch nur annähernd so starke Schattenlagen wie sie große und hohe Gebäude verursachen. Sie sind den tiefen Gebirgsschluchten vergleichbar. Die vielen Bäume und Grünanlagen in den Wohnvierteln wirken im Sommer durch Transpiration und Schattenwurf ausgleichend, während sie im Winter ohne nennenswerte Bedeutung bleiben. Daher betrifft das »typische Stadtklima« in erster Linie die von Tieren und Pflanzen wenig genutzten, dicht bebauten Citybereiche, während die großflächigen Wohnsiedlungsgebiete ein weit ausgeglicheneres Klima entwickeln. Viel bedeutsamer sind die Kontraste. Hitze an sonnenbeschienenen Gebäudefronten, tiefer Schatten an den gegenüberliegenden Seiten, rasches Abtrocknen nach Regen, frühes Abschmelzen von Schnee und zahlreiche weitere örtliche Effekte bedingen ein sehr abwechslungsreiches Mosaik von mikroklimatischen Bedingungen. Die freie Landschaft ist flächiger ausgeglichen und damit einheitlicher.

Von der Temperaturerhöhung im Winter haben nur wenige Tiere etwas; vor allem die überwinternden Vögel und die aktiv bleibenden Säugetiere. Den Pflanzen und den allermeisten Insekten oder anderen Kleintieren kommt sie nicht zugute, schadet aber auch nicht. Deshalb fällt der Unterschied auch bei weitem nicht so groß aus, wie man der Erhöhung der Durchschnittstemperatur nach erwarten könnte. Durchschnitte besagen eben nicht allzu viel. Nur wenn außergewöhnliche Wetterlagen verstärkend hinzukommen, wird die Wirkung der Stadt auf Pflanzen und Tiere deutlicher. So geschah es im Sommer 2003, dem »Jahrhundertsommer«. Die anhaltend hohen, zumeist weit überdurchschnittlichen Temperaturen erzeugten in Verbindung mit der Trockenheit etwa in München Verhältnisse, wie sie sonst im nördlichen Mittelmeerraum üblich sind. Für viele Menschen erschien die Hitze in der Stadt unerträglich. Dürreschäden zeigten sich an den Bäumen. Als erfreuliche Nebenwirkung vertrockneten die sonst so lästigen Nacktschnecken. Ihre Bestände brachen zusammen. Über Fraßschäden am Gemüse, so man dieses durch reichliches Gießen weiterhin erhielt, gab es praktisch keine Klagen mehr. Doch als viele Bäume zu welken und vorzeitig ihre Blätter abzuwerfen anfingen, schien die Lage kritisch zu werden. Einige starben tatsächlich ab.

Das gesamte Ausmaß der Hitze- und Trockenheitswirkungen zeigte sich jedoch erst in den Folgejahren. Genauer: Es zeigte sich nicht, denn die

Vegetation, gleichgültig ob Bäume, Büsche oder Rasen, hatte sich schon im nächsten Jahr wieder erholt. Auch die Schnecken nahmen rasch wieder zu und überstiegen sogar ihre frühere Häufigkeit beträchtlich. Das geht aus den Abb. 17 und 18 hervor. Die Förderung der Schmetterlingshäufigkeit blieb ohne Nachwirkungen. Das wird in Kapitel 24 näher ausgeführt. Dennoch lieferte der Super-Sommer 2003 höchst aufschlussreiche Befunde. So zeigte er, wie viel die verschiedenen Arten von Bäumen tatsächlich aushalten, sogar wenn sie, wie in der Stadt, unter ziemlich naturfernen Bedingungen wachsen. Am stärksten von den sichtbaren Beeinträchtigungen betroffen waren solche Baumarten, die ihrer ursprünglichen Herkunft zufolge tatsächlich am »falschen Standort« gepflanzt worden waren. Dennoch erholen sich die meisten von ihnen wieder. Die Verluste durch weitgehendes oder völliges Absterben blieben unbedeutend gering. Auch für die Straucharten ergab sich derselbe Befund.

Allzu verwunderlich ist das nicht, weil so langlebige Organismen wie Bäume mit sehr unterschiedlichen Abläufen der Witterung zurechtkommen müssen. Wie sonst wären »Tausendjährige« möglich? Bäume, die Jahrhunderte überdauerten, erlebten Hitze und Dürre, extreme Winterfröste, Stürme und Regenfluten. Die große Mehrzahl der heimischen Baumarten wird von Natur aus mehrere Hundert Jahre alt. Also können Mittelwertsverschiebungen von wenigen Graden oder nur Zehntelgraden für sie keine Rolle spielen. Büsche sind oft noch zäher. Sie treiben aus den unterirdischen Wurzelstöcken aus, selbst wenn sie oberflächlich vollständig abgeholzt (oder abgefressen) worden sein sollten. Auch eine Serie heißer Sommer, wie es sie von 1948 bis in die frühen 1950er Jahre gegeben hatte, macht ihnen nichts. Die Zuwachsringe der Bäume künden von feuchten und trockenen Perioden, von »guten« und »schlechten« Jahren; die hitzebedingten Einbußen in der zweiten Hälfte des Sommers fielen, wie wir inzwischen wissen, im Zuwachs gar nicht so bedeutungsvoll aus. Auch die Schnecken glichen allzu rasch wieder aus. Ende des Sommers von 2005 erreichten sie extrem hohe Bestände, so als ob es die Verluste des Hitzesommers 2003 gar nicht gegeben hätte. Die Natur fluktuiert »von Natur aus« sehr stark und kein Jahr gleicht üblicherweise dem anderen. Mittelwerte täuschen »Normen« vor, die es in Wirklichkeit gar nicht gibt. Gerade deswegen könnte man in den Städten die Wirkungen von Klimaveränderungen am besten studieren, weil sie den realen Verlauf wiedergeben und nicht fiktive Mittel, die »hochgerechnet« werden.

Abb. 17: Blattverluste bei großer Hitze

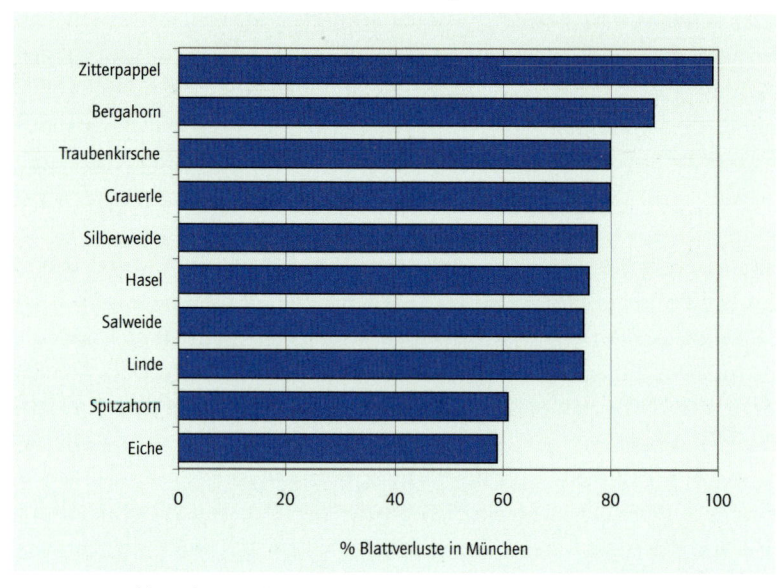

Art	% Blattverluste in München
Zitterpappel	~98
Bergahorn	~88
Traubenkirsche	~80
Grauerle	~80
Silberweide	~78
Hasel	~76
Salweide	~75
Linde	~75
Spitzahorn	~62
Eiche	~60

Auwald- und Bergwald-Arten mit Bedarf an feuchten bis frischen Böden

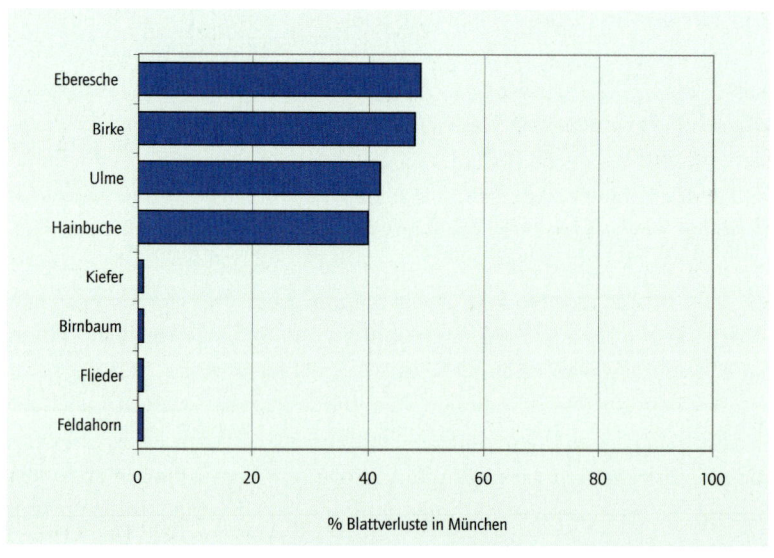

Art	% Blattverluste in München
Eberesche	~48
Birke	~47
Ulme	~42
Hainbuche	~40
Kiefer	~1
Birnbaum	~1
Flieder	~1
Feldahorn	~1

Trockenheitstolerante Arten

Prozentuale Blattverluste von Bäumen und Büschen gegen Ende des Hitzesommers 2003 (August 2003) in München. Die unterschiedliche Reaktion der Pflanzen, je nachdem wie trockenheitstolerant sie sind, ist daraus klar ersichtlich.

Abb. 18: Entwicklung der Nacktschnecken nach dem Hitzesommer 2003

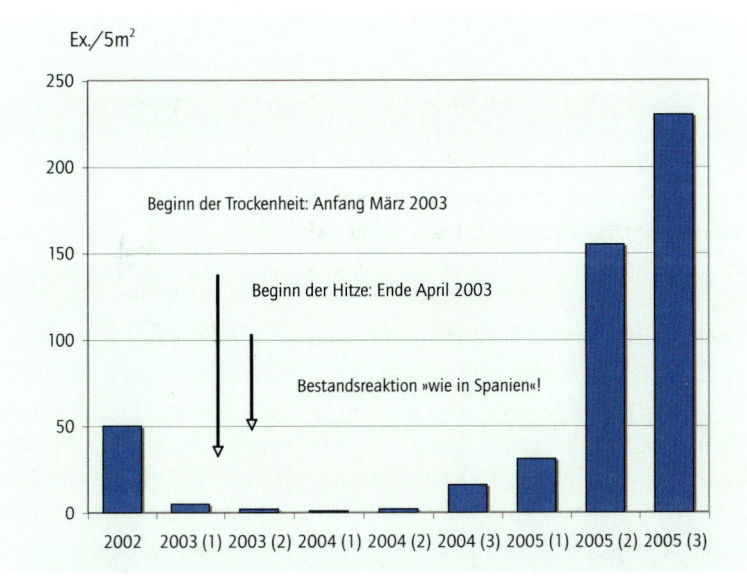

Ex./5m²

[Balkendiagramm mit Werten für 2002, 2003 (1), 2003 (2), 2004 (1), 2004 (2), 2004 (3), 2005 (1), 2005 (2), 2005 (3)]

Beginn der Trockenheit: Anfang März 2003

Beginn der Hitze: Ende April 2003

Bestandsreaktion »wie in Spanien«!

Die Nacktschnecke *(Arion lusitanicus)*, auch Spanische Wegschnecke genannt, wurde durch die anhaltende Trockenheit des Sommers 2003 nahezu vernichtet, erholte sich aber schnell wieder und entwickelte dann sogar höhere Bestandsgrößen in den folgenden feuchten und kühlen Sommern. Die Bestandsdaten wurden auf dem Gelände der Zoologischen Staatssammlung München (ZSM) erhoben.

Hieraus geht hervor, dass die Stadt nicht einfach eine unnatürliche Wärmeinsel ist, sondern über ihre Biotope durchaus entsprechend differenziert reagiert wie die »freie Natur« auch. Es gibt Bereiche, die erheblich wärmer als das Umland sind. Doch dies trifft auch für bestimmte Strukturen in der freien Landschaft zu, wie Steinwälle, Geländekanten, so genannte Triften oder Felsbänder. Feuchte Senken und schattige Bereiche kommen häufig vor. Sie gehören zum bereits ausgeführten Mosaik unterschiedlicher Lebensbedingungen. Für die Tiere und Pflanzen ist das Stadtklima noch weniger einheitlich wie das Landklima, denn die weitaus größere Strukturiertheit der Stadt bewirkt stärkere Unterschiede. Wiederum erweisen sich Vorkommen und Häufigkeit der Pflanzen und Tiere selbst als die verlässlicheren Indikatoren, verglichen mit den reinen Messwerten von Temperatur, Niederschlagsmenge, Windstärke und Luftfeuchte. Denn die Organismen »integrieren« diese physikalischen Größen in ihrem Lebensablauf. Sie messen keine Mittelwerte! In ihrem normalen Leben sind sie großen Schwankungen der Lebensbedingungen ausgesetzt. Wie weit diese reichen dürfen und wie hoch die Frequenz starker Wechsel werden darf, wissen wir bei praktisch keiner einzigen Art. Die meisten Vorhersagen zu den Auswirkungen des Klimawandels stellen daher kaum mehr als grobe Schätzwerte dar, von denen viele ziemlich »daneben« liegen dürften, wie die Stadtnatur zeigt.

6 Entwicklung der urbanen Artenvielfalt

Bestandsaufnahmen liefern lediglich momentane Befunde. Sie stellen »Zeitquerschnitte« dar. Dabei kann es sich um ziemlich stabile Zeiten mit wenig Veränderung handeln, oder aber auch um Phasen rascher Entwicklungen. Was wirklich abläuft, ergibt sich oft erst aus längeren Zeitreihen, weil echte Trends, ohne hinreichend lange Vergleichszeiten zur Verfügung zu haben, nicht von kurzfristigen Fluktuationen, so stark diese auch sein mögen, unterschieden werden können. Das mag banal klingen, ist es aber nicht. Denn die meisten Geländeuntersuchungen stellen tatsächlich nur Kurzzeit-Erhebungen dar, die ziemlich belanglos sein können, wenn man das Ausmaß der Fluktuationen nicht kennt.

Ein Beispiel soll dies verdeutlichen. Danach schwankten Artenzahl und Häufigkeit von Tagfaltern, wie sie mit Hilfe von Linientaxierungen ermittelt werden, in einem Jahrzehnt ziemlich ausgeprägt von Jahr zu Jahr, aber es ergab sich bei der Betrachtung der Befunde insgesamt weder ein Trend bei den Artenzahlen (im Durchschnitt 26 pro Jahr) noch bei der Gesamthäufigkeit der Schmetterlinge. Abb. 19 und 20 zeigen aber, dass man bei geeigneter Auswahl der Untersuchungszeit leicht vermeintlich klare Trends von (starker) Abnahme oder kräftiger Zunahme hätte feststellen können. Kurzfristige Untersuchungen bieten von vornherein gar nicht die Möglichkeit zur richtigen Einordnung. Sie sind daher kaum als Basis für die Beurteilung von Entwicklungen geeignet. Die Natur ist so gut wie nie und nirgends »statisch«. Stets laufen Veränderungen ab, die erst über einen längeren Zeitraum eine vernünftige Bilanz zulassen. Wer käme auf die Idee, die Witterung eines ganzen Jahres anhand von ein paar schönen oder schlechten Tagen charakterisieren zu wollen. Bei Freilanduntersuchungen wird aber allzu oft so vorgegangen.

Methodisch ergibt sich hieraus die Frage, wie lange denn untersucht werden müsse, bis »gesicherte Trends« zustande kommen. Das hängt vom Artenreichtum der betreffenden Gruppe einerseits und vom hierfür typischen Artenumsatz (turnover) andererseits ab. Für Schmetterlinge ließ sich eine Zeitspanne von fünf bis sieben Jahren kalkulieren, wenn wenigstens 90 Prozent des Artenspektrums erfasst werden sollen. Nun schwanken

Abb. 19: Jährliche Artenzahl der Tagfalter

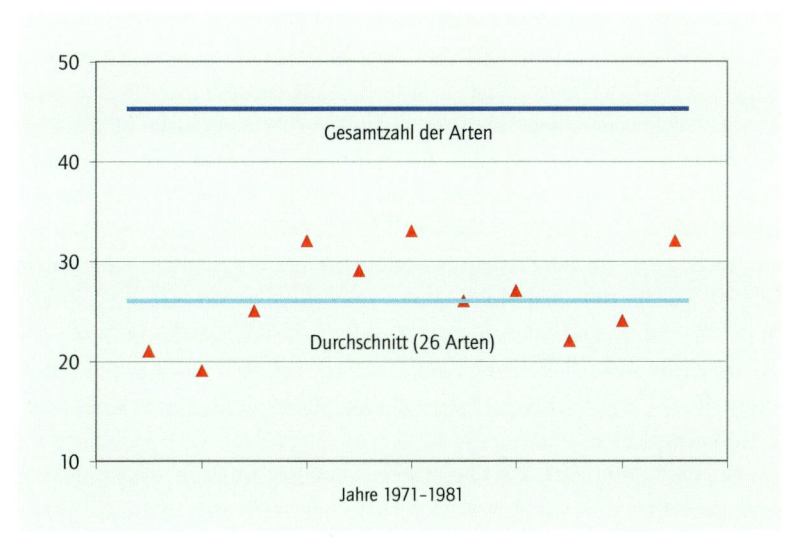

Gesamtzahl der Arten
Durchschnitt (26 Arten)
Jahre 1971–1981

Abb. 20: Häufigkeit der Tagfalter

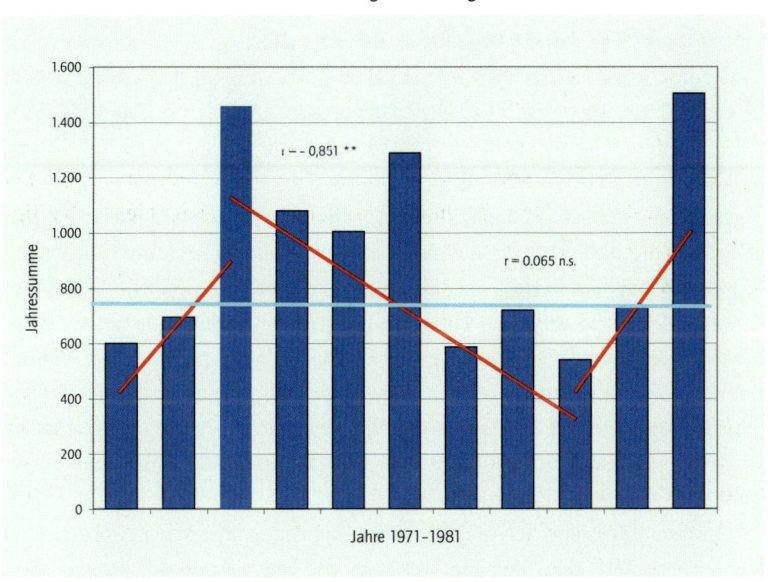

Jahressumme
r = – 0,851 **
r = 0.065 n.s.
Jahre 1971–1981

Mit einer standardisierten Erfassungsmethode (Linientaxierungen) wurde in elf Jahren im selben Gebiet die Artenzahl von Tagfaltern (Abb. 19) und ihre Häufigkeit (Abb. 20) nach Jahressummen festgestellt. Der Durchschnitt von 26 Arten erreicht nur etwa gut die Hälfte des insgesamt festgestellten Artenspektrums. Die Häufigkeit schwankte über die Jahre stark (Minimum 540, Maximum 1.505 Individuen), ergab jedoch keinen Trend (ausgezogene Trendlinie). Zwischenabschnitte von je drei bzw. sieben Jahren hingegen schienen deutliche Zu- bzw. signifikante Abnahmen auszuweisen (Reichholf 1986).

bekanntlich die Populationen von Insekten ungleich stärker als die Vorkommen von Wirbeltieren, insbesondere der länger lebenden Arten davon. Kaum ein Insekt wird älter als ein oder höchstens zwei Jahre; die meisten werden im fortpflanzungsfähigen Stadium (Imaginalstadium) nur Tage oder wenige Wochen alt. Daher ist anzunehmen, dass bei Säugetieren und Vögeln der Artenumsatz (viel) geringer ausfällt. Beide Gruppen sollten stabilere Verhältnisse anzeigen und nicht so sehr mit der Witterung von Jahr zu Jahr schwanken. Das ist auch so (Bezzel 1982). Bei den Brutvögeln in Mitteleuropa liegt der mittlere Artenumsatz unter einer Vogelart pro Jahr. Daher ist als Folge der üblichen Fluktuation in einem Jahrzehnt nur mit wenigen Arten-Veränderungen zu rechnen. Also sollten die Bilanzen in der Vogelwelt die wirklichen Entwicklungen zum Ausdruck bringen. Doch selten liegen einigermaßen vergleichbare Untersuchungen über Zeitspannen eines Jahrhunderts und mehr vor.

Für das Stadtgebiet von Berlin gibt es solche Daten. Ihr Ergebnis fällt genau andersherum aus als erwartet. Nicht in unserer Zeit gab es die größten Artenverluste, sondern ein volles Jahrhundert früher. Die zweite Hälfte des 20. Jahrhunderts brachte hingegen die größten Zugewinne an Arten. Daher hat Berlin, wie wohl viele andere Städte auch, gegenwärtig mehr im Stadtgebiet brütende Vogelarten als Ende des 19. Jahrhunderts, als die Städte noch viel kleiner und vermeintlich auch weniger unwirtlich waren. Wie sich in den Kapiteln 11 und 12 zeigen wird, gibt es gute Gründe, anzunehmen, dass dies ein weit verbreiteter oder ganz allgemeiner Trend war, und nicht etwa ein Sonderfall.

Doch die neuesten Entwicklungen, insbesondere die Nachverdichtung, erwecken die Befürchtung, dass die besten Zeiten artenreicher Großstädte schon vorüber sein könnten. Denn es sind, wie bereits ausgeführt, die Verzahnungsbereiche mit dem Umland, die den besonderen Artenreichtum beherbergen. Wo die Stadt allzu sehr verdichtet wird, nimmt ihre Vielfalt zwangsläufig ab. Die Tendenzen, Stadtentwicklungen »einzudämmen«, um ihr Hinausgreifen auf das Land zu verhindern, weil sie »wie Krebsgeschwüre wuchern«, müssen daher sorgfältig und nicht nur auf der Basis eines längst gefällten Vorurteils betrachtet werden.

Alexander Mitscherlich mag Recht gehabt haben, dass in den zwei oder drei Jahrzehnten nach dem Zweiten Weltkrieg die Erneuerung der bombardierten, weithin vernichteten Städte nicht gerade vorbildlich und zukunftsweisend ablief. Ob aber der Vergleich mit einem Krebsgeschwür, das sich in das »gute Umland« hineinfrisst, gerechtfertigt war, sei dahin gestellt. Denn in genau dieser Zeit nahm die Artenvielfalt in den Städten enorm zu. Das auf die Menschen bezogene Urteil muss also nicht automatisch auch für Pflanzen und Tiere Gültigkeit gehabt haben, sofern das Leben in der Stadt tatsächlich für die Mehrheit der Stadtmenschen so schlecht gewesen sein sollte.

II. VORURTEILE

7 Stadtnatur – Natur »zweiter Klasse«?

Die Städte können keine »unberührte Natur« bieten. Wo sie Ecken als »Biotope« einzäunen und »schützen«, werden diese über kurz oder lang ihre Artenvielfalt verlieren, weil diese einfach zuwachsen. Vorstellungen zu einem wie auch immer gearteten Management der städtischen Artenvielfalt gibt es offenbar kaum. Die Maßnahmen beschränken sich zumeist auf den »Schutz« im engsten Sinne, also etwa auf die Erhaltung alter Bäume, auf das Aussperren von Menschen durch Wegegebote oder massive Zäune und auf die – allerdings ausgesprochen bedeutungsvolle – Tatsache, dass frei lebende Tiere in der Stadt nicht einfach verfolgt und vernichtet werden dürfen. Diese Gegebenheit hat nicht nur die so genannten Himmel- und Allerweltsarten in die Städte gebracht, die nirgends im eigentlichen Sinn geschützt werden, sondern auch manch rare und »feine« Art, deren Auftreten ausgerechnet in Großstädten am wenigsten erwartet wurde.

Musterbeispiele bietet wiederum die Vogelwelt, weil sie am leichtesten beobachtet und somit auch in ihren Veränderungen am besten mitverfolgt werden kann. So hätte vor einem guten Jahrzehnt gewiss niemand die Vorhersage gewagt, dass zum Beginn des neuen Jahrtausends der deutsche Staatswappenvogel, der Seeadler *(Haliaeetus albicilla)*, im Stadtgebiet von Berlin brüten würde (Abb. 21). Blickt man hinüber nach Nordamerika, wo die verwandten Weißkopfseeadler *(Haliaeetus leucocephalus)* dies vielerorts tun, aber die kleineren Fischadler *(Pandion haliaetus)* noch weit tiefer in die »Menschenwelt« eingedrungen sind, verwundert dieses Ereignis dann doch nicht mehr ganz so sehr. Denn was andernorts dieselbe Art, der Fischadler, oder eine so nahe verwandte wie der Weißkopfseeadler (der irrtümlicherweise sogar zum Wappenvogel der westdeutschen Naturschutzgebietstafeln gemacht worden ist) tun kann, das sollte hierzulande auch möglich sein, wenn die Bedingungen dafür geschaffen oder wiederhergestellt werden! Das häufig vorgebrachte Argument, in den Städten gäbe es ja nur die »üblichen«, nicht besonders schutzwürdigen Arten, drückt weit mehr das vorhandene Vorurteil als eine ordentliche Beschäftigung mit den Gegebenheiten aus. Die Pflanzen und Tiere in den Städten sind keine Natur »zweiter Klasse«!

Abb. 21: Seit wenigen Jahren lebt auch der Seeadler im Berliner Stadtgebiet.

Warum auch sollten die vielen Haubenlerchen *(Galerida cristata)* in Berlin weniger wert sein als die wenigen, die es in ganz Bayern noch gibt? Verdient der Rotmilan *(Milvus milvus)* im Grunewald weniger Schutz als seine Artgenossen am Rand der Schwäbischen Alb, wo sie von den Windrädern, die erneuerbare Energien erzeugen sollen, zerhackt werden? Haben die schmu-cken Kolbenenten *(Netta rufina)*, deren Erpel mit ihren fuchsbraunen Köpfen, den fast flammend gelben Scheiteln und lackroten Schnäbeln wie aus der Tropenwelt kommend aussehen, deswegen den Status einer europaweit vom Aussterben bedrohten Art verloren, weil sie auf Münchens Stadtgewässern sicherer als im Umland sind?

Es sei zugestanden, dass ein Wanderfalke *(Falco peregrinus)*, der über einsamer Waldschlucht jagt, eine andere Erlebnisqualität den ihn dabei beobachtenden Menschen vermittelt als ein anderer bei der Taubenjagd in den Straßenschluchten von Millionenstädten. Doch das liegt offenbar an den Menschen und nicht am Falken. Sitzt oder brütet er gar am Kölner Dom oder am Roten Rathaus in Berlin, ist ihm der Bruterfolg weit sicherer als an scheinbar einsamer Felswand, die dann doch von Kletterern zur empfindlichsten Zeit der nestjungen Falken im Horst in der Felsnische heimgesucht wird. Der Kölner Dom wird zur Brutzeit der Falken ebenso wenig bestiegen wie die Hochspannungsmasten in Mecklenburg, auf denen rund die Hälfte aller Fischadler Deutschlands brütet. Darf man das Falke und Adler verübeln und sie deswegen geringer achten, weil sie sich nicht an das Wunschbild halten, als »wilde Vögel« auch die »wilde Natur« vorzuziehen? Wenn, wie in unserer Zeit, einstens so häufige Vögel wie die Haussperlinge bald in den Städten bessere Chancen zu überleben haben werden als auf dem Land, sollte das überholte Vorurteil über die Stadt fallen. Die Arten haben selbst gewählt. Sie wurden nicht in die Städte gezwungen! Sie sind von sich aus gekommen und wir sollten ihre Wahl nicht bloß hinnehmen, sondern die Fragen, die das aufwirft, bohrender stellen: Warum ist das so (gekommen)?

Die Befunde zu den Städten geben dazu genug Grund. Wenn in Berlin mit über 1.000 singenden Männchen inzwischen wohl mehr Nachtigallen vorkommen als in ganz Bayern, wenn am Münchner Flughafen über 600 Lerchen singen und damit mehr als an irgendeiner anderen Stelle im viel gerühmten Bayernland, wenn Biber nichts dabei finden, am Flussufer mitten in der Stadt ihre Burg zu bauen oder der Artenreichtum an Schmetterlingen, Heuschrecken und Wildbienen weite Landstriche ganz erheblich übertrifft, kann uns das alles nicht einfach gleichgültig lassen, bloß weil es sich »um Städte« handelt. Die Artenvielfalt hätte aus den bereits dargelegten Gründen großer Strukturiertheit, günstiger Dynamik, geringer Belastung mit Nähr- und Schadstoffen sowie der allgemein naturfreundlicheren Haltung der Bevölkerung bessere Chancen zu überleben, als das vielfach draußen auf dem Land der Fall ist.

Zudem bieten die vielen Erhebungen und Kartierungen, die inzwischen für die meisten Städte in Mitteleuropa vorliegen, eine ausgezeichnete Basis für Planung und Stadtentwicklung. Denn sie zeigen einerseits, welche Bereiche der Städte sich durch einen besonderen Artenreichtum auszeichnen, andererseits aber auch, dass das alles durchaus »dynamisch« gesehen und gewertet werden kann. Nur weil irgendwo eine Blauflügelige Ödlandschrecke *(Oedipoda caerulescens)* weitab von den Hauptvorkommen dieser Heuschreckenart im trocken-warmen Klimabereich Südeuropas gefunden worden ist, muss – und soll – das nicht bedeuten, dass dieser Fleck nun für alle Zeiten tabu zu sein habe. Die meisten Biotope, die von den heute weithin selten gewordenen Arten in den Städten angenommen werden, zeichnen sich gerade dadurch aus, dass sie »junge Entwicklungsstadien« auf so genannten Störstellen sind, die im Laufe der Zeit auch in der Stadt zuwachsen würden. Es sei denn, es kommt zu weiteren »Störungen«, also Eingriffen und Veränderungen, die solche Stellen immer wieder neu erzeugen. Seltene Arten, die auf den ohnehin mit vielerlei Problemen behafteten »Roten Listen« stehen, brauchen kein Entwicklungshindernis sein, wenn die vorherrschende oder alleinige Zielsetzung aufgegeben würde, nur »nachzuverdichten«, damit bloß die Städte nicht weiter »wachsen« (mehr dazu in Kapitel 33).

8 »Öde« Stadt – »gutes« Land?

Wie sehr das Land in den letzten Jahrzehnten an Arten verarmte, wurde im Teil I zwar schon behandelt, aber nur im rein zahlenmäßigen Vergleich zu den Städten. Um die Bedeutung der städtischen Biodiversität beurteilen zu können, sollte daher geklärt werden, um welche Arten oder Artengruppen es dabei tatsächlich geht. Aktuelle »Rote Listen« gefährdeter Arten eignen sich für diesen Vergleich, weil aus ihnen zumindest in groben Zügen hervorgeht, worum es geht. Die umfassendsten »Roten Listen« der gefährdeten Pflanzen und Tiere wurden im Jahre 2003 für Bayern erarbeitet und im April 2004 veröffentlicht. Sie umfassen alle Gefäßpflanzen und 16.000 Arten von Tieren. Diese entsprechen wahrscheinlich etwa der Hälfte aller im Staatsgebiet Bayerns vorkommenden Tierarten. Das Ausmaß der Gefährdung der Pflanzen und Tiere in diesem Flächenstaat von 70.550 Quadratkilometern Größe kann daher als repräsentativ für Mitteleuropa gelten, denn Bayern hat Anteil an allen größeren Landschaftsformen dieses Raumes mit Ausnahme von Meer und Küste.

Gefährdungsgrade von 50 Prozent der Arten und mehr sind für folgende, nicht im Wasser lebende Tiergruppen festgestellt worden: Reptilien, Schaben, Ohrwürmer, Heuschrecken, Laufkäfer, Sandläufer und einige weitere Käfergruppen, mehrere Gruppen von Hautflüglern (Wespen, Wildbienen), Ameisen, Tagfalter, Wollschweber, Spinnen und Schnecken. Sie umfassen zusammen 2.798 Arten. Aus weiteren Tiergruppen mit hohen Artenzahlen, die in die verschiedenen Kategorien der Gefährdung aufgenommen wurden, lassen sich mindestens weitere 1.000 Arten hinzufügen, die dem Großlebensraum des warmen, eher trockenen Offenlandes zuzurechnen sind (der »Flur« im weitesten Sinne, und nicht »dem Wald« oder den Gewässern). Insgesamt ergibt das einen Anteil von ziemlich genau 60 Prozent aller gefährdeten Arten. Etwa 780 Arten, also zwölf Prozent, entfallen auf Gewässer und Feuchtgebiete, die restlichen 28 Prozent im Wesentlichen auf Wälder und Gebirge. »Stadtarten« sind nicht unter den Gefährdeten, aber viele der »Rote-Liste-Arten« kommen in den Städten vor.

Der mit Abstand größte Teil entfällt auf das Land, das in diesen Zahlen seinem Flächenanteil in Bayern »gemäß« repräsentiert ist. Somit könnte der hohe Anteil gefährdeter Arten in Feld und Flur ganz einfach den prozentualen Verteilungsverhältnissen entsprechen. Doch nach der Arten/Flächen-Beziehung sollte es sich genau umgekehrt verhalten: Die mit den geringsten Flächenanteilen vertretenen Lebensräume müssten den höchsten Grad an Artengefährdung aufweisen, während im so großflächig und zusammenhängend verfügbaren Lebensraum »Land« eigentlich nahezu gar keine Arten gefährdet sein sollten. Denn wo genug Lebensraum vorhanden ist, besteht kein Grund für eine Gefährdung, es sei denn, es wird den betreffenden Arten direkt nachgestellt. Verfolgt werden aber nur die wenigsten. Nur in Ausnahmefällen, die sicherlich nicht auf Wildbienen und Käfer, auf kleine Schnecken oder bunte Schmetterlinge magerer Wiesen zutreffen, wird es eine bekämpfungsbedingte Seltenheit geben.

Einen solchen Sonderfall kann man tatsächlich für die Stadt anführen: die Hausratte *(Rattus rattus)*. Sie wird in der Roten Liste der gefährdeten Säugetiere Bayerns gar nicht direkt geführt, sondern in einer Extratabelle unter der Rubrik »Scheinbare Verbesserungen« folgendermaßen genannt: »Zwei reine Indoorpopulationen in Würzburg und Nürnberg« (Bayerisches Landesamt für Umweltschutz 2003). Objektiv nicht nachvollziehbare Einstufungen gibt es mehrfach bei den Vögeln und auch in anderen Tiergruppen, wenn es sich um Zuwanderer oder um gebietsfremde Arten handelt (vgl. Kapitel 11). Sie verändern die Gesamtbilanz jedoch nicht, sondern eröffnen Einblicke in die Vorurteile, von denen vielfach im Naturschutz ausgegangen wird. Sind doch die meisten der heute auf der Flur als gefährdet eingestuften Tier- und Pflanzenarten die Zuwanderer und Gebietsfremden von früher.

Was hier für die bayerische Tierwelt dargelegt worden ist, stimmt weitestgehend mit der praktisch komplett erfassten Pflanzenwelt hinsichtlich Art und Umfang der Gefährdung sowie deren Verteilung über die landschaftsbezogenen Großgruppen überein (Reichholf 2005b). Die Pflanzenarten nährstoffarmer, warmer und eher trockener Biotope bilden die Hauptgruppe der Gefährdeten. Ihr Gegenstück sind als zweitgrößte Gruppe die Arten nährstoffarmer Feuchtgebiete. Pflanzen, die auf »mesischen« Böden wachsen, und die Mehrzahl der Waldpflanzenarten sind nicht oder anteilsmäßig nur gering gefährdet. Zugenommen haben die wenigen Arten, die nährstoffreiche Habitate (eutrophe Flächen zu Wasser und am Land) bevorzugen. Auch bei den Pflanzen finden sich aber so gut wie keine Arten, die an Städte gebunden sind, sofern das Konzept der »heimischen Flora« zugrunde gelegt ist. Hunderte frei wachsender Pflanzenarten gibt es jedoch in den Städten, die nicht ins Freiland vorgedrungen sind oder sich dort nicht längerfristig halten konnten. Sie würden, so man sie »ernst« nähme, ein ganz erhebliches Potenzial an Artenvielfalt mit sich bringen. Gut untersucht wurde dies auf dem Bahnhofsgelände von Basel, wo ähnlich wie früher in Zürich ganz beträchtliche Teile der mediterranen Flora nachgewiesen und studiert worden sind (Burckhardt et al. 2003).

Fassen wir zusammen, so klaffen Befunde und Erwartung (nach der Arten/Flächen-Beziehung) wie gegenläufig geworden auseinander (Abb. 22). Der flächengrößte Biotop, das offene (Kultur)Land, hat den größten Anteil an der Artengefährdung, der kleinste, die Städte, keinen nachweisbaren, sondern ein »Überschusspotenzial«!

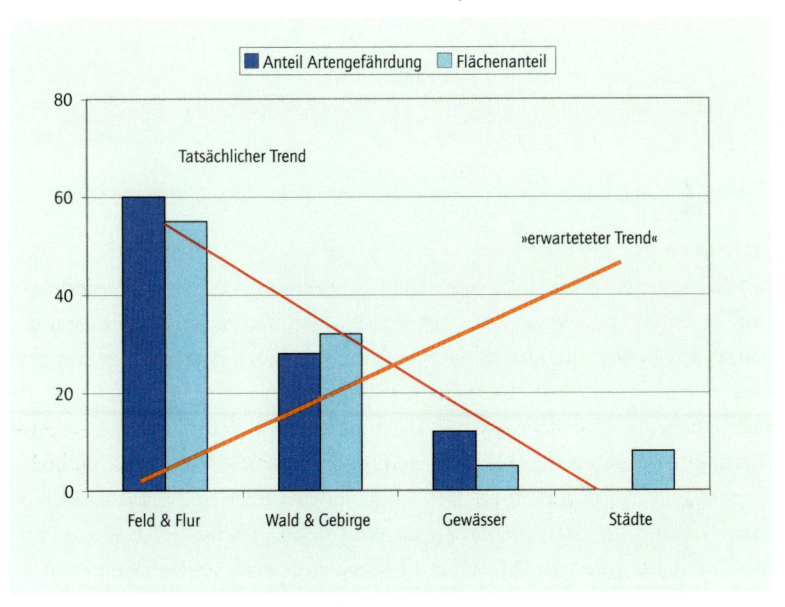

Abb. 22: Gefährdete Arten pro Fläche

Die Abbildung stellt die Anteile gefährdeter Arten in Bayern den jeweiligen Flächenanteilen der Vergleichsbereiche gegenüber. Von der großflächigen und zusammenhängenden Flur sollte aus biogeographischen Gründen (Verinselung) die Artengefährdung über Wald und Gebirge und die Gewässer zu den Städten hin (stark) zunehmen (»erwarteter Trend«). Tatsächlich verläuft der Trend aber genau umgekehrt: Der Anteil der gefährdeten Arten pro Fläche nimmt vom Land zur Stadt hin ab.

Da es sich um große Zahlen von Arten handelt, um nahezu 20.000 nämlich, wenn die Tier- und Pflanzenarten zusammen betrachtet werden, von denen rund 8.000 als »gefährdet« eingestuft und wohl weitere 2.000 in den so genannten Vorwarnlisten enthalten sind (oder sein sollten), zählen auch die Unterschiede bei den beiden anderen »Großbiotopen« Wald und Gebirge sowie Gewässer. Bei Letzteren liegt der Gefährdungsanteil erheblich

Abb. 23: Städte – Inseln der Artenvielfalt und Schutzraum für gefährdete Pflanzen und Tiere: Auch den Biber zieht es in die Stadt.

höher als ihr Flächenanteil, bei Wald und Gebirge aber deutlich niedriger. Das bedeutet, dass wiederum entgegen vielen intuitiven Annahmen die intensiven Bemühungen um Verbesserung der Lebensbedingungen in den Gewässern sich nicht in einem deutlich geringer gewordenen Gefährdungsgrad spiegeln, während die Artenspektren von Wald und Gebirge weniger gefährdete Arten aufweisen, als ihren Flächenanteilen bei insgesamt gleichartiger Gefährdung zukämen. Die Städte fallen jedoch völlig aus dem Rahmen. Sie sind die eigentlichen Gewinner in diesen Bilanzierungen, wenngleich das gar nicht zu ihrer »Stadtnatur« zu passen scheint. Die großen, die bedeutenden Artenrückgänge spielen sich auf den Fluren und in den Gewässern ab. Hieraus ergibt sich, dass die Städte tatsächlich zu Inseln der Artenvielfalt geworden sind – und das nicht nur wegen zahlreicher allgemein häufiger Arten, die sich darin eingefunden und in ihnen heimisch gemacht haben. Warum wurde dies so wenig beachtet?

9 Die »unwirtliche« Stadt?

Das Europäische Naturschutzjahr 1970 leitete in Verbindung mit dem aus Amerika gekommenen »Stummen Frühling« von Rachel Carson und den Berichten zur globalen Lage der Menschheit des Club of Rome einen ungeahnten Aufschwung des Naturschutzes ein. Im Kern seiner Ziele richtete er sich gegen viele Entwicklungen der wissenschaftlich-technischen Welt. Der Kampf gegen Industrie, Bautätigkeit und Verkehr wurde zentrales Anliegen. Die Einbeziehung staatlicher Naturschutzbehörden nach der Errichtung von Umweltministerien bedeutete zumeist die Aufstellung von Gegenpolen zu den Planungen und Entwicklungsvorhaben. Die Philosophie im Hintergrund lieferten führende Kritiker der Nachkriegsentwicklung, wie der schon genannte Alexander Mitscherlich mit seinem Pamphlet (wie er es selbst bezeichnete) über die »Unwirtlichkeit unserer Städte – Anstiftung zum Unfrieden« (1967). Maßgeblich beteiligt und die Zielrichtung vorgebend war aber auch der hoch geschätzte Nobelpreisträger Konrad Lorenz. Er schrieb in seinen »Acht Todsünden der zivilisierten Menschheit« (1973) unter anderem die nachfolgend herausgegriffenen Kernsätze:

»Man vergleiche sehenden Auges das alte Zentrum irgendeiner deutschen Stadt mit ihrer modernen Peripherie oder auch diese sich schnell ins umgebende Land hineinfressende Kulturschande mit den von ihr noch nicht angegriffenen Ortschaften. Dann vergleiche man ein histologisches Bild von irgendeinem normalen Körpergewebe mit dem eines bösartigen Tumors: Man wird erstaunliche Analogien finden! … Die Zelle des bösartigen Tumors unterscheidet sich von der normalen Körperzelle vor allem dadurch, daß ihr jene genetische Information abhanden gekommen ist, die sie braucht, um ihre Rolle als nützliches Glied in der Interessengemeinschaft des Körpers zu spielen. … Die auffälligen Analogien zwischen dem … Stadtrand und dem … Tumor liegen darin … Häuser, die den Namen Häuser nicht mehr verdienen, sind bestenfalls Batterien von Ställen für Nutzmenschen« – in Analogie für die Bezeichnung »Nutztiere«.

Und er bilanziert:
»Ästhetisches und ethisches Empfinden sind offenbar sehr eng miteinander verknüpft, und Menschen, die unter den eben besprochenen Bedingungen leben müssen, erleiden ganz offensichtlich eine Atrophie beider. Schönheit der Natur und Schönheit der menschengeschaffenen kulturellen Umgebung sind offensichtlich beide nötig, um den Menschen geistig und seelisch gesund zu erhalten. Die totale Seelenblindheit für alles Schöne, die heute allenthalben so rapide um sich greift, ist eine Geisteskrankheit, die schon deshalb ernst genommen werden muß, weil sie mit einer Unempfindlichkeit gegen das ethisch Verwerfliche einhergeht.«

Derart kritische Haltungen, wie sie bei Konrad Lorenz und Alexander Mitscherlich zum Ausdruck kommen, waren sicherlich in zahlreichen Fällen von Stadtentwicklungen berechtigt. Doch den Kern des Geschehens trafen sie nicht. Denn in beiden Fällen (und vielen ähnlich gelagerten, die in der Naturschutzliteratur zu finden sind) lag eine Grundhaltung der Stadt gegenüber vor, die sich nicht (mehr) auf das stützte, was im Vergleich mit dem Land eigentlich angesprochen war, nämlich die Lebensqualität für die Bewohner. Das persönliche psychologische Empfinden rückte beurteilend in den Vordergrund, obgleich Konrad Lorenz in »seinen« ländlichen Seewiesen geradezu paradiesisch mit dem Max-Planck-Institut, mit seinen Graugänsen und all den anderen Tieren, die dort für Untersuchungen ihres Verhaltens gehalten wurden, lebte. Daher konnte der so kenntnisreiche Biologe und Verhaltensforscher die Augen vor den damals schon vorhandenen Befunden zum Leben von Tieren und Pflanzen in den Städten verschließen, weil er gar nicht dort lebte, sondern nur gelegentlich, meist unregelmäßig, zu Vorlesungen nach München kam. Was sich seiner Ansicht nach an Tieren in der Stadt eingestellt hatte, wucherte gleichsam mit diesem Krebsgeschwür mit: Ratten und die »Ratten der Lüfte«, die Möwen und Krähen auf den Müllplätzen! So, wie das Leben der Stadtmenschen aus dieser noblen »Landsicht« irgendwie als entartet empfunden wurde, fehlgeleitet durch die billigen Verlockungen, wie weggeworfenes oder in kindlich-ältlichem Mitleid gebotenes Futter, war das Kommen der Tiere, die sich als »Mit-Esser«, als Kommensalen etablierten. »Kulturfolger« nannte man diese Arten zunächst noch einigermaßen neutral oder auch, sehr wissenschaftlich, »Synanthropen«. Doch diese Einstufung erhielt rasch den Beigeschmack eher lästigen Getiers und aufdringlicher Pflanzen.

Die »guten Arten« hatten selten, rückläufig, am besten »bestandsbedroht« zu sein und sie sollten der so schlechten Menschenwelt fliehen. Wer es wagte, zuzunehmen oder gar in die Städte »einzudringen«, war von vornherein verdächtig. Zum abschreckenden Musterbeispiel gerieten die »gebietsfremden Arten« oder, wiederum verwissenschaftlicht ausgedrückt, die »Neozooen« und »Neophyten«, die es zwar andernorts längst schon gegeben hatte, die hier aber »neu« waren und daher nach wie vor als höchst verdächtig und am besten ausrottenswert eingestuft werden sollten. Kurz, das Vorurteil der »schlechten Stadt« wurde ganz automatisch auf die Tiere und Pflanzen übertragen, die sich in den Städten ansiedelten. Hieraus erklärt sich der große, zum Teil auch gegenwärtig noch ungebrochene Widerstand vieler Naturschützer gegen die Einsicht, dass es auch in den Städten eine ausgesprochen reichhaltige Natur gibt.

Doch es kam noch mehr hinzu. Die Aktionen des Naturschutzes, insbesondere der in ihren Mitglieder- und Sympathisantenzahlen rasch anwachsenden privaten Naturschutzverbände, richteten sich in der Hauptsache gegen »Ausbau«, »Erschließung« und »Verkehrsprojekte«. Industrie, Bau- und Siedlungswesen sowie der Verkehr bildeten das Trio der Hauptgegner (Abb. 24). Sie wurden als größte Bedrohung der Restnatur abgestempelt, von der eben gerettet werden sollte, was noch zu retten war. Einen wesentlichen Teil des Einsatzes von Zeit und Mitteln richtete der private Naturschutz gegen solche Bedrohungen. Mitunter kam es zu höchst spektakulären, von den Medien, insbesondere vom Fernsehen genüsslich ausgebreiteten Aktionen gegen diese drei großen bösen Feinde. »Startbahn West« am Frankfurter Flughafen, »Wackersdorf« in der Oberpfalz oder »die Au« bei Wien wurden zum Symbol für einen Naturschutz, der sich wirkungsvoll über Bürgerinitiativen und mit öffentlichem Widerstand zeigte. Die politische Epoche von 1970 bis 2000 wurde davon geprägt und mit der Farbe der Natur von den »Grünen« in die Parlamente und auf Regierungsbänke getragen. Der Erfolg heiligte die Mittel. Auch wenn die Fakten bald anderes ausdrückten.

Abb. 24: Nicht mehr als fünf Prozent der Arten- und Biotopverluste können Industrie, Verkehr und Bautätigkeit angelastet werden.

Während die »grüne Bewegung« ihre größten Erfolge erzielte, vollzog der Hauptvernichter der Artenvielfalt und der mit weitem Abstand bedeutendste Veränderer von Natur und Landschaft, die Landwirtschaft, das, wogegen Naturschutz und Grüne an den falschen Fronten gekämpft hatten. Nicht Industrie, Verkehr und Bautätigkeit verminderten drastisch die Artenvielfalt in unserem Land, sondern die von allen Kampfansagen so gut wie unbehelligt gebliebene Landwirtschaft (Abb. 25). Die den Wunschgegnern des Naturschutzes angelasteten Artenrückgänge und Biotopvernichtungen machten tatsächlich in der Gesamtbilanz so wenig aus, dass sie auch bei ungünstigster Auslegung der Auswirkungen im Unsicherheitsbereich der Landwirtschaft verschwanden. Kaum zwei, drei oder allerschlimmstens fünf Prozent der Arten- und Biotopverluste konnten Industrie, Verkehr und Bautätigkeit angelastet werden; je nach Auswahl der Artengruppen aber zwischen 70 und über 95 Prozent der Landwirtschaft.

Abb. 25: Die konventionelle Landwirtschaft gilt als Hauptvernichter der Artenvielfalt und größter Veränderer von Natur und Landschaft – wurde aber als solche vom Naturschutz lange Zeit ignoriert.

Die Bevölkerung selbst, allenthalben als Störenfried empfunden und ihre »ökologischen Fußabdrücke« hinterlassend, blieb gänzlich bedeutungslos in diesen Bilanzierungen für Deutschland, für Bayern oder für andere Regionen Mitteleuropas. Da sich die Kämpfe der Naturschützer im weit überwiegenden Maße gegen Industrie, Verkehr und Bauten richteten, konnten zwangsläufig Ansiedlungen von Tieren und Pflanzen, die davon gefördert wurden, auch nicht gut sein. Sie fanden ausgerechnet dort statt, wo sich die Naturzerstörer am stärksten konzentrieren; die Masse Mensch, die alles

(Natürliche) erdrückt, mit eingeschlossen! Naturfremd, ja gänzlich unnatürlich, wie Städte nun einmal (aus dieser Sicht) sind, durfte es keine »gute Natur« in diesem, die Landschaft fressenden Moloch geben. Die erhaltenden Aktivitäten des Naturschutzes richteten sich daher auf Wald und Gewässer, auf die »schutzwürdigen« Gebiete und gegen all das, was am Zustand des Landes weitere Veränderungen verursachen würde. In den Städten blieben die Schutzmaßnahmen auf wenige Arten beschränkt, denen Nisthilfen (Vögel) oder künstliche Wohnquartiere (Fledermäuse) geboten wurden. Und dann gab und gibt es natürlich die Winterfütterung der Vögel, die gerade von Naturschutzorganisationen häufig in ihrer Bedeutung heruntergespielt oder ganz offen als falsch verstandener Naturschutz angeprangert wurde.

Diese Ausrichtung naturschützerischer Aktivitäten soll nun nicht den Eindruck erwecken, alles sei falsch gewesen! Sie waren schlicht und einfach viel zu einseitig ausgerichtet! Ihre Wirksamkeit blieb dann allerdings auch deswegen viel zu gering, weil sich die Naturschützer über die staatlichen Vorschriften und Einschränkungen, die zum Arten- und Gebietsschutz erlassen wurden, selbst weitestgehend aussperrten. Die unabdingbar nötige, dauerhafte Überwachung kam nicht zustande, weil sie politisch nicht gewollt war. So wurde der interessierten Öffentlichkeit der Zugang zur Natur immer weiter erschwert bis ganz verwehrt, während gleichzeitig die (früheren) Nutzer privilegiert blieben und so weitermachen konnten wie bisher. Nur eben unkontrolliert von der Öffentlichkeit! Entsprechend sank die Akzeptanz des Naturschutzes. Und da der Artenschutz die nähere Beschäftigung mit den geschützten Arten sogar in den Städten weitestgehend untersagte, ging auch dieser letzte Freiraum verloren. In den Schulen wird seither nur noch in Ausnahmefällen gezeigt, was eigentlich Bestandteil jedes Biologieunterrichts sein sollte, nämlich Lebendiges (hierzu s.u. S. 303–305). Unsichtbares, nicht mehr Greifbares; aber in Formeln, die man lernen und »objektiv abfragen« kann, Verpacktes, trat an die Stelle von Froschlaich, Kaulquappe, Raupe, Puppe und Schmetterling. Modelle ersetzen die Wirklichkeit. Für Kinder und Jugendliche, die noch für die lebende Natur hätten begeistert werden können, rückt diese in weite Ferne oder spielt sich nur noch auf den Oberflächen von Bildschirmen ab. Die geschützte Orchidee darf hingegen draußen weiterhin totgedüngt oder ordnungsgemäß abgemäht werden, der Teich so sehr mit Dünger überlastet, dass kein Frosch mehr darin vorkommt, und der brütende Vogel von den Maschinen überrollt. Die Blume am Wegesrand, so es sie überhaupt noch gibt, weil kaum noch »Rand« übrig gelassen wird, stuft man automatisch, weil man sie nicht kennt, vorsorglich für »geschützt« ein. Man darf sie nicht pflücken und auch nicht näher kennen lernen.

Das ist die Sachlage, und zwar gar nicht so sehr pointiert ausgedrückt. Dass sich längst nicht alle Menschen daran halten, sollte man als Argument für die Beibehaltung von nutzlosen Teilen des Artenschutzes nicht gelten lassen. Eine solche Begründung wäre von derselben zweifelhaften Qualität, mit der manche ihre Verstöße gegen die Straßenverkehrsordnung zu rechtfertigen versuchen. Die Kardinalfehler stecken hier im System, dort aber, im Straßenverkehr mit den vielen und höchst gefährlichen Unfällen, in der unzureichenden Beherrschung der Geschwindigkeiten durch Menschen. Gesetze und Verordnungen werden nicht durch ihre (teilweise) Nichtbeachtung erst gut; sie sollten das in ihrem Kern von vornherein sein!

In vielen Städten formierten sich indessen Naturschützer zu neuer Aktivität. Mit Erfolg gelang es ihnen, den Wanderfalken (*Falco peregrinus*) wieder anzusiedeln, Stadtbiotop- und Artenkartierungen durchzuführen und die Stadt als Lebensraum auch für Tiere und Pflanzen hervorzuheben. Auch die naturschutzorientierte Forschung verstärkte sich, ausgehend von Berlin (Sukopp 1990), und formierte in der Gesellschaft für Ökologie eine eigene Sektion. Die Zeit der »Unwirtlichkeit unserer Städte« ist überwunden. Sie haben »Lebensqualität« gewonnen.

Doch greifen wir nochmals zurück auf einen anderen Grund für die Ablehnung der Stadt als Fremdkörper. Darin drückt sich mehr aus als nur eine negative Einstellung zur Stadt selbst.

10 Die »überfremdete« Natur?

Mit dem Land verbinden sich Empfindungen wie Heimat, Lebenszentrum, Bindung oder Vertrautheit mit der Umwelt weit stärker als mit der Stadt. Die Stadt konfrontiert die Menschen immerzu mit Fremdem. Man sucht Abwechslung, weist aber gleichzeitig Vieles ab und zieht sich in seinen Privatbereich zurück. Der Abstand zwischen Fremdem und Vertrautem kann je nach Art und Größe der Stadt bis zur Bedeutungslosigkeit schrumpfen, weil nahezu alles, was die städtische Umwelt ausmacht, fremd ist und dies auch bleibt. Dass sich dennoch ganz von selbst Prozesse einstellen, die entmischen und zusammenführen zu neuen Zentren, ist kein Widerspruch dazu, sondern vielmehr Bestätigung dieser Gegebenheiten. Stadtviertel bekommen so ihre Identität in positiver wie auch in negativer Hinsicht.

Viele Menschen erleben in der Flut der anderen Menschen die Vereinsamung. Sie haben es schwer, gleichartig Interessierte zu finden oder Kontakte aufrechtzuerhalten, weil die Fluktuationen, dem Artenumsatz vergleichbar, für dauerhafte Sozialbeziehungen häufig zu hoch sind. In der Masse vereinzelt der Mensch. In der Überschaubarkeit der ländlichen Verhältnisse findet man ungleich leichter seinen Platz, wenngleich keineswegs immer den gewünschten! Die Überschaubarkeit der ländlichen Strukturen wirkt stabilisierend. Die Unübersichtlichkeit der Menschenmassen in den Städten bewirkt das Gegenteil. Man ist sich bekanntlich oft der Türnachbarn nicht sicher.

Wohnort und Arbeitsstelle sind zumeist räumlich recht weit voneinander getrennt. Wer auf dem Land Pendler genannt würde, gehört in der Großstadt einfach zum normalen rhythmischen Prozess des täglichen Kommens und Gehens. Aus psychologischer Sicht bewirkt dies, dass »Stadtmenschen« viel häufiger mit anderen, mit den Fremden, konfrontiert werden als die Landbewohner. Städter gelten daher als durchschnittlich »aufgeschlossener«, die Landbewohner hingegen als verschlossener und ausschließender. Mag diese Zuordnung im Einzelfall auch gar nicht stimmen, so trifft sie doch zumeist in der Bilanz aus dem Verhalten sehr vieler Menschen zu.

Warum diese Abschweifung vom Thema der Stadtnatur nicht unwichtig ist, ergibt sich aus der Übertragung der Einstellung auf »die Natur«. Werden Landbewohner mit neuen Arten konfrontiert, die sie nicht selbst, etwa aus Blumenkatalogen oder Gartencentern geholt haben, so betrachten sie diese weitaus ablehnender und skeptischer, weil sie das Gewohnte verändern (könnten). Stadtbewohner sind dies gewöhnt. So konnten sich Papageien und Sittiche in Städten an Rhein und Neckar ziemlich leicht etablieren. Schon im unmittelbaren Umland fehlen sie. Dass dies nicht allein an der Verfügbarkeit von Nahrung oder Nistplätzen liegen kann, ist offensichtlich. Buntes Ziergeflügel auf Stadtgewässern wird nicht von vornherein nach »heimisch« oder »fremd« sortiert, sondern so hingenommen, wie es sich zeigt. Der komische Vogel draußen auf den Landgewässern hätte hingegen weit weniger Aussicht, durchzukommen. Er fällt auf, weil sein Vorhandensein das Gewohnte verändert. Was »hierher gehört« oder auch nicht, ist am Land mit zumeist recht klaren Vorstellungen verbunden, in den Städten jedoch umso weniger, je größer diese sind. Die Landbevölkerung versucht Identität bei sich selbst wie auch in ihrer Umwelt zu erhalten oder neu zu schaffen, wo diese, aus welchen Gründen auch immer, verloren ging oder eingeschränkt wurde. Die so rasch wechselnde Stadtbevölkerung hält nicht selten gerade ihre Offenheit, ihr Nicht-festgelegt-Sein, für ein Wesensmerkmal ihrer Identität. Dass sie die Einstellung schnell ändert, wenn sie sich aufs Land hinaus begibt, stellt wiederum keinen echten Widerspruch dar. Der Mensch ist so, dass er beides braucht und schätzt: Identität und Offenheit. Mag man noch so gierig auf Neues sein, erwartet man dennoch das Bekannte und ist enttäuscht, es verändert zu finden, wenn man den vertrauten Ort mit zeitlichem Abstand wieder aufsucht.

So geht es uns allen mit den fremden Arten. Solange wir sie nicht näher kennen (und damit einschätzen können), sind sie uns »fremd«. Wurden wir über hinreichend lange Erfahrung vertraut genug mit ihnen, schätzen wir ihre Vorzüge oder die Besonderheiten, die sie bieten. Drohen sie zu verschwinden, wollen wir sie erhalten, um das Gewohnte festzuhalten. In beispielhafter Weise wird dies in unserer Zeit mit den früheren Unkräutern vollzogen. In Ackerwildkräuter umbenannt, fließen ihrer Erhaltung (genauer: den Landwirten) seit Jahren ganz beträchtliche Summen aus dem EU-Agrarhaushalt zu. Ihre Schönheit wurde erst mit ihrem drohenden Verschwinden erkannt. Ihren Verlust will man nicht hinnehmen, auch wenn sie in früheren Zeiten Verluste, nämlich Einbußen in der Ernte, verursacht hatten.

Geradezu bizarr wurde die Situation mit den Rosskastanien *(Aesculus hippocastanum)*, die als fremde Baumart aus dem südöstlichen Balkan stammt. Vor allem im 19. Jahrhundert fand sie große Ausbreitung als geschätzter Schattenspender in Biergärten. Als nun um 1990 von Österreich her eine

Abb. 26: Rosskastanie – von Miniermotte befallen. Für viele eine »Bedrohung« der bayerischen Biergartenkultur.

winzige Motte nach Bayern kam und die Kastanien »befiel« (Abb. 26), sah man die bayerische Biergartenkultur bedroht. Der Winzling mit dem wissenschaftlichen Namen *Cameraria ohridella* geriet in die Schlagzeilen der Boulevardpresse. Er breitete sich über weite Teile Europas in wenigen Jahren aus und gilt seither als Musterfall für eine »invasive Art«, die riesige Probleme verursacht (obgleich anscheinend noch nicht eine einzige Kastanie deswegen eingegangen ist!) und exemplarisch vor Augen führt, was durch die Globalisierung auf uns zukommen wird. Der Fremdling von früher, die Rosskastanie, wurde durch den neuen Fremdling in (scheinbare) Bedrängnis gebracht. Erster ist einfach lange genug da, um nicht gleich schief angesehen zu werden. Den »Schädling« hätte man andernorts und bei anderen Arten als positives Beispiel einer biologischen Schädlingsbekämpfung hervorgehoben (wenn die Motte tatsächlich die Kastanien hätte schädigen können!).

Einzelfälle können jedoch trügen. Sie lassen sich, wie am Beispiel der Rosskastanie und ihrer Miniermotte vorgeführt, nahezu beliebig in der einen wie in der anderen Richtung deuten. Umfassendere Bilanzen sind nötig, um das Dilemma der Wertung zu lösen oder wenigstens sichtbar zu machen. Betrachten wir dazu nicht die Halsbandsittiche (*Psittacula krameri*) der Rheinstädte oder einige andere Arten isoliert, sondern sehen wir sie eingebunden in die Tierwelt, zu der sie – zumindest ihrer systematischen Stellung nach – gehören, näher an. Welchen Anteil nehmen zum Beispiel die »Exoten« in der Münchner Vogelwelt ein? Der Befund ernüchtert – oder sollte dies tun, angesichts massiver Befürchtungen zu den »Aliens« seitens mancher Naturschützer.

Abb. 27:
Drüsiges Springkraut – schön anzuschauen, aber ungern gesehener »Fremdling« aus dem Himalaya

Unter den rund 110 Brutvogelarten Münchens nehmen die fünf fremden Arten nur einen Anteil von weniger als fünf Prozent ein. Elf Vogelarten brüten unregelmäßig im Stadtgebiet. Geradezu lächerlich gering wird ihr Anteil an den Münchner Vögeln insgesamt. Da bringen es die fünf Fremdlingsarten zusammen auf weniger als 100 Brutpaare, während mehrere Millionen Vögel »heimischer Arten« im Stadtgebiet leben oder dieses regelmäßig aufsuchen. Daraus eine Invasionsgefahr ableiten zu wollen, klingt schon sehr verwegen. Sogleich wird entgegnet werden, es gehe ja weniger um die Vögel als viel mehr um invasive Pflanzen, die wie eine »feindliche Armee« eindringen und alles überwuchern. Dabei sind sie auch buchstäblich brandgefährlich, wie der heftige, verbrennungsartige Allergien auslösende Riesenbärenklau *(Heracleum mantegazzianum)*, auch »Herkulesstaude« genannt, weil der Kampf gegen diesen wilden Wucherer Herkuleskräfte kostet. Höchst unbeliebt sind auch die ostasiatischen Riesenknöteriche, die *Reynoutria*-Arten, oder das wunderschön, für ungeübte Augen fast orchideenhaft blühende Indische oder Drüsige Springkraut *(Impatiens glandulifera)* (Abb. 27). Die Reihe der Bösen ist damit auch schon weitestgehend erschöpft, seit die Kanadische Wasserpest *(Elodea canadensis)* so selten wurde, dass man sie kaum noch findet. Lediglich Massenvorkommen von Kandischen Goldruten *(Solidago canadensis)* (Abb. 28) und verwandte Arten erregen den Unwillen der Kämpfer gegen das Fremde.

Dabei wird verkannt oder verdrängt, weshalb diese invasiven Arten überhaupt hier im Lande sind. Zuerst holte man sie, im 19. Jahrhundert, der hohen Zeit der Ansiedlungsversuche fremder Arten, denen eigene »Akklimatisierungsgesellschaften« gewidmet waren, aus wirtschaftlichen Gründen. Sie sollten als Verbesserung der Bienenweide dienen (und sie taten dies auch!) oder als Viehfutter dort aufwachsen, wo sonst nichts so recht gedieh. Was die Riesenknöteriche tatsächlich auch leisteten. Später kümmerte man sich nicht mehr um sie. Als dann in den 1970er Jahren die massive Überdüngung des Landes einsetzte, versorgte man diese sehr Stickstoff-Bedürftigen gleich (und zumeist unabsichtlich) kräftig mit. Sie hatten nun größerflächig das, was ihre Ausbreitung förderte: stickstoffreiche Böden und keinen Nutzungsdruck mehr. Jetzt erst wurden sie zum »Feind«. Ihre Ausbreitung ging jedoch kaum jemals direkt von den Städten aus. Man hatte sie längst am Land »angesalbt« und aus der Reserve gelockt, als das Angebot an Stickstoff so überreich zu fließen anfing.

Abb. 28: Kanadische Goldruten wurden im 19. Jahrhundert gezielt angepflanzt, um die Bienenweide zu verbessern. Heute gelten sie als lästige »Fremdlinge«.

Wie dargelegt, sind die Städte insgesamt eher ärmer an Pflanzennährstoffen als das Land. Wiederum schließt dies nicht aus, dass es auch in den Städten stellenweise Massenentwicklungen von Riesenbärenklau oder -knöterichen gibt. Eine Schuldfrage stellt sich nach dieser zum Teil über mehr als ein ganzes Jahrhundert zurückreichenden Geschichte längst nicht mehr. Heimische Brennnesseln wuchern auf grundsätzlich dieselbe Weise an so stickstoffreichen Wuchsorten. Wer sie dem Riesenbärenklau oder dem Springkraut vorzieht, soll das – und sollte dies auch tun können. Eine Wertung dieser Pflanzen »an sich« ist hingegen unangebracht und das Problem. Allzu schnell kommt eine allgemeine Übertragung auf »die Fremden« zustande. Doch wer möchte das Duftende Veilchen *(Viola odorata)* als Frühlingsblümchen missen, nur weil es vor Jahrhunderten als Fremdling aus dem Süden zu uns kam? Oder die Blaue Kornblume *(Centaurea cyanus)* und die vielen Hunderte weiterer Fremdarten von früher.

Dabei geht es um unser Urteil nicht allein. Wir schützen fast alle Tagfalter und die Artenschutzverordnungen lassen nicht mehr zu, sie ohne behördliche Genehmigung im Schulunterricht vorzuführen. Viele wissen, dass zahlreiche geschützte Tagfalter die Blüten des fremdländischen Sommerflieders, der *Buddleia*, aufsuchen. Dieser gilt aber auch als invasive Art, weil er die Lebensbedingungen von Bahnhöfen und Gleiskörpern aushält. Soll *Buddleia* daher vernichtet und den Schmetterlingen ihr Nektar entzogen werden? Unser Urteil gerät rasch in Schwierigkeiten, wenn wir die Konsequenzen und ihre Verflechtungen, die in der Natur längst vorhanden sind, mitberücksichtigen. Heimisch und fremd lässt sich nicht so klar trennen, wie uns häufig vorgemacht wird. Und das ist auch gut so. Denn ohne die Möglichkeit zu Veränderungen bliebe die Natur statisch wie ein Bild, das man festhalten möchte, um es aufzuheben. Wenn wir aber die Dynamik der Natur akzeptieren, gewinnen die Neuen und die Fremden eine ganz andere Dimension. Heimische Arten bereiten jede Menge Schwierigkeiten. Dass fremde Arten das auch tun können, liegt auf der Hand. Nur Gutes gibt es nicht in der Natur. Die Trennung von »gut« und »schlecht« sollte längst überholt sein und einer vernünftigen Betrachtung Platz gemacht haben. Der Naturschutz kritisierte völlig zu Recht das Nützlich/Schädlich-Denken. Diese Kritik ist auch beim (vermeintlichen) Gegensatz »heimisch/fremd« angebracht. Betrachten wir lieber die tatsächlichen Verhältnisse; nämlich, wie die verschiedenen Arten in den Städten leben. Das sollte allemal aufschlussreicher als Vorurteile sein.

III. UNERWARTETES

11 Stadtleben für Säugetiere

Säugetiere, das sind für die meisten Menschen Rehe und Füchse, Hasen und Mäuse und einige weitere, weniger geläufige Tiere. An Hunde und Katzen wird zumeist nicht gedacht, weil man sie den Haustieren und damit der Menschenwelt zurechnet. Ein verglichen mit der Vogelwelt ausgesprochen geringer »öffentlicher Kenntnisstand« über die frei lebenden Säugetiere ist verständlich, weil sehr viele Arten eine scheue, zumeist überwiegend oder ausschließlich nächtliche Lebensweise führen. Wer kennt schon, abgesehen von den wenigen Spezialisten für diese Gruppe, unsere Fledermäuse? Dennoch gehen die allermeisten Menschen davon aus, dass Säugetiere hauptsächlich im Wald und auch draußen auf den Fluren leben, aber nicht in der Stadt. Mäuse und Ratten ja, aber das sei eben das Ungeziefer, das aus guten Gründen bekämpft wird. Wie sieht es aber wirklich aus?

Betrachten wir dazu zwei Großstädte, nämlich Berlin fürs Allgemeine und München im Speziellen. Im Stadtgebiet von Berlin kommen gegenwärtig knapp 50 verschiedene Arten von Säugetieren vor. Das sind gut zwei Drittel aller Arten, die in der weiteren Umgebung der dreieinhalb Millionen Einwohner zählenden Stadt vorhanden sind. Zu den regelmäßigen Besuchern zählen zumindest in den Randgebieten auch so große Säugetierarten wie das Wildschwein *(Sus scrofa)*. Rotten davon streifen immer wieder bis in die Vorgärten und richten mitunter einigen Schaden an (Abb. 29). Interessanterweise liegt der Anteil der im Berliner Stadtgebiet vorkommenden Säugetiere an der Gesamtartenzahl der Säuger in Deutschland ganz ähnlich hoch wie bei den Brutvögeln. An der Flugfähigkeit liegt es also gar nicht so sehr, dass Berlin eine so artenreiche Vogelwelt hat. Denn abgesehen von den fliegenden Fledermäusen sind die meisten Säugetiere auf die eigenen Füße angewiesen, um in die Stadt zu kommen. Nur wenige Arten laufen schnell, weit und ausdauernd.

Überrascht allein schon dieser bloße »Zahlenbefund«, so weicht die nähere Betrachtung der Arten noch stärker von der allgemein üblichen Annahme ab, Säugetiere und Stadtleben würden nicht zusammenpassen. In München siedelten sich Biber an der Isar mitten in der Stadt an, und zwar am Deutschen Museum; an einer Stelle also, die nicht gerade zu den abgelegenen und ruhigen Orten Münchens gehört. Füchse laufen im Zentrum von Berlin so geschickt durch die Straßen, als hätten sie die Verkehrsregeln begriffen. Marder turnen in den Stadtparks kaum anders als in den Wäldern draußen, jedoch weitaus häufiger. Das gilt auch für den Igel, der pro Quadratkilometer durchschnittliches Stadtgebiet mindestens zehnmal häufiger vorkommt als im freien, unbebauten Umland. Fledermäuse gibt es reichlich, wo immer genauer nach ihnen geforscht und ihnen mit speziellen Geräten, die ihre Ultraschalllaute artspezifisch hörbar machen, nachgespürt wird. In vielen Städten, insbesondere in den Großstädten, wird man in Parks und Anlagen Bäume finden, die als »Fledermausbaum« gekennzeichnet und damit speziell geschützt sind. Wie häufig die verschiedenen Arten in der Stadt fliegen und von der späten Dämmerung bis in die Nacht hinein Insekten jagen, kann mangels geeigneter quantitativer Methoden noch kaum festgestellt werden. Vergleiche zum Agrarland, zu Fichtenforsten oder anderem freien Gelände sind schwer zu ziehen. Aber wo Stadt und Umland genauer untersucht worden sind, zeigen sich bei den Säugetieren wirklich erstaunliche Befunde. Betrachten wir dazu die Stadt München und den Landkreis Dachau, der auf der Nordwestseite unmittelbar angrenzt.

Abb. 29: Wildschweine in der Bundeshauptstadt:
Rotten streifen immer wieder durch die Gärten in den Randgebieten
von Berlin und richten mitunter einigen Schaden an.

Die 310 Quadratkilometer des Münchner Stadtgebietes sind zu 67 Prozent bebaut. Also gibt es nur rund ein Drittel »Freiflächen« in Form von Gärten, Parks und Gewässern. Der Landkreis Dachau nimmt mit 580 Quadratkilometern fast die doppelte Fläche Münchens ein. Er ist nur zu acht Prozent bebaut. Auf den deutschen Durchschnitt bezogen, weist Dachau ein großes Defizit an Gewässern auf. Waldflächen sind erheblich unterrepräsentiert. Die »offene Flur« ist hingegen überdurchschnittlich vertreten. Weite, nicht bebaute Flächen mit kleinen Gewässern, Waldinseln und Brachland – sollten sie für den Landkreis Dachau nicht eine besonders artenreiche Säugetierfauna erwarten lassen? Stellen wir beide Gebiete in Bezug auf die bebauten Flächen einander gegenüber, so hat der Landkreis Dachau rund 530 Quadratkilometer weitgehend zusammenhängenden Lebensraum für Säugetiere, München hingegen mit nur rund 100 Quadratkilometern ein Fünftel. Dieses ist zudem sehr stark verinselt und für bodengebundene Säugetiere ungleich weniger gut zu erreichen als die offenen Flächen. Diesen räumlichen Gegebenheiten zufolge sollte man annehmen dürfen, München wäre sehr viel ärmer an Säugetieren als Dachau. Tatsächlich kommen jedoch nahezu die gleichen Arten in fast derselben Artenzahl vor. Vielleicht ergäben sich für München sogar mehr Arten, wenn das Stadtgebiet ähnlich intensiv wie der Landkreis Dachau mit seiner Umgebung untersucht würde. Denn Hage (2004) bezog Teile der angrenzenden Landkreise mit ein. Seine Untersuchungen betreffen mit etwa 1.100 Quadratkilometern eine nahezu doppelt so große Fläche wie die von Dachau. Sie entspricht dem mehr als Zehnfachen der nicht bebauten Anteile im Stadtgebiet von München. Die einander sehr ähnlichen Befunde (Reichholf 2005b) bedeuten, dass die Säuger die Großstadt durchaus nicht meiden, sondern zumeist nur weit weniger auffallen oder nicht« hinreichend untersucht worden sind. Sie zeigen eben nicht, wie die singenden Männchen der Vögel zur Brutzeit, ihr Vorkommen und die Häufigkeit in leicht erfassbarer Weise an.

Natürlich kommen manche Säugetierarten in der Stadt erheblich seltener als auf den Freiflächen des Umlandes vor. Die wenigen Rehe, die von den Mauern eingeschlossen im Nymphenburger Schlosspark leben, bemerken die allermeisten Besucher gar nicht, obgleich sie oft kaum mehr als 20 Meter neben den Hauptwegen im Gebüsch äsen. Wo Rehe nicht erwartet werden, sieht man sie auch nicht. Anders verhält es sich bei den Igeln oder den Eichhörnchen. Auch in recht kleine Gärten kommen die Igel in der Großstadt, rumoren darin mit merkwürdigen Tönen nachts herum, ärgern Hunde, die erfolglos die Stachelkugeln anbellen, und hinterlassen teerig schwarze Exkremente, die auf den Terrassen kleben, aber von den Menschen hingenommen werden, weil man Igel schätzt. Die Eichhörnchen *(Sciurus vulgans)* »gehören« regelrecht zum Stadtpark. In den Wäldern sind sie scheu, folglich kaum zu sehen und tatsächlich auch erheblich seltener als in den

Städten. An ihren natürlichen Feinden, den Mardern, liegt das sicher nicht, denn diese gibt es gleichfalls in höherer Häufigkeit in der Stadt als in Wald und Flur. Die Parks bieten den Eichhörnchen mehr und bessere Nahrung. Das liegt an der Vielfältigkeit der Vegetation. Die einförmigen Fichtenforste erzeugen Jahr für Jahr höchst unterschiedliche Mengen an Zapfen.

Abb. 30: Besuch am Frühstückstisch. Neugierige Eichhörnchen suchen den Kontakt zum Menschen.

Etwa alle elf Jahre, im Rhythmus des Sonnenfleckenzyklus, kommt eine Massenentwicklung zustande. Die Fichten hängen dann so voller Zapfen, dass all die Nutzer, die an den sehr gehaltvollen Samen interessiert sind, gar nicht mitkommen, das Angebot auszuschöpfen. Dazwischen liegen viele magere Jahre mit geringem Zapfenansatz. Durchschnittlich alle drei Jahre kommt eine mittlere Zapfen-»Ernte« vor. Der Abstand ist zu groß für die Eichhörnchen, die nicht wie die auf die Zapfennutzung spezialisierten Kreuzschnäbel weiträumig umherfliegen können. Pilze als Ersatznahrung bieten ihnen zu wenig. Haselnussstauden wachsen kaum noch an den Waldrändern, wie auch anderes Buschwerk, das Früchte trägt. Sie sind selten geworden oder fehlen. Genau umgekehrt verhält es sich in der Stadt. Die Vielfalt der Bäume und Sträucher in den Anlagen bietet weitaus kontinuierlicher eine gute und reichliche Nahrung. Die Fütterung durch die Menschen kommt hinzu. Die im Spätherbst nach dem Laubfall sichtbar werdenden, gut fußballgroßen, kugelförmigen Nester der Eichhörnchen zeigen nun, wie häufig sie in der Stadt sind. Die flinken Hörnchen erklettern mit weit ausgreifenden Beinen Hauswände mit Rauverputz, um für ein »Frühstück« auf Balkone zu gelangen (Abb. 30), springen von der einen Seite auf die andere über Fußwege, und sie zeigen in ihrer Fellfarbe auch das ganze Spektrum der Farbvarianten. In der Stadt reicht es von fast reinem Schwarz über Braun aller Schattierungen bis hin zu einem hellen Fuchsrot. Diese Variation drückt aus, dass, anders als in Wäldern, auf den Fellfarbtypen kein nennenswerter Selektionsdruck liegt.

Ähnliche Phänomene, die eine vergrößerte »phänotypische Bandbreite«, wie der Fachausdruck dafür lautet, zeigen, gibt es in großer Zahl, zum Beispiel bei Schnecken (Kapitel 26), aber auch in den Blütenfarben vieler Pflanzen, wie den Veilchen. Die Stammform des Duftenden Veilchens *(Viola odorata)* kommt an denselben Gartenzäunen in allen Variationen zwischen fast reinem Weiß, hellem Rotviolett oder dunklerem Lila bis hin zum typischen Veilchenblau vor. Verminderter Selektionsdruck kann nahezu immer als Ursache angenommen werden. Sicherlich würde sich ein solcher Effekt auch bei den Mäusen zeigen, wenn man diese daraufhin näher untersuchte. Bei manchen Vogelarten ist er uns geläufig, wenn etwa Amseln oder Rabenkrähen weiße Federn tragen oder ganze Partien im Gefieder weiß sind, ohne dass diese Abweichungen sogleich »wegselektiert« werden.

Bei den sehr lernfähigen Säugetieren kommt es in der Stadt auch ziemlich rasch zu Änderungen im Verhalten. Wo Füchse nicht mehr intensiv verfolgt werden, zeigen sie sich auch am Tage und beginnen, ein normales Leben zu führen. Die starke Bekämpfung drängte sie draußen in Wald und Flur ins Nachtleben ab. Geradezu unglaublich verhalten sich in vielen Städten die Kaninchen *(Oryctolagus cuniculus)*. Sie leben auf Verkehrsinseln oder auf mit niedrigem Buschwerk bepflanzten Mittelstreifen von intensivst befahrenen Straßen in der Stadt; sie graben sich ihre Höhlen in perfekt gestylte Hügel in Anlagen, wie etwa dem Münchner Olympiapark, und lassen sich von all dem Trubel um sie herum nicht weiter stören. Wenige geraten unter die Räder, weil sie auf ihren sicheren Inseln keinen Grund zu panikartiger Flucht haben. Diese Verinselung kommt manchen kleineren Säugetieren durchaus zugute, weil die Konkurrenz mit anderen Arten abgemildert wird. Selbst Mäuse fallen in der Stadt wenig auf, weil sie kaum jemals solche Massenvermehrungen durchmachen wie draußen auf dem Land, wenn plötzlich günstige Verhältnisse herrschen oder die Jagd wieder einmal für eine gewisse Zeit ihre Hauptfeinde zu »kurz« gehalten hat.

Die Jagdstrecken von Steinmardern im Landkreis Dachau (Abb. 31) zeigen deutlich, dass sie die Häufigkeit der Marder nicht – wie beabsichtigt – kontrollieren und nachhaltig senken. Diese bleiben ohne Bekämpfung in der Stadt auf demselben Häufigkeitsniveau. Die Vielfältigkeit der Stadtstruktur mindert die Möglichkeiten zur Massenvermehrung auf größeren Flächen, wie das auf dem Land durchaus geht. Deshalb kann davon ausgegangen werden, dass die Säugetiere in der Stadt von drei Gegebenheiten begünstigt werden:

Abb. 31: Jagdstrecken des Steinmarders

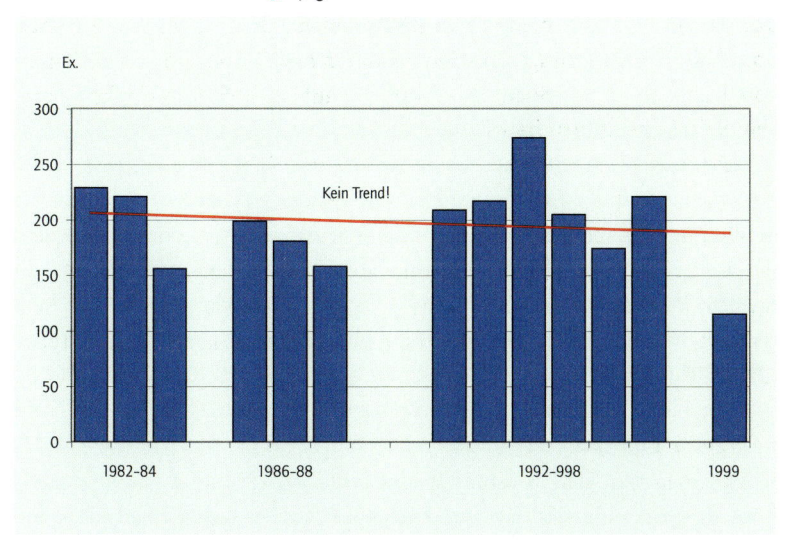

Jagdstrecken von Steinmardern im Landkreis Dachau (Reichholf 2005b).
Unter »Jagdstrecken« werden von den Jägern und Jagdbehörden
Abschüsse und/oder Fallenfänge erfasst. Sie gelten als Indikator für
die Bestandsentwicklung.

Abb. 32: Gefährdete Arten in Bayern

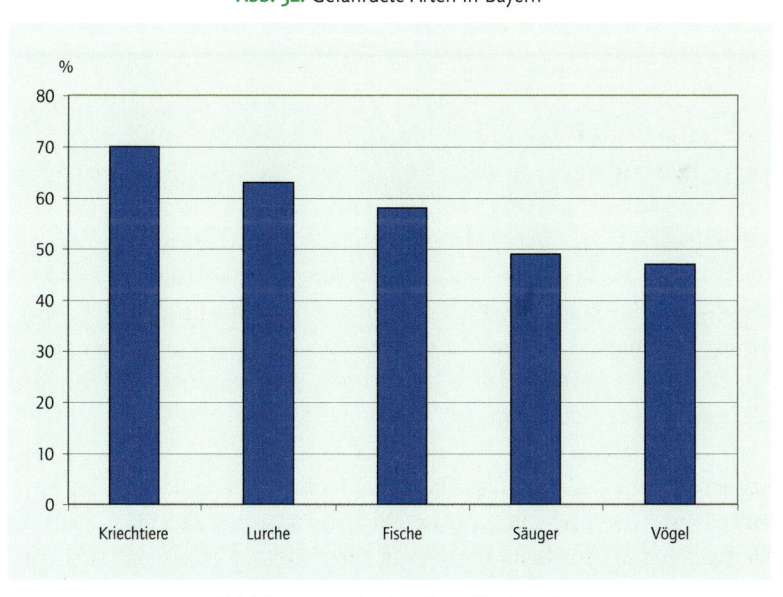

Die Abbildung zeigt die Anteile gefährdeter Arten
im Artenspektrum Bayerns nach der »Roten Liste« des Landesamtes
für Umweltschutz (2003).

— Reichtum an Strukturen und unterschiedlichen Lebensmöglichkeiten
— Geringe oder zumeist gar keine Verfolgung
— Gute bis sehr gute Verfügbarkeit von Nahrung.

Wo die Städte dafür offen genug sind, wie etwa Berlin oder viele Städte in Osteuropa, da können durchaus auch größere und große Säugetiere in die Randzonen wandern und diese in ihren Lebensraum einbeziehen. Neben den schon genannten Rotten von Wildschweinen in Berlin oder Hirschen in der Isaraue am Rand von München sind dies Besuche des Luchses in Kaiserslautern oder von Wölfen und Bären in den osteuropäischen Städten der Karpaten. Schließlich reicht das Spektrum, global gesehen, bis zu den Eisbären am Rand des Städtchens Churchill an der Hudson Bay in Kanada und zu großen Wildtieren aus den Schutzgebieten in Afrika. Säugetiere können dank ihrer hohen inneren Autonomie weit besser in und von der Menschenwelt leben als die ungleich stärker umweltgebundenen Kleintiere ohne geregelt hohe Körpertemperatur. Sie sind daher zusammen mit den Vögeln auch die vergleichsweise am wenigsten gefährdete Tiergruppe nach den Einstufungen der »Roten Listen« (Abb. 32). Mit fast der Hälfte der »gefährdet« eingestuften Arten liegen die Säugetiere und die Vögel zwar relativ gut den anderen Tiergruppen gegenüber, aber absolut natürlich schlecht. Die Vögel vermitteln besser, warum das so ist.

12 Je größer die Stadt, desto mehr Brutvögel

Die Befunde zu den Säugetieren decken sich also ziemlich gut mit dem ungleich bekannteren Artenreichtum der Vögel. Wie im Teil I ausgeführt, liegen sowohl die Artenzahlen, als auch die Häufigkeiten der Vögel in den Städten deutlich über dem Landesdurchschnitt, wo immer die Vogelwelt im Siedlungsraum gründlich genug untersucht worden ist. München liegt um 15 Prozent über dem Landesdurchschnitt und damit nicht so gut wie Berlin oder Hamburg mit über 20 Prozent – aber immerhin. Sehen wir uns die Verhältnisse genauer an. Abb. 33 bietet dazu den Überblick.

122 verschiedene Vogelarten brüten im Münchner Stadtgebiet, 221 sind es in ganz Bayern. Die nur gut 300 Quadratkilometer München bieten somit mehr als der Hälfte aller in Bayern brütenden Vogelarten Lebensmöglichkeiten. Regelmäßig, das heißt so gut wie alljährlich, brüten davon über 90 Prozent der Arten; für Bayern ergibt sich ein ganz genau so hoher Prozentsatz. Es liegt also nicht an der Stadt, wenn bestimmte Arten unregelmäßig brüten, sondern an anderen Gegebenheiten. Es ist auch keineswegs so, dass eine Stadt wie München Ausgangsort für die Ausbreitung von Exoten wäre (vgl. Kapitel 10), denn der Exotenanteil liegt mit den fünf Vogelarten Kanadagans *(Branta canadensis)*, Weißwangengans *(Branta leucopsis)*, Streifengans *(Anser indicus)*, Mandarinente *(Aix galericulata)* und Fasan *(Phasianus colchicus)* niedriger als in ganz Bayern. Alle exotischen Vogelarten mit Ausnahme der Weißwangengans kommen als Brutvögel an verschiedenen Stellen im übrigen Bayern vor. Sie sind, den aus jagdlichen Gründen eingeführten Fasan ausgenommen, »unauffällig« geblieben, das heißt, sie haben keine wirtschaftlichen Schäden verursacht und keine heimischen Arten verdrängt.

Nun bringt es die geringe Fläche einer Stadt wie München zwangsläufig mit sich, dass manche Arten, vielleicht die allermeisten, darin auch nur in geringen Bestandsgrößen vorkommen können. Bedeutet daher die hohe Artenzahl wenig oder nichts (aus der Sicht des Artenschutzes wie auch im Hinblick auf mögliche Probleme oder Schäden)? Die Untersuchungen von Luy (2004) ergaben jedoch, was ausnahmslos in größeren Städten so der Fall

Abb. 33: Brutvogelarten in Bayern und München

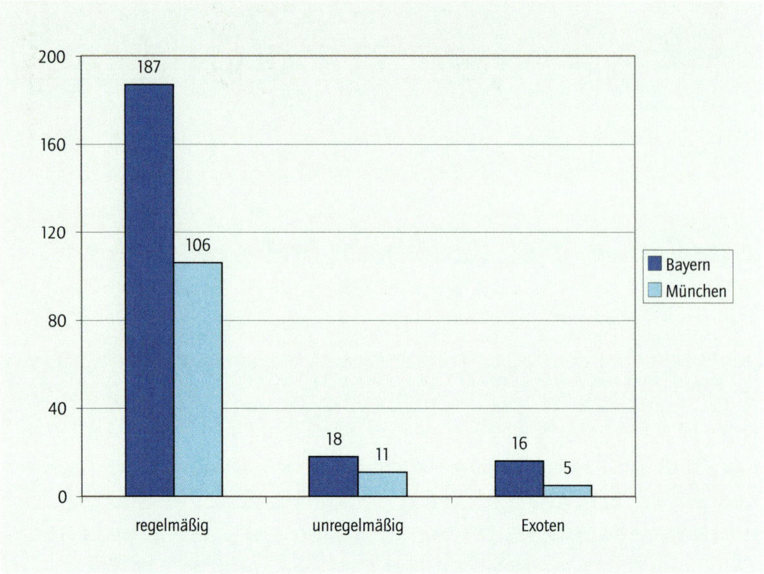

Vergleich der Zahl von Brutvogelarten im Stadtgebiet von München und in ganz Bayern (Bezzel et al. 2005, Reichholf 2006b). Prozentual brüten fast genauso viele Arten regelmäßig in der Stadt wie in ganz Bayern.

ist, dass tatsächlich sehr viele Vogelarten auch in beträchtlicher, keineswegs unbedeutender Häufigkeit vorkommen. In München sind das 45 der festgestellten Brutvogelarten, also nahezu die Hälfte des Artenspektrums, die mit Beständen von mehr als 100 Brutpaaren vertreten sind. Doch auch die in geringeren Bestandszahlen vorkommenden Vögel sind nicht etwa unnatürlich selten, sondern es handelt sich bei ihnen um Arten, die wegen großer Reviere auch »draußen« nicht häufiger pro 100 Quadratkilometer sind; so etwa die Wanderfalken *(Falco peregrinus)* und Baumfalken *(Falco subbuteo)*, der Waldkauz *(Strix aluco)*, die Neuntöter *(Lanius collurio)* und andere. Umfangreiche Befunde hierzu hat Bezzel (1982) zusammengestellt.

Somit fällt die Häufigkeitsstruktur der Brutvögel einer Großstadt nicht grundsätzlich anders aus als in Wäldern und in reich gegliedertem Kulturland. Die offenen, landwirtschaftlich genutzten Flächen hingegen weisen ein ganz erheblich ungünstigeres Verteilungsspektrum der Arten auf. Fast alle sind selten bis sehr selten und nur noch einige wenige kommen einigermaßen häufig vor. Welche Vogelart bringt es in den ausgeräumten Agrarlandschaften noch auf 30 und mehr Brutpaare pro 100 Quadratkilometer? Da jedoch die Agrarlandschaft insgesamt mehr als die Hälfte der Landfläche Deutschlands einnimmt, liegen die Städte nicht nur hinsichtlich der Arten-

Abb. 34: Der Mauersegler zählt zu den Tierarten, die in besonderem Maße auf Siedlungen und Städte angewiesen sind.

vielfalt besser als »das Land«, sondern auch in der Häufigkeit vieler Vogelarten. Wenn, wie oben festgestellt, auf jeden Großstädter (mindestens) ein Paar frei lebender Vögel kommt, so bedeutet dies durchaus auch, dass viele Vogelarten in den Städten in sicheren Bestandsgrößen vorkommen. Je größer die Stadt, umso gesicherter ist der Brutbestand vieler Vogelarten.

Es gibt einige Arten, die sogar auf die Städte regelrecht angewiesen sind. An erster Stelle zu nennen ist der Mauersegler *(Apus apus)* (Abb. 34). Die wenigen, auch sehr selten aufzufindenden Bruten in Baumhöhlen spielen für die Bestände und die Bestandsentwicklung des Mauerseglers so gut wie keine Rolle. Die Art ist von Siedlungen, ganz besonders aber von Städten abhängig. Dort finden die Segler die passenden Brutnischen unter Dächern. Die Stadt versorgt die Segler jedoch auch zu einem Großteil mit den Kleininsekten, von denen sie leben und mit denen sie ihre Brut zu versorgen haben. Denn die sommerliche Aufwärmung der Städte führt zu aufsteigenden Luftströmungen. Diese saugen aus dem Umland bodennahe Luftmassen nach. Mit diesen werden die Kleininsekten des so genannten Luftplanktons mitgerissen und in die Lüfte über der Stadt hinausgehoben. Die Segler kreisen darin mit offenen Schnäbeln umher und sammeln so die Ballen aus Kleininsekten zusammen, mit denen sie ihre Jungen füttern.

Ohne die Städte stünde es schlecht um die Bestände der Mauersegler. Sie nehmen ohnehin gegenwärtig wieder ab, seit die Reinigung der menschlichen Abwässer den Flüssen und Seen kaum noch organischen Abfall (Detritus) zuführt. Dieser war jedoch die Nahrungsgrundlage für die großen Massen von Wasserinsekten, die von den Seglern bei Schlechtwetter genutzt worden waren. Denn die Schwärme der nicht stechenden Zuckmücken *(Chironomiden)* steigen bei feucht-regnerischer Witterung auf, und auch die kleinen Eintagsfliegen schlüpfen bevorzugt bei solchem Wetter. Ihre Larven leben in den obersten Schichten des Bodenschlammes von den organischen Reststoffen, die von Bakterien und Pilzen zersetzt werden wie im Humus der Böden an Land. Wo diese organischen Reststoffe fehlen oder zu rar geworden sind, geht die so genannte Emergenz an Wasserinsekten entsprechend stark zurück. Den Mauerseglern, aber auch den Schwalben, den Rohrsängern und vielen anderen von ungiftigen Kleininsekten lebenden Vögeln fehlt nun diese Nahrung. Sie stammte früher aus den Flussauen. Die Blätter der Bäume und anderer pflanzlicher Abfall »düngten« vor den Regulierungen die Flüsse in den Auen. Diese waren buchstäblich das Nährgebiet der Fließgewässer. Längst sind sie in Kulturland umgewandelt, und zwar meistens zu über 90 Prozent der Flächen des ursprünglichen Auwalds. Um eben diese Größenordnung ging auch die Versorgung der Gewässer mit organischen Reststoffen zurück. Mauersegler, Schwalben, Rohrsänger und andere Ufervögel müssen zwangsläufig seltener werden, wenn es ihnen so sehr an Nahrung mangelt (Reichholf 2005a).

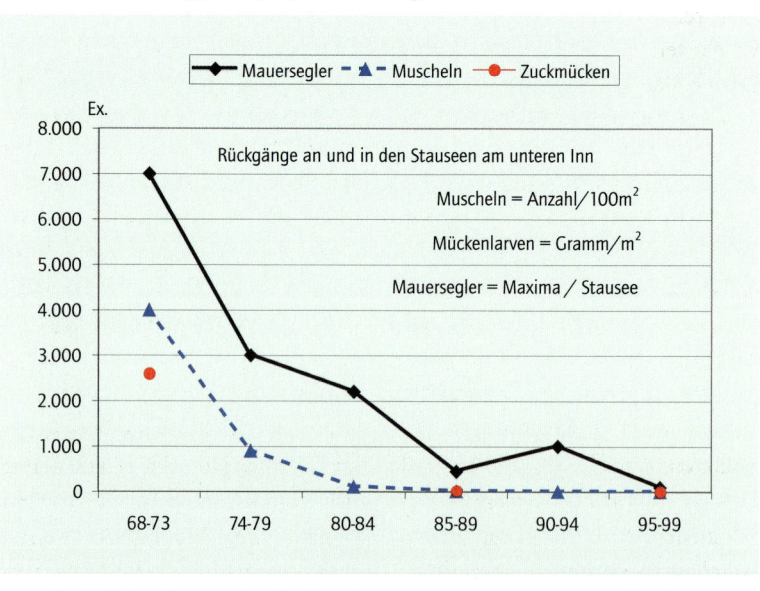

Abb. 35: Rückgang der Mauersegler außerhalb der Stadt

Die Zahl der Mauersegler, die über den Stauseen am unteren Inn schlüpfende Wasserinsekten jagen, nahm seit Ende der 1960er Jahre kontinuierlich ab. Ihnen wurde immer mehr die Nahrungsgrundlage entzogen, denn als Folge der Verbesserung der Wasserqualität nahm die Häufigkeit der Zuckmückenlarven und der Großmuscheln im Schlamm ab.

Abb. 35 zeigt das Ausmaß der Mauersegler-Häufigkeitsabnahme für südbayerische Stauseen, zu denen mit großer Wahrscheinlichkeit auch Münchens Mauersegler bei schlechtem Wetter im Mai und Juni geflogen waren. Solch weite Nahrungsflüge aus der Stadt heraus können jedoch nur wenige Vogelarten machen. Die Mauersegler bilden mit ihrem sehr guten Flugvermögen eine Ausnahme. Die Entfernung von München zu den Stauseen am unteren Inn macht für sie nicht einmal zwei Flugstunden aus; zum Ammer- oder Starnberger See reicht eine halbe Stunde. Zur Nahrungssuche ins unmittelbare Umland fliegen auch die Stadttauben (*Columba livia f. domestica*) sowie Turmfalken (*Falco tinnunculus*) und Mäusebussarde (*Buteo buteo*), die an der Peripherie nisten. Für 100 Brutvogelarten und mehr muss aber die Stadt selbst genug an Nahrung bieten, wenn die Fortpflanzung erfolgreich verlaufen soll. Bei Arten, die von Sämereien oder von den Regenwürmern leben, die aus den Rasenflächen bei feuchter Witterung kommen, kann man die Ergiebigkeit direkt beobachten. Wo Gruppen von Grünlingen nach Nahrung suchen, Haussperlinge tschilpend am Boden hüpfen oder Buchfinken suchend herumtrippeln, meinen wir, das Wesentliche zu sehen. Das muss aber nicht so sein, denn auch die so genannten Körnerfresser, die Finkenvögel, brauchen Insekten zur Versorgung ihrer frisch geschlüpften und kleinen Jungen. Sogar der so dickschnäbelige Kernbeißer (*Coccothraustes coccothraustes*) muss danach suchen. Nur mit den Amseln und mit anderen Drosseln verhält es sich anders: Sie können ihre Brut tatsächlich mit den Regenwürmern füttern, bei deren Suche wir sie beobachten.

Sehen wir deshalb vorerst von den Amseln ab (Kapitel 14) und versuchen wir, herauszubekommen, wie es um die Nahrung der Kleinvögel in der Stadt bestellt ist, die ihre Jungen mit Insekten füttern müssen. Was können wir sehen? Die nicht sonderlich scheuen Kohl- oder Blaumeisen suchen das Gebüsch und die Bäume ab. Mit Futterportionen im Schnabel fliegen sie unermüdlich die Nistkästen an, in denen ihre Jungen nimmersatt mit gut vernehmbar gierenden Rufen um Futter betteln. Begehrt sind vor allem kleine Raupen; am liebsten haben die Meisen die bei uns Menschen am wenigsten beliebten Raupen der Frostspanner und Eichenwickler, weil diese durchaus auch einmal in der Stadt die Bäume kahl fressen können. Die Meisen werden daher wegen ihrer Qualitäten als biologische Schädlingsbekämpfer geschätzt. Das Anbringen von Nistkästen wird oft mit diesem nützlichen Aspekt begründet und nicht nur mit dem »guten« Zweck, den Kleinen zu helfen, die so große Wohnungsnot haben. Knappheit von Nisthöhlen kann jedoch nur dann eine Rolle spielen, wenn tatsächlich so viel mehr Futter verfügbar wäre, als es natürliche Höhlen oder sonstige geeignete Nistplätze gibt. Die bloße Tatsache, dass sich durch Anbringen von Nistkästen die Häufigkeit der Meisen, der Trauerschnäpper (*Ficedula hypoleuca*), der Baumläufer (*Certhia sp.*) und einiger anderer in Höhlen brütender Vogelarten auf ein

Mehrfaches steigern lässt, ohne dass Nahrungsverknappung bemerkbar wird, bedeutet zwangsläufig, dass es in der Stadt damit nicht schlecht aussieht.

Allerdings gibt es noch mehr Vögel, die Insekten fangen, aber nicht in Höhlen, sondern frei im Gebüsch, in Nischen oder an sonstig geeigneten Orten nisten. Diese werden dennoch nicht weniger, wenn mit Nistkästen die mögliche Konkurrenz gesteigert wird. Auch draußen in den Wäldern kann die Häufigkeit der Höhlenbrüter mit Nistkästen vergrößert werden. Der biologische Waldschutz geht sogar davon aus, dass es besser sei, die Vögel anstatt Chemie zur Bekämpfung der Insekten einzusetzen. Leider reicht das Wirken der Gefiederten mitunter dafür doch nicht aus. Aus diesen bekannten Befunden könnte man zweierlei schließen. Erstens dass für die Vögel normalerweise immer sehr viel mehr Insekten vorhanden sind, als sie diese nutzen können. Das würde jedoch bedeuten, dass sie auch höchstens ausnahmsweise einmal an Futtermangel leiden. Entscheidend wäre die Verfügbarkeit von Nistplätzen. Zweitens könnten die Unterschiede zwischen Wäldern und Stadtgärten einfach zu unbedeutend sein, so dass sich eben die gleichen Reaktionen seitens der Vogelwelt ergeben. Beide Möglichkeiten brauchen einander nicht auszuschließen. Sie könnten je nach Lage der Verhältnisse in unterschiedlichem Maße bedeutsam sein.

Abb. 36:
Mit Lebendfang-Lichtfallen lässt sich die Häufigkeit nachtaktiver Insekten erforschen.

Zur Begrenzung durch das Brutplatzangebot gibt es eine Fülle einschlägiger Untersuchungen, die früher vielfach unter dem Begriff der Waldhygiene liefen. Sie zeigten, dass sich der Brutbestand der Höhlenbrüter zwar tatsächlich stark steigern, nämlich verdoppeln oder verdreifachen lässt, aber dass dann doch schnell eine Sättigung eintritt und die Ausfliegerfolge der Bruten sinken. Diese in Wäldern und in großen Parks erzielten Befunde an Höhlenbrütern bestätigen die Erwartungen. Sie brauchen daher hier auch nicht weiter vertieft zu werden. Näheres kann man zahlreichen Vogelbüchern entnehmen (etwa bei Bezzel & Prinzinger 1990). Hier geht es weniger darum, dass das Nahrungsangebot begrenzt ist, sondern ob sich das Nahrungsangebot, und wenn ja, in welchem Umfang in der Stadt von den Verhältnissen auf dem Land und im Wald unterscheidet. Denn davon hängt es ab, ob die Brutbestände in der Stadt hoch und produktiv werden können und ob sie auch die zweifellos vorhandenen, zahlreichen Nestverluste ertragen, die durch Feinde wie Elstern, Krähen, Häher, Eichhörnchen, Marder, Katzen und Ratten verursacht werden. Verluste an Altvögeln kommen hinzu, weil diese selbst von Vögeln wie dem Sperber *(Accipiter nisus)* oder mitunter auch von Falken gejagt werden.

Nun lassen sich Insekten nicht einfach draußen im Garten oder im Wald zählen. Aber automatische Lebendfang-Lichtfallen (Abb. 36) bieten die Möglichkeit eines guten, methodisch einwandfreien Häufigkeitsvergleichs. Darauf ist bereits hingewiesen worden. Wenn auch nicht alle Insekten in einem reichhaltigen Fang genau nach Arten bestimmt und die vorhandenen Individuen im Fangsack ausgezählt werden können, so lassen sich doch Gruppen wie die Schmetterlinge vollständig und Kleininsekten zumindest halbquantitativ erfassen. Gleichgebaute Lichtfallen mit hinreichend gleicher Fangfrequenz und mehr- bis langjährigem Betrieb ergeben auf diese Weise direkte Vergleiche. Die Ergebnisse sind nicht nur für die betreffenden Insektenarten oder -gruppen selbst höchst aufschlussreich, sondern auch für die Vögel. Denn man kann die Fangergebnisse als Indikatoren für das mögliche Insektenangebot verwerten. Dass es dabei nur um Relationen, nicht aber um eine direkte Messung der Nahrungsmenge für ein Meisenpaar geht, versteht sich von selbst. Doch weil die Fangergebnisse von Jahr zu Jahr und Gebiet zu Gebiet sehr unterschiedlich ausfallen, woraus sich Trends ablesen lassen, aber darüber hinaus auch Biotopqualitäten, wird der Vergleich besonders instruktiv.

Abb. 37 zeigt die Bilanz von Lichtfangergebnissen aus der Zeitspanne von 1983 bis 2003 für Fangstellen im Stadtgebiet von München (ZSM), einen Forst (Hart) und ein Dorf (Aigen II) im niederbayerischen Inntal. Die Befunde lohnen eine genauere Betrachtung. Im Juni liegen die Mengen für die Fangstellen in München und im Forst fast genau gleich hoch, im Juli steigen beide Mittelwerte stark an, aber der Forst übertrifft die Stadt um ein Drittel, und auch im August liegt er um etwa diese Menge höher als in der Stadt. Beide haben dann jedoch schon wieder stark abgenommen. Anders sieht der Verlauf im Dorf, einer typischen ländlichen Siedlung mit Ackerland im Umfeld und gepflegten Gärten aus. Dort bleiben die Fangergebnisse stets erheblich niedriger als in der Stadt und im Wald. Im Juni macht das Minus gegenüber beiden ein knappes Drittel aus, im Juli erhöht sich der Unterschied noch stärker. Die Stadt lieferte nun eine gut doppelt so hohe Schmetterlingshäufigkeit wie das Dorf, und der Wald das Dreifache. Der Rückgang im August fand im Dorf nicht statt, wo nun die Fangergebnisse mit der Stadt gleichziehen und nicht mehr so stark unterhalb des Wertes für den Wald liegen. Für die Singvögel, die von Insekten leben, bedeutet dies: Die Möglichkeiten waren zur Brutzeit in München und im 150 Kilometer östlich davon gelegenen niederbayerischen Forst praktisch gleich gut. Im Forst wurden sie im Juli deutlich besser, im Dorf lagen sie jedoch mit Ausnahme des Augusts, in dem kaum noch Vögel brüten, die sich von Insekten ernähren, stets erheblich ungünstiger.

Genau der entsprechende Befund spiegelt sich in den Häufigkeiten der Singvögel. Die hohe Siedlungsdichte in den Städten, die jenen gleichkommt, die für Auwälder festgestellt worden sind (Reichholf 2004a), entspricht dem

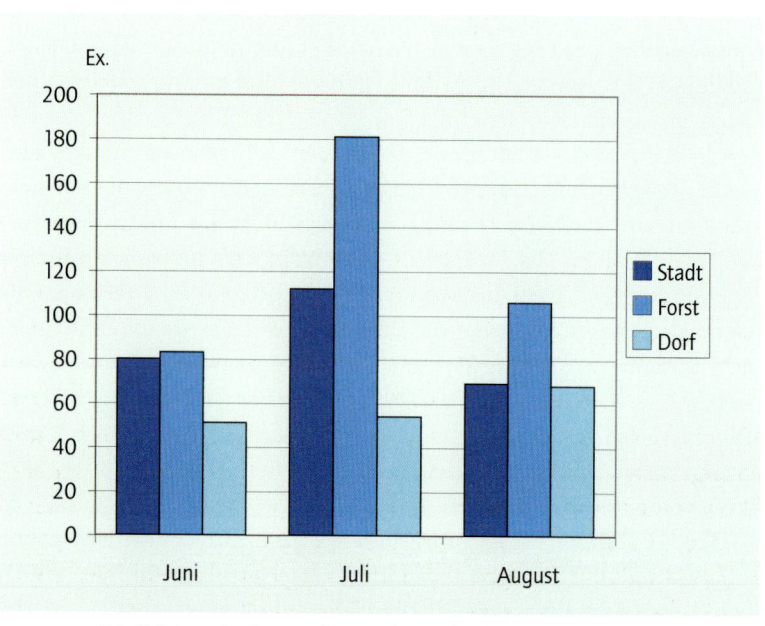

Abb. 37: Häufigkeit von Schmetterlingen

Häufigkeit nachtaktiver Schmetterlinge (durchschnittliche Anzahl pro Fangnacht im Monat) in München (ZSM), einem Forst (Hart) und einem Dorf (Aigen II) im niederbayerischen Inntal. Die Schmetterlinge wurden mit der Lichtfang-Methode erfasst.

Abb. 38: Artenzahlen von Schmetterlingen

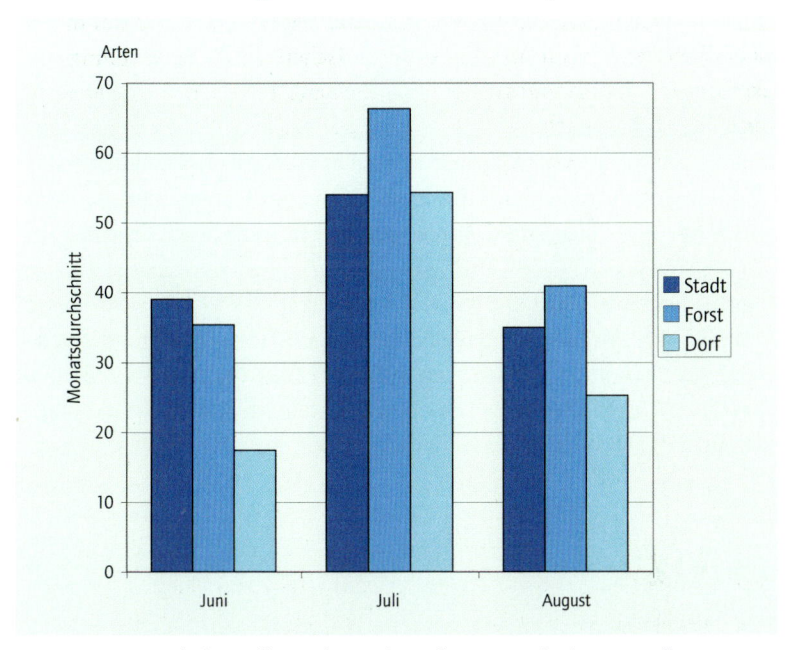

Die Lichtfangstellen in der Stadt ergeben im Vergleich zum Dorf
ein ausgeglicheneres und zudem deutlich größeres Artenspektrum an
nachtaktiven Schmetterlingen mit ähnlichen Unterschieden
im Aufbau und Rückgang im Sommer wie der Wald.

guten Nahrungsangebot. Der Reichtum an Insekten ist insbesondere in der wichtigsten Zeit, im Juni, in der Stadt schon ähnlich hoch wie draußen im gewöhnlichen Wald (Auwälder ergeben natürlich viel höhere Werte, nämlich mehr als doppelt so hohe, verglichen mit dem Forst). Trotz hoher Siedlungsdichte der Vögel nimmt er in der Stadt zum Juli hin weiter zu, nur nicht so stark wie im Wald. Dort allerdings gibt es erheblich stärkere Fluktuationen der Häufigkeit als in der Stadt. Ohne die Massenentwicklungen einzelner Arten kommt es ganz normal zu etwa dreifach stärkeren »Ausschlägen« nach oben und unten in der Insektenhäufigkeit als in der wohl witterungsmäßig ausgeglicheneren Stadt. Auch im Dorf schwanken die Fangergebnisse stärker als in der Stadt. Diese bietet somit nicht nur ein hohes, sondern auch ein erstaunlich verlässliches Angebot an Insektennahrung. Zeigt sich dies auch in den Artenzahlen?

Der Befund in Abb. 38 gibt eine ganz gute Begründung dafür, dass »typische« Waldvögel erheblich früher und in größerer Zahl in die Städte als in die Dörfer eingewandert sind. Jüngste Entwicklungen in dieser Hinsicht sind in München die Bruten von Haubenmeisen *(Parus cristatus)* und Tannenmeisen *(Parus ater)*, obwohl nur einzeln stehende Nadelbäume an den Wald

»erinnerten« und nicht etwa ganze Baumgruppen oder kleine Nadelwäldchen die Ansiedlung erleichterten, sowie die Ringeltaube *(Columba palumbus)*. Vielleicht ist auch das Eindringen der Amsel in die Städte vor 150 bis 200 Jahren unter diesem Aspekt zu betrachten. Darauf wird im Kapitel 21 vertieft eingegangen.

Die Lichtfallenfänge deuten aber auch darauf hin, dass möglicherweise die Insektenwelt in der Stadt früher »in Schwung« kommt, weil die Städte wärmer als das Umland sind. Großstädte wie München liegen durchschnittlich um zwei bis drei Grad Celsius über dem unmittelbaren Landniveau. Das würde einer Absenkung um ein paar Hundert Meter Meereshöhe oder, in Mitteleuropa, einer Verschiebung nach Südwesten um einige Hundert Kilometer gleichkommen, je nach geographischer Lage der Städte. Greifen wir daher im nächsten Kapitel die Frage auf, ob sich in der Stadt und ihrer Vogelwelt auch Auswirkungen der Klimaerwärmung (bereits) zeigen.

13 Klimawandel lässt die Vögel kalt

Kein Zweifel, es ist wärmer geworden seit dem Ende der »Kleinen Eiszeit«. Diese hatte etwa zwischen dem 15. und dem 18. Jahrhundert zahlreiche sehr kalte Winter gebracht. Auch Perioden miserabler Sommer häuften sich in diesen Jahrhunderten. Die in unserer Zeit laufende Veränderung des Klimas gilt inzwischen als eines der großen Zukunftsprobleme (Latif 2006). Die Prognosen stellen eine weitere Erwärmung des Klimas in Aussicht. Dabei werden insbesondere auch Veränderungen in der Verbreitung und Häufigkeit von Tieren und Pflanzen als bedrohlich herausgestellt. Latif (2006) schreibt: »Auch in unseren Breiten ist schon eine moderate Temperaturzunahme mit negativen Auswirkungen verknüpft, wie beispielsweise Schmelzen von Gletschern, Wandern von Arten, Hitzestress, längere Trockenperioden und mehr Starkniederschläge.« Der Rückzug der Gletscher ist seit spätestens Mitte des 19. Jahrhunderts in Gang und gut dokumentiert. Kurz zuvor hatten die Gletscher allerdings ihre Höchststände erreicht, nachdem sie Jahrhunderte früher, im Hochmittelalter, in den Alpen weithin ganz verschwunden waren (Pfister 1990). Zur Beurteilung von Veränderungen geht es immer auch um die Zeiträume und die Frage, ob diese »richtig« gewählt worden sind. Das zeigt sich bestens bei der gleich an zweiter Stelle angeführten »Wanderung von Arten«. Die verglichen mit anderen Tiergruppen sehr gut erforschte Vogelwelt bietet hierzu eine Fülle von Vergleichsmöglichkeiten, um überprüfen zu können, ob die Annahme von Latif (2006) und anderer Klimaforscher zutrifft, und wenn ja, in welchem Umfang.

Die Städte eignen sich sogar in besonderer Weise, weil das Stadtklima gleichsam die prognostizierte Erwärmung schon vorweggenommen hat. So liegt die mittlere Temperatur einer Großstadt zum Teil ganz erheblich höher als im Umland (Sukopp 1990). Im Jahresdurchschnitt übertrifft die Temperatur Berlins das Umland um ein bis zwei Grad Celsius, also um das Doppelte bis Dreifache der Klimaerwärmung seit der Mitte des 19. Jahrhunderts. An so genannten Strahlungstagen macht der Unterschied in Berlin je nach Anteil der Grünflächen (von denen es gerade in der Metropole Berlin sehr viele gibt!) aber bis zu neun Grad Celsius aus. Auch in anderen Städten, wie in Aachen, wird das Umland um bis zu sieben Grad Celsius übertroffen. Die Luftfeuchtigkeit sinkt dementsprechend um bis zu 30 Prozent, aber die Niederschläge sind um rund 20 Prozent erhöht und ausgeprägter in Form von Starkregen zu verzeichnen, während sich für den winterlichen Schneefall ein Rückgang von etwa fünf Prozent ergeben hat. In sehr kompakt gebauten Städten, wie etwa in Stuttgart, oder in »Staurandlage« von Luftmassen, wie im Fall von Wien, können die Abweichungen noch erheblich extremer ausfallen. Global zeichnet sich dies auch in den berüchtigten Smoglagen mancher Großstädte ab.

Insgesamt repräsentieren somit Großstädte als Wärmeinseln mit stark gesteigerter Durchschnittstemperatur recht gut die prognostizierten Klimaveränderungen. Das Stadtklima fällt sogar noch extremer aus, und die Erwärmung ist bereits seit vielen Jahrzehnten vollzogen. Sie steht nicht irgendwann in Zukunft bevor, sondern sie ist Wirklichkeit. Somit sollten sich die Großstädte geradezu als Prüfmodelle für die tatsächlichen Veränderungen eignen, die in der Tier- und Pflanzenwelt als Folge der Klimaerwärmung zu erwarten sind. Dass zu den wärmsten Stellen der Städte hin, also von der Peripherie zum Zentrum, die Häufigkeit von Wärme und relative Trockenheit liebender Pflanzenarten stark zunimmt, ist vielfach bereits festgestellt worden. Eine grundsätzlich passende Nahrungsbasis für Wärme liebende Vögel kann daher vorausgesetzt werden, sofern die artliche Zusammensetzung der Flora von Bedeutung sein sollte. Die stärkste Erwärmung sollte zudem seit den 1960er Jahren stattgefunden haben, denn spätestens seit diesem Zeitpunkt lässt sich der direkte Einfluss des Menschen auf das Klima wahrscheinlich machen (Latif 2006).

Die Befunde fallen allerdings ganz anders aus als nach diesen Vorgaben und Annahmen zu erwarten gewesen wäre (Reichholf 2006a). Zumindest mitteleuropäische Städte haben im letzten halben Jahrhundert offenbar keine Wärme liebenden Vogelarten hinzubekommen, wohl aber eine ganze Reihe von Arten, die sich aus östlichen und nordöstlichen Hauptverbreitungsgebieten heraus ausgebreitet haben. Die Gesamtbilanz für Mitteleuropa insgesamt, nicht allein für die Städte, fällt bereits zu Ungunsten der Wärme liebenden Vogel- und Säugetierarten aus: Zwölf Arten sind aus dem Süden und Südosten im 20. Jahrhundert nach Mitteleuropa vorgedrungen, 19 Arten aber haben sich zurückgezogen. Einige verschwanden als Brutvögel so gut wie vollständig, so etwa die Blauracke *(Coracias garrulus)* oder der weithin verschwundene Wiedehopf *(Upupa epops)*. Dagegen breiteten sich 33 Arten mit boreal-kontinentaler Hauptverbreitung nach Mitteleuropa aus und nur acht zogen sich wieder zurück (Reichholf 2007a). Die Bilanz fällt somit eindeutig zu Ungunsten der Wärme liebenden Arten aus. Zu den Zuwanderern zählen sogar solche, die wie die Zitronenstelze *(Motacilla citreola)* als richtige Sibirer zu bezeichnen sind. Auch im nordwestatlantischen Küstenbereich kam es zur Ausweitung der Vorkommen »nordischer« Seevogelarten und zur Bildung einer Brutkolonie des Basstölpels *(Sula bassana)* auf Helgoland in der Deutschen Bucht.

Nun vollzogen sich aber die allermeisten dieser Ausbreitungen und Arealschrumpfungen weitflächig in der Landschaft und nicht primär in den Städten. Diese könnten daher durchaus davon abweichen, macht doch der Siedlungsraum als Gesamtheit der bebauten Gebiete in Deutschland weniger als zehn Prozent aus. Für größere Arten mit entsprechend hohem Flächenbedarf für die Vorkommen sind die Städte vielleicht zu klein. Immerhin etablierte sich eine südöstliche Vogelart mittlerer Größe durchaus erfolgreich in den Städten, auch wenn der weitaus größte Teil ihres Bestandes in den Randbereichen lebt und die Schwerpunkte die Dörfer mit landwirtschaftlich genutztem Umland bilden. Diese Art, die Türkentaube *(Streptopelia decaocto)*, breitete sich jedoch erstens bereits beträchtlich vor der nachweisbar gewordenen Klimaerwärmung vom Balkan her nordwestwärts aus. Zweitens gibt es keinen Hinweis darauf, dass diese beispiellose Expansion der Türkentaube in irgendeiner Weise mit dem Klima zusammenhängt. Denn die wärmeren und wärmsten Bereiche des neu besiedelten Großraumes in Europa sind erst nach den gemäßigt klimatischen und den kälteren Regionen besiedelt worden (Mittelmeerraum, Nordafrika). Das Gegenstück dazu würde der Steinsperling *(Petronia petronia)* abgeben, der aus Mitteleuropa verschwand, als es klimastatistisch wärmer wurde. Seine nördlichsten Vorkommen gibt es gerade noch am Nordrand des mediterranen Klimas. Er würde besser zur Stadt passen als die Türkentaube, denn er war ein Bewohner der Burgen und großen Stadtmauern. Gänzlich aus Europa verschwunden ist ein im Spätmittelalter noch weit verbreiteter Stadtvogel, der Waldrapp *(Geronticus eremita)*; der »Wall-Rabe«, wie sein Name besagt. Mit »Wall« waren die Stadtwälle und die Gräben davor gemeint, in die der Unrat der Stadt entsorgt worden war. Diesen suchte der Waldrapp als Angehöriger der Verwandtschaftsgruppe der Ibisse nach Nahrung durch. Zu den letzten Vorkommen nördlich der Alpen gehörte der Brutplatz in Salzburg.

Betrachten wir nun die kleineren und kleinen Vögel, für die es in den großen Städten auf jeden Fall genügend Lebensraum geben sollte, um sich halten und erhalten zu können. Auch bei diesen zeigt sich nicht das Erwartete. So gab es Ende des 18. und im 19. Jahrhunderts noch Nachtigallen *(Luscinia megarhynchos)* etwa in München und andernorts in Südbayern. In der zweiten Hälfte des 20. Jahrhunderts verschwand die Nachtigall als Brutvogel weitflächig am Alpenvorland. Sie zog sich zurück auf die klimatisch mildeste Ecke Bayerns, nach Unterfranken. Im Zusammenhang mit den Nachtigallen in Berlin (Kapitel 17) wird diese Merkwürdigkeit näher betrachtet. Die Brutvögel Münchens, die im vorigen Kapitel bereits behandelt wurden, weisen in der Tat überhaupt keine typisch Wärme liebende Art auf. Der Pirol *(Oriolus oriolus)* kommt hier nicht vor und auch die Turteltaube *(Streptopelia turtur)* ist kein regelmäßiger Brutvogel im Stadtgebiet. Zwergohreulen *(Otus scops)* aus dem Süden lassen sich eher an günstigen Orten in den Föhntälern am Alpenrand oder bei Würzburg in Unterfranken als in der aufgewärmten, durch eine ansonsten so reichhaltige Vogelwelt gekennzeichneten Großstadt hören. Aber der in den »kalten Wäldern« verbreitete Uhu *(Bubo bubo)* brütet direkt am Stadtrand von München und dehnt seine nächtlichen Jagdflüge bis ins südliche Stadtgebiet hinein aus.

Nun könnte ein Grund für diese Fehlanzeige sein, dass sich das Klima in München und Umgebung seit dem 19. Jahrhundert gar nicht wirklich verändert hat. Die Messungen vom nahen Hohenpeißenberg, einer der bedeutendsten mitteleuropäischen Wetterstationen, ergeben tatsächlich keinen Trend für die mehr als 200 Jahre von 1780 bis 1995 (Schönwiese 1995). Nur wenn man um 1890 »unterbricht« und die gesamte Zeitspanne in zwei Hälften teilt, kommt bis zur Gegenwart ein leichter Anstieg in den Temperaturen des Winterhalbjahrs zustande. Vorausgegangen war jedoch im Jahrhundert davor ein ebenso leichter Rückgang. Da es seit dem letzten Kältewinter von 1962/63 nur noch fünf kalte Winter einer mittleren Kategorie in Süddeutschland gegeben hat, aber mit 1983, 1992 und 2003 drei sehr heiße Sommer, ergibt sich hier die »Klimaerwärmung« seit 1963. Die Anführungszeichen sind deshalb angebracht, weil eine so kurze Zeitspanne von gerade knapp einem halben Jahrhundert für die Natur viel zu kurz ist, um als »Klima« wirksam werden zu können. Denn die individuellen Lebenszeiten der Bäume als der landschaftsbestimmenden Vegetation reichen weit darüber hinaus. Gerade einmal ein halbes durchschnittliches Menschenalter repräsentieren diese 40 Jahre. Die starken Schwankungen der Witterung von Jahr zu Jahr ermöglichen den Tieren und Pflanzen gar keine Anpassungen an statistische Trends in Zehntelgraden. So weist die Jahreswetterstatistik vom Hohenpeißenberg (Schönwiese 1995) für das 19. Jahrhundert sieben heiße Sommer mit einem Sommerhalbjahresmittel von 16 Grad Celsius und darüber aus (der heißeste war 1807). Bis 1995 verzeichnet dieselbe Statistik fünf solcher Sommer für das 20. Jahrhundert oder gleich viele, wenn die letzten, darin nicht erfassten Jahre noch mit hinzugenommen werden. Bis 1890 hatte es im 19. Jahrhundert nach diesen Messungen nur einen extrem kalten Winter, nämlich 1829/30, gegeben. Bis 1962/63 folgten aber gleich sieben davon. All diese Angaben beziehen sich ganz konkret auf das bayerische Alpenvorland und somit auf den Nahbereich von München, für den sie als repräsentativ zu gelten haben. Denn während München zum Ende des 19. Jahrhunderts stark wuchs, veränderte sich die Umgebung der Messstation auf dem Hohenpeißenberg nicht so wesentlich, dass direkte Einflüsse auf die Temperaturmessungen in Rechnung zu stellen wären.

Abb. 39: Der Girlitz, ein wärmebedürftiger, nur wenige Gramm schwerer Kleinvogel, ist vor rund 200 Jahren aus Nordafrika und dem Mittelmeerraum über die Alpen eingewandert.

Die Befunde zur Temperaturentwicklung erweisen sich nun als recht aufschlussreich für die Veränderungen in Münchens Vogelwelt und auch weit darüber hinaus. So wanderte eine zweifellos wärmebedürftige Kleinvogelart, der nur elf bis 14 Gramm leichte Girlitz *(Serinus serinus)* (Abb. 39), nicht etwa in unserer Zeit nach München und Südbayern ein, sondern viel früher infolge der Ausweitung seines Areals in der Wärmephase am Ende des 18. Jahrhunderts. Um 1800 hatte der mit Kern seines Areals in Nordafrika, auf der Iberischen Halbinsel und weiteren Teilen des Mittelmeerraumes vorkommende, nahe Verwandte des bekannteren Kanarienvogels über das Rhonetal Lothringen, das Oberrheingebiet und Hessen erreicht. Von dort aus gelangte der kleine Finkenvogel zuerst zwischen 1830 und 1840 nach Aschaffenburg, dann 1849 nach Regensburg, 1905 nach München und um 1920 in Orte des oberbayerischen Alpenvorlandes sowie in den ähnlich kalten Nordosten nach Bayreuth. Die Häufigkeit des Girlitzes geht in München wieder stark zurück, nachdem in den warmen Sommern von 1981 bis 1983 der Höchstbestand erreicht worden war. Der Girlitz ist ein Zugvogel, der Ende April/Anfang Mai aus dem südeuropäischen Winterquartier ins Brutgebiet zurückkehrt. Mit seiner Ausbreitung im 19. Jahrhundert kam es also auch, in so kurzer Zeit (!), zur Entwicklung eines ausgeprägten Zugverhaltens, ohne das der Girlitz die allermeisten Winter nördlich der Alpen gar nicht überstehen könnte.

Sein Beispiel verweist auf die Notwendigkeit, im Zusammenhang mit Vorgängen und Veränderungen in der Natur wenigstens die Verhältnisse im Sommer- und im Winterhalbjahr getrennt zu betrachten. Denn die kalten bis extremen Winter früherer Zeiten bedeuteten wenig für die Zugvögel und Jahresdurchschnitte noch weniger, wenn sie sich nicht auf Standvögel beziehen. Selbst dann spielen die Witterungsverhältnisse zur Brutzeit eine ungleich größere Rolle als etwa mildere Winter oder schönere Herbstmonate. Harte oder milde Winter drücken sich in Häufigkeit und Frequenz von Wintergästen in der Vogelwelt aus oder aber auch, ob bei Teilziehern mehr Individuen im Gebiet bleiben oder abwandern, um dem Winter auszuweichen. In dieser Hinsicht sollten also die Städte aufschlussreicher sein als das freie Land, weil sie besonders im Winter stark aufgewärmt werden. Nun weiß man zur Überwinterung der Vögel in den Städten nicht allzu viel, was sich mit früheren Zeiten vergleichen ließe. Die Fütterung durch die Menschen hat zweifellos weit stärker Einfluss genommen auf die Häufigkeit der überwinternden Singvögel als die Veränderungen in der Witterung (Abb. 40). Wie groß der Mengenunterschied ausfallen kann, zeigte bereits Abb. 5. Somit sind die Futterhausbesucher nicht geeignet, Wirkungen der Temperaturerhöhung anzuzeigen.

Aber es gibt einige Arten, die wenig oder gar nicht von Fütterungen profitieren, aber in den Städten näher untersucht werden können. Zwei Arten kommen vor allem in Frage, der Zaunkönig *(Troglodytes troglodytes)*

Abb. 40:
Winterfütterung für Vögel

Abb. 41: Flüchten oder standhalten? Diese Frage stellt sich für den Zaunkönig. Anhaltender Frost führt bei den Tieren, die nicht den Winter über wegziehen, zu starken Bestandseinbrüchen.

Abb. 42: Die winterliche Erwärmung der Stadt hat für eine Singvogelart wie das Rotkehlchen keinen Einfluss auf die Bestandsgröße.

(Abb. 41) und das Rotkehlchen *(Erithacus rubecula)* (Abb. 42). Beide gehören zu den Teilziehern, die stark auf die Witterungsverhältnisse reagieren (müssen). In den wintermilden Regionen Westdeutschlands, insbesondere im Rheingebiet, sind sie »Standvögel«, in den kontinentaleren Bereichen des Ostens und Nordostens Zugvögel. Der Süden mit dem Alpenvorland liegt im Zwischenbereich. Hier sollten die Änderungen der Temperaturen im Winter folglich auch am stärksten zum Ausdruck gekommen sein. Allerdings gilt für beide Arten, dass sie mit ihrer Kurzlebigkeit auf langfristige Trends nicht reagieren können, wenn die Schwankungen von Jahr zu Jahr stark sind. Kleinvögel erreichen nach erfolgreicher Erstüberwinterung kaum mehr als zwei Jahre Lebensdauer. Deshalb reagieren auch die meisten Arten dieses Typs direkt auf das Wetter. Sie weichen aus, wenn der Winter zu hart zu werden droht, und sie bleiben länger, wenn er sich milde anlässt. Eine Serie von Jahren mit genauen Untersuchungen der Häufigkeit von Zaunkönigen und Rotkehlchen in München und im nahen Isartal ermöglicht einen solchen Vergleich zur Stadtklimawirkung (Abb. 43 und 44).

Beim Zaunkönig kommt es zu starken Bestandseinbrüchen, wenn anhaltende Fröste die Überwinterer treffen. Die stärksten in neuerer Zeit festgestellten Verluste hatte der Extremwinter von 1962/63 in Mittel- und in großen Teilen Westeuropas verursacht. Die Befunde dazu sind in die vogelkundlichen Handbücher eingegangen. Doch auch in kleinerem Maßstab geht es für so eine Vogelart darum, wegzuziehen oder im Brutgebiet zu über-

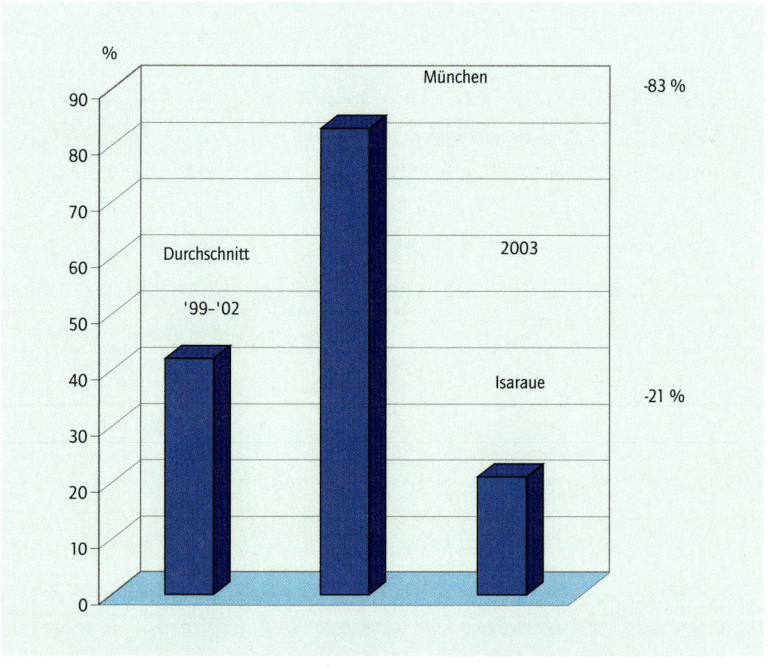

Abb. 43: Winterverluste beim Zaunkönig

Ausmaß der wahrscheinlichen Winterverluste beim Zaunkönig durch starke Fröste in der (warmen) Großstadt München im Vergleich zu den vier Wintern davor und zur nur 30 Kilometer entfernten Isaraue. Die dortigen Zaunkönige ziehen offenbar zum ganz überwiegenden Teil des Bestandes.

Abb. 44: Häufigkeitsentwicklung der Rotkehlchen

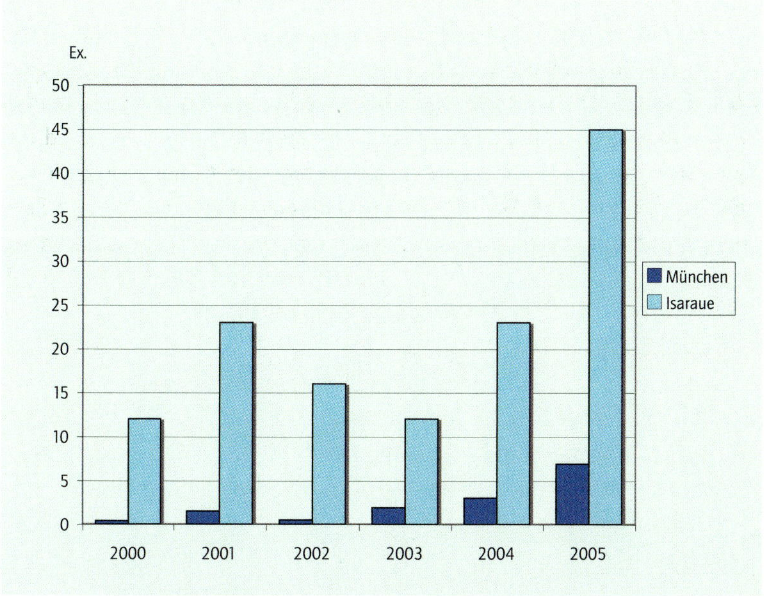

Häufigkeit der Rotkehlchen in München (westliches Stadtgebiet) und in der Isaraue 30 Kilometer südlich von München von 2000 bis 2005

wintern. Der Zug verursacht Verluste, kalte Winter auch. Je nachdem, welche Verluste sich stärker auswirken, werden die Zieher in der Population begünstigt oder benachteiligt. Das Beispiel einer kräftigen Frostperiode im Winter 2002/03 von Abb. 43 zeigt, dass die Überwinterer davon überdurchschnittlich stark getroffen werden. Die Großstadt hilft ihnen weniger, als angenommen wird. Die Bestandsminderung an der Isar mit einer offenbar ganz überwiegend ziehenden Population fiel um drei Viertel schwächer aus. Der Bestandsrückgang machte nur gut 20 Prozent aus und blieb daher im Bereich normaler Schwankungen. Somit besagen auch die Wintermittel für die Vögel (zu) wenig, weil ein moderater, für die Überwinterer unproblematischer Winter dieselbe Mitteltemperatur ergeben kann wie einer mit ausgeprägten Wärmephasen zwischen großer Kälte. Die »zunehmende Zahl« überwinternder Zugvögel bleibt so lange bedeutungslos, wie sich daraus für die Brutbestände keine Bestandszu- oder -abnahmen ergeben. Ein paar Überwinterer fallen auf. Doch sie müssten in Beziehung zu den Millionen gesetzt werden, die weiterhin »normal« ziehen.

Dies illustrieren die Befunde zum Rotkehlchen *(Erithacus rubecula)* (Abb. 44). Zunächst ergaben die Untersuchungen aus den sechs Jahren von 2000 bis 2005 eine sehr hohe Übereinstimmung in der Häufigkeitsentwicklung der Rotkehlchen in der Stadt und im Isarwald, wo die Rotkehlchen viel häufiger als in München sind (Reichholf 2005e). Anders als beim Zaunkönig (Abb. 43) ist daher beim Rotkehlchen ein engerer Zusammenhang zwischen Stadt- und Waldpopulation anzunehmen. Da viel weniger Rotkehlchen als Zaunkönige im Gebiet überwintern, können für die recht starken Schwankungen entweder die Verhältnisse im Brutgebiet oder in den Überwinterungsgebieten und auf dem Zug maßgeblich gewesen sein. Für Zusammenhänge mit Zug und Überwinterung im Mittelmeerraum sprechen die Vergleichsbefunde mit der Mönchsgrasmücke *(Sylvia atricapilla)*, die dort überwintert und so gut wie nie, von Einzelfällen abgesehen, im Münchner Raum (Abb. 45.)

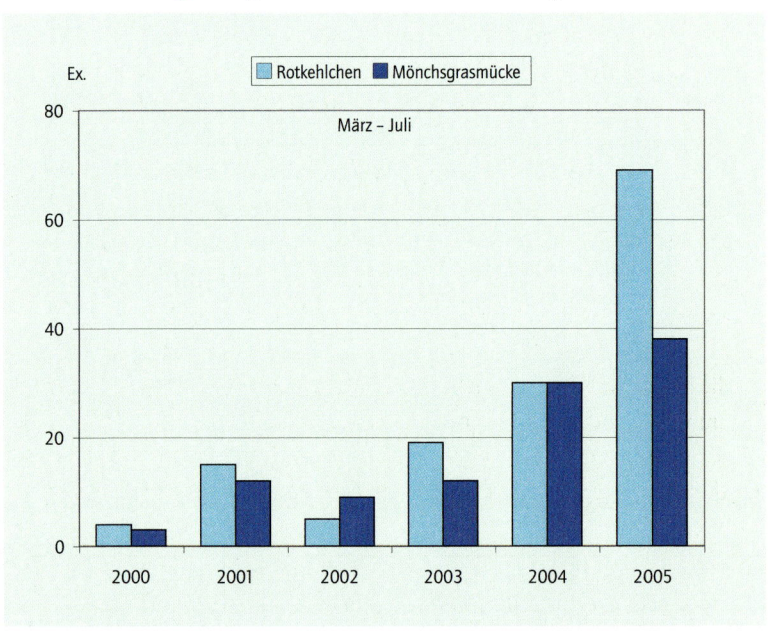

Abb. 45: Häufigkeit von Rotkehlchen und Mönchsgrasmücke

Der Vergleich der Häufigkeitsentwicklung der Rotkehlchen in München mit jener der Mönchsgrasmücke ergibt eine statistische Signifikanz auf dem 1 Prozent-Niveau der Irrtumswahrscheinlichkeit. Die Bestandsentwicklung des Rotkehlchens ist von dem Vorkommen der Mönchsgrasmücke, die wie das Rotkehlchen im Mittelmeerraum überwintert, scheinbar abhängig.

Somit hat die winterliche Erwärmung der Stadt auch für eine regelmäßig in geringer Häufigkeit überwinternde Singvogelart, wie das Rotkehlchen, keinen erkennbaren Einfluss auf die Bestandsgröße in der nächsten Brutzeit und die Bestandsentwicklung über die Jahre. Die Temperatureinflüsse dürfen nicht überschätzt werden. Sie schlagen in den Heizkostenrechnungen für uns Menschen zu Buche. In der Natur, auch in der Stadtnatur, liegen jedoch andere Verhältnisse mit vielfältigen Optionen vor. Daher verwundert es auch nicht, wenn sich die erwarteten Wirkungen der Klimaerwärmung nicht zeigen. Die Vögel hängen insgesamt noch weniger als die Säugetiere von der Außentemperatur ab, weil ihre Körper bei höheren Innentemperaturen »arbeiten«, nämlich bei 40 bis 42 Grad Celsius. Fast immer müssen die Vögel also ihren Stoffwechsel nachheizen, weil nur wenige Regionen der Erde anhaltend so hohe Außentemperaturen erreichen wie ihr Körper innen haben muss. Die Tageshöchsttemperaturen der Inneren Tropen, wo die bei weitem größte Vielfalt an Vogelarten lebt, liegen immer noch rund zehn Grad Celsius unter der Körpertemperatur der Vögel. Im Winter geht es wie bei den Säugetieren weit mehr um das Problem, energiereiche Nahrung in den entsprechenden Mengen zu finden, als um die Minusgrade. Nicht nur Wintergoldhähnchen *(Regulus regulus)* und Zaunkönig als unsere kleinsten Vögel halten den Winter aus, wenn sie genügend Insekten und Spinneneier finden, sondern auch Flamingos, sofern ihnen die Gewässer nicht zufrieren und der Bodenschlamm mit ausreichenden Mengen an Kleintieren erreichbar bleibt.

Daher zeigten die Städte, dass die Vögel aus ganz anderen als aus klimatischen Gründen von ihrer künstlichen Umwelt profitieren. Die Befunde drücken jedoch auch aus, mit welcher Skepsis Prognosen zu betrachten sind, wenn diese die Andersartigkeit der lebenden Natur nicht berücksichtigen. Schmelzende Gletscher haben als physikalischer Vorgang fast nichts zu tun mit den Wirkungen der Temperaturen auf Tiere und Pflanzen. Doch gerade die Städte mit ihrer bereits über die Prognosen zur zukünftigen Temperaturentwicklung hinausreichenden Erwärmung können ein großräumiges Netzwerk für begleitende Untersuchungen abgeben. Denn in den Städten wird viel weniger gedüngt und dauernd umgestaltet als im so genannten Kulturland. Sie sind in ihrer Beständigkeit eher mit Wald und Gebirge als mit Feld und Flur vergleichbar. Die Folgen von Klimaveränderungen sind zu wichtig, um sie mit pauschalen Urteilen abzutun, die nicht auf hinreichend gesicherten Untersuchungen beruhen. Sehr aufschlussreich ist in dieser Hinsicht das Buch von Burton (1995) über die Vogelwelt und Klimaveränderungen. Pauschalierungen von Fachleuten wie etwa die von Blab (2004) und Schneider (2006) bewirken, auch wenn sie »gut gemeint« sein mögen, eher das Gegenteil.

14 Die Amsel – vom scheuen Waldvogel zum typischen Stadtbewohner

Kaum eine zweite Art prägt das Vogelleben in der Stadt so sehr wie die Amsel *(Turdus merula)* (Abb. 46). Und wie so oft, ist das Prägende nicht gleichzusetzen mit dem Althergebrachten. Sie war noch im 17. und frühen 18. Jahrhundert ein »scheuer Waldvogel« und weniger bekannt und beachtet als die schmackhaften Drosseln ihrer näheren Verwandtschaft, die mit Netzen und Leimruten jahrhundertelang in Massen gefangen worden waren (Stephan 1985). Vielleicht lag es auch am allmählichen Rückgang des Vogelfanges, dass sich die Amsel in den Wäldern ausbreiten und schließlich in die Städte einwandern konnte. Wahrscheinlicher ist es jedoch, dass es an den Städten selbst und ihren strukturellen Veränderungen gelegen hat. Denn die typisch mittelalterliche Stadt war so dicht zugebaut, dass kein Platz für Vorgartenrasen übrig blieb. Erst die Entwicklung und Pflege der Gartenkultur öffnete schließlich auch die Städte, denen im Kriegsfall auch massivste Mauern gegen die modernen Kanonen keinen Schutz mehr bieten konnten. Ließen sich die aufständischen Bauern bis ins 18. Jahrhundert noch mit geschlossenen Stadttoren abhalten, so boten die Tore später keinen Schutz mehr. Die Städte änderten sich nun rasch. Sie wuchsen über die alten Ringmauern und Befestigungsanlagen hinaus und fingen an, sich mit dem Umland zu verzahnen.

Diese Entwicklung schaffte die Brücken zum Wald und damit auch die Möglichkeiten für die Amsel und für viele andere Tier- und Pflanzenarten, aus der Waldnatur in die Stadtnatur einzuwandern. Ihre Verstädterung fing zu dieser Zeit an. Wüst (1986) schreibt dazu: »Vereinzelt zog die Amsel schon vor mindestens 200 Jahren in Städten ein. 1790 wird sie als Brutvogel des Erlanger Schlossgartens aufgeführt. Um 1820 soll es in Bamberg Gartenamseln gegeben haben. Seit wann in München Amseln brüten, ist unklar. In Augsburgs Gärten und Anlagen nisteten sie seit 1840.« Also ist eine ähnliche Entwicklung für München anzunehmen, wo Hellerer (1890) für den Nymphenburger Park feststellte: »Merkwürdig ist das Verhalten der Amsel: Während im Sommer wohl mehr als 30 Paare im Parke nisten, ist im strengen Winter kaum eine zu sehen. Sie gehen nach München, wo sie von zahlreichen Thierfreunden reichlich gefüttert werden. Sobald der Boden aufthaut, sind sie wieder im Parke.« Wüst (1973) fügt dem hinzu: »Die Amsel hat also seitdem an Brutdichte deutlich zugenommen und räumt den Park auch im Winter nicht mehr so vollständig. In den sechziger Jahren aber habe auch ich noch in der kalten Jahreszeit mitunter keine einzige Amsel dort angetroffen.« Mit letzterer Bemerkung ist der extrem kalte Winter 1962/63 gemeint, dem schon ein recht kalter 1961/62 vorausgegangen war. Die Häufigkeitszunahme bezieht sich auf die Zählung zur Brutzeit 1972, die für den Nymphenburger Park 75 Brutpaare ergeben hatte. Von einer Verdopplung ist also auszugehen, aber dabei kann es sich auch nur um eine Bestandsfluktuation gehandelt haben, wie nachfolgend gezeigt wird. Denn der Brutbestand im Park schwankte bis 1982 zwischen 53 und 75 Brutpaaren; im Durchschnitt ergibt das gut 30 Amselpaare pro Quadratkilometer. Im Englischen Garten waren es 1981 aber mehr als 100 Brutpaare pro Quadratkilometer und Ende der 1970er Jahre im Westfriedhof 86; im »recht ursprünglichen Murnauer Moos« hingegen nur 3,6 pro Quadratkilometer (Wüst 1986) und in Wäldern unterschiedlicher Typen ein bis zwei Brutpaare pro Quadratkilometer (Bezzel et al. 1980).

Abb. 46: Noch im 17. und 18. Jahrhundert war die Amsel ein scheuer Waldvogel. Heute prägt sie wie keine andere Art das Vogelleben in der Stadt.

Abb. 47 fasst einige dieser Befunde zusammen. Zentrales Ergebnis ist die Steigerung der Häufigkeit um ein bis sogar zwei Größenordnungen. Während die »Waldamseln« mit nur einem Brutpaar oder großflächig mit einigen wenigen (vier bis fünf) pro Quadratkilometer vertreten sind, gibt es in der Stadt mindestens so viele wie in Auwäldern (41 Brutpaare pro Quadratkilometer) in den Lech-/Wertachauen bei Augsburg (Bauer 2000), vielfach aber noch erheblich mehr. Die Höchstwerte werden in Friedhöfen (86 Brutpaare pro Quadratkilometer) und in Gartenstadtbereichen erreicht, wo ähnlich wie in der großen Parkanlage des Englischen Gartens in München (mit über 100 pro Quadratkilometer) viele Freiflächen vorhanden sind.

Damit ist klar, wie sehr es sich für die Amsel »gelohnt« haben musste, in die Städte einzuwandern. Die Steigerung der Häufigkeit um mehr als den Faktor 10 liefert den ökologischen wie auch den evolutionsbiologischen Grund. Denn der Wechsel im Lebensraum ging auch mit einer Änderung im Verhalten einher. Die Stadtamseln ziehen weit weniger ausgeprägt zum Überwintern in den Süden als die Waldamseln und sie können regelrecht als Ökotypen innerhalb ein und derselben Art betrachtet werden. Die Verstädterung der Amsel stellt einen Evolutionsvorgang dar, der in der Spanne von nur rund zwei Jahrhunderten ablief und vielleicht immer noch nicht ganz beendet ist, weil in der Mitte des 20. Jahrhunderts verschiedene größere Orte noch nicht von Amseln besiedelt waren. Wüst (1986) nennt dazu Beispiele wie Grafenau und Freyung im Bayerischen Wald (im Wald!) oder Schwandorf in der Oberpfalz. Doch schon der Hinweis von Hellerer (1890) zeigt, dass die überwinternden Amseln im 19. Jahrhundert gefüttert wurden und deshalb kleinräumige Ortswechsel vom Schlosspark in die Stadt durchgeführt hatten.

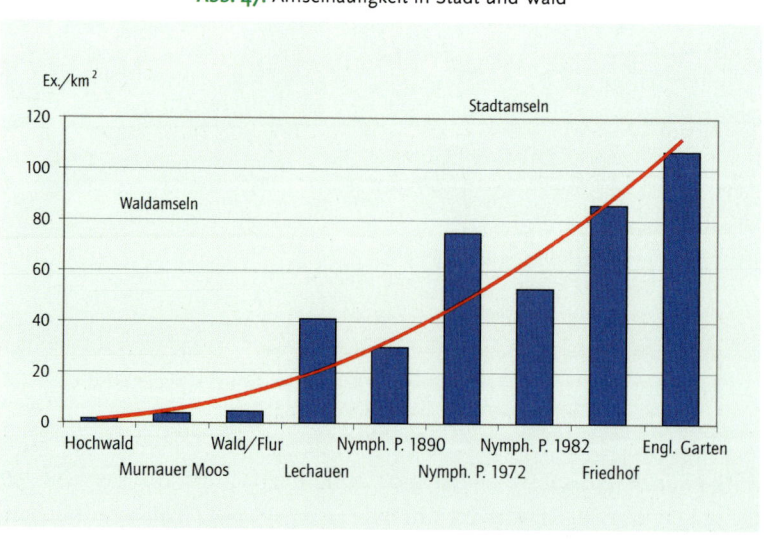

Abb. 47: Amselhäufigkeit in Stadt und Wald

Die Häufigkeit der Amseln in München (»Stadtamseln«)
ist deutlich höher als im Umland (»Waldamseln«).

Aus Abb. 47 geht noch mehr hervor. Die größte Häufigkeit erreicht die Amsel dort, wo der Boden zugänglich gehalten wird, sei es durch offene Erde, wie bei den Gräbern in Friedhöfen, oder durch Rasenpflege. Solche Stellen, an denen die Amsel bevorzugt Nahrung sucht, sind in den Wäldern rar oder unproduktiv, wie zum Beispiel im bodensauren, mit dicken Nadelschichten oder Moospolstern bedeckten Fichtenforst. Auch Buchenhochwald bietet am Boden nicht allzu viel; eher die Ränder und vor allem die Auwälder. In diesen erreicht die Amsel durchaus örtlich auch »städtische« Häufigkeit, wenngleich zu berücksichtigen ist, dass der Lech im Bereich der untersuchten Auen an der Wertach (Bauer 2000) reguliert und die Auwaldverhältnisse nicht mit Wildflussgegebenheiten übereinstimmen. Der Übergang zur hohen Siedlungsdichte kann deshalb durchaus von den Flussauen ausgegangen sein, denn sehr viele Städte liegen an Flüssen mit ursprünglich ausgedehnten Auen. Wo die Amsel noch Mitte des letzten Jahrhunderts fehlte, ist das nicht der Fall.

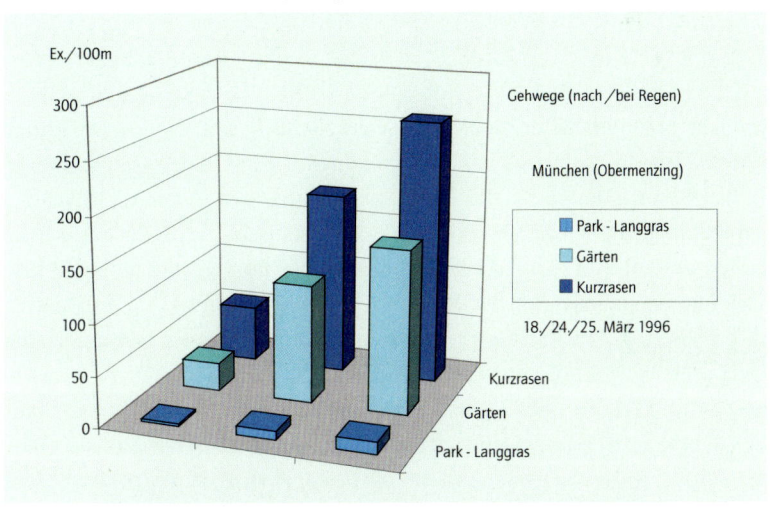

Abb. 48: Regenwürmer in der Stadt

Die Regenwurmhäufigkeit auf Gehwegen im Münchner Westen (Obermenzing/Durchblick-Park) variiert stark in Abhängigkeit vom Typ der angrenzenden Flächen. Die meisten Regenwürmer finden sich in der Nähe von kurzgeschnittenen Rasenflächen.

Dass es in der Tat an der Nahrung liegt, dass die Amsel verstädterte und eine so gesteigerte, örtlich extrem hohe Siedlungsdichte erreichte, von der Wüst (1986) meinte, die Amseln »müssen sich manchmal mit Revieren von 200 Quadratmetern begnügen«, ergeben die Feinanalysen. »Begnügen« ist sicher nicht der passende Ausdruck; vielmehr ermöglicht ein äußerst gutes Nahrungsangebot so kleine Reviere und nicht selten auch drei und mehr Bruten

Abb. 49: Der Sperber ist der Hauptfeind der Amsel. Zu einer nennenswerten Dezimierung der Singvogelbestände kommt es durch den Sperber jedoch nicht.

pro Jahr. Hauptquelle der hierfür nötigen Nahrung sind die Regenwürmer und die Larven großer Schnaken *(Tipuliden)*. Die auf dem Rasen suchende Amsel hört das Rascheln, das die Regenwurmborsten in den oberflächennahen Gängen verursachen, oder ähnliche Geräusche, wenn die Schnakenlarven an den Wurzeln fressen. Doch geht dies nur, wenn der Boden tatsächlich zugänglich und der Rasen kurz genug geschoren ist. In unserer Zeit vermitteln kräftige Regenschauer im Frühling und Frühsommer eine ganz gute Vorstellung, wie unterschiedlich die Häufigkeit der Regenwürmer ist, je nachdem, ob solche Flächen, wie oben beschrieben, an die (am besten geteerten) Wege angrenzen oder an das aufgewachsene Gras von »Blumenwiesen« oder Nutzland (Abb. 48). Der Regen bringt die Würmer aus dem Boden.

Kurzrasig gehalten wurden im Englischen Garten die im Sommer als Liegewiesen genutzten Flächen. Dort entstanden Zentren hoher Amselhäufigkeit. Diese entsprechen den kleinörtlichen Verhältnissen in den Wohnsiedlungsbereichen mit vielen solcher kleinen Rasenflächen, wo in der Umgebung der Regenwurm-Erfassungsstrecken Amselreviere mit nur 200 bis 300 Quadratmetern (nutzbarer) Fläche vorhanden waren. Es liegt nur an der Bebauung, dass pro Quadratkilometer scheinbar geringere Siedlungsdichten zustande kommen. Nicht selten reichen einem Brutpaar Amseln aber schon gut 100 Quadratmeter Rasen im Vorgarten, um erfolgreich brüten und Junge zum Ausfliegen bringen zu können.

Die Entwicklung der Amsel-Häufigkeit belegt auch ganz klar, dass die Verluste an natürliche oder weniger natürliche Feinde bei der Verstädterung und für die Ausbildung hoher Häufigkeiten keine Rolle gespielt haben. Richtig ist, dass im 19. Jahrhundert die Greifvögel noch so stark verfolgt worden waren, dass man sie weithin nahezu ausgerottet hatte. Die Dezimierung dürfte jedoch das Land noch stärker betroffen haben als die Städte, die, abgesehen vom Fallenfang auf Kleinraubtiere, von Anfang an so gut wie unbejagt geblieben waren. Dennoch war der Hauptfeind der Amsel, der Sperber (Abb. 49), im 19. Jahrhundert so selten, dass ihn Hellerer (1890) für den Nymphenburger Park gar nicht aufführt, obgleich der Schlosspark damals noch westlich des bebauten Stadtgebietes ziemlich frei lag. Die Greifvogelvernichtung währte bis in die erste Hälfte des 20. Jahrhunderts. Überwunden wurde sie erst zu Beginn der 1970er Jahre mit der vollständigen Schonung aller Greifvögel. Wie der Sperber in München darauf reagierte, ist Abb. 50 zu entnehmen.

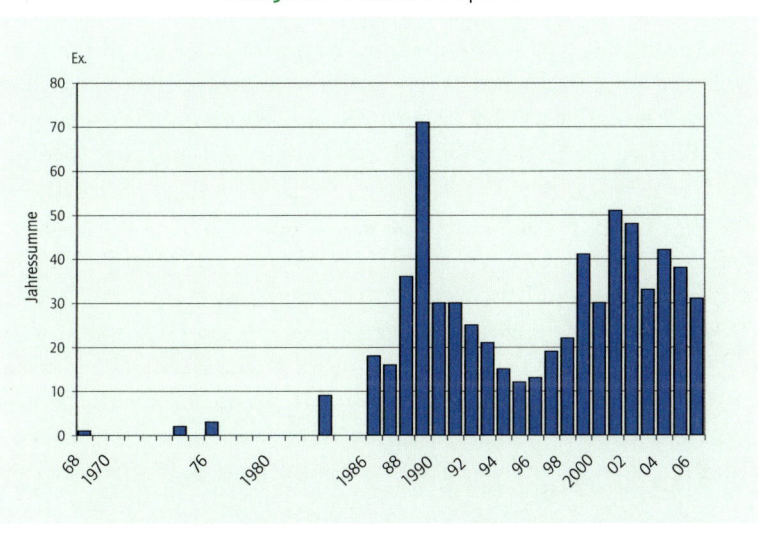

Abb. 50: Die Rückkehr der Sperber

Seit Mitte der 1980er Jahre nahm die Zahl der Sperber in München wieder deutlich zu, nachdem mit Beginn der 1970er Jahre die Vernichtung von Greifvögeln im Stadtgebiet beendet wurde. Die Zahlen beziehen sich auf Sperberbeobachtungen im Münchner Westen (Bereich Nymphenburger Park und Umgebung) von Wüst (1973) und ab 1974 von Reichholf (2007b).

Mit dem Kommen des Sperbers nahm jedoch die Häufigkeit der Amseln keineswegs ab. Vielmehr schwanken Amsel- und Sperberhäufigkeit so synchron miteinander, dass sich eine enge statistische Korrelation ergibt (Abb. 51).

Die Amselhäufigkeit bestimmt dabei als Beute die Aktivitäten der Sperber, vor allem jener, die im Herbst und Winter als Zuzügler kommen. Denn der Brutbestand des Sperbers liegt erheblich niedriger als die Winterbestände (Abb. 24). Besonders junge, am braunen Gefieder noch leicht als unausgefärbte »diesjährige/letztjährige« zu erkennende Sperbermännchen werden im (Spät-)Herbst häufiger. Die Frequenz, mit der erwachsene Weibchen im Winter beobachtet werden, spiegelt sich dann im nächsten Jahr in der Höhe des Brutbestandes. So regulieren die Kleinvögel, allen voran die Amseln, die Sperberhäufigkeit, ohne dass jagdliche »Eingriffe« zur Beutegreiferregulierung nötig sind.

Da sich seit nunmehr 20 Jahren für die Sperberhäufigkeit in München kein Trend ergibt, kann von »stabilisierten Verhältnissen« ausgegangen werden. Die Schwankungen sind Fluktuationen, wie sie auch aus dem Umland seit noch längerer Zeit bekannt sind (Abb. 53).

Aus diesen Befunden zu Amseln und Sperbern folgt, dass Letztere die Singvogelbestände nicht dezimieren. Es ist daher auch nicht wahrscheinlich, dass ein Zusammenhang zwischen der Verstädterung von Vögeln, wie den Amseln, und dem »Feinddruck« besteht. Dieser wird ohnehin »ganz nach Bedarf« (für die Argumentation) als zu hoch oder unbedeutend eingestuft. Für die Amseln, aber auch für die große Mehrzahl der anderen Kleinvögel, die in der Stadt brüten, bedeutet diese Schlussfolgerung jedoch auch, dass Krähen, Elstern, Eichelhäher, Hauskatzen und Marder ebenfalls keine größere Wirkung auf die Häufigkeit der »geschützten und nützlichen Kleinen«

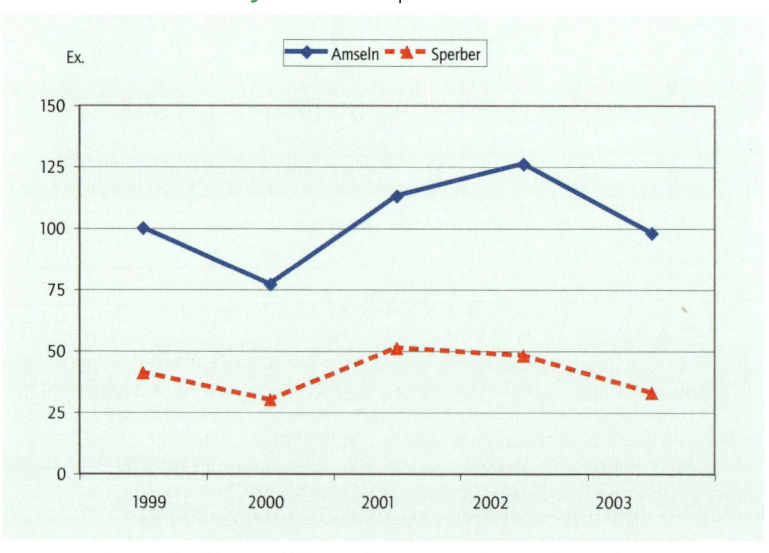

Abb. 51: Amseln und Sperber in München

Der Verlauf der Häufigkeitsindices von Sperbern und Amseln im Münchner Stadtteil Obermenzing ist weitgehend parallel – und dies, obwohl die Amseln vom Sperber gejagt werden.

Abb. 52: Monatsverteilung der Sperber in München

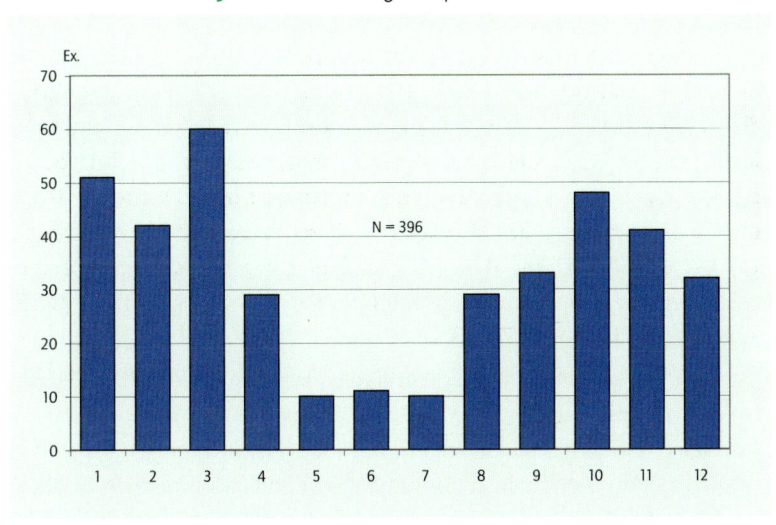

Anzahl der jagenden Sperber im westlichen Stadtgebiet von München über die Monate des Jahres. Im Herbst und Winter sind bis über viermal so viele Sperber in der Stadt wie zur Brutzeit in den Monaten Mai bis Juli.

Abb. 53: Bestandsschwankungen bei den Sperbern

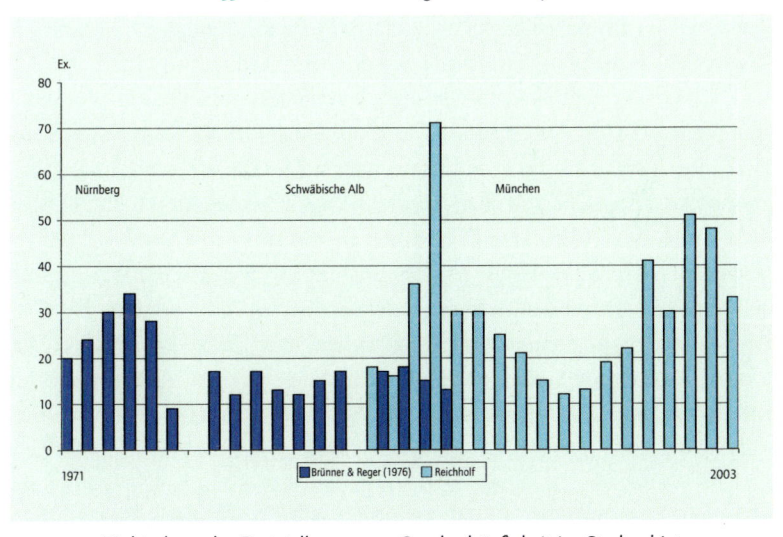

Einbindung der Feststellungen zur Sperberhäufigkeit im Stadtgebiet von München (Reichholf 2007b) in die Langzeituntersuchungen an Brutbeständen im Nürnberger Reichswald und auf der Schwäbischen Alb. Die höheren Häufigkeitswerte für München sind zwar durch unterschiedliche, nicht unmittelbar vergleichbare Methoden bedingt, dürften aber dennoch ziemlich gut den wirklichen Verhältnissen entsprechen, weil die Brutgebiete in den Wäldern im Winter keinen wesentlichen Zuzug fremder Sperber bekommen.

entfalten. Wie sonst hätten die Amseln so häufig werden können, wo sie wahrscheinlich die am leichtesten zu erbeutenden Singvögel der Stadtgärten sind. Auch ihre Nester gehören nicht gerade zu den besonders versteckten. Sie lassen sich im Winter gut zählen und vor Beginn des Schneefalls auch dahingehend überprüfen, ob sie aus der vorausgegangenen Brutzeit oder von früher stammen. Schwieriger ist die Nestersuche lediglich bei Fichten- oder Thujenhecken.

Und noch ein Nachtrag von den Amseln zum Problem der Klimaerwärmung: Sicherlich zwangen die zahlreichen sehr kalten Winter früherer Jahrhunderte die Wald- und die Stadtamseln zum Wegzug in den Süden. Überwinterungsgebiet ist insbesondere die Macchie an den Mittelmeerküsten. Dort sind die Amseln im Winter sehr häufig, jedoch ganz klar überwiegend »braun« und nicht »schwarz«. Das liegt daran, dass die alten Männchen (schwarzes Gefieder, gelber Schnabel mit sich rötlich verfärbender Spitze) nördlich der Alpen überwintern, wenn der Winter nicht allzu streng beginnt. Von Dezember bis Februar oder Anfang März sind daher an den Stellen, wo die Amseln Futter finden oder gefüttert werden, die alten Männchen klar in der Überzahl. Das Verhältnis liegt bei etwa acht Männchen zu zwei Weibchen. In Wintern mit spätem Beginn oder sehr mildem Verlauf steigt die Zahl der Weibchen an oder hat erst gar nicht abgenommen bis zum typischen Winterverhältnis. Deshalb ließe sich über die kontinuierliche, aber recht einfache Registrierung des Verhältnisses zwischen Amselmännchen und Weibchen im Winter ein eventueller, vom Klima beeinflusster Trend ermitteln.

Ein paar Jahre reichen dazu allerdings bei der starken Fluktuation des Winterwetters nicht aus. Die Befunde wären auf jeden Fall aber zuverlässiger als viele Einzelbeobachtungen verspätete, oder doch überwinternder Mönchsgrasmücken, Zilpzalpe und einiger anderer Vogelarten, von denen immer wieder einmal Einzelvögel eine Überwinterung nördlich der Alpen versuchen (müssen). Entsprechendes gilt für den Buchfinken (*Fringilla coelebs*), der aus dem gleichen Grund den Artnamen der »zölibatäre Fink« erhalten hat. Die Weibchen ziehen, je nach Region in Mitteleuropa, fast ausnahmslos zum Überwintern in den Süden, während viele Männchen hier bleiben. Als erste Anzeichen einer Klimaerwärmung, die für die Vogelwelt bedeutsam wird, sollten Verschiebungen im Verhalten der Weibchen zu erwarten sein – bei den Amseln wie bei den Buchfinken. Doch nach wie vor wird solch »häufigen« und daher für uninteressant gehaltenen Vögeln selbst seitens der Ornithologen zu wenig Aufmerksamkeit geschenkt. »Wintervogelzählungen«, wie sie zum Beispiel der Landesbund für Vogelschutz in Bayern anregt und organisiert, wären mit solchen Fragestellungen ausgestattet weitaus ergiebiger, weil sich Geschlechterverhältnisse unabhängig von den örtlichen Bedingungen feststellen lassen. Man braucht lediglich auf die Stichprobengröße zu achten, um nicht etwa Zufallsabweichungen übermäßig zu bewerten.

15 Die Mistel und ihre »Pflanzer«

Im Nymphenburger Park in München tragen viele Bäume in ihren Kronen die kugelartig gewachsenen Büsche von Misteln (Abb. 55). Manche sind so voll davon, dass sie auch im Winter »grün« bleiben, wenn ihre eigenen Blätter abgefallen sind. Besonders viele Misteln gibt es an den alten Linden entlang des Kanals, der das Wasser für die Anlagen und die große Fontäne auf das Schloss zuführt und anschließend noch ein Stück in die Stadt hineinreicht. Aber auch die hoch aufgeschossenen Pappeln außerhalb des umfriedeten Parks und viele Bäume in den Gärten der Umgebung sind voller Misteln. Manchmal reißt die Last bei einem Sturm große Äste oder gar die ganze Krone ab. Nach trocken-heißen Sommern, wie 2003, schädigt der Wasserverlust durch die Misteln die Bäume so sehr, dass sie absterben. Auf größeren Linden kann der Mistelbefall über 50, im Extremfall über 100 Einzelbüsche zählen. Am besten werden sie sichtbar, wenn die Bäume ihr Laub abgeworfen haben. Denn es handelt sich hier um die entweder als eigene Art *Viscum album* oder als Unterart dieser »Sammelart« angesehene Laubholzmistel. Zwei weitere Arten/Unterarten kommen auf Nadelbäumen vor, nämlich die verbreitete Kiefernmistel *(Viscum laxum* oder *Viscum austriacum)* und die Tannenmistel *(Viscum abietis)*. Eine andere Mistel, die Eichenmistel *(Loranthus europaeus)*, ist keine »echte Mistel«, sondern eine etwas fernere, anders wachsende Verwandte der großen Familie der Mistelgewächse *(Loranthaceaen)*. Sie spielt in einem anderen Zusammenhang eine Rolle, der weiter unten aufgegriffen wird.

Äußerlich fallen die Unterschiede bei den drei Arten der echten Misteln so geringfügig aus, dass sie sich am besten und sichersten durch ihr Vorkommen auf den Wirtspflanzen charakterisieren lassen. Die Tannenmistel schmarotzt ausschließlich auf der Tanne *(Abies alba)* und ist daher mit Abstand die seltenste Mistelart, weil es Tannen in den mitteleuropäischen Wäldern nur lokal und in geringen Prozentsätzen in den Nadel- und Mischwäldern gibt. Viel weiter verbreitet, jedoch bei weitem nicht so häufig wie die im Winter so auffälligen Laubholzmisteln, sind die Kiefernmisteln. Sie schmarotzen auf Waldkiefern *(Pinus sylvestris)* und Schwarzkiefern *(Pinus nigra)*, selten einmal auch auf Fichten *(Picea abies)*. Kiefernmisteln gibt es zwar sehr weit verbreitet wo immer Kiefern in größeren Beständen wachsen, aber häufig sind sie meistens nicht. Ganz anders die Laubholzmistel. Solche Ansammlungen, wie oben für den Nymphenburger Park und seine Umgebung geschildert, wo es allein mindestens 15.000 Mistelbüsche gibt, kann man vielerorts feststellen. Die Betonung liegt dabei tatsächliche auf dem Wortsinn von »vielerorts«, weil die Laubholzmisteln vor allem an und in Ortschaften, in Stadtparks und Gärten, vorkommen. Sie nutzen das mit Abstand größte Spektrum von Baumarten. Aber Pappeln und Linden sowie Apfelbäume und Birken scheinen bevorzugt, wie die Abb. 54 zeigt.

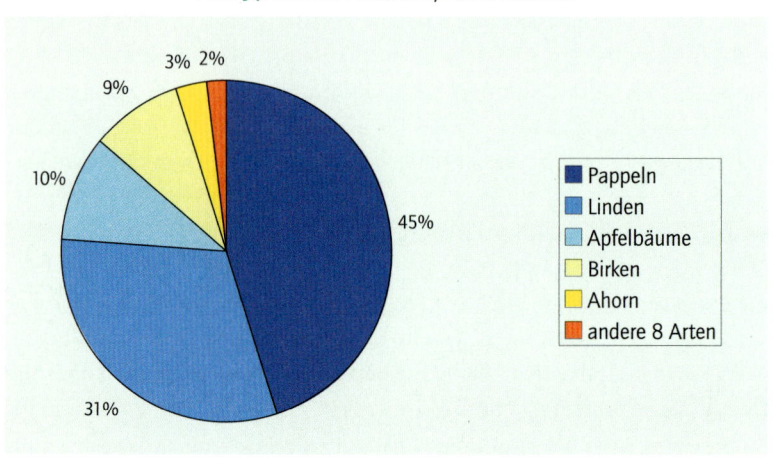

Abb. 54: Mistelvorkommen je nach Baumart

Prozentuale Verteilung von 1.000 Büschen der Laubholzmistel auf verschiedene Baumarten. Die besondere Häufung auf Pappeln (meistens Hybridpappeln) und Linden kommt zum Ausdruck.

Die Verteilung zeigt auch, dass es keineswegs allein Baumarten mit rauer, rissiger Borke sind, die sich am besten für die Misteln eignen. Eichen kommen unter den befallenen Baumarten im Münchner Westen gar nicht vor. Die glattrindigen Birken mit ihren so dünnen Ästen sollten ähnlich wenig geeignet sein wie die mit steil aufwachsenden Kronenzweigen charakterisierten Hybridpappeln. Die Linden »passen« besser; die Apfelbäume könnten die Nummer 1 sein, weil die häufig im Spätherbst noch hängenden, nicht geernteten Äpfel die Drosseln anlocken. So können sie auch die reifenden Beeren der Misteln mit verwerten und für die Verbreitung des Halbschmarotzers sorgen. In lichten, geradezu durchsichtigen Pappelkronen würden sich die einzelnen Misteldrosseln, die als Hauptverbreiter angesehen werden, geradezu den Feinden, wie dem Sperber, präsentieren. Wenn wir jedoch

Abb. 55: »Mistelbaum« – die kugelförmigen Büsche von Misteln lassen den Baum inmitten des Winters »ergrünen«.

die Bäume im Hinblick auf ihre Fähigkeiten, bei sommerlicher Trockenheit aus der Tiefe Wasser zu holen, vergleichend betrachten, so nehmen die Pappeln und die Birken zweifellos zu Recht mit zusammen einem Anteil von mehr als 50 Prozent die Hauptposition ein. Auch die Linden liegen hier »gut«. Bei den Ahornen handelt es sich nahezu ausschließlich um den Bergahorn (*Acer pseudoplatanus*). Auch was das Steigen des Saftes im Frühjahr betrifft, passen Pappeln und Birken gut für die Misteln; der Bergahorn blüht früh und hat entsprechend zeitig Saft. Die Linden kommen deutlich später. Doch die Misteldrosseln nehmen hierauf sicherlich keine Rücksicht.

München bildet nun aber ein regelrechtes »Großstadtzentrum« für Laubholzmisteln, obgleich nur wenige Misteldrosseln im Stadtgebiet überwintern. Im nahen Augsburg hingegen fehlen die Misteln fast vollständig. Viele gibt es in Stuttgart und in zahlreichen anderen Großstädten. Die genaueren Verbreitungskarten im Bayerischen Pflanzenatlas (Schönfelder & Bresinsky 1990) drücken die Bindung der Laubholzmisteln an Städte und Flusstäler deutlicher aus, als der Atlas für die Flora von Deutschland (Haeupler & Schönfelder 1988), in dem das gröbere Raster das Muster weniger gut erkennbar macht. Die Häufigkeit geht jedoch aus den Rasterkarten der Verbreitung nicht hervor, weil pro Raster lediglich festgestellt wird, ob vorhanden oder nicht. Ein einzelner Mistelbusch zählt dann so viel wie Zehntausende. Bei einigermaßen gleichförmiger Häufigkeit, bei der die statistischen Varianzen kleiner oder gleich dem Mittelwert bleiben, macht das nichts aus, sehr viel dagegen bei stark geklumpter Verteilung. Deshalb kann man den Rasterkarten nicht entnehmen, ob die Kiefernmistel dank ihrer gleichmäßigeren Verbreitung auch häufiger ist als die Laubholzmistel. Es wird sich eher umgekehrt verhalten, weil es bei den Laubholzmisteln so enorme Ansammlungen gibt.

Vielleicht begünstigt der Saftstrom der Laubbäume diese Mistelform, die im Sommer weit mehr transpirieren als die Nadelbäume. Denn alle Mistelarten sind als Halbschmarotzer auf diesen Saftstrom angewiesen. Sie zapfen ihn mit ihren Saugwurzeln an und versorgen sich in luftiger Höhe mit dem Wasser und den Mineralstoffen, die sie benötigen und die von den allermeisten »normalen« Pflanzen aus dem Boden aufgenommen werden. Die Photosynthese betreiben die Misteln selbst, wie ihre derben grünen Blätter zeigen, die auch im Winter grün bleiben. Mit ihrer länglichen, parallelnervigen Blattform (Abb. 56) nähern sie sich den Nadeln von Koniferen an und drücken damit aus, dass die Wasserversorgung für sie entscheidender als das Sonnenlicht ist. Sie gleichen in dieser Hinsicht weit mehr den Wüstenpflanzen als den Laubbäumen, auf denen sie wachsen. Deren Kronen, und wohl noch mehr das kronennahe Geäst der Nadelbäume bringt wüstenhafte Eigenschaften für die Misteln mit sich, weil es dort oben häufig trocken bis sehr trocken ist und sie einer sehr starken Sonneneinstrahlung ausgesetzt sein können. An heißen Frühsommer- und Sommertagen treten Strahlungstemperaturen von über 50 Grad Celsius auf. Gleichzeitig entzieht der Wind Feuchtigkeit. Die Bäume müssen dann sehr viel Wasser verdunsten, um ihre Blätter oder Nadeln zu kühlen.

Wer dort oben Früchte erzeugt, die monatelang der starken Strahlung und dem austrocknenden Wind ausgesetzt sind, tut gut daran, diese so zu gestalten, dass sie zäh bleiben und kaum Wasser verlieren. Oder sie müssen holzig und ölig-trocken sein, wie die Samen in den Zapfen der Koniferen. Die Mistelbeeren zeichnen sich genau durch diese Eigenschaften, das Wasser zu halten und die Strahlung abzuweisen, aus. Die Samen umgibt eine zähe, klebrige Masse, die diesem »Flüssigkeitszustand« sogar den Namen gegeben hat: viskos. Sie ist eingeschlossen in eine nahezu ledrige Fruchthaut, die mit ihrem Weiß die Rückstrahlung aller Wellenlängen des sichtbaren Lichtes anzeigt. Sie fühlt sich an wie aus Plastik gemacht, bis die Mistelbeeren so reif geworden sind, dass die Schale aufplatzt und den klebrigen Inhalt frei gibt. Während sie aufwachsen, sind die Beeren grün und sehr fest. Erst mit Beginn der sich sehr lange hinziehenden Reife wird der grüne Farbstoff, das Chlorophyll, abgebaut und die Beeren werden weiß. Das geschieht im Spätherbst. Die Reife setzt den Winter über ein. Wann Mistelbeeren wirklich »reif« geworden sind, darüber kursieren höchst unterschiedliche Angaben in der botanischen Literatur. Sie reichen von Dezember bis Februar, aber oft wird nur festgestellt »Winter«. Düll & Kutzelnigg (1988) geben die Monate Januar bis März an. Sie fügen hinzu: »Samen nur kurz keimfähig. Lichtkeimer.« Die Blütezeit reicht von März bis Mai. Die kleinen, gelblichen und scheibchenartigen Blüten sind leicht zugänglich. Sie locken mit Absonderungen von Nektar Fliegen an.

Abb. 56: Die Mistelbeeren enthalten eine zähe, klebrige Masse, die den Samen umschließt. Misteln sind giftig, werden aber von alters her als Heilpflanzen genutzt.

Abb. 57: Misteldrosseln gelten als Verbreiter der Mistelsamen. Aber sie allein erklären noch nicht, warum Misteln vor allem in Großstädten so häufig vorkommen.

Dass Misteln giftig sind, aber von alters her als Heilpflanzen genutzt werden, ist allgemein bekannt. Die mit der »goldenen Sichel« von den Druiden zu schneidenden Misteln für den Zaubertrank in den Comic-Geschichten von Asterix & Obelix waren allerdings nicht diese uns geläufigen Misteln, sondern die oben schon angeführten Eichenmisteln oder Riemenblumen. Deren Verbreitung deckt sich im Wesentlichen mit den Eichenwäldern im Westen Europas und wieder im östlichen Randbereich Mitteleuropas. In Niederösterreich sind sie »die Misteln«. Die Mistel aus unserer heutigen Sicht schiebt sich wie ein breiter, stumpfer Keil von rund 1.000 Kilometern Ausdehnung von Nordosten her in das Verbreitungsgebiet der Eichenmistel und dringt bis tief in die Alpentäler hinein vor. In diesen herrschen die Laubholzmisteln entlang der Flussläufe, aber sie werden schon in geringen Höhen von den Kiefernmisteln abgelöst. Die beiden häufigen echten Misteln drücken damit eine große Veränderung aus, die sich im Spätmittelalter angebahnt und während der Jahrhunderte der Kleinen Eiszeit vollzogen hat: In das atlantische, mediterrane und pontische Warmklima hat sich ein breiter Keil des boreal-kalten vorgeschoben und bis in die Gegenwart erhalten. Die drei echten Mistelarten vertreten mit ihrer Wirtsartenwahl die drei Unterteilungen dieses Klimas, nämlich den kältesten Teil mit der Kiefernmistel, den gemäßigteren mit der Laubholzmistel und den mildesten mit der (inzwischen gefährdeten) Tannenmistel.

Der gemäßigte Teil passt in die Menschenwelt der Städte und Siedlungen, zumal diese vornehmlich in den Flussniederungen oder, aus Gründen des Schutzes vor Hochwasser, an deren Rändern angelegt worden sind. Hier kommt die Laubholzmistel mit Abstand am häufigsten vor. Dennoch erklärt das ihr Vorkommen und ihre Häufigkeit höchstens ansatzweise, aber nicht wirklich. Denn zur Verbreitung brauchen die Misteln Vögel. An Ort und Stelle können nur höher wachsende Mistelbüsche gleichsam Tochterkolonien absondern, wenn die reifen Beeren aufgehen und die darin enthaltenen Samen an Schleimfäden herabgleiten. Mit etwas Glück bleiben die Fäden an einem tieferen Ast hängen und der Wind bringt sie so zum Schwanken, dass sie in die richtige Position auf den Ast gelangen, den passenden Zeitpunkt dabei getroffen haben und keimen können. Von Baum zu Baum fliegen können sie nicht. Das müssen Vögel besorgen. Und an den Vögeln setzen nun die allermeisten Probleme bezüglich Verbreitung und Häufigkeit der merkwürdigen Pflanze an. Denn Misteln kommen, wie oben schon angeführt, nicht gleichmäßig verbreitet vor. Ansammlungen, wie im Nymphenburger Park, wechseln mit größeren Flächen, auf denen die Misteln fehlen. An Bekämpfungsmaßnahmen seitens der Förster und Waldbesitzer liegt das ganz sicher nicht, denn es wäre zumindest höchst unwirtschaftlich, wenn nicht unmöglich, alle Bäume zu fällen und aus den Wäldern, Parks und Anlagen zu entfernen, die von Misteln befallen sind.

Wer verbreitet nun aber die Misteln? Die übliche Antwort scheint logisch, aber sie trifft höchstens zum Teil zu: Die Misteldrossel *(Turdus viscivorus)* überträgt die Mistelsamen. Das verrät schon ihr Name. Misteldrosseln (Abb. 57) gehören sicherlich zu den bedeutenden Verbreitern von Misteln. Denn sie ernähren sich im Winter neben anderem auch von Mistelbeeren; örtlich und zeitweise sogar ziemlich umfangreich. Aber die Kartierungen weisen ganz allgemein für diese größte unter den mitteleuropäischen Drosseln eine ziemlich einheitliche, gleichförmige Verbreitung aus. Da sie weitestgehend im mitteleuropäischen Bereich ihres bis Nordskandinavien reichenden Areals überwintert, sollten die von ihr verbreiteten Misteln auch entsprechend gleichmäßig verteilt vorkommen. Lediglich kleinere Abweichungen von einer flächigen Verbreitung könnte man hinnehmen, wenn die Misteldrossel die Hauptverbreiterin der Misteln ist. In den Kiefernwaldungen mag das auch einigermaßen zutreffen, soweit man dies den Rasterkartierungen von Kiefernmisteln und Misteldrosseln entnehmen kann. Für die Laubholzmisteln ergibt sich jedoch keine Übereinstimmung. Zwar überwintern Dutzende von Misteldrosseln auch im Nymphenburger Park und seiner Umgebung, aber ob ihr Wintervorkommen die Folge der vielen Misteln ist, die dort aufgewachsen sind, oder deren Ursache, das ist eine andere Frage.

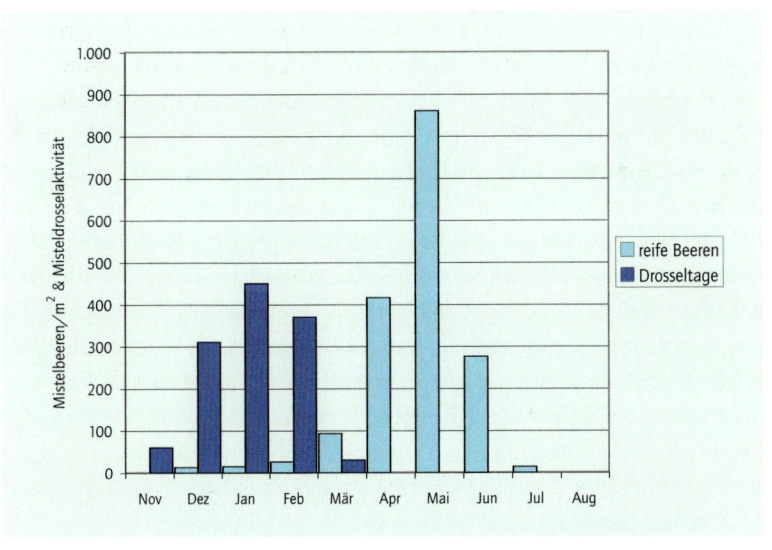

Abb. 58: Misteldrosseln und Mistelbeeren

Anwesenheit von Misteldrosseln in der Umgebung des Nymphenburger Parks (Anzahl der Drosseln x Tage im Monat) und Abfall reifer Mistelbeeren pro Quadratmeter unter einem Baum an der Zoologischen Staatssammlung als Index für das Reifen der Beeren. Deutlich zeigt sich, dass ausgerechnet in der Zeit, in der die Mistelbeeren reifen und die Mistelsamen schließlich keimfähig werden (April), kaum Misteldrosseln anwesend sind.

Ein weiteres Problem kommt hinzu, wenn man sich die Reifezeit der Misteln und das winterliche Vorkommen der Misteldrosseln näher ansieht. Die Drosseln treffen im Spätherbst ein und halten sich, oft regelrecht territorial auf bestimmten Bäumen, den Winter über im Park auf. Sie verlassen ihn und die Umgebung Ende Februar/Anfang März, um ihre Brutreviere in den Wäldern zu beziehen. Das beschrieb schon Hellerer (1890) für den Nymphenburger Park: »… vergnügt sich die Misteldrossel in einigen Exemplaren den ganzen Winter an den Früchten der auf alten Linden zahlreich wachsenden Mistelpflanze«. Wüst (1973) zitiert dies und fügt hinzu: »Das trifft haargenau noch jetzt die Situation. Ich halte es für höchst bemerkenswert, dass sich eine offensichtliche Winterplatz-Tradition weniger Individuen einer Singvogelart über mehr als achtzig Jahre (damals; gegenwärtig sind es bereits 120! – Anm. des Autors) aufrechterhalten kann … Hinzu kommt, dass es in München, ja in Bayern überhaupt (noch?) keine verstädterten Misteldrosseln gibt«. Er fährt fort, dass er eine bis fünf Misteldrosseln nahezu jeden Winter im Park von 1953 bis 1973 angetroffen hatte. Im März sind sie zumeist schon weggezogen. Nun aber setzt die eigentliche Reifezeit der Misteln erst ein. Das zeigt Abb. 58. Wie Düll & Kutzelnigg (1988) betonen, ist der Mistelsame nur kurze Zeit keimfähig. Dazu bedarf es des Lichts (»Lichtkeimer«) und hinreichender Wärme. Die eigentlichen Wintermonate kommen dafür (in Nymphenburg und andernorts) nicht in Frage. Erfolgreiches Keimen stellte ich bisher nur gegen Ende März und im April fest; in einer Zeit also, in der auch die Mistelsamen von selbst aus den Beeren »entlassen« werden und das neue Blühen bei den Misteln begonnen hat.

Somit ergibt sich nur eine geringe Übereinstimmung zwischen Beerenreife der Münchner Laubholzmisteln und Anwesenheit der Misteldrosseln. Diese vermindern auch die Beerenmenge, den Winter über nicht erkennbar. Bei 10.000 Mistelbüschen und zehn Drosseln im Park könnte auch gar keine Dezimierung erwartet werden, wenn die Beeren erst im Winter allmählich zu reifen anfangen. In den Kiefernwäldern draußen dürfte es sich anders verhalten, weil die ab Anfang März intensiv singenden Misteldrosseln dann ihre Waldreviere bezogen haben. Auch in Parkanlagen in Westdeutschland, in denen Misteldrosseln häufiger vorkommen und brüten, können sie durchaus zur richtigen Zeit die Misteln verbreiten. Dennoch sollten die Mistelbüsche auch unter diesen Bedingungen gleichmäßiger verteilt sein, als sie es sind, weil die Misteldrosseln im Winter die Bäume einzeln besetzen und nicht in Schwärmen.

Betrachtet man die Misteln genauer, fällt meistens eine weitere Merkwürdigkeit auf. Sie kommen, kenntlich am Durchmesser der kugeligen Büsche im Gezweig, in recht gleichartigen Altersklassen vor. Neben großen, einen Meter und mehr messenden Kugeln wachsen andere, die nur einen halben Meter groß sind, oder solche, die noch gar nicht zur Kugel auswuchsen. Da die Misteln sehr regelmäßig und sehr langsam wachsen, wobei sie sich gabelnd verzweigen, kann das Alter einer Mistelkugel an der Zahl von Verzweigungen (vom Stamm aus gerechnet, wo die Saugwurzeln ansetzen) leicht ermittelt werden. Im Winter geht das sogar, wenn man mit einem Fernrohr die Gabelungen nach außen abzählt. Das Ergebnis fällt, zumindest für die Münchner Misteln, ganz eindeutig aus: Es gibt keine gleichmäßige Verteilung des Alters über alle Jahre und Größenklassen und auch keine zufallsgemäße, sondern klar voneinander abgesetzte Gruppen, die mehrere Jahre, häufig rund ein Jahrzehnt voneinander Abstand haben. Dieser Befund verträgt sich nicht mit einer gleichmäßigen »Nachpflanzung« von Misteln durch die Misteldrosseln. Somit passt beides nicht zusammen: die starke Konzentration der Misteln auf bestimmte Bäume, Baumgruppen und eng begrenzte Orte einerseits, und die Unterscheidbarkeit der Mistelbüsche in deutlich voneinander getrennte Altersklassen andererseits. Beide Befunde weichen weit von der zu erwartenden gleichmäßigen Verteilung ab. Wie kann so etwas zustande kommen und warum so ausgeprägt in der Großstadt?

Die Lösung dieses Problems ergibt sich aus Invasionen besonderer Vögel, deren plötzliches Auftreten im Spätmittelalter so große Befürchtungen erweckte, dass man sie die »Pestvögel« genannt hatte. Längst sagen wir zutreffender zu diesen Vögeln Seidenschwänze *(Bombycilla garrulus)* (Abb. 61). Ihre Herkunft ist bekannt. Sie brüten in den lichten, arktischen Wäldern vom Nordosten Skandinaviens über Nordrussland bis hinüber nach Alaska und zum Nordwesten von Kanada. In mehr- bis vieljährigen Abständen dringen diese starengroßen Vögel in Massen süd- und südwestwärts vor. Wie Starenschwärme im Spätsommer und Herbst über die reifen Weintrauben herfallen, so gehen die Seidenschwänze im Winter und Vorfrühling auf Beerensträucher nieder. Mit klirrenden Rufen, die entfernt an das Klingeln eines Schlüsselbundes erinnern, und mit geringer Scheu vor dem Menschen, den sie in den weiten Einsamkeiten des Nordens so gut wie nicht kennen lernen, ernten sie die trockensten Beeren ab, die übrig geblieben sind. Rote bis gelbrote Beeren von Ebereschen *(Sorbus aucuparia)*, Hagebutten und sogar Steinmispeln *(Cotoneaster*-Arten/Sorten) zupfen sie herunter, auch wenn diese gefroren sein sollten. Sie füllen sich Kropf und Magen so sehr, dass sie ihr Gewicht nahezu verdoppeln und sichtlich langsamer fliegen. Aber der Zusammenhalt im Schwarm vermindert das Risiko, Sperbern oder Falken zum Opfer zu fallen. Gefährlicher für sie sind in den Städten spiegelnde Glasflächen, denen sie mit ihrem geradlinigen Flug nicht gut ausweichen können.

Invasionsartig nach Süden dringen die Seidenschwänze keineswegs nur in (sehr) kalten Wintern vor. Ihre Großinvasionen, bei denen sie zu Hunderttausenden, wahrscheinlich zu Millionen nach Mitteleuropa und zum Teil sogar bis Südwesteuropa und Nordafrika gelangen, folgen in Abständen von rund oder gut zehn Jahren aufeinander. Inzwischen verdichten sich die Hinweise, dass sie damit den astronomischen Zyklen der Sonnenflecken folgen, die einen etwa elfjährigen Rhythmus aufweisen, aber auch weitgehend ausfallen können. Eine stark verminderte Sonnenfleckenaktivität gilt als wahrscheinlichste Ursache für die so genannte Kleine Eiszeit, also die Verschlechterung des Klimas seit dem 13. Jahrhundert mit dem Tiefpunkt im 16. Jahrhundert. Im 19. Jahrhundert ging diese Phase von rund 500 Jahren kälteren Klimas mit vielen sehr kalten Wintern zu Ende (Reichholf 2005a & 2007a). Zu Beginn der Kleinen Eiszeit trafen die ersten Massen von Seidenschwänzen in Mitteleuropa ein. Da fast gleichzeitig die Pest nach Europa gekommen war, erhielten diese vordem jahrhundertelang unbekannten Vögel die Bezeichnung Pestvögel (Kinzelbach 1995). Seither treten sie mit einer Frequenz von sieben bis zehn Großinvasionen pro Jahrhundert auf. Wiederum entgegen den Erwartungen, die man aus der vieldiskutierten Klimaerwärmung ableiten könnte, weil diese insbesondere die kalten Regionen betrifft, nahm die Häufigkeit der Seidenschwanz-Invasionen nur im 19. Jahrhundert ein wenig ab, normalisierte sich aber im 20. Jahrhundert bereits wieder auf den davor üblichen Wert. Im 21. Jahrhundert hat es schon drei große Einflüge seit dem Winter 2001 gegeben. Zwischen den Großinvasionen kommt es meistens zu mehreren kleineren im Abstand von drei oder vier Jahren, so dass sich der elfjährige Hauptzyklus aus solchen Abständen von 4 + 4 + 3 oder 3 + 4 + 3 und entsprechenden weiteren Kombinationen zusammensetzt und um den Hauptabstand von elf Jahren schwankt.

Dieses zeitliche Muster entspricht nun genau den Abständen in der Entwicklung von Massen neuer Mistelbüsche. Da die Seidenschwänze stets in Schwärmen auftreten und in kurzer Zeit, mitunter in nur wenigen Tagen die Mistelbüsche abernten, erklärt sich daraus sowohl die starke Konzentration von Misteln in einzelnen Bäumen und Baumgruppen als auch die sehr wirkungsvolle Weiterverbreitung der Misteln entlang der Flusstäler und von »Siedlungsachsen«. Tatsächlich kann man mit etwas Glück auch Seidenschwanzschwärme vorbeifliegen sehen, in denen einzelne Vögel wie an einer dünnen Schnur hängende »Körnchen« hinter sich herziehen. Es sind dies die Samen von Misteln, die an so klebrigem und zähem Schleimfaden hängen, dass er auch im Flug nicht sogleich aus der Kloake herausgerissen wird. Ein derartiges Bild enthält auch das Buch von Zimmermann & Mulhauser (2005).

Die Nymphenburger Misteln lassen sich daher, wie wahrscheinlich auch ähnliche Ansammlungen von Misteln in Städten und entlang der Flussauen, durch die Seidenschwanzinvasionen erklären. Diese Vögel suchen den Park auch aus der Umgebung Abend für Abend zum Nächtigen auf. Wenn diese Annahme stimmen sollte, dann müssen aber mindestens zwei weitere wichtige Befunde dazu passen. Der erste ergibt sich aus Abb. 58 und dem zu frühen Abzug der Misteldrosseln. Der zweite betrifft die schon im 19. Jahrhundert für den Nymphenburger Park angegebenen Mistelvorkommen (Hellerer 1890). Winterschwärme der Seidenschwänze passen nämlich auch als Schwärme nicht viel besser als die Misteldrosseln, wenn die Misteln noch gar nicht reif für die Samenverbreitung sind. Doch hier zeigen die Befunde ein ganz klar positives Ergebnis: Das Münchner Zeitmuster des Vorkommens der Seidenschwänze weicht ganz auffällig vom allgemeinen bayerischen Befund ab. Die größten Zahlen fallen nämlich auf den März und April, und nicht in die Mittwinterzeit (Abb. 59). Das allgemeine Muster des Seidenschwanzauftretens in Bayern entspricht dem eines typischen Wintergastes.

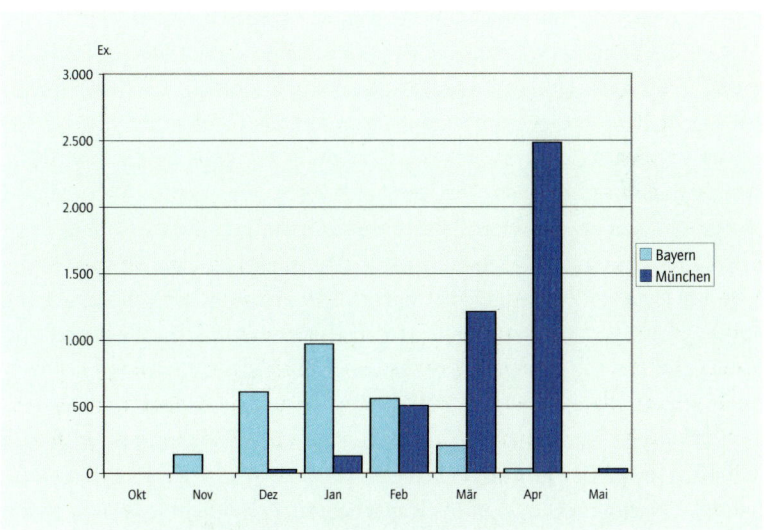

Abb. 59: Häufigkeit der Seidenschwänze in Bayern und München

Allgemeine Monatsverteilung der Seidenschwänze in Bayern und speziell in München (bis zur Invasion 2001). Die meisten Seidenschwänze sind im März und April in der Stadt – zu der Zeit, in der auch die Mistelsamen keimfähig sind (s. Abb. 58).

Die schon genannten Beeren, insbesondere die »Vogelbeeren« der Eberesche, spielen eine zentrale Rolle in der Ernährung der Seidenschwänze, die von Äpfeln am Baum bis zu Knospen austreibender Zweige (von Pappeln z. B.) reicht und im Frühling auch den Fang von Insekten nach Art der Fliegenschnäpper mit einschließt. In München hingegen stehen im Bereich von Nymphenburg und den angrenzenden Stadtvierteln die Mistelbeeren im Zentrum der Nutzung (Reichholf 2005a). Ein einziger, reife Beeren tragender Mistelbusch durchschnittlicher Größe kann einen Seidenschwanz pro Tag ernähren. Ein paar Gramm mehr Beeren ergeben die Ablagerung von Fett als Reserve für den Weiterflug in die nordischen Brutgebiete. In dieser

Zeit, im März und April, erwiesen sich frisch tot gefundene Seidenschwänze als sehr fett. Das Nutzungsmuster der Münchner Seidenschwänze stimmt daher zeitlich bestens mit der Reife der Mistelbeeren überein – und mit der daraus abzuleitenden Ausbreitung der Misteln zu einem Massenvorkommen. Denn die Seidenschwänze kommen in Schwärmen und nächtigen auf Bäumen in dicht gedrängter Schar in Parks und Auwäldern.

Doch wieso konnte Hellerer (1890), wie oben ausgeführt, bereits von Misteln und Misteldrosseln im Nymphenburger Park berichten? Die gut datierten Invasionen im 19. Jahrhundert beantworten auch diese Frage in passender Weise. Es gab zwölf ausgeprägte Invasionen, von denen jene von 1847/48, 1859/60 und 1866/67 hervorzuheben sind, weil sie von mehreren Autoren registriert wurden. Insgesamt sind 25 Seidenschwanzeinflüge in Bayern für das 19. Jahrhundert vermerkt, was dem genannten Vier-Jahres-Abstand im Durchschnitt entspricht. Hellerer konnte 1890 also gut und gern große, ertragreiche Büsche von Misteln auf den Linden des Parks antreffen. Die Seidenschwänze waren damals und in den früheren Jahrhunderten gewiss nicht scheuer als in unserer Zeit. Da es noch bis ins 19. und frühe 20. Jahrhundert üblich war, Drosseln und andere Vögel mit Leimruten und Netzen zu fangen, mussten diese unbekannten, mit ihrem Gefieder fast tropisch anmutenden Vögel in ihrer Vertrautheit recht unnormal für die Menschen dieser Zeiten gewirkt haben. Die überkommene Bezeichnung Pestvögel passte. Sie wird auch in der Gegenwart noch manchmal von Boulevardblatt-Journalisten benutzt. Aber selbst Vogelschützer tun sich mitunter schwer, diese Vögel und ihr Auftauchen »einzuordnen«.

Dabei sind sie eine geradezu einzigartige Möglichkeit, ohne Aufwand und Kosten die Beerennutzung durch Vögel zu studieren. Denn das vorhandene Beerenangebot ist nun einmal begrenzt und nicht jedes Jahr gleich ergiebig. Die langsam wachsenden, robusten Misteln zählen zu den wenigen Beerenträgern, die von Jahr zu Jahr ziemlich gleiche Mengen ansetzen, und nicht, wie die Ebereschen oder die Kornelkirschen *(Cornus mas)*, in manchen Jahren sehr reichlich, dann wieder wenig oder fast gar nichts. Es liegt wahrscheinlich an der unterschiedlichen Ergiebigkeit der Ebereschen in den normalerweise nordischen Überwinterungsgebieten der Seidenschwänze, ob sie überhaupt, und wenn ja, in welchen Mengen, ihre Invasionen nach Süden und Südwesten machen. Das verlässlichste Nahrungsangebot stellen im Spätwinter und Frühjahr die Misteln. Daher ergaben die letzten drei, in ihrem zeitlichen Verlauf sehr unterschiedlich gelagerten Seidenschwanzinvasionen nach München-Nymphenburg praktisch dieselbe aufsummierte Gesamtmenge (Abb. 61). Als die Misteln weitestgehend genutzt waren, zogen die Seidenschwänze fort, gleichgültig, ob es früher oder später im Frühjahr geworden war.

Abb. 60: Alle zehn bis elf Jahre kommt es in Mitteleuropa zu »Großinvasionen« von Seidenschwänzen. Sie dürften für die Verbreitung der Mistelsamen hauptverantwortlich sein.

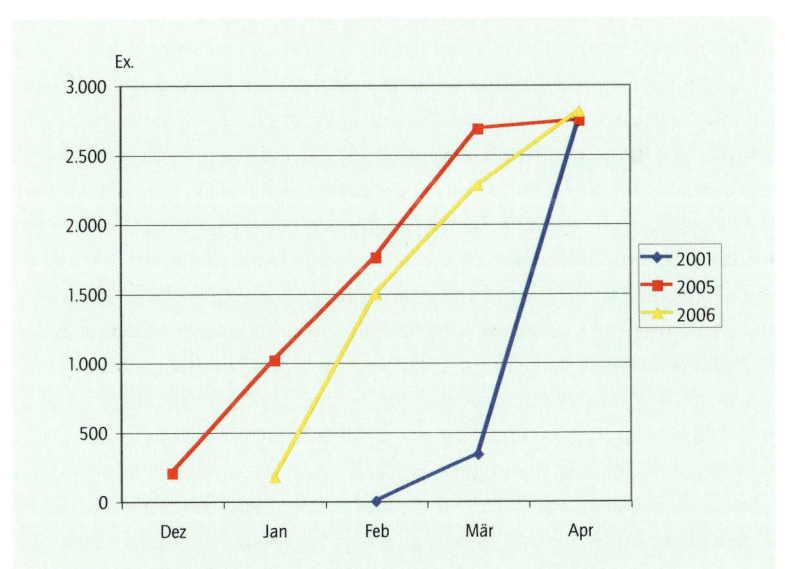

Abb. 61: Invasion der Seidenschwänze

Drei Seidenschwanz-Invasionen in München aus den letzten Wintern mit sehr unterschiedlichem Beginn und Verlauf, aber gleichem »Ende« mit einer Summe von etwa 2.800 Vögeln

16 Stadtkrähen – unbeliebt, aber intelligent

Die »Kleinen Schwarzen«, die Amseln, sind zwar am häufigsten, aber das Vogelleben in der Stadt beherrschen nicht sie und auch nicht die pfeilschnellen Falken oder die überraschend angreifenden Sperber. Die Spitzenposition nehmen die »Großen Schwarzen« oder »Schwarzgrauen« ein. Aus guten Gründen haben sogar manche Menschen mehr Respekt vor ihnen als vor jedem anderen Vogel in der Stadt. Denn mit ihrer Intelligenz übertreffen sie alle Vögel bei weitem. Gemeint sind die »Raben«, wie sie vielfach, aber unklar, genannt werden. Denn es handelt sich fast immer, wenn in der Bevölkerung von »Raben« die Rede ist, nicht um den wirklichen Raben, den großen Kolkraben *(Corvus corax)* der Berge und der nordöstlichen Lande, sondern um die Rabenkrähe *(Corvus corone corone)* (Abb. 62) oder ihren Zwilling, die östlich der Elbe vorkommende schwarz-graue Nebelkrähe *(Corvus corone cornix)* (Abb. 63). Nicht selten werden die ganz schwarzen Rabenkrähen aber auch mit der ebenfalls schwarzen, aber im Gefieder kräftig blau schimmernden Saatkrähe *(Corvus frugilegus)* verwechselt oder gleichgesetzt. Die kleinere Dohle *(Corvus monedula)* kommt als weiterer »schwarzer« Angehöriger der Rabenvogelfamilie *(Corvidae)* hinzu. Doch damit ist diese in den Städten häufige Vogelgruppe noch immer nicht vollständig, denn auch die schwarzweiße, langschwänzige Elster *(Pica pica)* und der bunte, stets etwas »frech« wirkende Eichelhäher *(Garrulus glandarius)* und ein paar weitere, weniger bekannte Arten aus den Alpen und dem hohen Norden gehören zu den in Europa vertretenen Rabenvögeln.

Sie alle können nicht nur im Siedlungsraum der Menschen vorkommen, sondern sie tun dies geradezu bevorzugt, wo ihnen das möglich ist. Raben- oder Nebelkrähen, je nach Lage westlich oder östlich der merkwürdigen Grenze, die beide Unterarten recht scharf schräg längs durch Deutschland, Tschechien und Österreich trennt, Elster und Eichelhäher, vielfach auch die Dohle kommen aber in jeder größeren Stadt vor. Sie alle gelten als Nesträuber bei den kleinen Singvögeln. Um ihren öffentlichen Ruf steht es damit meist nicht zum Besten. Zumindest sind sie »umstritten«; auch in Kreisen von Natur- und Vogelschützern. Die »Schwarzen« unter ihnen prädestiniert ihr Gefieder nicht gerade dazu, Empfindungen von Schönheit in uns Menschen auszulösen. Ihre Stimmen widersprechen dem so sehr, was man von einem »Singvogel« erwartet, dass es immer wieder schwer fällt, den mit der Systematik und den Verwandtschaftsverhältnissen in der Vogelwelt nicht Vertrauten verständlich zu machen, dass krächzende Krähen wie alle Rabenvögel auch Singvögel sind.

Die Jagd entledigte sich schon vor Jahrhunderten dieses Problems und bezeichnete die Krähenvögel derb und einfach als Raubzeug. Damit wurden sie jedoch noch stärker abgewertet als mit dem ersten Teil der Sammelbezeichnung »Raub«, denn diese ist auch dem Raubwild zuteil geworden. Aber als »Wild« »genießt« dieses zumindest noch diese gewisse Wertschätzung, während »Zeug« all das ist, was nichts taugt. Der Volksmund weiß darüber hinaus, dass die Krähen »stehlen wie die Raben« und dass die Elster »diebisch« sei. Lediglich um die kleinen Dohlen kümmerte man sich wenig, wohl weil sie bevorzugt auf Kirchtürmen in Kolonien nisten. Wenn die Glocken läuten, umfliegen sie den Turm wie die armen Seelen. Diese Vorstellung, wie sie die Leute auf dem Dorf noch bis in die Mitte des 20. Jahrhunderts gepflegt hatten, passte den Pfarrern als unzeitgemäß nicht mehr. Und da die Dohlen mit ihrem Kot den Turm verschmutzten, ließen sie die Öffnungen vergittern. Den Dohlen sowie auch den noch weniger geschätzten Stadttauben wurden so ihre sicheren, hoch gelegenen Nistplätze entzogen. Den seltenen Schleiereulen *(Tyto alba)* aber auch, so dass sie noch seltener wurden, weil man sie »aus der Kirche ausgeschlossen« hatte.

Abb. 62: Die Rabenkrähe ist die in Städten am weitesten verbreitete Krähenart und brütet vor allem in Wohnsiedlungen mit Gärten.

Unerwartetes

Es bedurfte einiger Überredungskunst und viel Geduld, um wenigstens für die Eulen Nistkästen auf den Türmen genehmigt zu bekommen. Was durch die Jahrhunderte eine Selbstverständlichkeit gewesen war und gewiss keinen einzigen Kirchturm zum Einsturz gebracht hatte, wollten im zu Ende gehenden 20. Jahrhundert die Kirchenverantwortlichen vor allem am Land nicht mehr dulden. Den Vögeln, die an und in den Türmen der Städte nisten, geht es besser und es war ihnen auch nie so schlecht gegangen. Die Stadtbevölkerung zeigt sich weitaus toleranter als die Menschen »auf dem Land«. Das beste Beispiel dafür sind die Stadt- oder Straßentauben, die im Zusammenhang mit den Wanderfalken in Kapitel 18 behandelt werden. – Doch nun genauer: Um welche Krähenvögel handelt es sich in der Stadt?

Abb. 63: Die schwarz-graue Nebelkrähe ist der »Zwilling« der Rabenkrähe und kommt nur in Gebieten östlich der Elbe vor.

Als kleine Ausgabe des großen Kolkraben ist die Rabenkrähe zweifellos die bekannteste und auch die in den mitteleuropäischen Städten am weitesten verbreitete Art. Sie brütet nahezu flächendeckend, Revier an Revier, in den allermeisten Städten. Besonders häufig kommt sie in den Wohnsiedlungen mit Gärten vor, wo nicht selten mehrere Reviere einen Quadratkilometer Stadtfläche so ausfüllen, dass kein ungenutztes Gelände dazwischen übrig bleibt. Zu diesen Territorien wird weiter unten Näheres ausgeführt, denn diese sind besonders wichtig, um das Leben und Treiben der Stadtkrähen zu verstehen. Genauer behandelt wird im Zusammenhang mit den Brutterritorien auch die Bildung von Schwärmen. Wo die Rabenkrähen brüten, leben sie jedoch so streng territorial, dass sie keine Gruppen oder Schwärme von Artgenossen in ihrem Reich dulden. Daher fällt nicht auf, wie verbreitet und häufig die Rabenkrähen wirklich sind, weil man es fast überall nur mit einem Brutpaar und – nach der Brutzeit – seinen Jungen zu tun hat. Fünfer- oder Sechsergruppen gibt es aus diesem Grund in den Brutgebieten nur nach dem Ausfliegen der Jungen im Sommer und Herbst.

Die Beständigkeit ihrer Brutreviere bekommt man nur ausnahmsweise mit, wie zum Beispiel als es am Gelände der Zoologischen Staatssammlung in München-Obermenzing eine Rabenkrähe ohne Schwanz gegeben hatte. Als »Nurflügel« flog sie herum, hatte alle Jahre wieder einen Partner und brütete, wie die Begleitung von flüggen Jungen zeigte, auch mehrmals erfolgreich, nämlich drei- oder viermal in den sieben Jahre, die sie mindestens existierte. Warum ihr sämtliche Schwanzfedern fehlten und diese auch nach keiner Mauser wieder ausgebildet wurden, blieb leider völlig unklar, weil die »Schwanzlose« eines Tages einfach verschwunden war. Sie war auch ohne Steuerfedern mit ihrem Leben bestens zurechtgekommen. Gelegentlich gibt es auch Krähen mit einzelnen weißen Federn, aber diese werden bei der nächsten Mauser durch normale ersetzt.

In ihrem einheitlichen Schwarz entziehen sich die Rabenkrähen einer individuelleren Beobachtung. Nur weil sie feste Reviere und diese auch das ganze Jahr über in Anspruch nehmen, kann man sie zuordnen. Zu sehen bekommt man somit nur Einzelvögel, Paare oder kleine Gruppen, wenn flügge Jungvögel mit dem Elternpaar im Revier unterwegs sind. Richtige Schwärme von Rabenkrähen treten nur an bestimmten Stellen im Stadtgebiet auf, insbesondere an (schlecht abgedeckten) Müllplätzen oder an den Sammelstellen für die Kompostierung des Inhalts der Bio-Tonnen. Auch an Schlafplätzen können sich beträchtliche Mengen von Rabenkrähen im Herbst und Winter ansammeln. So zählten Ornithologen in den oberösterreichischen Städten Linz im Winter bis zu 3.000 Rabenkrähen und in Steyr sogar zwischen 2.600 und 6.500. Es gab also auch Zuzug aus dem Umland zu den sicheren Schlafplätzen in der Stadt. Wie viele Rabenkrähen in München leben, ist unbekannt. Aber man kann aus den Befunden zur unterschiedlichen Häufigkeit des Brutbestandes in der City, in den Wohnsiedlungsbereichen und am Stadtrand wenigstens eine grobe Hochrechnung versuchen. Wenn es im Durchschnitt drei bis fünf Brutpaare pro Quadratkilometer gibt, so sollten in München 1.000 bis 1.500 Paare Rabenkrähen vorhanden sein. Das würde bei durchschnittlich zwei Jungen pro Brutpaar einen Gesamtbestand von 4.000 bis 6.000 echter Stadtkrähen ergeben. Ob solche Werte einigermaßen zutreffen, zu niedrig liegen oder zu hoch gegriffen sind, kann ohne genauere Untersuchungen nicht beurteilt werden. Im Hinblick auf das viel kleinere Linz scheinen die Münchner Stadtkrähenbestände eher zu niedrig angesetzt.

Vielleicht sind genauere Zahlen aber auch gar nicht so wichtig, weil es für die Beurteilung der Krähenbestände und ihrer Auswirkungen auf die Kleinvögel nicht um absolute Bestandsgrößen geht, sondern um das Verhältnis zu den Kleinvögeln. Die Art der Hausmüllentsorgung beeinflusst weit mehr die Größe der Krähenschwärme als Bekämpfungsmaßnahmen wie der Abschuss. Die bayerischen Jäger schießen alljährlich zwischen 80.000 und 100.000 Krähen in der Annahme, sie würden damit ihren Niederwildbeständen etwas Gutes tun. Sie irren, wie weiter unten gezeigt wird. Den stärksten Beweis für diesen Irrtum liefern die Stadtkrähen. Deshalb sollen sie auch besonders behandelt werden.

Zunächst ist aber eine Klarstellung angebracht. Sie betrifft die andere »schwarze« Krähe und die Verhältnisse westlich jener merkwürdigen Grenze zwischen Ost und West in der Krähenwelt, die etwa dem Lauf der Elbe bis nach Tschechien hinein folgt, von dort über Niederösterreich an Wien vorbeizieht, sich um die Ostalpen herumwindet und mit dem Südrand der Alpen etwa an der Grenze zwischen Italien und Frankreich endet. Die andere schwarze Krähe ist die Saatkrähe und die östlich der geschilderten Ost-West-Grenze lebende graue und schwarze Krähe ist die Nebelkrähe.

Beide verhalten sich in wesentlichen Bereichen ihres Lebens anders als die Rabenkrähen. Dennoch kommt es häufig zu Verwechslungen. Die Saatkrähe brütet in Kolonien auf möglichst hohen Bäumen. Das ganze Jahr über halten diese Krähen in Schwärmen zusammen, ohne Reviere aufzubauen und gegen Artgenossen zu verteidigen. Nur die unmittelbare Nestumgebung wird als Privatbesitz des betreffenden Brutpaares in Anspruch genommen und von den anderen respektiert. Raben- und Nebelkrähen hingegen brüten in heftig gegen die Artgenossen verteidigten, nach außen geradezu abgeschirmten Revieren. Das Brutrevier ist so groß, dass daraus auch so gut wie die gesamte Nahrung stammt, die von den Altvögeln an die Jungen verfüttert und die vom Brutpaar und später von den ausgeflogenen Jungen benötigt wird. Am Revier hält das Rabenkrähenpaar das ganze Jahr über fest. Die Nebelkrähen verhalten sich nicht so starr, weil sie, anders als die ortsfesten, als richtige Standvögel zu bezeichnenden Rabenkrähen, im Winter auch wandern. In den nördlichen und östlichen Brutgebieten müssen sie das, sonst könnten sie den Winter nicht überstehen. In den südöstlichen und südlichen Brutgebieten machen auch die Nebelkrähen keine ausgedehnteren Wanderungen.

Echte Zugvögel sind die Saatkrähen, auch wenn die im südlichen und südwestlichen Mitteleuropa brütenden Angehörigen dieser Art nur winters umherstreifen und sich darin von den in Massen aus dem Osten gekommenen Artgenossen kaum unterscheiden lassen. Auffällig werden sie aber, wenn sie im Herbst, meistens im Oktober oder November, in großen Scharen und lockeren Flügen ankommen. Dann besetzen sie regelrecht die

Städte zu Tausenden. In München sammelten sich in den Wintermonaten bis in die frühen 1980er Jahre um die 40.000 bis 50.000 Saatkrähen. Seit den 1990ern sind es nur noch zwischen zehn und 15.000. Für Wien ergaben umfangreiche Zählungen seit dem Winter 1990/91 etwa 200.000 Saatkrähen. Ähnliche Größenordnungen sind für Berlin und Hamburg anzunehmen. Weiter westwärts nehmen die Mengen ab, je milder das Winterwetter bleibt. Denn diese »Winterkrähen« weichen aus ihren osteuropäischen Brutgebieten nur so weit westwärts aus, wie es nötig ist. Sehr strenge Winter können wohl auch sibirische Saatkrähen bis Mitteleuropa bringen. Das Areal der Art reicht bis Karelien in Nordwestrussland und durch Südsibirien bis zum Altai-Gebirge. Weiter östlich davon erstreckt sich ein weiteres großes Teilareal über Nord- und Ostchina. Doch von dort ziehen keine Saatkrähen mehr nach Europa.

»Unsere« Winterkrähen kommen aus Polen, Weißrussland, der Ukraine und Westrussland. Sie sind Wintergäste. Dass von dort stammende Saatkrähen zu vielen Tausenden nach Deutschland kommen und dass diese vornehmlich die Städte und ihr unmittelbares Umland aufsuchen, hat wenig damit zu tun, dass diese Krähenart hierzulande seltener Brutvogel ist und unter Schutz steht. Ihr bayerischer Brutbestand ist gut bekannt. 1996 wurden genau 3.239 Nester in 47 Brutkolonien ermittelt. Zentren des Brutbestandes mit mehr als zwei Drittel aller Nester bildeten die Stadtgebiete von München, Augsburg, Memmingen, Mindelheim, Straubing, Würzburg und Schweinfurt. Allein in München gibt es fünf größere Saatkrähenkolonien.

Der gegenwärtige Münchner Winterbestand ist mit 10.000 bis 15.000 Saatkrähen rund hundertmal so groß wie der Brutbestand und würde der Zahl nach sogar den gesamten bayerischen Brutbestand erheblich übertreffen. Ein und dieselbe Art kann daher als Brutvogel wegen ihrer Seltenheit sehr wohl in der »Roten Liste« der gefährdeten Arten stehen und als Wintergast zu den häufigsten Vögeln überhaupt zählen. Die winterlichen Krähenschwärme, die in der Dämmerung über der Stadt kreisen und sich mit viel Lärm auf Bäumen in Parks oder kleinen Gehölzen in der Stadt sammeln (Abb. 64), haben daher auch gar nichts zu tun mit dem Brutbestand der Rabenkrähen im nächsten Frühjahr und Sommer.

Die Saatkrähen ernähren sich weitgehend pflanzlich. Sie suchen, wie das im Winter schön zu sehen ist, geradezu gemessenen Schrittes die offenen Bodenflächen ab. Felder und großflächiges, niedrigwüchsiges Grünland brauchen sie bei dieser Art der Nahrungssuche. Mit ihrem langen, spitz-keilförmigen Schnabel stochern sie im Boden. Dass die erwachsenen, zur Fortpflanzung fähigen Saatkrähen einen unbefiederten, wie grindig gewordenen Schnabelgrund tragen, hat damit allerdings nichts zu tun. Das nackte Gesicht verbessert wahrscheinlich die Abgabe von überschüssiger Wärme aus dem Körper während des Fluges. Denn Saatkrähen sind, wie alle Krähenvögel, mit ihren breiten, nicht sonderlich schnittigen Flügeln keine guten Flieger. Sie rudern heftig, brauchen viel Kraft und haben daher bei längerem Flug eine geeignete Wärmeabfuhr aus dem Körper nötig. Die Jungvögel im ersten Jahr tragen noch eine befiederte Schnabelwurzel. Daher werden sie leicht mit den Rabenkrähen verwechselt. Der Glanz im Gefieder, die »behosten Beine« und die andere Schnabelform ermöglichen bei genauerer Betrachtung, wie auch die Stimme, die Unterscheidung der »Schwarzen«. Wenn die genaue Bestimmung aber erst nach dem Abschuss erfolgt, ist es zu spät. Gegen die Bejagung der Rabenkrähen argumentierten die Vogelschützer deswegen häufig auch mit der Verwechslungsmöglichkeit. Doch es gibt andere und viel bessere Gründe, die Krähenbekämpfung sein zu lassen und sich ein Beispiel an der Stadt zu nehmen.

So reiht sich in München-Nymphenburg und in den angrenzenden Stadtteilen Ober- und Untermenzing Rabenkrähenrevier an Revier. Die Siedlungsdichte liegt mit etwa vier Brutrevieren pro Quadratkilometer recht hoch (Reichholf 2003a). Genauso viele Rabenkrähenpaare pro Quadratkilometer sind im Nymphenburger Park vorhanden, und es gab sie schon 1972 dort in dieser Siedlungsdichte (Wüst 1973). Im weiteren Umkreis bis Pasing und Großhadern ergaben Stichproben gleichfalls drei bis fünf Brutpaare pro Quadratkilometer. Die Siedlungsdichte ist daher zweifellos repräsentativ und wohl für einen Großteil des Münchner Stadtgebietes typisch, denn ganz ähnliche Werte hatten zahlreiche Untersuchungen in der Schweiz, in Niedersachsen, Polen und Berlin ergeben. Generell fallen die Häufigkeiten auf dem offenen Land auf ein Zehntel davon oder noch weniger (bei weiten Ackerflächen) ab. Örtlich kann es in den Städten zu mehr als zehn Brutpaaren pro Quadratkilometer kommen, so zum Beispiel im Großen Tiergarten in Berlin mit 29 Paaren von Nebelkrähen auf 2,1 Quadratkilometern (Glutz von Blotzheim 1993).

Die Häufigkeit in den westlichen und südwestlichen Stadtvierteln von München darf daher mit voller Berechtigung als »durchschnittlich« zu den weiteren Erörterungen herangezogen werden. Zunächst ist zu betonen, dass der Bestand in der Fläche seit Beendigung der starken Bekämpfung außerordentlich stabil geblieben ist. Die Vergleichszahlen von 1972 und aus den letzten Jahren bestätigen dies. 1972 brüteten sieben Rabenkrähenpaare im Park. Die nachfolgende Dezemberzählung ergab 28 Rabenkrähen, also im Durchschnitt vier pro Paar oder zwei erfolgreiche Junge, die den ersten Winter erlebten. Der gegenwärtige Bruterfolg (2003/04) hat 2,3 Junge pro Paar in Obermenzing im August/September ergeben. Nach Abzug der Verluste in den Herbstmonaten kommt somit der gleiche Erfolg wie vor gut 30 Jahren zustande. Die Familien können nach der Brutzeit leicht beobachtet werden, weil sie sich weiterhin in ihren Brutrevieren aufhalten. Auch ohne individuelle Markierung kommt bei einer genügenden Anzahl von Raben-

Abb. 64: Winterschwarm von Saatkrähen. Das Auftreten solcher Schwärme an »Wintergästen« sagt allein noch nichts darüber aus, ob es im gleichen Gebiet auch Brutkolonien gibt.

krähenrevieren mit wenig Aufwand ein guter Durchschnittswert pro Jahr zustande. In der Stadt werden die Krähen nicht bejagt. Ihre Bestandsentwicklung bleibt weitestgehend sich selbst überlassen.

Die Beständigkeit ihrer Siedlungsdichte kommt durch ein besonderes Verhalten zustande, das sich in zweifacher Weise günstig für die Rabenkrähen auswirkt. Sie verteidigen nämlich ihr Brutrevier sehr energisch gegen die Artgenossen, so dass sich rasch stabile Verhältnisse einstellen. Gegen Räubereien anderer Krähen und bei knapp gewordener Nahrung hilft häufig ein Jungvogel aus der Brut des vorausgegangenen Jahres mit. Oft sieht man daher »Trios« von Rabenkrähen in der Stadt und an größeren Dörfern (Reichholf 2003a). Der dritte Vogel beteiligt sich als Helfer. Das sichert einen durchschnittlich ganz guten Bruterfolg von zwei oder mehr Jungvögeln pro Jahr. Mit Hilfe des dritten Vogels können Trupps nicht brütender, umherstreifender Rabenkrähen nämlich besser abgewehrt werden, zumal wenn gerade das Gelege bebrütet wird oder kleine Junge im Nest zu versorgen sind.

Solche Nichtbrüter gibt es überall, wo größere Rabenkrähenbestände vorkommen. Es handelt sich bei ihnen um Krähen, die kein eigenes Brutrevier erringen konnten oder die zu fortgeschrittener Jahreszeit ihre Brut verloren und ihr Revier zerstört bekommen hatten. Zahlreichen Untersuchungen zufolge gibt es etwa halb so viele bis gleich viele oder etwas mehr Nichtbrüter wie Brutvögel im Bestand der Rabenkrähen. In großen Krähenbeständen kann das eine ganze Menge sein. Nehmen wir für München einen Nichtbrüter pro Brutpaar an (= 0,5:1), so hätte jedes Paar einen Helfer und der Bestand schon 1.000 zusätzliche Rabenkrähen. Als Helfer fallen sie nicht auf.

Steigt das Verhältnis auf eins zu eins (= zwei Nichtbrüter pro Brutpaar), kommen weitere 1.000 Krähen hinzu. Diese streifen nun in größeren Gruppen gemeinsam umher. Sie suchen ergiebige Flächen, wie Müllplätze, offene Parkanlagen oder Kompostierungsanlagen auf. Solche Krähenschwärme fallen auch zur Brutzeit auf. Sie sind ohne feste Ortsbindung und können daher überall dort herumsuchen, wo es etwas für sie gibt. Nichtbrütergruppen finden leichter die Nester anderer Vögel oder hilfloses Niederwild. Sie holen sich Tierkadaver von den Straßenrändern und sammeln sich an Plätzen, wo sie gefüttert werden. Dutzende bis Hunderte von Rabenkrähen können auf diese Weise als Nichtbrüterschwarm die Fläche eines Quadratkilometers »heimsuchen«, auf dem ansonsten drei oder vier revierbesitzende Paare wären.

Zusammen mit ihrem flügge gewordenen Nachwuchs steigt so ein Brutbestand im Hoch- und Spätsommer maximal auf 15 bis 20 Krähen pro Quadratkilometer. Das entspricht nur einem kleinen Nichtbrüterschwarm. Doch bei einem so hohen Brutbestand mit geschlossener Revierverteilung ohne Freiflächen dazwischen bleibt die Nahrung knapp. Der Bestand lebt an der Obergrenze des Tragbaren und reguliert sich über die Sterblichkeit der Jungvögel ganz von selbst. Daher konnte der Krähenbestand im Nymphenburger Park über Jahrzehnte ganz ohne »jagdliche Kontrolle« stabil bleiben. Am »Druck«, der von den Krähen auf die kleinen Singvögel ausgeht, änderte sich somit auch nichts. Die hohe Häufigkeit der Singvögel und ihre tendenzielle Zunahme in den vergangenen Jahrzehnten im Stadtgebiet zeigen, dass die Krähen, wie auch die Elstern, für die ganz Ähnliches gilt und die zudem noch von den Krähen in Schach gehalten werden, den Kleinvogelbestand in der Stadt nicht schädigen.

Anders verhält es sich auf dem Land, wo, wie schon ausgeführt, mit Genehmigung der Jagdbehörden allein in Bayern alljährlich bis zu 100.000 Krähen und Elstern geschossen werden. Die Elstern nehmen in den Abschusszahlen aufgrund ihrer Seltenheit auf dem Land nur kleine Anteile ein. Diese Raubzeugbekämpfung hält den Krähenbestand auf dem Land jedoch keineswegs »kurz«, sondern hoch produktiv. Zudem steigert der Abschuss die Menge der Nichtbrüter. Bei nur durchschnittlich 0,7 Junge pro Brutpaar könnte sich der Rabenkrähenbestand von selbst nicht einmal auf der Höhe seiner geringen Siedlungsdichte halten. Denn diese beträgt auf dem Land (ohne die Dörfer und größeren ländlichen Siedlungen) nur zwischen 0,3 und 0,7 Brutpaare pro Quadratkilometer, also etwa ein Zehntel der Häufigkeit in der Stadt. Werden die Reviere besitzenden Krähen abgeschossen, rücken in der nächsten Brutzeit die bisherigen Nichtbrüter nach und füllen die Lücken auf. Da sie bei der Bekämpfung noch nicht an ein festes Territorium gebunden sind, können sie leicht ausweichen. Sie lernen die Jäger schneller »persönlich« kennen, als diesen lieb ist.

Bei der hohen Intelligenz der Rabenvögel verwundert das nicht, müssen sie sich doch untereinander sicher genug an ihren Krähengesichtern erkennen, die für uns Menschen so gut wie völlig gleich aussehen. Umso leichter fällt es ihnen, die verschiedenen Menschen auseinanderzuhalten, mit denen sie zu tun haben oder besser nicht zusammenkommen wollen. Wer eine kleine Krähe, die erst einige Tage alt gewesen war, aufgezogen und damit menschengeprägt gemacht hat, kennt diese uns kaum glaublich erscheinende Fähigkeit, feinste Nuancen im Gesicht unterscheiden zu können. Eine solche Krähe irrt sich in der Menschenwelt nie. Der Bejagung zum Opfer fallen draußen hauptsächlich die an ein Brutrevier gebundenen Krähen. Das hat zur Folge, dass wegen der Bekämpfung mehr Nichtbrüter frei umherschweifen und die unbesetzten Krähenreviere absuchen können als in der dicht besiedelten Stadt. Die Folgen sind dann womöglich noch höhere Verluste an Gelegen und Niederwild als ohne Krähenbekämpfung.

Da die Landpopulationen der Krähen rund 55 Prozent der bayerischen Landesfläche einnehmen, die Stadtpopulationen etwa acht Prozent, ergibt sich bei einem Häufigkeitsunterschied von etwa sieben bis zehn zu eins jeweils ein annähernd gleich großer Gesamtbestand an Rabenkrähen. Denn die acht Prozent Stadtfläche wirken im Gesamtbestand wie das 7 x 8 = 56fache und dies entspricht dem Flächenanteil der Landpopulation. Sollte die Rabenkrähe im Durchschnitt aber pro Flächeneinheit in der Stadt zehnmal so häufig wie auf dam Land sein, müsste die Stadtpopulation die Landkrähen bereits übertreffen. Der produzierte Überschuss aus der Stadt kann hinaus aufs Land, wo der Bruterfolg mit 0,7 Jungen je Paar und Jahr unter Zugrundelegung der durchschnittlichen Sterblichkeit von 30 Prozent bei den Altvögeln und 60 Prozent bei den Jungen zwangsläufig ein Defizit ergibt. Der Abschuss von 1,5 oder bis zu zwei Rabenkrähen pro Quadratkilometer auf dem Land gleicht die Verschiebung des Überschusses in die Nichtbrütergruppen nicht einmal ganz aus. Daher erhält die Bejagung den Landbestand an Krähen produktiv und fördert die problematischeren Nichtbrütergruppen. Der vermeintlich gute und wichtige, weil regulierende Eingriff kehrt sich in sein Gegenteil um. Deshalb ist es besser, dass die Krähen in der Stadt nicht verfolgt werden. Sie können sich selbst viel leichter und weitaus besser in ihrer Bestandsentwicklung regulieren.

Noch stärker als die Rabenkrähen zwingen die Elster die ungleich schlechteren Lebensbedingungen und die Verfolgung auf dem Land in die Städte und vor allem an die unmittelbare Nähe der Hauptverkehrsstraßen. Dort entgehen ihre Nester besser den Nachstellungen durch die Raben- oder Nebelkrähen und die Autos schleudern jede Menge Insekten an die Straßenränder. Innerhalb der Städte versuchen die Elstern in solche Ecken auszuweichen, in denen die Rabenkrähen nicht so voll aktiv sind. Im Vergleich zum offenen, insbesondere zum ackerbaulich genutzten Umland ist die

Elster in den Außenbereichen der Städte mindestens 20-mal häufiger. Die andere, noch gar nicht weiter behandelte Art von Krähenvögeln, der Eichelhäher, dringt als Brutvogel gerade verstärkt in die Städte ein. Seine Scheu, die er wegen der Nachstellungen, denen er draußen in den Wäldern ausgesetzt ist, entwickelt hat, legt er im Siedlungsbereich nach und nach ab. Vielleicht dauert es gar nicht mehr so lange, bis die Eichelhäher auch in München, Augsburg oder anderen Großstädten ähnlich menschenvertraut geworden sind wie ihre Verwandten in Nordamerika, die Blauhäher. Dank ihrer Intelligenz können die Krähenvögel schneller reagieren und sich auf neue Verhältnisse rascher einstellen als die meisten anderen Vögel.

Die eindrucksvollsten Beispiele hierfür bieten wiederum die Rabenkrähen mit Verhaltensweisen, die sehr stark nach überlegten Handlungen aussehen. Sie haben es gelernt, große und harte Nüsse, die sie nicht einfach mit dem Schnabel aufhacken können, zu packen und aus dem Flug heraus, meist aus Höhen von fünf Metern und mehr, genau über einem harten Boden abzuwerfen. Die Nüsse springen aus dieser Abwurfhöhe auf. Die Krähen bevorzugen hierfür größere Parkplätze, wenig befahrene Seitenstraßen oder Bahngelände. Die Nüsse sammeln sie bereits im August gezielt. Sie pflücken sogar schon unreife, noch in der grünen Außenschale steckende Walnüsse, befreien zuerst die Nuss daraus und werfen sie dann ab. Gibt es viele Nüsse, verstecken sie sich einen größeren Vorrat in den Gärten und Anlagen. Wenn die Nahrung knapp geworden ist, holen sie sich diese Nüsse wieder aus den Depots. Die Lage der Stellen, an denen sie Nüsse versteckt hatten, kennen sie so genau, dass sie im Dezember oder Januar bei Schneelage gezielt die richtige Stelle anfliegen, auf der noch gänzlich strukturlosen, weißen Fläche landen, den Schnee mit dem Schnabel wegscharren und die Nuss aus dem Bodenloch hervorholen. Sie müssen also regelrecht eine Karte des Geländes in ihrem Gehirn gespeichert haben, die all die Punkte enthält, an denen Nüsse deponiert worden sind.

Die Walnüsse sind als Nahrung für die Krähen sehr ergiebig. Ihrem Gehalt an Öl und damit an Kalorien nach reichen schon vier bis fünf Stück pro Tag aus, um den Energiebedarf zu decken. Und selbst wenn es in der Praxis zehn werden sollten, weil die Nüsse unterschiedlich gehaltvoll ausfallen, bietet eine gute Nussernte dennoch reichlich Möglichkeit, vorzusorgen und Nüsse zu verstecken (Reichholf 2003b). Bei der späteren Nutzung gehen die Krähen dann so vor, dass sie die leichter zu öffnenden kleineren Walnüsse zuerst holen und sich die schwierigen großen für später zurückhalten. Wie sie das machen und ob sie sich auch an die Größe der versteckten Nüsse erinnern können, weiß man nicht. Doch etwas anderes, noch Phänomenaleres kann man inzwischen in München und nicht nur in Japan, wo es zuerst entdeckt wurde, beobachten. Die Krähen gehen dabei folgendermaßen vor. An einer geeigneten Ampel warten sie eine Rotphase ab. Vor den stehenden Autos werfen sie eine Nuss auf die Straße, aber dieses Mal nur aus geringer Höhe, so dass die Nuss nicht zu weit davonrollt. Wird sie »überfahren« holt sich die Krähe bei der nächsten Rotphase schnell die Reste und fliegt mit ihnen im Kehlsack auf ein Flachdach, wo sie die Bruchstücke der Nuss aus der Schale herauspickt. In München lernten dies auch, wie anscheinend andernorts ebenfalls, die Saatkrähen. Offenbar hatten sie die Rabenkrähen bei diesem Vorgehen beobachtet und es ihnen nachgemacht.

Dieser Lernfähigkeit ist es leider auch zuzuschreiben, dass mitunter zahme, von Menschen großgezogene Rabenkrähen Unarten entwickeln, lästig oder durchaus auch gefährlich werden. Immer wieder berichtet die Boulevardpresse davon, dass Menschen von Krähen angegriffen und gezwickt oder heftig auf den Kopf geschlagen worden sind. Zwar sind dies höchst seltene und zumeist indirekt unter Mitwirkung von Menschen zustande gekommene Vorfälle, aber sie prägen das Bild von den »schädlichen«, den »gefährlichen« und so »unnützen« Krähen und Raben in der Bevölkerung. In den Köpfen spukt zudem der im Hinblick auf die Vögel nur als primitives Machwerk zu bezeichnende Hitchcockfilm »Die Vögel«. Sieht man darin nur ein wenig genauer hin, ist zu erkennen, dass ausgestopfte, von Metallhaken zum Schnabel durchsetzte Vögel und zum Teil direkt »verkleidete« Beile ins Holz geschlagen wurden, um den Angriff der Vögel zu simulieren. Wie anders waren die Zeiten, als die großen Raben Hugin und Munin als Späher und Boten Wotans zum Götterhimmel gehörten. Heute leben immer wieder alte Vorurteile aus der Zeit der Hexenverfolgung auf, wenn es um die Rabenvögel und ihre Bekämpfung geht.

Doch selbst Ornithologen kümmern sich zu wenig um die Krähen, Elstern und Häher in der Stadt. Deren Vorkommen und die Entwicklung der Bestände werden, von seltenen Ausnahmen abgesehen, kaum erfasst und nicht regelmäßig genug kontrolliert. Störungen an den Schlafplätzen, obgleich verboten, bewirken beabsichtigte Vertreibungen der Vögel. Die alte Spaltung in »nützlich« und »schädlich« ist alles andere als überwunden. Wer sich, wie die Krähenvögel, in der Menschenwelt selbst behaupten kann, taugt offenbar nichts; zumindest nicht für den Vogelschutz. Die kleine Meise hingegen gilt als nützlich und nett, auch wenn sie die Gelege und Räupchen geschützter Schmetterlinge verzehrt und keine Rücksicht darauf nimmt, dass diese unter Naturschutz stehen. Es gehört eben zur Natur der Meisen, Gelege und Raupen von Insekten zu verzehren. Dass es zur Natur der Krähen und Elstern genauso gehört, Gelege von Kleinvögeln oder deren Junge als Nahrung zu nutzen, »gehört« sich dagegen nicht. Wenn der kleine »nützliche« Vogel auch noch so schön singt wie die Nachtigall, ist ihm unsere Sympathie sicher – Intelligenz im Rabenhirn hin oder her!

IV. BESONDERHEITEN

17 Berlin – Hauptstadt der Nachtigallen

Im Mai erklingen fast überall in Berlin die Lieder der Nachtigall *(Luscinia megarhynchos)* (Abb. 65). An günstigen Stellen übertönt ihr Schluchzen den Straßenlärm. In ruhigeren Plätzen mit reichlich Buschwerk sind gleich mehrere zu hören. Etwa 1.000 Paare Nachtigallen gibt es im Stadtgebiet von Berlin. Die Nachtigall gehört damit zwar nicht in die Kategorie von Amsel und Haussperling, aber dennoch durchaus zu den häufigen Brutvogelarten. Der Brutpaarzahl nach ist Berlin auch die (deutsche) Hauptstadt der Nachtigallen. Andere Städte fallen im Vergleich dazu deutlich ab. In Hamburg kommen etwa 350 Brutpaare vor, aber da Hamburg ziemlich genau die Hälfte der Einwohner Berlins zählt, macht die relative Minderung der Häufigkeit etwa ein Drittel aus. Und um ein gutes Drittel hat der Bestand an Nachtigallen in Hamburg zwischen 1960 und 1990, also in der »heißen Phase« der Klimaerwärmung, abgenommen (Mitschke & Baumung 2001). Vor einem halben Jahrhundert lagen beide Städte somit etwa gleichauf, was die flächenbezogene Häufigkeit der Nachtigall im Stadtgebiet betrifft.

In München, der drittgrößten deutschen Stadt, gab es in den 1960er Jahren jedoch keine einzige Nachtigall mehr. Zu Beginn des 19. Jahrhunderts war dies noch anders. Walter Wüst (1986) schreibt dazu: »Zwischen 1820 und 1890 ist der Brutbestand der Nachtigall im südlichen und östlichen Bayern praktisch zusammengebrochen. Sie brütetet bis zu diesem Zeitpunkt nicht nur im Münchner Raum, sondern sogar im Bereich der Berchtesgadener Gebirgsgruppen in den Salzachauen und im Inntal bei Burghausen.« Seither halten sich in München und der näheren Umgebung nur gelegentlich einzelne singende Nachtigallen während der Zugzeit im Mai auf. Gerade wenn die Männchen dann besonders anhaltend singen und ihren Ort häufig wechseln, kann praktisch mit Sicherheit davon ausgegangen werden, dass sie keine Weibchen bekommen haben und vergeblich ihr Schluchzen hören lassen. Daher ist es auch durchaus fraglich, ob die im neuen Bayerischen Brutvogelatlas für das Donautal zwischen Ulm, Regensburg und der Isarmündung angegebenen Einzelvorkommen wirkliche Bruten betreffen oder eben nur anhaltend singende Männchen. Armin Vidal drückt diese Einschränkung klar aus: »Betont werden muss, dass vor allem in den Randgebieten der Verbreitung in Bayern und bei mehr oder minder isolierten Einzelvorkommen nicht alle singenden Männchen mit Brutpaaren gleichzusetzen sind« (Bezzel et al. 2005).

Abb. 65: Die Nachtigall gilt als »Sängerkönigin« unter den Brutvögeln. Ob und wie häufig sie in Städten vorkommt, hängt weniger vom jeweiligen Stadtklima ab als vielmehr von der Bodenvegetation: Je dichter die Vegetation, desto unattraktiver für die Nachtigall.

Betrachten wir das bayerische Gesamtvorkommen der Nachtigall, so weist der Brutvogelatlas (Bezzel et al. 2005) lediglich noch ein geschlossenes Verbreitungsgebiet in Mainfranken mit dem Zentrum in Unterfranken aus. Ein derzeitiger (1996-1999) Brutbestand von 1.000 bis 2.500 Paaren wird kalkuliert. Bezogen auf die 102 »sicher« besetzten Rasterflächen (10 x 10 Kilometer-Raster) ist ein Bestand von 1.000 Paaren anzunehmen. Ganz Bayern hätte demnach gerade so viele Nachtigallen wie Berlin. Die 189 Raster, in denen sie »wahrscheinlich brüten«, hinzugerechnet, ergibt die Obergrenze von 2.500 Brutpaaren. Das Mainfränkische Weinanbaugebiet schneidet somit ähnlich gut wie die Metropole Berlin ab oder nur scheinbar besser, wenn die Flächengrößen nicht berücksichtigt werden. Sehen wir uns die Häufigkeit genauer an, dann hält die Nachtigall offensichtlich von lieblichen, erbaulich ruhigen Weingärten weit weniger als vom Großstadttreiben. Denn die 1.000 Nachtigallenpaare in Berlin beziehen sich auf nur 880 Quadratkilometer Fläche, die 1.000 sicheren von Mainfranken aber auf 102 Rasterflächen von je 100 Quadratkilometern. In Berlin leben somit flächenbezogen rund zwölfmal mehr Nachtigallen.

Der Unterschied verringert sich auch nicht, wenn alle »wahrscheinlichen« Brutplätze in Bayern berücksichtigt werden. Denn dann kommen die maximal 2.500 Brutpaare auf fast 30.000 Quadratkilometern Fläche vor, was 0,08 Paare pro Quadratkilometer ergibt. In Berlin sind es aber 1,1 je Quadratkilometer und das ergibt wiederum dieselbe Größenordnung: Die Stadt hat gut zehnmal mehr Nachtigallen als Mainfranken. Hamburg liegt mit einer mittleren Dichte von 0,5 Paaren pro Quadratkilometer ziemlich genau halb so gut wie Berlin und damit immer noch fünfmal besser als die Weinbergsnatur Mainfrankens. Hamburg befindet sich nahe der Nordgrenze der Verbreitung der Nachtigall in Europa und auch Berlin ist nur rund 100 Kilometer davon entfernt; Mainfranken liegt viel zentraler, auch wenn sich das Hauptvorkommen dieser zweifellos Wärme liebenden Vogelart im milden Westeuropa und warmen Mittelmeerraum befindet.

Wie häufig die Nachtigall sein kann, erlebt man in den Ferienanlagen am Mittelmeer, wo zum Beispiel auf Istrien an der nördlichen Adria mehr als 100 Brutpaare pro Quadratkilometer vorkommen. Nachtigall und Amsel sind dort die häufigsten Vogelarten. In Berlin nimmt die Nachtigall Rang 17 unmittelbar nach dem Buchfinken ein (Degen & Otto 1988). Hohe Häufigkeiten von Nachtigallen gibt es auch im pannonischen Osten Österreichs (Dvorak et al. 1993) in der Umgebung von Wien, wo in den Auen bei Marchegg auf einer Fläche von elf Hektar elf bis 23 Brutreviere festgestellt worden sind. Das würde 100 bis 200 Brutpaare pro Quadratkilometer ergeben, aber bei so kleiner Fläche sollte nicht hochgerechnet werden. Denn in den geschlossenen Auwäldern an der Donau kam die Nachtigall nicht mehr oder in nur einem Paar pro Quadratkilometer vor. In den Weingärten an den Ruster Hügeln am Neusiedler See sind 2,4 Brutpaare je Quadratkilometer ermittelt worden; eine Siedlungsdichte, die derjenigen in Berlin entspricht, wenn man die dicht bebauten Teile des Stadtgebietes ausklammert, wo wirklich keine Nachtigallen leben können.

Wechseln wir aber auf derselben nördlichen Breite, auf der Berlin liegt, westwärts in ein sehr offenes, landwirtschaftlich geprägtes Gebiet, nämlich in die südniedersächsische Stadt Melle nahe Osnabrück (52° n. Br.), so kommt wieder ein ganz anderer, gleichwohl aber höchst aufschlussreicher Befund zustande. Die Distanz von dort zur Nordsee ist ähnlich groß (gut 100 Kilometer), wie Berlin von der Ostsee entfernt ist. Mit etwa 200 Metern Meereshöhe liegt das Städtchen (etwas über 40.000 Einwohner) tief genug für das nördliche Verbreitungsgebiet der Nachtigall. Die Obergrenze der Vorkommen wird dort in der Regel mit 350 bis 400 Metern NN angesetzt. Das durch Hecken und Wäldchen reich strukturierte, etwa 300 Quadratkilometer große Gebiet hat aber nur fünf Nachtigallen-Brutreviere, und bei diesen handelt es sich um unsichere (Tiemeyer 1993). Der Befund für Melle fällt daher (für die frühen 1990er Jahre) ganz ähnlich wie für München aus.

Doch noch in den frühen 1970er Jahren soll es im Stadtgebiet von Melle 24 »Gitterfelder« mit Brutvorkommen von Nachtigallen oder Brutverdacht gegeben haben, was seither einem Rückgang auf ein Zehntel entspricht. Im nur etwa 100 Kilometer von Melle entfernten Dümmer See-Gebiet stieg hingegen im selben Zeitraum das Nachtigallenvorkommen von einzelnen Paaren in den 1960ern auf fast 50 Ende der 1980er Jahre (Bauer & Berthold 1996).

Somit ist klar, dass Vorkommen und Häufigkeit der Nachtigall nicht allein vom Klima bestimmt sein können, wie Remmert (1978) meinte, weil sie keine Nachtfröste vertrage. Denn Melle liegt im selben atlantisch milden Klimabereich wie der Dümmer See und wie Hamburg. Es ist erheblich weniger der kontinentalen Kälte als Berlin ausgesetzt und hat zudem eine geringere Meereshöhe als das bayerische Nachtigallenvorkommen in Mainfranken. Von den 1960er zu den 1990er Jahren verschlechterte sich das Klima ganz sicher nicht so sehr, dass Melle von zwei Dutzend Nachtigallenbruten auf nahezu Null hätte zurückfallen müssen und Hamburg ein Drittel des Brutbestandes verlor. Vielmehr häuften sich im selben Zeitraum die Einzelvorkommen von Nachtigallen entlang der oberen Donau in Bayern, so dass es nach Bezzel et al. (2005) im letzten Viertel des 20. Jahrhunderts in Bayern keine Bestandsveränderungen bei der Nachtigall, sondern lediglich Fluktuationen von weniger als 20 Prozent gegeben habe. Die örtlichen Zu- und Abnahmen hätten sich in etwa ausgeglichen. Wie lassen sich solche Unterschiede (Abb. 66) erklären?

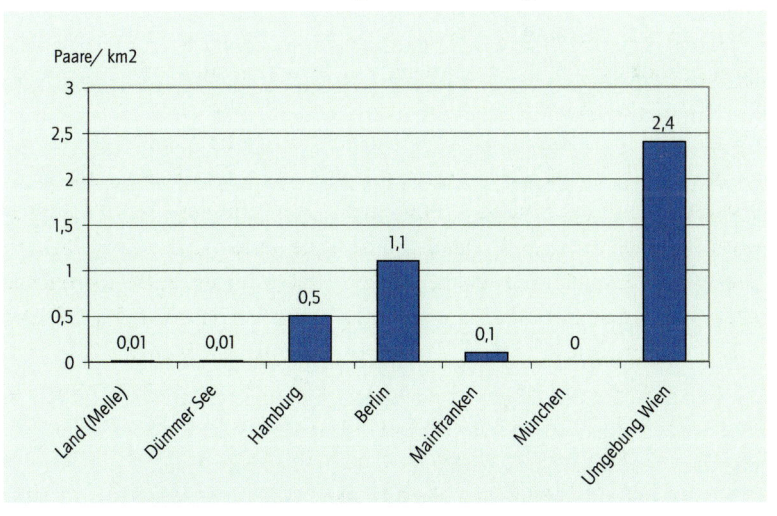

Abb. 66: Siedlungsdichte der Nachtigall

Gebiet	Paare/km²
Land (Melle)	0,01
Dümmer See	0,01
Hamburg	0,5
Berlin	1,1
Mainfranken	0,1
München	0
Umgebung Wien	2,4

Häufigkeit der Nachtigall am nördlichen Verbreitungsrand in der Norddeutschen Tiefebene (Melle/Dümmer See-Gebiet) und den Großstädten Hamburg und Berlin im Vergleich zu Mainfranken und den Vorkommen am Rand der Pannonischen Tiefebene bei Wien.

Hieraus geht hervor, wie stark die Häufigkeit der Nachtigall in den beiden Millionenstädten Berlin und Hamburg der Häufigkeit in den pannonischen und mediterranen Hauptvorkommen der Nachtigall ähnelt, während München ohne Nachtigallen aus dem Trend fällt, der sich mit Städten an Rhein und Rhone noch weiter ausbreiten ließe. Wie also »wirkt« die Stadt und wie die Klimaerwärmung auf diesen Vogel?

Die Antwort könnte einfach ausfallen, wenn die Nachtigall eine östlich-kontinentale Art wäre. Aber genau das ist sie nicht, denn im kontinentalen Osten wird sie von ihrer Zwillingsart, dem Sprosser *(Luscinia luscinia)*, vertreten. Bezeichnenderweise trägt diese – auch »Au-Nachtigall« genannte Art – den Namen der Gattung, und nicht die als »Großschnäbelige« *(megarhynchos)* charakterisierte Artverwandte. Die »Kontinentalität« des Klimas hätte also den Sprosser begünstigen müssen, und nicht die aus dem atlantisch-mediterranen Bereich stammende Nachtigall. So einfach ist es also nicht mit dem »Klima«. Sehen wir uns die Grundlinien der Veränderung nochmals an.

Zu Beginn des 19. Jahrhunderts war die Nachtigall weiter verbreitet als gegenwärtig. Sie hat in Südbayern stark abgenommen und sich nicht wieder erholt. Sie nimmt großflächig in Mitteleuropa ab (Bauer & Berthold 1996). Sie verlor in Hamburg ein Drittel ihres Bestandes der 1960er Jahre. Sie kommt in Berlin mit einer Häufigkeit vor, die fast schon pannonischen oder mediterranen Verhältnissen entspricht, während sie sich im klimatisch so begünstigten Mainfranken auf ihre letzte Bastion in Bayern zurückgezogen hat. Für die Abnahme in Hamburg haben die Wissenschaftler (Mitschke & Baumbung 2001) kaum mehr als eine vage Vorstellung. Sie schreiben: »Ein weiterer Grund für eine Bestandsabnahme scheint in einem allgemeinen Arealschwund zu liegen.« Wenige Sätze davor hatten sie den »gestiegenen Nutzungsdruck mit der großen Zahl freilaufender Hunde« angeführt, der »für diesen gern am Boden suchenden Vogel negative Folgen haben dürfte« und auch »das Schließen von Baulücken«. Da nun weder begründet ist, dass in Hamburg so viel mehr Hunde frei laufen würden als in Berlin, noch dass es dort zu stärkerer Schließung von Baulücken als in anderen Großstädten gekommen wäre, überzeugen diese Interpretationen ganz und gar nicht. München müsste demnach längst völlig zugebaut und voller Hunde sein. Da jedoch der Rückgangstrend der Nachtigall die örtliche Zunahmen bei weitem übersteigt (Bauer & Berthold 1996) und schon Bezzel (1982) in der Bilanzierung einen klaren Rückgang festgestellt hatte, müssen großräumige Entwicklungen die eigentliche Ursache (gewesen) sein.

Eigentlich käme dafür nur das Klima in Frage, aber auch wieder nicht, weil die Bestandsentwicklungen zum Teil mit den klimatischen Veränderungen konform, wie beim Rückzug der Nachtigall aus Südbayern im frühen 19. Jahrhundert, und dann wieder genau gegenläufig, wie bei der

Bestandsabnahme seit 1960, verlaufen sind. Zudem wurden die Städte größer und wärmer, so dass München sich längst lokalklimatisch für eine zumindest ähnliche Nachtigallenhäufigkeit qualifiziert haben müsste wie Hamburg, ganz abgesehen von den Verhältnissen in Mainfranken oder entlang der oberen Donau. Die Wetterdaten ergeben auch keine konkreten Hinweise darauf, dass es von München über Melle bis Hamburg im Mai kälter geworden sei, nicht aber am Dümmer See bei Hannover und vor allem nicht in Berlin. Die Berliner Nachtigallenbestände sind jedoch viel zu groß, um sie mit zufälligen Ereignissen »erklären« zu können. Ganz sicher gibt es andere gute Gründe. Um sie herauszufinden, müssen wir uns die Nachtigall ein wenig genauer ansehen.

Sie gehört zur großen Familie der Drosselvögel *(Turdidae)* und sie steht damit verwandtschaftlich der Amsel näher als etwa den Grasmücken, von denen sie manchen in ihrem Zugverhalten ähnelt. Unter den heimischen Vögeln zählen zu ihrer nächsten Verwandtschaft die Rotkehlchen. Amseln und Rotkehlchen kennzeichnen in der Tat auch die Art der Nahrungssuche der Nachtigall. Sie braucht dafür offenen, an der Oberfläche zugänglichen Boden und passende Deckung dazu. Ein dicht und hoch bewachsener Untergrund taugt für sie nicht, auch wenn das Gebüsch noch so gut geeignet erscheinen mag. Hunde oder Katzen sind daher als Feinde oder Störungen von ähnlich nachrangiger Bedeutung wie für Amseln oder Rotkehlchen. Die Dichte der Bodenvegetation hängt nun bekanntlich sehr stark davon ab, wie der Boden beschaffen ist und wie die Flächen bewirtschaftet werden. Schwere, wenig Wasser durchlässige Böden in Gebieten mit hohen Niederschlägen, wie in Südbayern, begünstigen ein rasches Aufwachsen der Vegetation. Die Bodenoberfläche wird ohne regelmäßiges Mähen schnell unzugänglich. Doch während sich die Amseln durchaus ein gutes Stück ins Freie trauen können, halten sich die Rotkehlchen schon vorsichtig zurück und die Nachtigallen bleiben sehr versteckt. Und während die Amseln Ränder von Hochwald bevorzugen und auch unter höheren Bäumen bei offenem Boden gut zurechtkommen, stellen für die Nachtigall die Anfänge der Entwicklung von Buschwerk und kleinen Bäumen die ideale Struktur dar. Das Rotkehlchen liegt auch in dieser Hinsicht zwischen Amsel und Nachtigall. Magere, sandige Böden und trocken warmes Frühsommerwetter bremsen die Vegetationsentwicklung. Der Bodenbewuchs bleibt locker und niedrig. Umgekehrt verdichtet er sich rasch, wenn nährstoffreiche Böden im Mai und Juni reichlich mit Niederschlägen versorgt werden.

Mit sandigen Böden und niederschlagsarmer Lage unterscheidet sich Berlin klar vom »fetten« Wirtschaftsland von Melle und vom niederschlagsreichen bayerischen Alpenvorland. Wie sehr sich Letzteres im 19. Jahrhundert verändert hat, zeigen viele Bilder der Münchner Landschaftsmaler. Aus ihnen geht auch hervor, dass der Isarlauf durch München damals noch eine offene, nur mit lockerem Buschwerk bestandene Überschwemmungsfläche am unregulierten Fluss gewesen war. Seit Mitte des 19. Jahrhunderts wächst der große Park, der Englische Garten, vor allem im nördlichen Bereich (der Hirschau) zu. Wo aber die Parkanlage durch regelmäßiges Mähen und Pflege der Rasenflächen offen gehalten wird, sind die Bäume längst hoch gewachsen und die Äste vom Boden abgehoben. Für Amseln ist das ideal (vgl. Kapitel 14). Für die Rotkehlchen nicht mehr so sehr; der Wald ist im Park für sie bereits zu stark »durchgewachsen«. Für die Nachtigall ist die Entwicklung zu weit fortgeschritten. Rotkehlchen kommen in München nur noch in vergleichsweise geringer Häufigkeit vor. Für den Nymphenburger Park ist der Unterschied ganz gut dokumentiert: 1890 schätzte Hellerer (1890) 40 bis 50 Brutpaare und dazu 30 Paare Amseln. Nachtigallen bemerkte er nur zwei Mal »auf dem Durchzug«. Wüst (1973) fand ein Dreivierteljahrhundert später nur noch elf Paare des Rotkehlchens, aber 75 Paare Amseln, die nun an der Häufigkeitsspitze des Vogelartenspektrums standen. In Hamburg ist das Rotkehlchen mit rund 12.000 Brutpaaren noch die zwölfthäufigste Vogelart mit einer Siedlungsdichte von 15,7 Revieren pro Quadratkilometer und einer Rasterfrequenz in den Brutvogelkartierungen von 85,3 Prozent. Das passt in der Relation sehr gut zur Häufigkeit der Nachtigall (Rasterfrequenz 21,2 Prozent).

Und wie sieht es in Berlin aus? Dort lag Ende der 1980er Jahre die Rasterfrequenz des Rotkehlchens in Ostberlin mit 48,3 Prozent deutlich hinter der Nachtigall (63,1 Prozent), in Westberlin ergaben sich für beide Arten nahezu gleiche Frequenzwerte, aber schon etwa vier- bis fünfmal mehr Brutpaare Rotkehlchen als Nachtigallen (Ornithologische Arbeitsgruppe Berlin West 1985). Direkt vergleichbare Untersuchungen fehlen für München, aber da die Nachtigall hier nicht mehr als Brutvogel auftritt, wirkt sich dieses Manko nicht so sehr aus. Die Verschiebung von der Nachtigall, die das Buschwerk mit offenem Boden bevorzugt, über das Rotkehlchen in den mittleren Entwicklungsstadien bis hin zur absoluten Dominanz der Amsel tritt dennoch als bestimmendes Grundmuster in München hervor. Für Berlin hemmten speziell im Ostteil des Stadtgebietes Märkische Sande, geringe Niederschlagsmengen und trockeneres Frühsommerwetter die im Westteil früher schon in Schwung gekommene Vegetationsentwicklung. Noch ausgeprägter vollzogen sich diese Landschaftsveränderungen in Hamburg und am stärksten in München. Hier ist alles zugewachsen, was nicht (mehr) regelmäßig gemäht und aufgelichtet wird.

Diese Gegebenheiten bilden zunächst nur den strukturellen Rahmen. Dieser ließe sich durch geeignete Maßnahmen verändern. Die Art der Gartenanlage und die Intensität der Pflege wirken sich dabei ziemlich stark aus. Es macht einen Unterschied für Rotkehlchen wie für Nachtigallen, ob die Gärten und Parks viele kleine, langsam wachsende, bis nahe zum Boden gut »abdichtende« Koniferen und Buschwerk von Rhododendren neben säuberlich gepflegtem Kurzrasen enthalten oder ob sich Gras und Gebüsch am Boden verfilzen und als undurchdringliche Wand an Blumenwiesen grenzen. Letztere sehen zur Blütezeit und oft auch den ganzen Sommer über für uns schön aus, nicht aber für Nachtigallen und Rotkehlchen. Es kommt noch mehr dazu, und das ist ganz besonders bedeutsam: Die Lichtfallenfänge zeigen, worum es ganz wesentlich auch bei den Nachtigallen geht. So liefern die Münchner Fänge im Durchschnitt im Mai nur weniger als 50 Schmetterlinge in fünf bis sieben Fangnächten. In manchen Jahren fallen die Fänge Ende März/Anfang April viel besser aus, wenn die Vertreter der Kätzcheneulenfalter fliegen. Doch da sind die Nachtigallen noch nicht zurück. Abb. 67 zeigt, wie langsam die Entwicklung der Insektenwelt im Mai in Gang kommt und dass nur einzelne, ganz besondere Jahre herausragen (1983, 2003).

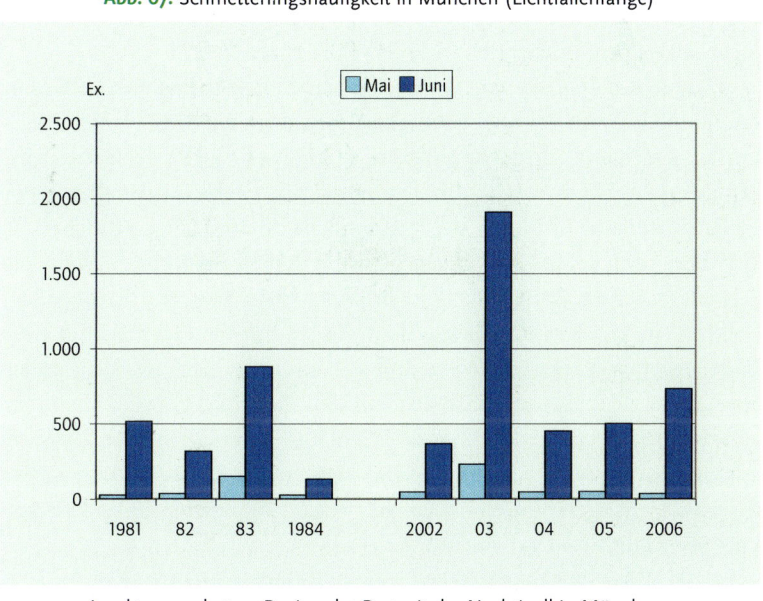

Abb. 67: Schmetterlingshäufigkeit in München (Lichtfallenfänge)

Insektenangebot zu Beginn der Brutzeit der Nachtigall in München, gemessen an den Mengen von Schmetterlingen im Lichtfang im Mai und im Juni (1981–1984 und 2002–2006)

Die beiden Ausnahmejahre 1983 und 2003 heben sich für den Mai sogar stärker heraus, weil es darin jeweils das genau 5,3fache des Durchschnitts der übrigen Jahre gegeben hatte (Juni 1983 = 2,7faches und Juni 2003 = 3,7faches). Die Wichtigkeit eines »frühen, warmen« Maiwetters für die Insekten und ihre Larven am Boden geht daraus hervor. In München boten somit nur einzelne, weit voneinander getrennte Jahre die kleinklimatischen Voraussetzungen für eine (Wieder-)Ansiedlung von Nachtigallen. Nun ist auch klar, wie das Wetter »wirkt«. Ein feuchter und kühler Mai fördert die Entwicklung der Bodenvegetation. Sie wird rasch zu dicht für die Nachtigallen, die erst Ende April/Anfang Mai aus dem Winterquartier zurückkehren. Die Rotkehlchen treffen eineinhalb Monate früher ein und sind daher nicht so sehr betroffen. Die dichte Bodenvegetation macht das Kleinklima aber kalt und feucht, auch wenn darüber schönstes Maienwetter herrschen sollte. Solche kleinklimatischen Verhältnisse bekommen der Entwicklung der Insekten nicht. Für eine Reihe von Arten konnte nachgewiesen werden, dass sie sich in den letzten beiden Jahrzehnten deutlich, nämlich um rund einen halben Monat, *später* entwickeln als in den 1960er und 1970er Jahren, obgleich diese nach den meteorologischen Messwerten kälter waren als die letzten Dekaden. Für die Nachtigallen kommt ein gutes Angebot an Insektennahrung, das es erst Ende Juni oder im Juli gibt, zu spät. Diese Zusammenhänge kann somit nicht einmal das so markant wärmere Stadtklima außer Kraft setzen. Denn die Haupterwärmung findet darin im Winter, und nicht im Frühsommer statt.

Die Art der Bepflanzung von Gärten und Anlagen, die Bewirtschaftung und die Durchlässigkeit der Böden bestimmen letztendlich, ob sich Nachtigallen überhaupt (noch) halten können, und wenn ja, in welcher Häufigkeit. München, Hamburg und Berlin bilden eine Reihe. Das ländlich kleine Melle gehört aus Gründen der Vegetationsverhältnisse zu München. In Hamburg sind die Verschiebungen zwischen Rotkehlchen, Nachtigallen und Amseln in vollem Gang. Der weit verbreitete Rückgang der Nachtigallenbestände in Mitteleuropa lässt sich am besten mit dieser Verdichtung der Bodenvegetation erklären. Wie sich die Zukunft der Berliner Nachtigallen entwickeln wird, das wird sich auch an den Bau- und Pflegemaßnahmen entscheiden. Denn wo Nachtigallengelände in den Großstädten zugebaut wird, gibt es meistens auch im Umland keine Ausweichmöglichkeiten mehr für unsere »Sängerkönigin«. Noch aber nimmt Berlin eine besondere Stellung als »Hauptstadt der Nachtigallen« ein.

18 Der Wanderfalke als »City-Falke«

Wanderfalken (Abb. 68) kreisen längst nicht mehr nur über einsamen Tälern der Schwäbischen Alb oder des Alpenrandes, sondern um die Türme von Kirchen, wie dem Kölner Dom, oder um moderne Hochhäuser. Sie nisten an Fassaden des Roten Rathauses in Berlin und in Nistkästen an den ansonsten an Kargheit des Äußeren nicht mehr zu überbietenden Schornsteinen von Heizkraftwerken, wie in München. Noch sind die Stadtvorkommen der Zahl nach weit schwächer als die in Deutschland schon wieder mehrere Hundert Brutpaare umfassenden »Naturvorkommen«. Aber während an den Kletterfelsen um Gelege und Jungfalken gebangt werden muss und man die Brutplätze intensiv bewacht, sind sie an den von Menschenhand gemachten Türmen ähnlich sicher wie die weitaus häufigeren Turmfalken (Abb. 69). Nicht selten scheinen diese mit den größeren, erheblich kräftigeren Wanderfalken über der Stadt um die Wette zu kreisen. Man kommt in Falkenkreisen offenbar miteinander ganz gut zurecht, weil die Nistmöglichkeiten in der Stadt so reichlich vorhanden sind. Hier besteht kaum die Gefahr, dass sich die Falken aus Hunderten von Quadratkilometern Umkreisfläche auf der einzigen geeigneten Wand zum Brüten zusammendrängen müssen und dabei auch noch dem um die (nächste) Ecke brütenden Uhu ausgesetzt sind.

Gewiss, für den Menschen, für Naturverbundene zumal, hat das Erlebnis des wilden Falken vor wilder Landschaftskulisse eine unvergleichlich höhere Qualität als der eher scheue Blick aus dem Menschengewimmel des Vorplatzes auf die Fassade des Kölner Doms oder des Roten Rathauses, um dort vielleicht »den Falken« zu entdecken. Es stellt auch nicht gerade ein Vergnügen dar, von solchem Orte aus mit dem Fernglas oder gar mit aufgebautem Fernrohr die Falkenbrut beobachten zu wollen (müssen). Da kann sich der einsame Wächter als Beobachter an der gegenüberliegenden Felswand in der Schwäbischen Alb ganz anders auf das Geschehen konzentrieren. Peregrinus, der »Fremde«, der »Wanderer«, so sein aus dem Lateinischen entnommener wissenschaftlicher Artname *(Falco peregrinus)*, scheint mit seinem rasanten Stoßflug einfach nicht wie der »zitternde, rüttelnde« (»Tinnitus«) Turmfalke *(Falco tinnunculus)* zur Welt der Dächer, Türme, Kamine und Hochhäuser zu passen. Er »gehört« hinaus in die Wildnis, aus der er ganz unerwartet wie ein Fremder eben daher(geflogen) kommt und wieder irgendwohin verschwindet. Wer Wanderfalken an den wildromantischen Felsbrutplätzen erlebt hat, wie sie über dem mit Nebel erfüllten Tal jagen und darüber atemberaubende Flugschauspiele zeigen, wird zwangsläufig so empfinden. Wanderfalken in der Stadt sind Falken »zweiter Klasse«.

Doch diese typische Menschensicht macht den Falken zum Glück nichts aus, wenn man sie in der Stadt brüten lässt oder ihnen die Möglichkeiten dazu schafft. Und so geschah es in den vergangenen Jahrzehnten. Die Ansiedlungen in den Städten verliefen sogar erfolgreicher, als erwartet worden war. Das hat zwei gute Gründe, auf die es sich lohnt einzugehen. Den einen der beiden Gründe hatten die Falken eigentlich selbst schon »zu erkennen« gegeben, als sie, ohne dort angesiedelt worden zu sein, hoch oben an Kirchtürmen brüteten. In München waren dies die Türme der Frauenkirche. Die letzte Brut fand dort wahrscheinlich im Jahre 1964 statt. Turmbruten gab es 1928 angeblich in Würzburg und zwischen 1940 und 1950 an der Burgruine Schönrain bei Lohr am Main (Wüst 1980). Zahlreiche weitere solcher »Gebäudebruten« des edlen Falken sind aus allen Regionen Europas bekannt.

Abb. 68: Städte bieten den Wanderfalken (hier im Jugendkleid) gute Nistplätze sowie mit den zahlreichen Stadttauben auch reichlich Nahrung.

Abb. 69: Turmfalken kommen in Städten weitaus häufiger vor als Wanderfalken. Die räumliche Strukturiertheit der Städte und das Nahrungsangebot kommen ihren Biotopansprüchen entgegen.

Dem Wanderfalken wurde also keineswegs eine künstliche Umwelt aufgezwungen, an die er sich von klein an zu gewöhnen hatte, um darin leben zu können. Wahrscheinlich sollten wir versuchen, mit den Augen des Falken die Lage zu betrachten. Ihre Schärfe macht dem Vogel kein falsches Bild von diesen »Felsen« mit so vielen geeigneten Nischen, in denen man sicher übernachten und gegebenenfalls auch brüten kann. Vielmehr sehen die Falken auch das, worum es neben dem Brutplatz geht, und zwar ganz wesentlich, wenn der Aufwand des Brütens lohnen soll: Nahrung. Diese fliegt über den Wäldern und durch die Waldschluchten in Form von »Wildtauben«, also vor allem von Ringeltauben *(Columba palumbus)*, die es großflächig verbreitet und häufig gibt. Für Mitteleuropa schätzen Bauer & Berthold (1996) etwa 2,7 bis 5,1 Millionen Brutpaare. Die ebenfalls geschätzten 72.000 bis 112.000 Brutpaare Hohltauben *(Columba oenas)* nehmen sich den größeren Verwandten gegenüber geradezu vernachlässigbar aus, weil sie weit weniger als die Schwankungsbreite der Schätzungen ausmachen. Mitte der 1990er Jahr, als Bauer & Berthold (1996) ihre Bestandszahlen zu ermitteln versucht hatten, gab es 640 bis 770 Brutpaare Wanderfalken im selben Bezugsraum »Mitteleuropa«. Zusammen mit den umherfliegenden, noch nicht brütenden Artgenossen könnten es damals etwa 2.000 Wanderfalken gewesen sein, die nach den fünf bis zehn Millionen Ringeltauben und ihrem Nachwuchs jagten. Das ergibt größenordnungsmäßig ein Verhältnis von einem Wanderfalken auf mehrere Tausend Ringeltauben. Kein schlechtes Nahrungspotenzial, möchte man meinen.

Aber die Millionen Tauben verteilen sich auf mehr als eine Million Quadratkilometer Landschaft in Mitteleuropa. Dies würde nun wieder rein rechnerisch lediglich ein paar Tauben pro Quadratkilometer ergeben. Braucht der Falke aber einen Bestand von ein paar Tausend, um erfolgreich jagen und seine Brut versorgen zu können, ergäbe das Reviergrößen von gleichfalls 1.000 Quadratkilometern und mehr. So große Jagdreviere sind auch für den schnellen Wanderfalken nicht ergiebig genug, weil die Beute darin einfach zu selten ist und er zu viel fliegen müsste. Gute Reviere weisen Größen von 160 Quadratkilometern bis einige Hundert Quadratkilometer auf.

Abb. 70: Die Stadttaube ist die Hauptbeute des Wanderfalken.

Die Tauben als Hauptbeute (Abb. 70) müssen daher konzentrierter vorkommen als im großflächigen Landesdurchschnitt. Solche Stellen finden sich in felsigen, von Flüssen und Talauen durchzogenen Laubwaldgebieten, am Gebirgsrand und eben auch in den Großstädten. Denn darin lebt ein anderes Taubenpotenzial, das kaum jemand wirklich haben will, auch wenn eifrig gefüttert wird; aus Mitleid mit den armen Tauben, die in den Betonwüsten der Städte »nichts zu Fressen« haben, wie es heißt. Diese Tauben, Stadt- oder Straßentauben genannt, stammen von der wilden Felsentaube (*Columba livia*) ab und werden daher als Zuchtform von dieser nur pro Forma *domestica*, oder eben despektierlich Straßentaube genannt. Ihre Bestände kennt man kaum, obwohl nahezu jeder Stadtbewohner mit den Straßentauben vertraut ist. Denn die Schwärme verlagern sich hierhin und dorthin, je nachdem, wo gerade Futter geboten wird, sofern die Fütterungen innerhalb des »Schwarmreviers« liegen. In Schwärmen von 30 bis 50 oder mitunter zu

Hunderten fliegen sie auch zum Stadtrand hinaus, um dort auf kurzrasigem Gelände nach Nahrung zu suchen. Häufig handelt es sich dabei um gepflegte Naherholungsgebiete, wie zum Beispiel um die große Anlage am Lußsee bei Langwied am westlichen Stadtrand von München. Bauer & Berthold (1996) schätzten den Stadttaubenbestand ganz grob auf eine halbe Million bis zwei Millionen Brutpaare, was knapp der Hälfte oder mindestens einem Drittel des Ringeltaubenbestandes entsprechen würde. Der neue bayerische Brutvogelatlas (Bezzel et al. 2005) geht auf Verbreitung und Häufigkeit der Straßentaube gar nicht weiter ein, nennt aber für ganz Bayern 100.000 bis 300.000 Brutpaare Ringeltauben. Nachdem man allein für München bis zu 100.000 Straßentauben geschätzt hatte, was wohl sicher übertrieben gewesen war, geht aus solchen Angaben auf jeden Fall hervor, um wie vieles konzentrierter die Tauben der passenden Größe für Wanderfalken in der Großstadt im Vergleich zum Freiland vorkommen. 20.000 Brutpaare von Stadttauben in München sind als wohl wirklichkeitsnähere Schätzung immer noch hoch genug, um für die gut 300 Quadratkilometer Stadtfläche eine Taubendichte von mehr als 100 Vögeln pro Quadratkilometer zu ergeben. Verglichen mit den »Landtauben«, nach denen die »wilden« Wanderfalken jagen können, bieten die Stadttauben somit das wenigstens Zehnfache in der Fläche, und diese Taubenmenge ist zudem verlässlich an bestimmte Plätze in der Stadt gebunden.

Die Stadttauben vermehren sich besser als die Wildtauben, nämlich mehrfach pro Jahr. Sogar mitten im Winter finden erfolgreiche Bruten statt. Die Tauben schaffen es, im Dauergedröhn des Hauptbahnhofes oder unter Brücken zu nisten, die über sehr stark befahrene Straßen führen. Sie brüten selbst bei Frost. Die Jungen halten bis unter minus zehn Grad Celsius aus, wenn sie gut genug gehudert und gefüttert werden. Letzteres ist ihnen sicher, wenn die Alten reichlich Getreide und andere eiweißreiche Kost von den Taubenfütterern serviert bekommen. Denn die Jungen erhalten eine im Taubenkropf gebildete Milch, die in ihrer Zusammensetzung der Muttermilch von Säugetieren recht ähnlich ist. Sie liefert sowohl Stoffe, die für das rasche Wachstum der Jungtauben benötigt werden, als auch das »Brennmaterial« für den kleinen Taubenkörper, um der Kälte zu trotzen. Gut versorgt, halten die Jungen dann eben auch Frost aus. Bis zu drei Bruten im Jahr sind für die Stadttauben durchaus normal. Nach Bekämpfungsmaßnahmen, die gegen die »Taubenplage« gerichtet sind, wachsen die Bestände rasch wieder an. So wurden in Augsburg jahrelang zwischen Oktober und Februar Stadttauben abgeschossen. Die Auflistung von Wüst (1986) ergab für die 1950er Jahre im Durchschnitt 1.017 getötete Tauben, für die 1960er 2.507 und für die 1970er 2.866 Tauben pro Jahr. Über 3.000 waren schon Mitte der 1960er Jahre erreicht und auf diesem Niveau verblieben die Abschusszahlen trotz Schwankungen in einzelnen

Abb 71: Abschüsse von Stadttauben in Augsburg

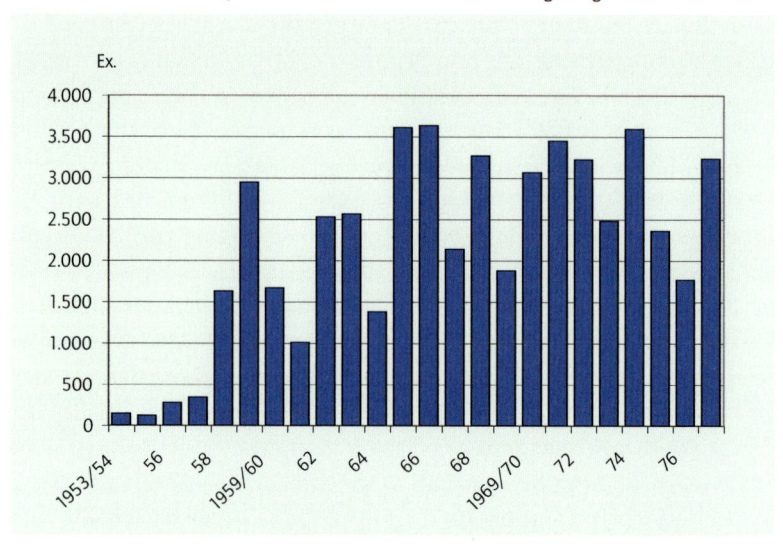

Die Abschusszahlen von Stadttauben in Augsburg (Daten aus Wüst 1986) ergaben schon seit Mitte der 1960er Jahre keinen Trend in der Häufigkeit mehr. Die Unterschiede von Jahr zu Jahr blieben Fluktuationen.
Die Bestände wurden nicht vermindert.

Wintern. Die Bekämpfung hatte nichts gebracht, sondern den Bestand lediglich »produktiv« gehalten, wie viele jagdliche Bekämpfungsmaßnahmen auch. Abb. 71 zeigt die Entwicklung.

Solche Angaben bekräftigen, welches Potenzial in diesen Taubenbeständen für Falken gegeben ist. Sie zeigen aber auch, dass selbst der Abschuss von mehreren Tausend Tauben jeden Winter den Bestand nicht beeinträchtigen konnte. Die Ansiedlung des Wanderfalken in Augsburg, zu der es 1996 gekommen ist (Bauer 2000), wird daher ebenso wenig wie die Münchner Wanderfalken das dortige Taubenproblem im Sinne einer vielfach erhofften, starken Verminderung des Bestandes lösen können. Aber das ändert nichts daran, dass die Falken dieses Nahrungsangebot in den Großstädten haben. Auch die Habichte können davon profitieren. In München drückte sich dies nach der Vollschonung der Greifvögel in der allmählichen Zunahme des Habichts *(Accipiter gentilis)* aus, der mittlerweile an mehreren Stellen im Stadtgebiet brütet. Beide, Wanderfalke und Habicht, jagen inzwischen etwa gleich häufig in München (Abb. 72). Für beide Arten bilden die Stadttauben die mit weitem Abstand bedeutendste Nahrung. Ob sich durch das Wirken dieser Greifvögel der Gesundheitszustand der Münchner Stadttauben verbessert, ist eine interessante Frage für die Zukunft. Vorerst sind beide Greifvögel viel zu selten, um nachhaltiger auf die Tauben-

Abb. 72: Greifvögel in München

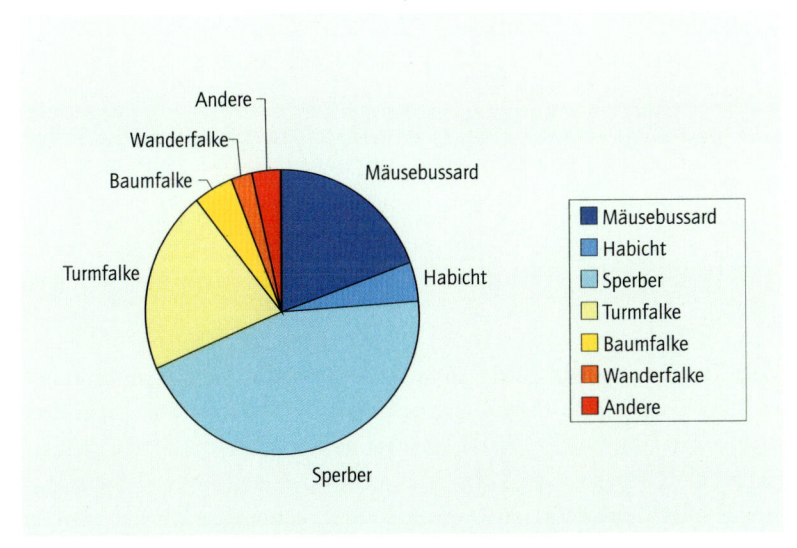

Zusammensetzung des Artenspektrums der in München jagenden Greifvögel (Daten von 1985 bis 2005). Sperber, Turmfalke und Mäusebussard machen den Großteil aus.

bestände einwirken zu können. In zehn oder 20 Jahren kann das anders sein. Solche Entwicklungen zu verfolgen, gehört sicherlich zu den reizvollsten Langzeitstudien an der Stadtnatur. Befunde aus wenigen Jahren reichen nicht aus, um die Kernfrage klären zu können, ob die Menge der Stadttauben durch natürliche Feinde reguliert werden kann.

19 Lerchengesang und dröhnende Jets

Manche Vögel verhalten sich schon recht eigenartig. Sie tun, als ob sie all das überhaupt nichts angeht, was uns Menschen so stört. Der Lärm zum Beispiel oder der Verkehr. Was soll man von einer Amsel halten, die im Rangierbahnhof in passender Nische eines abgestellten Waggons nistet, während um sie herum die Räder und Geleise so quietschen, dass uns der Kopf zu zerspringen droht? Kann eine Stadttaube jemals schlafen, wenn sie ihren Ruhe- und Brutplatz im Dachgebälk eines Hauptbahnhofes oder unter einer Straßenbrücke angelegt hat, über die es donnert und unter der fast ununterbrochene Ströme von Autos und Lastwagen hindurchfahren (Abb. 73)? Für uns werden wenige Minuten, die wir gezwungen sind an solchen Orten über uns ergehen zu lassen, schon zur Qual.

Außerordentlicher Lärm ist nichts Neues. Seit Jahrhunderten werden Kirchturmglocken geläutet. Sie mögen zwar dem Klang nach besser sein, aber in der Lautstärke sind sie im Glockengestühl wahrscheinlich noch schlimmer als das Ein- und Ausfahren von Zügen. Der Schalldruck übersteigt dort in aller Regel die Schmerzgrenze. Ausgerechnet hier nisten, seit es Glockentürme gibt, die in der Stille der Nacht mit feinstem Gehör geisterhaft jagenden Schleiereulen *(Tyto alba)* (Abb. 74). Tagsüber lärmen und nachts schlafen Dohlen im Turm, so sie das heutzutage an nicht vergitterten Türmen noch dürfen. Wie können sie einen Schalldruck über 100 Dezibel überhaupt aushalten? Auf Türmen fühlt sich auch der Hausmarder wohl, wenn er auf Taubenjagd hochklettert. Auch er hört feinste Mäusepfiffe.

Viele weitere Beispiele ließen sich ausbreiten. Gemeinsam ist ihnen, dass sich überraschend viele Vögel und nicht wenige Säugetiere von Lärm nicht abschrecken lassen, der für uns schmerzhaft ist und den wir auf Dauer nicht ertragen können. Keine Vergrämungsmethode von Vögeln, bei der Lärm eingesetzt wird, hat bisher eine nennenswert lange Zeitspanne funktioniert. An den Knall von Platzpatronen, Böller- und Kanonenschüssen oder an die Salven von Maschinengewehren gewöhnen sich die Tiere offenbar unvergleichlich besser als wir Menschen. Die bedeutendsten Reservate für scheue Großvögel und seltene Säugetiere sind die militärischen Übungsgebiete, auf

Abb. 73: Manche Vögel in der Stadt sind äußerst lärmresistent: Tauben nisten zum Beispiel im Dachgebälk eines Hauptbahnhofs oder unter vielbefahrenen Brücken.

denen lautstark Krieg gespielt wird. Solange die Schüsse aller Kaliber den Tieren selbst nicht gelten, nehmen sie diese hin wie Blitz und Donner heftiger Gewitter. Vielleicht steckt darin auch bereits ein Teil der Erklärung des Phänomens. In der Natur kommt gewaltiger Lärm unregelmäßig und nicht vorhersehbar immer wieder vor. Wegen des Donnerschlags nach einem Blitz in Panik zu verfallen und das Nest, die Jungen oder die Partner zu verlassen, wäre ein folgenschwerer Fehler. Vögel oder Säugetiere, die in gewitterträchtigen Gebieten so reagierten, hätten keine Chancen, zu überleben und sich fortzupflanzen. Vielmehr müssen sie so schnell und so sicher wie möglich lernen, das wirklich Gefährliche von der zwar lautstarken, aber eben nur vermeintlichen Gefahr zu unterscheiden.

Die Natur ist in dieser Hinsicht weitaus verlässlicher als der heimtückische Mensch. Aber am Vorbild des Verhaltens anderer, größerer und erfahrenerer Artgenossen können die Tiere lernen, Gefährliches von Harmlosen zu unterscheiden. Sie müssen dazu eigentlich nur genügend gute Chancen haben. Seltene Ereignisse eignen sich weniger als regelmäßig Wiederkehrendes. Die Züge im Bahnhof bleiben auf ihren Geleisen und damit auf festen Bahnen. Sie brechen sogar viel seltener aus als die Autos von den Autobahnen, obwohl die Züge lauter, scheinbar gequälter quietschen. Auch die Menschen im Stadtpark folgen verlässlicher den für sie festgelegten Wegen als draußen in der so genannten freien Natur. Wir nehmen uns tatsächlich draußen sogleich mehr Freiheit, überallhin und querfeldein zu laufen als in der Stadt, wo die Regeln weit besser beachtet werden. Das Reh, das wenige Meter neben dem Weg an Gras oder Knospen herumzupft oder das Kitz säugt, ist im Park sicherer vor den Menschen als die Artgenossen in Feld und Flur, die bejagt und geschossen werden. Sie tun gut daran, sich möglichst unsichtbar zu machen. Die Gänse und Enten, die aus gleichen Gründen an freien Gewässern Fluchtdistanzen von Hunderten von Metern einhalten, kümmern sich in der Sicherheit der Stadt nicht um die Zahl und die Nähe der Menschen, es sei denn, sie erbetteln Futter.

Scheu ist nicht normal, sondern das Produkt intensiver Verfolgung, die viele Generationen lang andauerte. Nur die scheusten Individuen überlebten. Sie gaben ihre Scheuheit an die Nachkommen und an andere Artgenossen weiter. Der Lärm greift zum Teil in diesen Bereich hinein, weil sich Feinde ihrer Beute in aller Regel klammheimlich zu nähern versuchen, um deren vorzeitige Flucht zu vermeiden. Wer laut des Weges kommt, hat nichts Böses vor. Auf diese einfache Formel lässt sich das Missverständnis bringen, das viele Menschen an der Normalität der Tiere zweifeln lässt, die sich um Krach und Lärm in der Stadt oder auf dem Schießplatz nicht kümmern.

Einige Arten bringen schon von Natur aus eine hohe Toleranz mit, wenn sie, wie die Stammart unserer Haustauben, die Felsentaube *(Columba livia)*, an brandungsumtosten Felsklippen am Meer oder in Höhlen nisteten, in denen sich der Donnerschlag der Wogen mehrfach bricht und im Echo verstärkt. An nicht wenigen natürlichen Brutorten der Felsentaube geht es tatsächlich ähnlich laut wie auf dem Hauptbahnhof einer Millionenstadt zu. Wir sollten dazu solche Geräusche, wie das Rauschen des Schilfes oder harter Palmenblätter in starkem Wind nicht unterschätzen. Der Schalldruck, der dabei zustande kommt, entspricht durchaus den noch tolerierbaren Normwerten für Straßenbaumaßnahmen. Vögelchen, wie die Wasseramsel *(Cinclus cinclus)* oder die Gebirgsstelze *(Motacilla cinerea)*, die an tosenden Wasserfällen nisten, befinden sich wochenlang an nicht gerade ruhigen Plätzen beim Bebrüten der Eier und Versorgen der Brut. Wenn Stare zu Hunderttausenden oder Millionen an einem Schlafplatz einfallen, braust ein Stimmengetöse auf wie in einem Fußballstadion. All dies bedeutet, dass der Lärm für die Vögel und Säugetiere kein wesentliches Hindernis darstellte, in der Stadt heimisch zu werden. Wir pflegen einfach nach anderen Maßstäben zu urteilen, weil wir uns so gestört fühlen.

Doch es gibt Grenzen, auch für die robusten Vögel. Neuere Untersuchungen in den Niederlanden haben ergeben, dass doch unter Umständen, unter denen das möglich ist, beträchtliche Abstände zu Quellen von Dauerlärm gehalten werden, wenn die Vögel ihre Nester anlegen – entlang von stark befahrenen Straßen an offenem Wiesengelände zum Beispiel. Naturschützer, die sich mit Umweltschützern und der Bevölkerung zusammengetan haben, um gegen ein neues Straßenprojekt zu kämpfen, bedienen sich dieser Befunde. Verständlicherweise versucht man, weitere Gegenargumente ins Feld zu führen, wenn die Gemeinde der Betroffenen klein ist im Vergleich zu den großen Interessen, die mit dem Projekt verbunden sind. Doch eine Stadt ist kein offenes Wiesengelände; eher das krasse Gegenteil davon. Schon um ein Gebäudeeck herum kann die Nische, in der ein Rotschwänzchen brütet, ganz gut lärmgeschützt sein. Die vielen Vögel in der Stadt, die ausnahmslos von selbst gekommen sind und nicht gezwungen wurden, in Gärten, Parks, an den Gebäuden oder direkt an den Straßen zu leben, widerlegen die verständlichen Absichten der Menschen.

Abb. 74:
Schleiereulen haben ein extrem gutes Gehör. Sie hören feinste Mäusepfiffe – und nisten dennoch bevorzugt in Glockentürmen.

Das wohl eindrucksvollste Beispiel bleibt den allermeisten Menschen jedoch vorenthalten, weil sie nicht hinaus dürfen auf die betreffenden Flächen. Allenfalls können sie sich beim Blick aus dem Fensterchen eine vage Vorstellung davon zusammenreimen, was draußen alles los ist bzw. sich nicht regt und nicht gestört fühlt, wenn Motoren aufbrausen und das Gerät losrast, das Sekunden später seine viele Tonnen schwere Fracht und Hunderte von Menschen hinauf in die Lüfte tragen wird. Während der Riesenvogel startet, steigen unbeeindruckt kleine Lerchen auf und singen aus voller Brust länger anhaltend, als der Start dauert. Die Wirbelschleppe des abhebenden Jets bringt wie eine starke Böe des Sommerwinds über der Steppe die Lerche zwar ein wenig aus ihrer Steigflugbahn, aber gleich hält sie wieder die Richtung und arbeitet sich höher und höher hinauf. Neben ihr hängen Dutzende weiterer singender Lerchen in der Luft und unter ihnen trippeln frisch geschlüpfte Flaumbällchen auf Stelzbeinen umher, die Jungen von Kiebitzen *(Vanellus vanellus)* und Brachvögeln *(Numenius arquata)*. In der Kleinheit ähnlich, aber auf kürzeren Beinen und mit nickender Schrittweise suchen die Weibchen der Feldlerchen *(Alauda arvensis)* nach Kleininsekten, um sie an die im Nest schon wieder ihre Schnäbelchen aufsperrenden Kleinen zu verfüttern, während die Männchen mit ihren Steigflügen und ihrem Gesang gleichsam in der Luft Revier von Revier abgrenzen. An einem großen deutschen Verkehrsflughafen hat man auf den kurzrasigen Flächen neben und zwischen den Start- und Landebahnen 600 Brutreviere von Feldlerchen ermittelt (Abb. 76/77).

Eine solche Siedlungsdichte von Lerchen gibt es kaum woanders in Mitteleuropa. Denn nur Teile des Flughafengeländes sind für Lerchen geeignet. Betonierte Pisten und Gebäude nehmen an jedem Flughafen große Flächen des Gesamtgebietes ein. Die Siedlungsdichte liegt, bezogen auf die Rasenfläche, bei etwa 90 Lerchen pro Quadratkilometer und damit ganz erheblich über den Befunden aus den allermeisten bayerischen Freilanduntersuchungen. Abb. 75 zeigt, wie stark das Flughafengelände unter den sonstigen Lebensräumen von Feldlerchen herausragt. Das dortige Vorkommen hat sich zudem in einer Zeit so positiv entwickelt, in der weithin die Feldlerchenbestände rückläufig geworden sind. Die Art steht inzwischen in Bayern in der »Roten Liste der gefährdeten Tiere«.

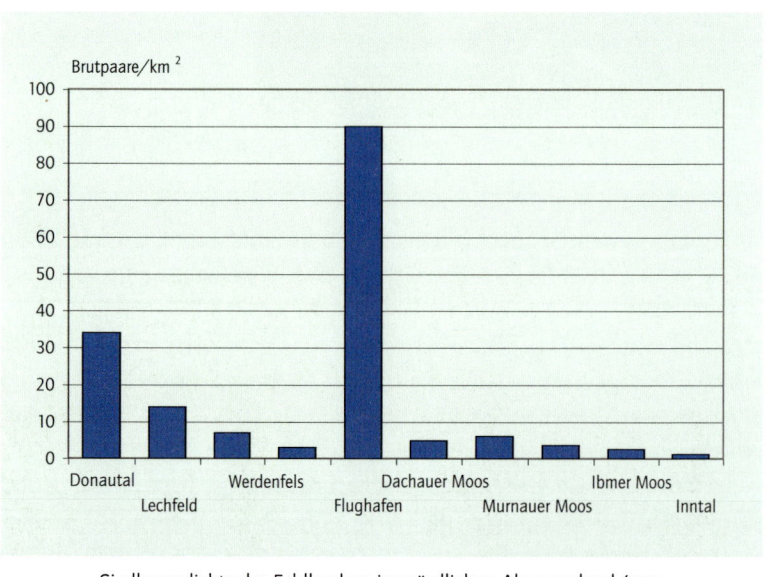

Abb. 75: Feldlerchen-Brutpaare im Alpenvorland

Siedlungsdichte der Feldlerchen im nördlichen Alpenvorland (vom Alpenrand mit dem Werdenfelser Land bis zum Donautal). Die Siedlungsdichte am Flughafen München gehört zu den höchsten für Feldlerchenvorkommen überhaupt registrierten Werten (Daten aus Bezzel et al. 2005).

Abb. 76: Der ohrenbetäubende Lärm startender Flugzeuge stört die Feldlerche offenbar nicht ...

Abb. 77: ... auf dem Gelände des Münchner Flughafens wurden 600 Brutreviere von Feldlerchen ermittelt: Eine solche Siedlungsdichte von Lerchen gibt es kaum woanders in Mitteleuropa.

Ist es schon überraschend genug, dass eine so sehr auf den Gesang und seine territoriale Wirkung ausgerichtete Vogelart wie die Feldlerche auf Flughäfen vorkommt, so beeindruckt die außerordentliche Häufigkeit noch mehr. Sie zeigt, dass das kurzrasig gehaltene Gelände, das sich dauernd in einem Zustand befindet, wie früher intensiv von Schafen beweidetes Land, tatsächlich ein qualitativ hochwertiger Lerchenlebensraum (geworden) ist. Und nicht nur das, sondern auch für einen überlebensfähigen Lokalbestand von etwa 30 Brutpaaren des Brachvogels und noch mehr Kiebitzen. Sie alle – die Bussarde, die an den Pisten nach Mäusen jagen, mit eingeschlossen – nutzen das Flughafenareal wie einen besonders günstigen Naturraum. Tatsächlich bildet die Abwehr von Vögeln, besser ausgedrückt, das Fernhalten solcher Vögel, die für den Flugbetrieb problematisch werden könnten, eine der wesentlichen Aufgaben der Flugsicherung an allen Flughäfen. Die kleinen Lerchen gehören nicht zu den Vogelarten, die mit Vogelschlägen Schäden verursachen oder gar eine Maschine gefährden könnten. Auch die Kiebitze und die Brachvögel, die Elstern in der Umgebung und die Bussarde kennen die großen, dröhnenden »Vögel« so gut, dass sie sich vor ihnen nicht fürchten und ihnen auch nicht in die Quere kommen. Manchmal gleiten die Tragflächen der Flugzeugriesen sogar über die auf der Piste nach einem Regenguss sich trocknenden Vögel hinweg. Für die mit dem Flugbetrieb vertrauten Tiere ist das anscheinend nichts anderes als der Schatten einer Wolke, der sich schnell verzieht und ohne Folgen bleibt. Was uns öde und von höllischem Lärm geplagt anmutet, bewerten die Vögel mit ihren Vorkommen und ihrer Häufigkeit ganz anders. Insofern stellen die Flughäfen auch ein Lehrstück dafür dar, was für Vorstellungen wir Menschen uns von »der Natur« machen. Die »Meinung« der Tiere und Pflanzen fällt immer wieder enttäuschend anders aus, sogar wenn es ums Schlafen geht.

20 Rushhour bei Vögeln

Mit »Rushhours« bezeichnet man bekanntlich die Stunden am Morgen und am Abend, in denen Massen von Menschen in die Stadt hineinströmen und diese nach Beendigung ihrer Arbeitszeit wieder verlassen. Nicht zuletzt auch der zahlreichen Engpässe und des Zeitverlustes wegen, den die Staus in diesen Tageszeiten verursachten, war gleitende Arbeitszeit eingeführt worden. Verhindern ließen sich Rushhour-Verzögerungen dennoch nicht. Zu viel in den Arbeitsabläufen ist nach wie vor zu wenig flexibel; ganz zu schweigen von den ferienbedingten Staus, wenn die Menschen in ihre »Zugzeit« gekommen sind, auf Zeit abwandern und Wochen später wieder zurückfluten.

Die ungleich besseren Lösungen entwickelten in dieser Hinsicht zweifellos die Vögel. Regelmäßige Pendelflüge erwiesen sich als so gut, dass sie streng nach Zeitablauf durchgeführt werden, außer das Wetter behindert allzu stark. Es stimmt irgendwie nachdenklich, dass sich im Grundablauf die täglichen Verhaltensweisen von Menschen und Vögeln so sehr ähneln, die besseren Lösungen aber nicht bei uns, sondern bei ihnen entwickelt worden sind. Ein gutes, im Winter monatelang zu verfolgendes Schauspiel von frühmorgendlicher und spätabendlicher Rushhour bieten die Saatkrähen (Abb. 79). Wie in Kapitel 16 schon kurz ausgeführt, überwintern Tausende von ihnen in den mitteleuropäischen Großstädten. Je größer diese der Einwohnerzahl nach sind, desto mehr überwinternde Krähen gibt es auch. In Berlin und Wien übersteigen die Winterbestände der Saatkrähen in der Regel die Größenordnung von 100.000. Weiter nach Westen werden es, je nach Härte des Winters, zwar weniger, aber das ändert nichts am Verlauf der Schlafplatzflüge am Abend und Morgen. Sie folgen der Helligkeit und dem Jahresgang der Tageslänge mit hoher Präzision, außer die Schlafplätze werden plötzlich massiv gestört.

Der morgendliche Einflug in die Stadt geschieht weniger auffällig, weil sich die einzelnen Schwärme zumeist gleich in Richtung der Stellen aufmachen, die sie am Tag nach Nahrung absuchen werden oder wo sie warten, bis es für sie etwas geben könnte. In der frühen Dämmerung schon, oft bereits wenn es noch fast dunkel ist, steigen die Scharen »quorrend« und scheinbar chaotisch auf, formieren sich zu lockeren Schwärmen und fliegen über dem zur Winterzeit meist auch schon in Gang gekommenen Berufsverkehr ohne Staugefahr und flexibel zum angestrebten Platz. Woher sie frühmorgens wissen, wohin sie fliegen wollen, weiß man erst seit kurzer Zeit. Gewundert hatte man sich schon lange darüber. Denn beim Abflug ließ sich nicht erkennen, dass ein Vogel eine klare Führung übernommen hätte. Die Zählungen auf den Überflugstrecken deuteten zudem an, dass etwa dieselben Schwärme wieder zurückkamen, die am Abend zum Schlafplatz geflogen waren. Im dortigen schwarzen Gewimmel auf schwankenden Zweigen hoher Bäume schien alles nur ein Durcheinander.

Doch dem ist nicht so. Denn erstens erkennen sich die untereinander bekannten Krähen hinreichend gut an ihren Stimmen, die nur für unser Ohr viel einheitlicher klingen als für das ungleich feinere Gehör der Vögel. Und zweitens gibt es eine Art von Informationsaustausch. Wie dieser zustande kommt, ist beim abendlichen Schlafplatzflug zu sehen. Die einzelnen Gruppen oder Schwärme streben nämlich zumeist nicht einfach direkt auf das Wäldchen oder auf die Baumgruppe zu, in deren Kronen die Krähen nächtigen, sondern Schwarm um Schwarm trifft sich an Zwischensammelplätzen. Das können sowohl Bäume sein als auch offene Wiesen- oder Feldflächen. Die einfallenden Scharen schwärzen diese Treffs mit Vögeln, die dicht beisammen sind und sich anscheinend unablässig untereinander etwas zu »sagen« haben. Wie das genau geht, ist noch unbekannt. Die Wirkung lässt sich aber deutlich genug erkennen. An diesen Versammlungsplätzen tauschen die Krähen offenbar Erfahrungen über die Orte aus, die sie tagsüber aufgesucht hatten. Hier entscheidet sich auch, ob diese Stellen am nächsten Tag wieder angeflogen werden, wie viele kommen oder ob man eine andere Möglichkeit ausprobiert. Informationszentren werden diese Zwischenrastplätze genannt, von denen aus, mitunter erst nach Einbruch der Dunkelheit, die eigentlichen Schlafplätze angeflogen werden.

Wo sich diese befinden, wissen die Krähen schon, wenn sie im Spätherbst von Osten her kommen. Die Schwärme enthalten genügend erfahrene Altvögel, die die Karte noch im Kopf haben, die sie zum alten Schlafplatz führt. Jahre- nicht selten jahrzehntelang werden diese Plätze Winter für Winter aufgesucht. Sollten sie einmal wegen baulicher oder sonstiger Veränderungen nicht mehr passen, erleben die Anwohner, wie die Krähenschwärme über der alten Stelle kreisen und anscheinend nicht glauben wollen, dass hier nicht mehr ihr Schlafplatz ist. Man muss sich das vorstellen: Tausend Kilometer oder noch weiter entfernt lebten die Saatkrähen in ihren Brutkolonien. Von dort sind sie offenbar zielgerichtet und nicht wesentlich abgelenkt von den Witterungsverhältnissen abgeflogen. Sie mögen Tagesstrecken von einigen Hundert Kilometern oder weniger zurückgelegt haben, je nachdem, ob sie Gegenwind oder die Fluggeschwindigkeit unterstützenden Mitwind hatten. Sie rasteten unterwegs an den ihnen bekannten Schlafplätzen und arbeiteten sich so Stück für Stück weiter voran bis zum Ziel, einer Großstadt in Mitteleuropa, die sie bei aller Andersartigkeit, die Städte nun einmal im Vergleich zu Wald und Flur aufweisen, richtig erkennen und sich darin dann auch zurechtfinden. Erschöpft von den beschwerlichen Flügen wirbeln sie dann, wie vom Himmel gefallen, aus der Höhe herunter und sind »da«.

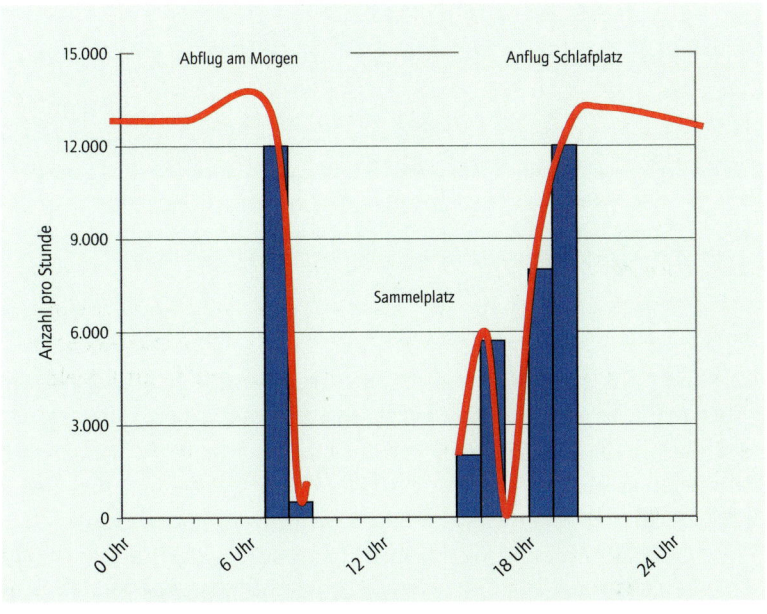

Abb. 78: Schlafplatzflug von Saatkrähen im Winter

Frühmorgendlicher Abflug in der Dämmerung, Aufsuchen von Sammelplätzen und abendlicher Anflug zum Schlafplatz im typischen Verlauf während des Winters bei Saatkrähen

Von jetzt an läuft ihr fester Tagesrhythmus ab, so wie ihn Abb. 78 zeigt. Die abendliche Orientierung zum Schlafplatz kann alle Richtungen einnehmen. Die einen Krähenschwärme kommen von Osten, die anderen von Westen, Süden oder von irgendwelchen Positionen dazwischen und unterschiedlich weit entfernt. Je weiter, desto früher starten sie den Flug zu den Zwischensammelplätzen; die im Nahbereich tätigen Krähen bummeln noch. Die Wintermonate vergehen. Im Februar kommt neue Zugunruhe auf. Der Schlafplatz löst sich nach und nach auf. Die ersten, die im Herbst angekommen waren, werden sich, weil sie von weiter im Osten stammten, später aufmachen und vielleicht schon hier die Balz beginnen, bis auch sie eines Tages weg sind. Den Winter über verändert sich der Anteil der Jungvögel in

Abb. 79: Morgens fliegen Schwärme von Saatkrähen in die Stadt. Mit der Dämmerung sammeln sie sich wieder und verlassen die Stadt; ihre Schlafplätze liegen meist außerhalb der Stadt oder in den Bäumen großer Stadtparks.

den Schwärmen, kenntlich am noch befiederten Gesicht. In München oder Wien werden die jungen Saatkrähen gleichsam erwachsen, um dann irgendwo in der Ukraine einen ersten Brutversuch zu machen. Wo München oder Wien liegen, das wissen sie nun, und dieses Wissen werden sie weitertragen und die Tradition der innerstädtischen Schlafplätze aufrechterhalten.

Während der Abflug in einer halben Stunde oder noch schneller erledigt ist, dauert der abendliche Anflug wenigstens doppelt so lange. Er kann sich mit der Ansammlung an Zwischenrastplätzen über bis zu zwei Stunden hinziehen.

Häufig beteiligen sich auch Dohlen an diesen Schlafplatzflügen, die locker vergesellschaftet mit den östlichen Saatkrähen mitgekommen sind. Ihr Anteil an den so genannten Corvidenschwärmen (nach der Familienbezeichnung für Rabenvögel = *Corvidae*) hat seit den 1970er Jahren aus noch nicht vollends geklärten Gründen sehr stark abgenommen. Bis 1975 etwa machten die Dohlen rund ein Drittel an der Gesamtzahl aus. Seit den 1990er Jahren aber liegt ihr Anteil nur noch bei zehn Prozent oder weniger. Mit ihren hellen »djack, djack«-Rufen fallen Dohlen in den Schwärmen der Saatkrähen auch dann auf, wenn man den Größenunterschied, etwa wegen Dunst und Nebel, nicht zu sehen bekommt. Seit Dohlen fehlen, geht es nicht mehr so laut zu an den Schlafplätzen wie früher. Die kleineren Dohlen mit ihren silbergrauen Köpfen mischten sich ganz frei unter die Schwärme der weit größeren Saatkrähen, ohne dass es zu Konflikten gekommen ist. Beide

Krähenvögel sind das ganze Jahr über sozial und auf den Schwarm angewiesen. Vereinzeln sie aus irgendwelchen Gründen, rufen sie laut und anhaltend, um wieder Anschluss an Artgenossen zu gewinnen. Wenn möglich, also wenn kein Partner getötet wird, halten sie auch innerhalb der Schwärme paarweise zusammen. Bei den Dohlen ist das fast immer gut zu sehen, weil die Partner beim Ruhen ganz dicht zusammenrücken und oft Körperkontakt halten. Aber auch die Saatkrähen lassen ausgangs des Winters deutlich werden, wer zu wem gehört. Dann sitzen sie in Zweiergruppen verteilt auf den Bäumen oder gehen gemeinsam auf Nahrungssuche umher. Neben den Schlafplatzflügen und ihrem präzisen tageszeitlichen Verlauf kann man bei den »Winterkrähen« auch eine ganze Reihe von Verhaltensweisen beobachten, wie man sie sonst, aus Gründen der Scheu draußen auf den Fluren, kaum in dieser Deutlichkeit zu sehen bekommt.

Abb. 80:
Lachmöwen überwintern zu Tausenden in den Großstädten. Abends suchen sie die nächstgelegenen Gewässer auf.

Sehr ähnliche Schlafplatzflüge machen auch die »weißen Gegenstücke« zu den »Schwarzen«, nämlich die gleichfalls zu Tausenden in den Großstädten überwinternden Lachmöwen *(Larus ridibundus)* (Abb. 80 und 82). Sie vollführen das Einströmen und Verlassen der Stadt noch deutlicher als die Krähen, die innerhalb des Stadtgebietes oder an den Rändern ihre Schlafplätze aufsuchen. Die Möwen fliegen fast immer zum nächsten Gewässer. Viele Städte liegen an Flüssen. Daher finden die Möwen auch meistens im Nahbereich geeignete Stellen, wie Sandbänke, flache, nicht zu stark bewachsene

Inseln oder ruhige Wasserflächen, auf denen sie schlafen können. Da die Flüsse als Leitlinien für den Schlafplatzflug wirken und die weißen Möwen auch in später Dämmerung noch viel besser zu sehen sind als schwarze Krähen, fallen die Zählungen genauer aus. Wiederum zeigt sich aber, dass so »gewöhnliche« Vögel wie die Möwen weit weniger Beachtung bei Ornithologen und Vogelschützern finden als irgendwelche Seltenheiten. Deshalb gibt es zwar vereinzelt ganz gute Zählungen zu den Schlafplatzflügen, aber meistens keine langjährigen Erfassungen. Die besten Untersuchungen wurden in Verbindung mit der Flugsicherheit in der Nähe von Flughäfen durchgeführt. Welches Versäumnis sich daraus ergeben hat, zeigt die Problematik der Vogelgrippe, speziell des H5N1-Typs aus Ostasien, und ihrer Ausbreitung nach Mittel- und Westeuropa. Ausgerechnet dort, wo sich die größten Ansammlungen von Wasservögeln in nächster Nähe zu den Menschen im Anschluss an die herbstliche Zugzeit zum Überwintern einstellen, nämlich an den Gewässern innerhalb der Großstädte, gibt es kaum brauchbare Bestandserfassungen der Wasservögel und ihres Zugverhaltens. Doch was für die Abläufe in der Natur wirklich zählt, sind nicht die Irrgäste, sondern die häufigen Arten.

Die Irrgäste gehen nahezu ausnahmslos zugrunde. Sie mögen eine Herausforderung für Vogelfreunde und für solche Ornithologen sein, die Raritäten sammeln wie andere Menschen Briefmarken. Für die Natur bleiben die Irrgäste jedoch ziemlich bedeutungslos, es sei denn, sie begründen neue Ansiedlungen fern ihrer Herkunft. Doch das tritt so selten auf, dass sich die Wahrscheinlichkeit jener von Haupttreffern im Lotto nähert. Zehntausende oder Hunderttausende von Möwen in den Großstädten stellen hingegen ein Potenzial dafür dar, dass auch Krankheitserreger, die für den Menschen gefährlich werden können, mitten in die Städte hineingetragen werden. Aus guten Gründen hat man in den vergangenen Jahrzehnten die städtischen Mülldeponien möglichst für solche Vögel unzugänglich gemacht, die Krankheiten übertragen und ausbreiten können. Solange wir nicht wissen, ob überhaupt von den Zugvögeln und speziell von den Möwen, Enten und Gänsen oder Schwänen die gefährlichen Viren übertragen werden, die das Hausgeflügel und bei den möglichen genetischen Änderungen (Mutationen) auch die Menschen befallen können, hätten zumindest Verbreitung, Häufigkeit und Herkunft der innerstädtischen Wasservögel gründlich untersucht gehört. Dies ist nun allerdings keine Hauptaufgabe für Vogelfreunde und Ornithologen, auch wenn sie daran mitwirken können, sondern es wäre die Pflicht der zuständigen staatlichen Behörden.

Die Möwen, allen voran die Lachmöwen, sind in dieser Hinsicht doppelt »interessant« und darüber hinaus bei ihrem Auftreten in Schwärmen und ihren Flügen auf festen Routen für die Flugsicherung von Bedeutung. Da Letzteres bereits gründlich kontrolliert wird, wenden wir uns vor allem den Zuflügen von Möwen in die Städte, ihrem dortigen Aufenthalt und den Mengen zu, um die es sich dreht. Dabei gibt es gleich einen ganz wichtigen Unterschied zu machen. Denn anders als die Saatkrähen und andere Krähenvögel aus dem Osten kommen die Lachmöwen schon im Hochsommer in einer ersten Welle an, bevor die Hauptmasse im Spätherbst oder nicht selten auch erst, wenn es winterlich genug geworden ist, eintrifft. Denn die Lachmöwen machen einen so genannten Zwischenzug im Hochsommer nach Ende der Brutzeit. Die flüggen Jungvögel streben dabei aus den östlichen Brutkolonien, mit Zwischenaufenthalten, ab Juli westwärts. Am noch braunfleckigen Gefieder sind sie leicht von den weißen Altvögeln zu unterscheiden. Schnäbel und Beine sind bei ihnen auch noch nicht dunkel blutrot wie bei den Alten. Hungrig, wie sie zumeist sind, und angeleitet durch erfolglose Altvögel, die schon so früh in die Städte gezogen sind, betteln sie dort nach Futter und werden schnell ziemlich zahm. Noch aber treibt sie ihr Zugtrieb nach Westen bis an die Küsten des Atlantiks. Im August sind die meisten bereits wieder weg.

Es dauert bis Oktober, November oder bis zur kalendarischen Mittwinterzeit, bis die Hauptmasse der Überwinterer aus dem Osten und Nordosten eintrifft und die Städte »in Besitz nimmt«. Dann reihen sich die Möwen an Brückengeländern, sitzen auf den Straßenbeleuchtungen, auf Dächern nahe den Plätzen, an denen sie Futter erwarten, und drängeln sich bei Frost ans offene Wasser am Fluss. Tausende, Zehntausende können es sein. Als Faustregel gilt, dass im Winter ähnlich viele Möwen die Städte bevölkern werden wie Krähen. Noch eher sind diese Lachmöwen bereit, die Futterbrocken direkt aus den Händen wohlmeinender Menschen entgegenzunehmen als die Krähen. Sie drängeln und streiten sich mit anderen Wasservögeln auf den Parkgewässern, scheuen sich nicht einmal vor den im Vergleich zu ihnen riesigen Schwänen und bilden so die perfekte Gemeinschaft für die Ausbreitung von Vogelgrippeviren; vergleichbar den dicht gedrängten Menschenmassen in S- und U-Bahnen, auf Plätzen und in Kaufhäusern oder bei Massenveranstaltungen.

Die innerstädtischen Wasservögel spiegeln auf ihre Weise die Zusammenballung von Menschen und deren tägliches »Zugverhalten« hinein in die Stadt und abends wieder hinaus. Nur sind die Schlafplätze der Möwen keine Wohnviertel und Trabantenstädte an der Peripherie, sondern eben Gewässer. Aber mitunter entdecken sie auch die Sicherheit großer Flachdächer, die wie Eisdecken auf Seen auf sie wirken mögen, oder, noch ungewöhnlicher, allseitig von Autobahnen umgebene Verkehrsinseln am Stadtrand, die noch sicherer als die echten Inseln an Flüssen und Seen für sie sind. Das zeitliche Flugmuster entspricht recht genau dem der Krähen, nur vermeiden es die Möwen, zu tief in die Dunkelheit hineinzugeraten. Ein typisches Muster enthält Abb. 81.

Abb. 81: Schlafplatzflug von Lachmöwen

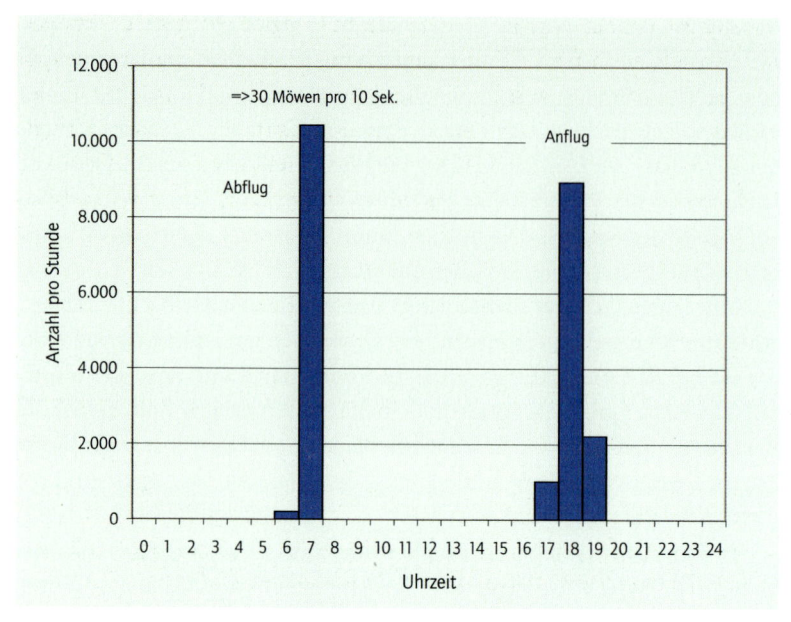

Abflug vom und Anflug zum Schlafplatz von Lachmöwen
Anfang März in Südbayern

Abb. 82: Schwarmgrößen bei Lachmöwen

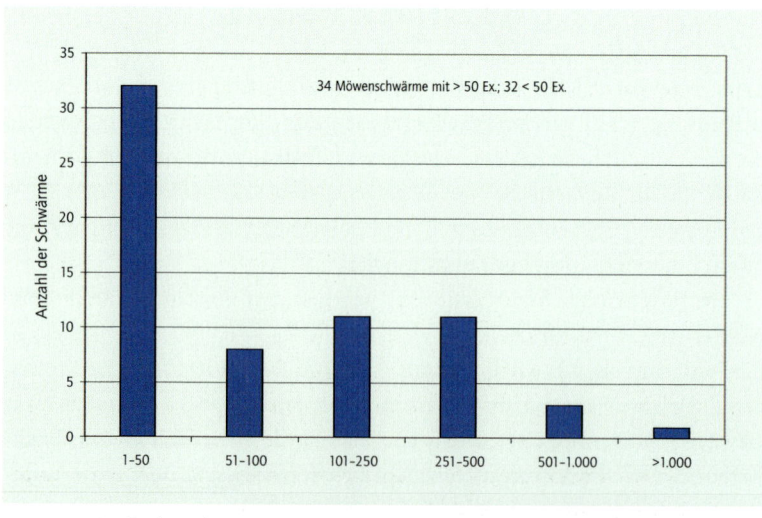

Größe der Schwärme von Lachmöwen beim Anflug zum Schlafplatz.
Die ähnlich zahlreichen kleineren Schwärme unter 50 Möwen
tragen kaum mehr zur Gesamtmenge bei als der einzelne Großschwarm
von mehr als 1.000 Lachmöwen.

Die Verteilung der Schwarmgrößen bringt zwei übliche Befunde zum Ausdruck, nämlich dass es ziemlich viele Kleingruppen gibt, die umherstreifen und nach neuen Futterquellen suchen, und eine andere Gruppe großer Schwärme (zwischen 100 und 500 Möwen pro Schwarm), die ihre Gebiete kennen und wie die Krähen gezielt aufsuchen. Dementsprechend kommt beim Einflug zum Schlafplatz ein »schönes« Muster der Summenkurve zustande, mit dem sich die Möwen zum Abend hin am Schlafplatz einfinden (Abb. 83).

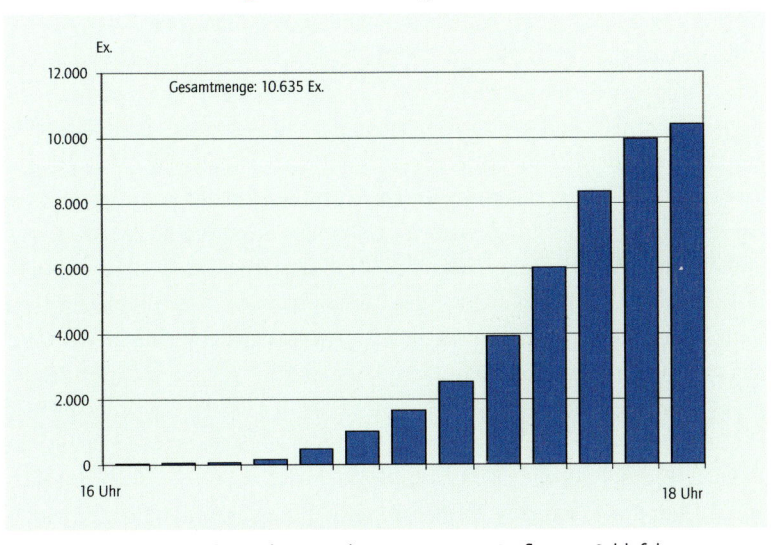

Abb. 83: Abendlicher Einflug von Lachmöwen

Ansammlung der Lachmöwen bei ungestörtem Einflug am Schlafplatz
(kumulative Auftragung = Summenkurve)

Dieser Befund bedeutet, dass die Möwen weit weniger eng zusammenhalten als die Saatkrähen und auch nicht wie diese bestimmte Schwärme ausbilden, zu denen jeweils unterschiedliche Krähen gehören. Die Lachmöwen halten nur während der unmittelbaren Brutzeit zusammen, nicht aber außerhalb davon. Das macht ihre Schwärme lockerer und weit weniger beständig als bei Saatkrähen und insbesondere bei den Dohlen.

Gänzlich »anonym« bleiben andere, viel kleinere Vögel, die vor allem in früheren Jahrzehnten in großen Massen die Städte als Schlafplatz aufgesucht hatten. Genau umgekehrt wie die Möwen suchten sie tagsüber draußen auf den Fluren oder auf den Freiflächen der Peripherie der Städte nach Nahrung, scharten sich dann aus den lockeren Gruppen zu dichten Schwärmen zusammen und fluteten wie Science-Fiction-Amöben in der Luft und rauschend wie auffrischender Sturmwind in die Innenstädte hinein. Einen solchen ganz berühmten Schlafplatz hatte es bis in die 1970er Jahre in der Münchner

Innenstadt am ausgerechnet verkehrsreichsten Zentralplatz, dem Stachus, gegeben. Zehntausende von Staren *(Sturnus vulgaris)* (Abb. 84) kamen dorthin in dichten Geschwadern, die wie schwarze Wolken anrückten, an die Fassaden der Gebäude brandeten und darauf niedergingen, bis alles in eine lärmende und wogende Masse schwarzer Vögel gehüllt war. Schon lange gab es diesen recht merkwürdigen Schlafplatz auf den Lichtreklamen und Fassaden des Münchner Stachus und auf den Bäumen, die zwischen den Verkehrsströmen, die auch die Nacht hindurch nicht gänzlich abrissen, wie eine lang gezogene grüne Insel inmitten der Sonnenstraße standen.

Schon im Jahre 1900 schrieb Fleischmann, der damalige Schriftführer des Ornithologischen Vereins München, »von allabendlichen großartigen Starenansammlungen von Anfang bis Mitte September in der Ludwigstraße und den angrenzenden Straßenteilen; die Vögel nächtigen im Garten an der Ludwigskirche«. 1901 bezogen sie den Schlafplatz auf Bäumen in der Krankenhausanlage an der Nussbaumstraße und 1903 am Leopoldpark (Wüst 1970). Zwischen den beiden Weltkriegen schrieb Hans Löhl von etwa 100 Staren, die in der Münchner Innenstadt an Gebäuden nächtigten (Zedler 1965). Walter Wüst teilte Wilhelm Zedler (1959) mit, dass er »mindestens seit 1939 (7. Mai: Trotz Brunnenrauschens das Geschwätz vieler Stare), wohl aber seit zehn Jahren davor« Stare am Stachus angetroffen hatte, wo sie in den Bäumen und an den Fassaden nächtigten. Am 17. März 1953 sah er sie am Justizpalast, dort auch am 3. August 1954 (und auf den nahen Kastanien) sowie am 26. April 1957 an den Fassaden der Deutschen Bank. »Erstmalig im August 1958 fiel mir die große Zahl der lärmenden Stare in den Kastanien am Stachus auf. Nach dem Einfall waren Zählungen unmöglich. Es mussten jedoch sehr viele sein, wie sich an den stark bekalkten Ästen und den verätzten Blättern zeigte«, schrieb Zedler (1959) und befasste sich nunmehr intensiv mit den Münchner Stachus-Staren. 1965 veröffentlichte er eine unfangreiche Untersuchung, aus der hervorging, dass sich die großen Mengen der Stare – bis 13.070 zählte er im Mai 1960 (!) – keineswegs zu den Hauptzugzeiten einfanden, sondern zwischen Anfang Mai und Mitte August, also während der Brutzeit. Denn die eigentlichen Zugzeiten liegen im März/April und Ende August bis Mitte/Ende Oktober. Zum Starenzug in Bayern schreibt Wüst (1986): »Die Masse zieht im Oktober nach Südwest bis Süd ab und kommt Mitte Februar bis Mitte März zurück.« Zedler (1965) interpretierte seine Aufenthaltskurven für die Stachus-Stare so, »dass alle übernachtenden Stare Brutvögel bzw. (noch) nicht brütende Übersommerer aus München und seiner Umgebung sind«. Und weiter: »… der Anteil der Jungvögel machte nie mehr als ein Viertel bis ein Drittel der Gesamtzahl aus.«

Damals bestand mindestens ein weiterer großer Übernachtungsplatz an der Borstei im Norden Münchens von Mitte Juni bis Anfang September 1961 und dieser soll maximal 5.000 bis 6.000 Stare umfasst haben. Rechnet man

Abb. 84: In den 1960er Jahren haben ganze Schwärme von Staren mit bis zu 13.000 Vögeln abends ihren Schlafplatz ausgerechnet auf dem Münchner Stachus aufgesucht, dem verkehrsreichsten Platz der Metropole. Warum die »Stachus-Stare« in den 1970er Jahren verschwanden, ist nicht bekannt.

diese, da es eine gute zeitliche Übereinstimmung gibt, zu den 10.830 Staren vom Stachus zur selben Zeit, so erreichte die Gesamtzahl in der ersten Augusthälfte 1961 etwa 16.000 Stare. Soweit ihre Geschichte dokumentiert ist, ergibt sich das nachfolgende Bild (Abb. 85)

Warum sie in den 1970er Jahren verschwanden, ist nicht bekannt. Das Schwinden der Stachus-Stare steht jedoch sicher in Zusammenhang mit dem allgemeinen Rückgang der Starenbestände in weiten Bereichen von Mitteleuropa. Ausgelöst wurde sie aller Wahrscheinlichkeit nach von den Veränderungen in der Landwirtschaft. Seit den 1970er und 1980er Jahren bleibt ein Großteil des Viehs in den Ställen und kommt nicht mehr auf die Weide, wo es für die Stare günstige Lebensverhältnisse geschaffen hatte. Seit langem bleiben daher Starenhäuschen leer, wo man sie angebracht hat, um sie zum Brüten zu veranlassen.

Die neuen Abschätzungen zur Häufigkeit des Stars in Bayern sind in diesem Zusammenhang ganz aufschlussreich, denn man geht nur noch von rund einer halben Million Brutpaare aus (Bezzel et al. 2005). Bei gleichmäßiger Besiedlung, wie sie die Kartierung im genannten Werk »Brutvögel in Bayern« auf den ersten Blick nahelegt und auch für München ausweist, würden sich für das Stadtgebiet zwar noch 2.100 Brutpaare Stare ergeben. Aber das ist sicherlich viel zu viel, weil vergleichsweise günstige Stadtviertel wie der Bereich Nymphenburg, Obermenzing und Pasing es nur noch auf ein paar Dutzend bringen, von denen die meisten am und im Park zu finden sind. Der Vergleich mit der Amsel, die nahezu gleich groß wie ein Star ist und sich auch ähnlich ernährt, verdeutlicht den gewaltigen Unterschied in der Häufigkeit. Denn für diese wird ein bayerischer Brutbestand von fünf bis zehn Millionen Paaren angenommen (Bezzel et al. 2005), also bis zu 20-mal so viele wie Stare. Vor einem halben Jahrhundert könnten die Verhältnisse noch ausgeglichener gewesen sein, aber darüber wissen wir zu wenig, weil eben auch der Star »nur ein gewöhnlicher Vogel« gewesen war.

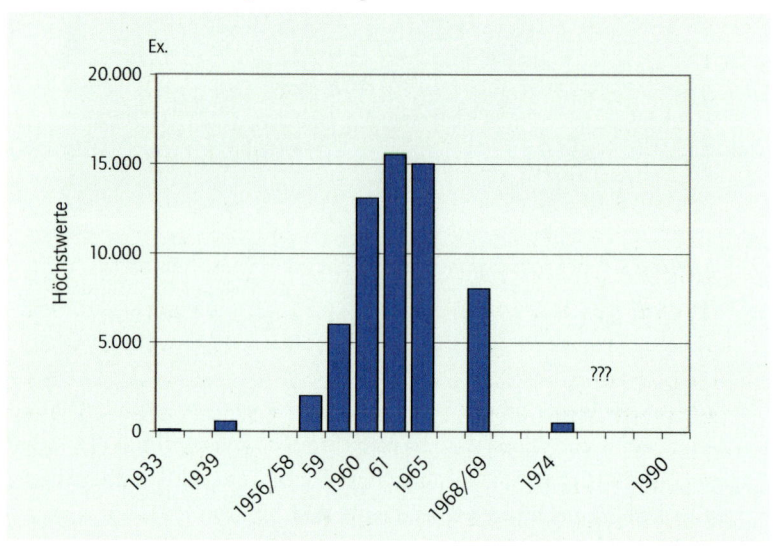

Abb. 85: Starenmengen am Münchner Stachus

Die Grafik zeigt die registrierten Mengen von Staren am Schlafplatz Münchner Stachus, einem der Hauptverkehrsplätze der bayerischen Landesmetropole.

Die Besitzer der Gebäude am Stachus dürften zwar froh gewesen sein, die Fassaden nicht mehr so häufig reinigen zu müssen, denn die Tausende von Staren hatten diese von März bis in den Juni und dann wieder von Mitte Juli bis zum Herbst auch kräftig verschmutzt. Die Exkremente waren sichtbar und den Staren anzulasten. Die Abgase der Autos blieben als Schädiger des Mauerwerks unsichtbar. Gegen die Stare konnte man vorgehen, gegen den Verkehr nicht. Längst gibt es das Schauspiel der Stachus-Stare nicht mehr. Ob München deshalb »gewonnen« hat? Eine ähnliche Frage stellt sich stets auch beim »Taubenproblem« (Kapitel 18) oder bei der Verschmutzung der Wege durch Kot von Gänsen und Enten in den Schlossparks und Anlagen. Im Hinblick auf die allgemeinen und von der Allgemeinheit tatsächlich auch verursachten Kosten der Stadtreinigung bleiben solche Aufwendungen jedoch höchst bescheiden. Jede größere Sportveranstaltung hinterlässt mehr Müll und Schmutz als die Vögel in Parks und Anlagen. Doch wo und wann werden schon gleiche Bewertungsmaßstäbe für alle angelegt?

21 Mit-Esser in der Stadt

Die merkwürdigsten Verhaltensweisen von Vögeln stellen wir in den Städten fest, wo sie gerade nicht hinzugehören scheinen. Da wählten Stare aus völlig freien Stücken den damals angeblich verkehrsreichsten Platz Europas, den Münchner Stachus, als Schlafplatz, so als ob das Schnurren der Motoren aus dem Autoverkehr ihr eigenes Geschwätz anregen würde. Sie flogen durch schluchtartige Straßenzüge auf das Verkehrszentrum der Millionenstadt zu, während zur selben Zeit der abendlichen Schlafplatzflüge Tausende von Möwen stadtauswärts strebten, um am nahen Ismaninger Speichersee zu nächtigen. Am Morgen drehte es sich bei den Staren und den Möwen wieder um. Die einen verließen die Stadt, die anderen kamen herein. Den Stadttauben könnte man wenigstens noch zugute halten, dass sie als verwilderte Haustauben in der freien Natur keine Möglichkeit gefunden hätten, sich anzusiedeln und auszubreiten.

In dieser Hinsicht sind sie zwar nicht ganz allein, aber der Menge nach die einzigen Vögel von Bedeutung. Denn dass sich seit Jahrzehnten indische Halsbandsittiche *(Psittacula krameri)* und einige andere Papageienvögel nur in den warmen Großstädten mit einer so vogelfreundlichen Bevölkerung halten können, passt zur Stadttaube. Denn auch diese, aus einem nahe gelegenen geographischen Großraum im vorderen Südwestasien stammende Art gehört zu den Vögeln, die zu Recht als »synanthrop«, d.h. mit den Menschen zusammenlebend, eingestuft werden müssen. Der jüngste selbstständige Einwanderer dieser Gruppe direkt an die Menschen gebundener Vogelarten ist die Türkentaube *(Streptopelia decaocto)*. Außerhalb der Städte und Dörfer kommt sie so gut wie nirgends in nennenswerter Anzahl als Brutvogel vor. In den Städten und Siedlungen des Großraums von Mitteleuropa leben gegenwärtig zwischen 0,9 und 1,7 Millionen Paare Türkentauben (Bauer & Berthold 1996) und somit ganz ähnlich viele wie Stadt- oder Straßentauben (0,5 bis zwei Millionen). Zu den »Synanthropen« gehört zuvörderst natürlich der Haussperling *(Passer domesticus)* mit 13 bis 26

Millionen Paaren, eine Menge, die allerdings den neueren Entwicklungen zufolge, die einen starken Rückgang der Spatzenbestände angezeigt haben, viel zu hoch gegriffen sein dürfte. Aber selbst mit einem (vermuteten) Fünftel des früheren Bestandes verbleiben immer noch Millionen.

Meist vergessen werden im Hinblick auf die Neuansiedlungen von Vogelarten in der Menschenwelt die »altheimischen«, gleichwohl aber nahezu ausschließlich an die Menschen gebundenen »Hausschwalben«, die Rauchschwalbe *(Hirundo rustica)* und die Mehlschwalbe *(Delichon urbica)*. »Die Rauchschwalbe zählt zu den häufigsten Singvögeln der nördlichen Hemisphäre«, schreiben Bauer & Berthold (1996) und weisen ihr, trotz sehr starker Bestandsrückgänge in der zweiten Hälfte des 20. Jahrhunderts, einen Brutbestand von 3,8 bis 7,6 Millionen Paaren in Mitteleuropa zu. Da die »Schwalbe« an die Viehställe gebunden ist und nur wenige Nester unabhängig davon vorkommen, mag ein Vergleich mit dem Rinderbestand in Deutschland aufschlussreich sein. Gegen Ende des 20. Jahrhunderts belief sich die Zahl der Rinder auf knapp 15 Millionen. Nehmen wir den höheren Wert für den Rauchschwalbenbrutbestand, der bis gegen 1960 auch sicherlich zutreffend gewesen sein dürfte, so kam auf jede Kuh eine Schwalbe. Die kleinere Mehlschwalbe ist mit 3,2 bis 5,3 Millionen Brutpaaren ähnlich häufig wie die Rauchschwalbe.

Beide Schwalben und die Spatzen ergeben bereits zwischen 20 und 40 Millionen Vögel, die zwar frei, aber doch direkt mit den Menschen leben. 20 Millionen Amseln in den Vorgärten und Parks kommen hinzu und ein paar weitere, weniger allgemein bekannte Vogelarten. Zusammen mit ihren Jungen, die sie Jahr für Jahr produzieren, steigt der Vogelbestand in der unmittelbaren Menschenwelt gut und gern auf die etwa doppelte Anzahl der Menschen im Lande. 150 Millionen Vögel pro Jahr dürften eine Richtgröße sein für die Bedeutung, die wir Menschen für sie haben. Indirekt wirkt unser Tun selbstverständlich noch weiter, weil rund 98 Prozent der mitteleuropäischen Landschaft menschengestaltet ist. Aber dafür entzieht die Kulturlandschaft auch vielen Vogelarten die Lebensmöglichkeiten, die sie als Bewohner von Wäldern, Sümpfen, natürlichen Gewässerufern und anderen naturnahen Lebensräumen hatten. Die 150 Millionen synanthrope Vögel in der unmittelbaren Menschenwelt beziehen sich hingegen auf nur acht Prozent der Landesfläche, die von Städten und Dörfern, von Industrie- und Verkehrsanlagen eingenommen wird.

Wie attraktiv diese Menschenwelt ist, geht aus den Vogelmengen hervor. Nirgendwo sonst gibt es auf dem Land solch dauerhaft hohe Ansammlungen von Vögeln. Am ehesten ließen sich die Millionenstädte der Seevogelkolonien auf ozeanischen Inseln vergleichen. Doch was dort Zwang der Umstände ist, weil die Seevögel zum Brüten sicheres Land brauchen, verhält sich in den Städten ganz anders. Diese sind eine vergleichsweise junge

Erfindung der Menschen und keine Gegebenheit, die wie die Inseln seit Urzeiten existiert. Viele Städte gibt es erst, so wie München, seit weniger als 1.000 Jahren. Zahlreiche Bauten und Anlagen sind noch viel jünger, aber dennoch sogleich von den Vögeln mit in Besitz genommen worden. Warum ist das so? Was veranlasste manche Vögel, in die Menschenwelt und in diese hinein bis in die Zentren, in die Innenstädte, vorzudringen? Was sagen uns Stare und Möwen, Krähen und Amseln über den merkwürdigen Vorgang der Verstädterung? Ergeht es ihnen irgendwie ähnlich wie den Menschen, von denen sehr viele die Ansammlung in Zentren einer grundsätzlich denkbaren, gleichmäßigen Verteilung übers Land vorziehen?

Sehen wir uns dazu die besonders eng an den Menschen gebundenen Vogelarten etwas genauer an. Wo kommen sie her? Wie lebten sie, bevor es Städte gab? Ein unauffälliger und ein allgemein bekannter Vogel eröffnen uns zu diesen Fragen die besten Zugänge. Der unscheinbare ist der Hausrotschwanz *(Phoenicurus ochruros)*. Der allgemein bekannte der Haussperling *(Passer domesticus)*.

Abb. 86: Der Hausrotschwanz wurde innerhalb eines Jahrhunderts zu einem der häufigsten Vögel in den Städten, weil die spezifische Struktur des dortigen Lebensraumes ihm besonders zusagt.

Der Hausrotschwanz (Abb. 86) gehört zu den häufigen Vögeln in Mitteleuropa. Sein Bestand wird von Bauer & Berthold (1996) auf 1,6 bis 2,7 Millionen Brutpaare geschätzt. In Bayern können es 50.000 bis 100.000 sein (Bezzel et al. 2005). Aber Bezzel et al. (1980) kamen für die späten 1970er Jahre noch auf erheblich mehr, nämlich nahezu das Doppelte. Wie viele Hausrotschwänze derzeit in München brüten, ist nicht bekannt. Nach Wüst

(1986) »sang im zertrümmerten München 1945–1948 fast von jeder dritten Hausruine der Hausrotschwanz, so zahlreich wie nie zuvor. Heute (1984) ist er aus der Stadt fast verschwunden.« Ursprünglich war der Hausrotschwanz ein Felsbewohner im Mittelmeerraum, wo er auch nach wie vor weit verbreitet ist und häufig vorkommt. Am Nordrand der Alpen hat er ein zweites, weniger bekanntes Vorkommen, wo die alpinen Matten in die Felsregion übergehen. Im Tiefland bleibt er hingegen an Gebäude des Menschen gebunden. Wo diese fehlen, kommt er nicht vor. Deshalb ist der Hausrotschwanz in weiten, offenen Agrarflächen selten oder gar nicht vorhanden. Es gibt ihn auch noch gar nicht so lange nördlich der Alpen, wie man bei einem so verbreiteten und häufigen Vogel wohl meinen möchte. Wüst (1986) schreibt dazu: »Der Hausrotschwanz ist wahrscheinlich im Verlauf des 18. Jahrhunderts aus Süden bzw. Südosten ins bayerische Flachland und in die Städte eingewandert … und war … in Bayern um 1600 noch unbekannt … erst Schrank schreibt 1768: Wohnort: in Löchern alter Mauern, in Felsenritzen. Ich habe sie zu Falkenstein und zu Tegernsee beobachtet. Offenbar fehlte der Hausrotschwanz aber damals noch in Ingolstadt, wo Schrank an der Universität lehrte und seine Fauna Boica schrieb. 1801 war der Hausrotschwanz in Nürnberg bekannt … und 1816 hieß es: Überall, wo Gebäude sind, bis in die höchsten Alpen hinauf, gemein. Ein Zugvogel.«

Innerhalb eines Jahrhunderts, vielleicht sogar in wenigen Jahrzehnten, wurde der Hausrotschwanz also zu einem der häufigsten Vögel des Siedlungsraumes, während sein bunterer, naher Verwandter, der Gartenrotschwanz *(Phoenicurus phoenicurus)* sicher schon ungleich länger in Mitteleuropa vorhanden war und ursprünglich Bewohner lichter Kiefernwälder gewesen sein dürfte, von denen aus er die Obstgärten auf dem Land und die Stadtparks besiedelte. Der Zahl nach übertrifft ihn der Hausrotschwanz auch gegenwärtig um das Fünf- bis Zehnfache. Die Weibchen beider Arten sind einander so ähnlich, dass für die richtige Artbestimmung wie auch für die Jungvögel beider Rotschwänze gute vogelkundliche Kenntnisse vorhanden sein müssen.

Doch während die eine der beiden Arten weitgehend unverändert mäßig häufig blieb und im letzten Drittel des 20. Jahrhunderts stark abgenommen hat, eroberte sich der Hausrotschwanz gleichsam eine neue Welt. Es geschah dies interessanterweise zur selben Zeit, als auch die Ausbreitung des südeuropäischen Girlitzes *(Serinus serinus)* begann, der aus denselben mediterranen Herkunftsgebieten stammt. Ein »klimatischer Impuls« kann daher als Auslöser angenommen werden. Tatsächlich zeigen die frühen Wetteraufzeichnungen eine Phase überdurchschnittlich schöner Frühjahrswitterung und warmer Sommer Ende des 18. und Anfang des 19. Jahrhunderts (Rocznik 1982, Schönwiese 1995), wie es sie erst wieder in den 1940er bis 1960er Jahren gegeben hat. Das geht aus Abb. 87 hervor, in der die Abweichungen vom

210-jährigen Mittel gemeinsam für Frühjahr und Sommer wiedergegeben sind. Der Hausrotschwanz ist ein »früher Zugvogel«, der zu den ersten Rückkehrern im Frühjahr zählt. Deshalb sind für ihn die Wetterverhältnisse im Frühling noch wichtiger als für den weit später zurückkommenden Girlitz.

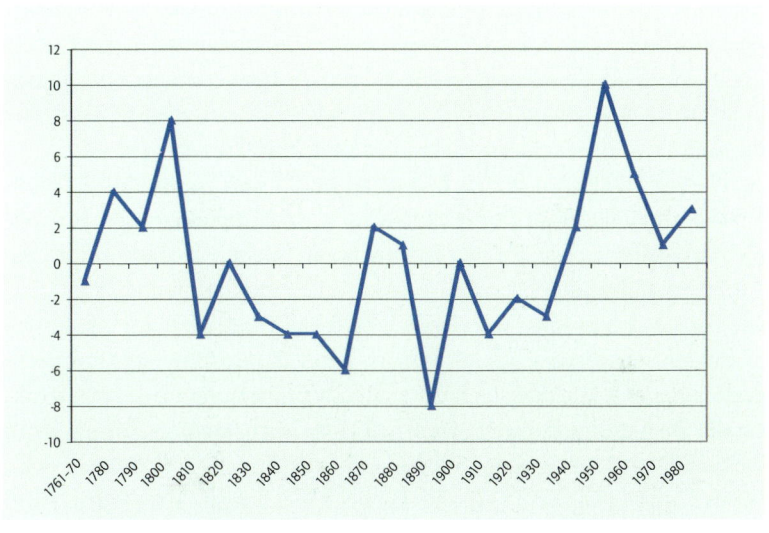

Abb. 87: Temperaturschwankungen in Mitteleuropa

Verlauf der Frühjahrs- und Sommertemperaturen in Mitteleuropa von 1761 bis 1980. Erfasst wurden die Abweichungen vom 210-jährigen Mittel der Temperaturen (0-Linie) in Mitteleuropa (Daten aus Rocznik 1982).

Für die Vögel, zumal für Zugvögel, die rechtzeitig der Winterkälte ausweichen, haben die Jahresmittel eine ungleich geringere Bedeutung als Frühjahr und Sommer. Günstige Witterungsverhältnisse in dieser Phase des Jahres können durch sehr kalte Winter verdeckt werden. Das Jahr »kippt« unter den Durchschnitt, wenn die Monatsmittel von August bis Februar unterdurchschnittlich ausfallen, aber für viele Arten, die sich im Gebiet fortpflanzen und dann wegziehen, macht das nichts. Der Hausrotschwanz kann somit durchaus von der günstigen Witterungsphase zwischen etwa 1775 und 1810 den Impuls zur Ausbreitung erhalten haben. Aber dass die Einwanderung nach Mitteleuropa klappte, lag nicht am Wetter und Klima, sondern an der Struktur des Geländes aus »Kunstfelsen«, das im 19. Jahrhundert ganz stark zu wachsen begonnen hatte. Denn das war mit der Industrialisierung die Zeit des intensivsten Wachstums der Städte und großflächiger Industrieanlagen. Die hohe Siedlungsdichte der Hausrotschwänze auf den Trümmerfeldern der vom Krieg zerbombten Städte (Wüst 1986) drückte dies ebenso klar aus wie die Abnahme ihrer Häufigkeit in den vergangenen Jahrzehnten, seit der Wiederaufbau so gut wie vollendet ist und die Anlagen zuwachsen.

Der Hausrotschwanz bietet somit das beste, weil historisch gut genug bekannte Beispiel für die Einwanderung einer Vogelart in die Städte aus Gründen der Struktur des Lebensraumes. Seine Ansprüche an die so genannte Habitatstruktur, also die Strukturierung seines spezifischen Lebensraumes, gehen aus den einzigen größerflächig vorhandenen Vorkommen ohne Anbindung an Gebäude hervor. Es sind dies die beginnenden Felsregionen im Hochgebirge, die an offene, kurzrasige Matten, an Geröllfelder und vom Vieh beweidete Almen grenzen. Das Zusammentreffen von Gestein und niedriger Bodenvegetation bildet darin die Hauptkomponente. Genau diese Struktur bieten die Städte, nicht aber das dicht bewachsene Land oder die Wälder, in denen Hausrotschwänze tatsächlich auch fehlen.

Die Ausführungen in den Kapiteln 2 und 3 werden durch die Detailanalyse also bekräftigt. Der Hausrotschwanz darf stellvertretend für viele andere Vogelarten gelten, die in den menschlichen Siedlungsraum gekommen sind und hier große Bestände aufbauen konnten. Gehen diese, wie auch bei den Amseln, erheblich über die Häufigkeit der Art in den Habitaten der »freien Natur« hinaus, kann daraus mit Fug und Recht geschlossen werden, dass die Stadt qualitativ und quantitativ bessere strukturelle Bedingungen bietet. Und natürlich auch mehr Nahrung, denn die besten Strukturen nützen nichts, wenn kein Futter zur Verfügung steht. Bei der Amsel (Kapitel 14) ist dies bereits näher ausgeführt worden. Kapitel 25 wird die Insektenhäufigkeit in der Stadt genauer unter die Lupe nehmen und belegen, dass auch im Hinblick auf die Nahrung die Stadt viel zu bieten hat.

Ähnliche Verhältnisse finden wir beim Turmfalken *(Falco tinnunculus)*, dessen Name schon die Brutplatzwahl ausdrückt. Die Kartierung seiner Brutvorkommen im Münchner Stadtgebiet hatte 1968 insgesamt 61 Brutpaare ergeben, von denen 42 an Gebäuden, darunter auch an den Türmen der Frauenkirche, und 19 auf hohen Bäumen, drei davon im Nymphenburger Park horsteten (Kurth 1970). Auf jedes Brutpaar entfielen somit fünf Quadratkilometer Stadtfläche. Einen ganz ähnlichen Wert ergab die Kartierung der Turmfalken in Regensburg mit gut vier Quadratkilometern pro Paar, während im reich strukturierten Werdenfelser Land (1.440 Quadratkilometer) die dortigen 80 bis 120 Brutpaare drei- bis viermal so große Flächen als Reviere benötigten. In der Zeit der Trümmerstädte nisteten an den beiden Türmen der Münchner Frauenkirche zehn Turmfalkenpaare (1947) regelrecht in lockerer Kolonie, so ergiebig an Mäusen waren die Ruinen in der Stadt. »Gutes« Turmfalkenland, etwa in Unterfranken, erreichte auch nur, wie in der Großstadt, ein Paar auf vier Quadratkilometer. Die 150 Turmfalkenpaare von Hamburg beanspruchen knapp fünf Quadratkilometer pro Paar und nehmen damit dieselbe Häufigkeitskategorie ein wie (gegenwärtig) München. In Berlin sieht es nicht anders aus.

Die Siedlungsdichte der Falken beruht auf beiden Komponenten: den günstigen Strukturen für das Nisten und dem erreichbaren Nahrungsangebot. Was bei den Rotschwänzchen und seit Beendigung des Drosselfanges auch bei den Amseln keine Rolle spielt, wurde jedoch bei den Falken wichtig – in der Stadt verfolgt man sie nicht mehr. Gab es noch Ende des 19. Jahrhunderts offenbar kaum Turmfalken in München, zumindest im damaligen Randbereich des Nymphenburger Parks, so kann man zu Beginn des 20. Jahrhunderts bereits von regelmäßigen Falkenbruten ausgehen (Wüst 1980), die sodann rasch zugenommen haben. In Kapitel 14 ist auf die Bedeutung der Verfolgung hingewiesen worden. Die jüngsten Beispiele stammen von scheuen, weil gejagten Wasservögeln, wie die Gänsesäger *(Mergus merganser)*, die in die Städte einwanderten, weil sie darin sicher leben können. Die drei Hauptfaktoren liegen nun klar vor. Die Stadt bietet günstige/passende Habitatstrukturen (Kapitel 2), gute/bessere Ernährung (Kapitel 3) und Sicherheit vor Verfolgung (Kapitel 4). Äußere Veränderungen, wie klimatische Impulse, geben die Anstöße für das Vor- und Eindringen von Arten. Sie sind nicht Ursache im eigentlichen Sinn, sondern meistens nur Anlass. Was sie angestoßen haben, würde dennoch scheitern, wenn die beiden oder die drei anderen grundlegenden Faktoren nicht förderlich genug wirkten. Die beiden wichtigsten sind zweifellos die Nahrung und die Strukturen, die genutzt werden können. Die Sicherheit zählt stärker bei den größeren, aktiv verfolgten Arten, wie Wasser- und Greifvögeln.

Dennoch bleiben diese Entwicklungen nur Beiwerk zur Erklärung des Phänomens der Verstädterung. Die Attraktivität der Städte für Vögel und einige andere Tiere erklären sie nur zum Teil. Es ist sehr fraglich, ob der am meisten mit dem Menschen in Verbindung gebrachte und mit ihm auch fast weltweit verbreitete Haussperling auf diese Weise ins Land gekommen ist. Der Haussperling (Abb. 88) ist um so vieles stärker an den Menschen gebunden als Hausrotschwanz, Amsel & Co, dass er, anders als diese, die Siedlungen verlässt oder aufgeben muss, die von Menschen verlassen worden sind. In durchaus vergleichbarer Weise gilt dies auch für die beiden Hausschwalben, die Rauch- und die Mehlschwalbe, sowie für die Türkentaube, für die Hausratte, die Stubenfliege und eine ganze Reihe weiterer Tierarten. Die »zahmen« Parkstockenten wären ohne direkten Bezug zum Menschen nicht fähig, zu überleben (Kapitel 28), und sogar für unsere größte Wasservogelart, für den Höckerschwan *(Cygnus olor)*, kämen ohne Städte und Menschen weithin so harte Zeiten, dass es fraglich wäre, ob die 15- bis 20.000 Schwanenbrutpaare und die vielen Hundert Nichtbrüter, die frei in Mitteleuropa leben, für eine nennenswerte Zeit weiterexistieren könnten. Ganz sicher gelänge das den Halsbandsittichen und Papageien im Rheinland nicht. Die Hausratte *(Rattus rattus)* ist hierzulande bereits dabei auszusterben. Die Hausmaus *(Mus musculus)* würde ihr weithin in diesem Schicksal folgen müssen. Auf erheblich niedrigere Bestandsniveaus würden die Meisen, allen voran die Kohlmeisen *(Parus major)* und zahlreiche andere Kleinvögel, die im Winter gefüttert werden, zurückfallen. Denn ungleich mehr als die primär die günstigen Strukturen und das sich von selbst in den Städten entwickelnde Nahrungsangebot nutzenden Arten sind diese von der direkten Fütterung abhängig. Sie sind daher nicht nur »synanthrope«, mit dem Menschen lebende Arten, sondern »symbiontische«, mit ihm zusammenlebende, die sich von dem miternähren, was auch die Menschen nutzen.

Abb. 88: Der Haussperling ist ein typischer »Mit-Esser«. Sein Bestand ist von der direkten Fütterung durch den Menschen abhängig.

Es handelt sich also bei einem ganz wesentlichen Mengenanteil der Vögel in der Stadt um Kommensalen. Der Fachbegriff bedeutet, wie seine lateinische Wurzel auch, »Mit-Esser«. Dieses Mitessen stellt den Kernpunkt dar, um den sich die anderen Bereiche der tierischen Verstädterung wie in konzentrischen Kreisen herumlagern. Sie greifen in allen Stufen unterschiedlicher Intensität ins Umland hinaus, von wo gelegentliche Besucher und Nutznießer kommen. Nach Art der Wildschweine dringen sie in die Peripherie der Städte ein oder es verschlägt sie, wie manchen Irrgast in der Vogelwelt, dorthin, ohne eine wirkliche Chance zum Weiterleben in der Stadt zu haben. Die Verstädterung ist auch keineswegs bereits abgeschlossen, sondern weiterhin im Gange. So dringt gegenwärtig die in den westdeutschen Städten längst zur häufigen Stadtbewohnerin gewordene Ringeltaube *(Columba palumbus)* als Brutvogel und Überwinterer in kleinen Gruppen nach München ein. Hier gibt es seit einigen Jahren auch die ersten Stadtbruten einer so »typischen« Nadelwaldart wie der Haubenmeise *(Parus cristatus)*, für die sie gehalten worden ist und auch die Tannenmeise *(Parus ater)* brütet seit mindestens einem Jahrzehnt nun regelmäßig im Münchner Stadtgebiet (Reichholf 2002). Im Umkehrschluss bedeutete dies alles, dass die Stadt den Tieren nicht nur indirekt viel bietet, sondern auch aktiv bieten kann. Nirgendwo sonst, so die These, die sich davon ableiten lässt, bestehen so gute Chancen, die Tierwelt zu fördern, wie ausgerechnet in der Stadt. Je größer, desto besser!

Um die Möglichkeiten dazu einschätzen zu können, ist es nötig, nun auch die Pflanzenwelt etwas vertiefter zu betrachten. Denn sie ist mehr als nur bunte, blühende Kulisse für Häuser und Vorgartengestaltung oder Schatten- und Feuchtigkeitsspender an heißen Sommertagen. Für eine Vogelart, den Alpenbirkenzeisig *(Carduelis <flammea> cabaret)* wissen wir sogar recht genau, dass die Einwanderung in die Städte auch an bestimmten Pflanzen lag.

22 Die Stadt als »Mischwald« und exotischer Garten

Seit Mitte des 19. Jahrhunderts, vor allem aber seit dem letzten »Jahrhundertwinter« von 1962/63, wird es auch bei uns in Mitteleuropa wärmer. So besagen es die Klimamodelle (aktuell zusammengefasst in Latif 2006). Wärme liebende Arten breiten sich aus, während sich andere zurückziehen, die an kältere Verhältnisse angepasst sind. Große Verschiebungen der Artenspektren werden die Folge dieser Entwicklungen sein. Doch es fällt Vertretern des amtlichen Naturschutzes offenbar schwer, überzeugende Beispiele dafür vorzubringen (Blab 2004). Eine Vogelart passt überhaupt nicht in dieses Schema, obwohl es sich bei ihr zweifellos um eine Art handeln müsste, die an die Kälte angepasst ist. Lebt sie doch in zwei nacheiszeitlich voneinander getrennten Unterarten in den kalten nordischen Wäldern Eurasiens und Nordamerikas (Taigabirkenzeisig, *Carduelis <f.> flammea*) und in den Bergwäldern der Alpen *(Carduelis <f.> cabaret)*. Der nächste Verwandte dieser beiden kleinen Zeisige ist der noch höher im Norden und nur dort vorkommende Polarbirkenzeisig *(Carduelis hornemanni)*.

In den 1970er Jahren begann nun der Alpenbirkenzeisig (Abb. 89), zuerst im Alpenvorland und schließlich auch im Flachland, neue Ansiedlungen zu begründen. Die Eroberung neuer Brutplätze fing zwar in den Alpentälern und im Bayerischen Wald an, griff aber plötzlich weit darüber hinaus. Für Bayern ergab sich folgende Chronik: 1972 Einwanderung nach Regensburg (einer der wärmsten bayerischen Städte!), 1974 Straubing, 1976 und 1977 die im Vergleich zu Regensburg erheblich kälteren ostbayerischen Städte Tirschenreuth und Viechtach, 1979 München, Nürnberg, Bayreuth und Passau, 1983 Augsburg und 1985 Schweinfurt (Bezzel et al. 2005). Seit den 1990er Jahren verlangsamt sich die Ausbreitung. Es kam entweder zur Stabilisierung kleiner Bestände in den Städten und zur Ausbreitung an die Peripherie oder aber zur Aufgabe der neuen Brutplätze ohne ersichtliche Gründe. 31 Prozent aller bayerischen Brutvorkommen dieses kleinen Finkenvogels befanden sich Ende des 20. Jahrhunderts in Siedlungen und davon, auf die Größe des Brutbestandes bezogen, fast zwei Drittel in den Großstädten.

Abb. 89: Der Alpenbirkenzeisig lebte ursprünglich in den Bergwäldern der Alpen. Zwei Drittel aller bayerischen Brutvorkommen befinden sich mittlerweile in Großstädten.

Die Ausbreitung des Alpenbirkenzeisigs fiel in die Zeit intensiver ornithologischer Freilandforschung. Sie ist gut dokumentiert und es liegen für viele Brutplätze genauere Beschreibungen vor. Ein häufig wiederkehrendes Merkmal sind »locker oder einzeln stehende Koniferen«, also gepflanzte Nadelbäume, wie Blaufichten und ähnliche Zierfichten auf offenem Rasen mit leicht zugänglicher Bodenoberfläche. Dieses »Strukturelement« entspricht den Verhältnissen im aufgelockerten, subalpinen Nadelwald, der an die Krummholzzone grenzt. Recht ähnlich sieht es auch in den nordischen Nadelwäldern der Taiga und Waldtundra aus. Birken, deren Samen die Birkenzeisige gern verzehren, gibt es dort, und sie wachsen häufig auch in den Stadtgärten. Koniferen und Birken bilden ein Gartenensemble, das zweifellos viel öfters in Großstädten als in dörflichen Hausgärten zu finden ist. Die Städte boten also die richtigen »Biotopstrukturen«, und zwar rechtzeitig vor Beginn der Einwanderung des Birkenzeisigs ins Tiefland.

Denn bereits in den 1960er Jahren setzte der Trend ein, auch kleinere Gärten und Stadtparks mit den pflegeleichteren, stets wuchsschönen Koniferen zu bepflanzen und zu gestalten. Ob »fremdländisch«, wie die Blaufichten oder die Serbischen Fichten, oder heimisch, spielte damals keine Rolle. Entscheidend waren Wuchsform und Schönheit der Nadelbäume. Als in den 1980er Jahren die Gegenreaktion mit Verurteilung der standortfremden Gehölze und der »vollsynthetischen Rasen« von Seiten des Naturschutzes und der Ökologiebewegung kam, verlor die Ausbreitung des Alpenbirkenzeisigs an Dynamik.

In den 1990er Jahren war es bei vielen öffentlichen Bauten und Pflegemaßnahmen nicht mehr (umwelt-)politisch korrekt, fremde Arten zu pflanzen. Heimischen Sträuchern, möglichst solchen, die Beeren tragen, sollte der Vorzug gegeben werden, verbunden mit entsprechenden Samenmischungen standortheimischer Blumen für die Einsaat. Am Altbestand der Bäume und vieler Sträucher änderte dieser neue »ökologischere« Trend nichts, weil die auch aus »ökologischen Gründen« erlassenen Baumschutzverordnungen dagegenstanden. Auf dieses Steuerungsinstrument mochte man in solchen Rathäusern nicht verzichten, in denen »Die Grünen« mit das Sagen hatten und eigentlich »fremd« von »einheimisch« hatten scheiden wollen. Die schöne hohe Omorische Fichte *(Picea omorika)*, die Sibirischen Lärchen *(Larix sibirica)* neben Europäischen *(Larix decidua)*, die gewaltigen Douglasien *(Pseudotsuga menziesii)* und viele andere Nadelbäume bis hin zu den Mammutbäumen blieben den Städten erhalten wie auch die noch viel größere Zahl der Zuchtformen und von Laubbäumen fremder Herkunft. Die »Ent-Fremdung« erfasste mehr die Forste, jedoch auch vorwiegend was Neupflanzungen betrifft. Amerikanische Roteichen mussten keinen deutschen Stein- oder Stieleichen weichen, weil das zu lange gedauert hätte, bis die Fremden ersetzt worden wären. Doch die fremden Baumarten spielen in deutschen Wäldern anteilsmäßig nur vergleichsweise geringe Rollen. Am bedeutendsten sind als Forstbäume die amerikanischen Roteichen *(Quercus rubra)* und die Douglasien, lokal auch noch die Weymouthskiefern *(Pinus strobus)*.

In Bezug auf die Städte geht es jedoch um Anderes als forstliche Gesichtspunkte. Hier kommen in Mitteleuropa an die 800 verschiedene Arten und Zuchtformen von Bäumen vor. Sie wachsen und gedeihen (prächtig) an Stellen, an denen von Natur nur zehn bis 20 verschiedene (heimische) Baumarten pro Quadratkilometer vorkommen würden. Im Vergleich zum durchschnittlichen Forst wäre dies jedoch schon eine hohe Vielfalt (Diversität), denn wo primär Holz produziert werden soll, beschränkt sich die Forstwirtschaft auf einige wenige Baumarten, meistens auf die drei oder vier im Gesamtanteil dominanten Fichten *(Picea abies)*, Waldkiefern *(Pinus sivestris)*, Rotbuchen *(Fagus sylvatica)* und die Eichen. Als Faustregel lässt sich annehmen, dass auf zehn mal zehn Kilometern Flächen anstelle der zwei, drei oder fünf Baumarten im Forst natürlicherweise im Wald etwa die zehnfache Artenzahl vorkommen würde und in reichlich baumbestandenen Stadtarealen nochmals das Mehrfache davon. Ohne Berücksichtigung der Herkunft der Baumarten steigt die Artenzahl der Holzgewächse vom Wirtschaftsforst über den Naturwald zur Stadt steil, nämlich fast in Zehnerschritten, an. Es lässt sich vorhersagen, dass genauere Untersuchungen dieses allgemeine Bild der Diversitätszunahme bestätigen werden, auch wenn beträchtliche Modifikationen im Einzelfall zu erwarten sind. »Waldstädte« werden wohl weniger Baumarten pro Flächeneinheit ergeben als Stadtteile, die im Wesentlichen erst nach der Bebauung bepflanzt worden sind.

Abb. 90: Artenzahl von Bäumen je nach Standort

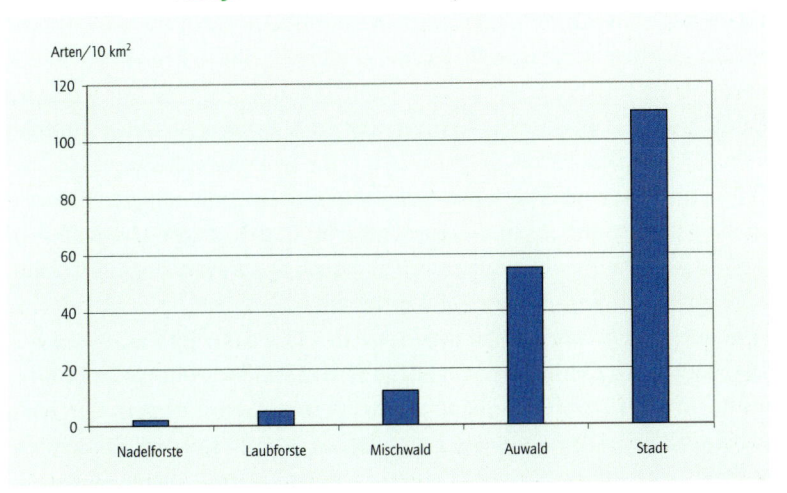

Durchschnittliche Artenzahlen von Bäumen (ohne Jungwuchs und Gebüsch) in Wirtschaftsforsten, Misch- und Auwäldern sowie in Großstädten. Die Zahl der Arten bezieht sich jeweils auf eine Fläche von zehn Quadratkilometern. Auwald und vor allem die Stadt erweisen sich als die Areale mit der höchsten Artenvielfalt.

Auf jeden Fall sind wahrscheinlich die meisten im Gebiet heimischen Holzgewächse auch in den Städten vertreten, selbst wenn sie stellenweise nur wenige Prozent an der Artenzahl und vielleicht etwas mehr in der Menge der Bäume ausmachen. Die Stadt ist ein »Mischwald«, wie es ihn in dieser Mischung und Vielfalt nirgends gibt. Selbst die artenreichsten Auwälder werden vom Baumbestand in Großstädten bei weitem an Vielfalt übertroffen (Abb. 90). Besonders reichhaltig sind Sträucher vorhanden, die Beeren tragen.

Die vielen, in ihren »Biotopansprüchen« so unterschiedlichen Baumarten widerlegen übrigens augenfällig die verbreitete Vorstellung einer engen Bindung der Arten an »ihre« Biotope. Wer feststellt, dass diese oder jene Art (nicht) an diesen Platz gehört, argumentiert zumeist weitaus mehr historisch als ökologisch; kurzzeithistorisch zumeist, denn auch ein ganzes Jahrtausend ist für die langlebigen Bäume und die Waldentwicklung noch eine kurze Zeit. Vor einigen Jahrhunderten kamen zum Beispiel die als Biergartenbäume geschätzten Rosskastanien *(Aesculus hippocastanum)* in Mitteleuropa nicht vor. Sie wurden frühneuzeitlich und mit größerem Erfolg erst im 18. und 19. Jahrhundert vom südöstlichsten Balkan hierher gebracht und eingebürgert. Es gelang ihnen dennoch nicht, trotz massenhafter Verwendung ihrer Kastanien als Futter für das Wild im Wald, in nennenswertem Umfang in die mitteleuropäischen Wälder einzudringen. In den Städten und gepflanzt in Alleen, die übers Land führen, gedeihen sie hingegen prächtig.

Als vor knapp zwei Jahrzehnten ein auf ihre Blätter spezialisierter Kleinschmetterling, die Kastanienminiermotte *(Cameraria ohridella)*, nachrückte, gilt dieser allgemein als großer Schädling. Seine in den großen Kastanienblättern minierenden Larven verursachen die unschöne, oft schon im Hochsommer einsetzende Verbräunung und einen verfrühten Laubfall (Abb. 91). So pflanzt man seither verstärkt die amerikanische Kastanie, eine hellrot blühende, nahe Verwandte *(Aesculus x carnea)* mit derberen Blättern. In diese können die aus den Gelegen geschlüpften, winzigen Raupen kaum eindringen. Die Rosskastanien starben jedoch auch nach eineinhalb Jahrzehnten intensiven Befalls der Miniermotten wegen nicht ab. Lediglich eine Wirkung der Verluste an Blattfläche, die vor allem dann groß werden, wenn das Frühjahr warm und sonnig verläuft und drei Generationen der Miniermotte möglich geworden sind, zeigte sich in einer Verminderung der Größe der Kastanien (Abb. 92) in den ersten Jahren nach Beginn des Miniermottenbefalls. Doch die Bäume glichen aus. Wenige Jahre später hatten die Kastanien schon wieder 80 bis 90 Prozent des Durchschnittsgewichtes der Früchte schwach befallener Bäume erreicht.

Abb. 91: Rosskastanien werden seit circa 20 Jahren von der Kastanienminiermotte befallen. Auch nach intensivem Befall sterben die Bäume jedoch nicht ab.

Offenbar reagieren die Kastanien auf früh einsetzenden Fraß in ihren Blättern mit verstärktem Abwurf von befruchteten Blüten, die sich infolgedessen nicht mehr entwickeln. Eine geringere Zahl aber gleich gut keimfähiger Kastanien als Gegenreaktion stellt eine bemerkenswerte Leistung der Kastanie dar. Kam dieser Baum vorher schon ganz gut in seiner neuen

Umwelt fern der pontisch-mediterranen Heimat zurecht, so zeigt die Kastanie nun, dass sie in der Fremde auch auf ihren spezifischen Feind, die kleine Miniermotte, adaptiv zu reagieren vermag. Sie hielt übrigens auch die viel härteren Winter aus, denen sie in Mitteleuropa im Vergleich zu ihrem südöstlichen Herkunftsgebiet ausgesetzt ist.

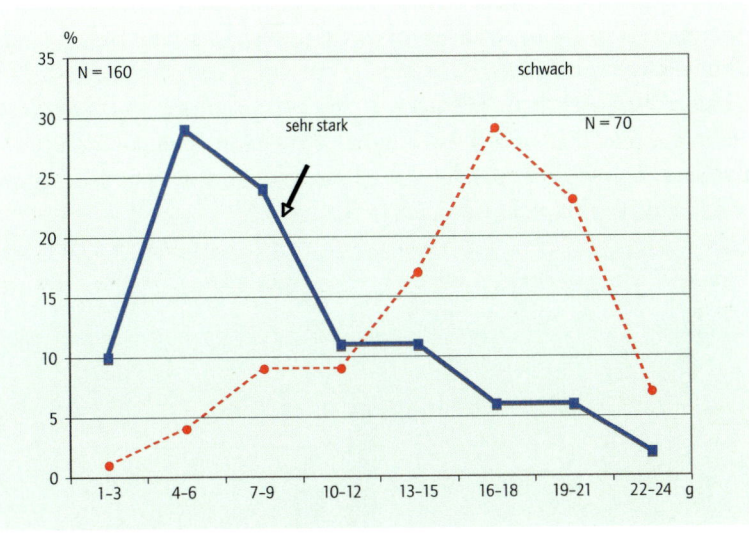

Abb. 92: Kastaniengewicht bei Miniermottenbefall

Häufigkeitsverteilung der Gewichte von Kastanien, die von einem
sehr stark und von einem nur schwach mit Miniermotten befallenen Baum stammten
(Reichholf 2004c). Die Größe der Kastanien nimmt nach einem starken
Miniermottenbefall zunächst ab, gleicht sich aber mit der Zeit dem Durchschnittsgewicht der Kastanien nur schwach befallener Bäumen an.

So fiel offenbar keine Kastanie an den zahlreichen schönen Alleen und in den Städten dem extremen Kältewinter von 1962/63 zum Opfer. Dagegen vertragen die auch aus dem östlichen Mittelmeergebiet stammenden Walnussbäume (*Juglans regia*) strengen Frost nicht so gut. Im Winter 1985/86 erfroren Dutzende Nussbäume im niederbayerischen Inntal entlang der Straßen. In München und in anderen »aufgewärmten« Siedlungsgebieten überlebten sie. Extreme Winter setzen durchaus Grenzen für die künstliche Verbreitung von Bäumen in den Städten, wie auch extreme Hitze und Trockenheit begrenzend wirken können. So berichten die Chroniken (Pfister 1990) von Frostnächten in den Wintern der »Kleinen Eiszeit« im 16. und 17. Jahrhundert, in denen im gegenwärtig so milden Basel Bäume mit einem Knall wie Kanonendonner explodierten, weil ihr Kernwasser gefroren war. In diesen Wintern fror auch der ganze Bodensee zu (Abb. 93). Empfindlichere Baumarten, wie die Mammutbäume (*Metasequoia sp.*), die in Stuttgart und im Oberrheingebiet gut gediehen und zu beeindruckenden Höhen herangewachsen sind, würden weiter östlich in Bayern, auch in München, ohne besonderen Schutz scheitern. Dass Hitze und Trockenheit eine ähnliche Wirkung erzeugen, zeigte sich im Hitzesommer 2003. Die Rangfolge der Bäume mit vorzeitigem Blattabwurf Ende Juli/Anfang August, der Grad der Blattverluste (in Prozent) und später die Abgestorbenen entsprachen genau der Herkunft der Arten. Solche mit hohem Wasserbedarf waren am stärksten betroffen und umgekehrt (Abb. 17; s. o. S. 48). Doch einzelne Sommer bewirken kaum etwas; nicht einmal in den im Vergleich zum Umland noch heißeren und trockeneren Großstädten. Im zwei Quadratkilometer großen Untersuchungsgebiet in München (Obermenzing) gab es infolge dieses kombinierten Hitze- und Wasserstresses 2003 dann doch nur knapp zwei Dutzend abgestorbener Bäume; jene eingeschlossen, die wegen Bruchgefahr von den Besitzern gefällt wurden.

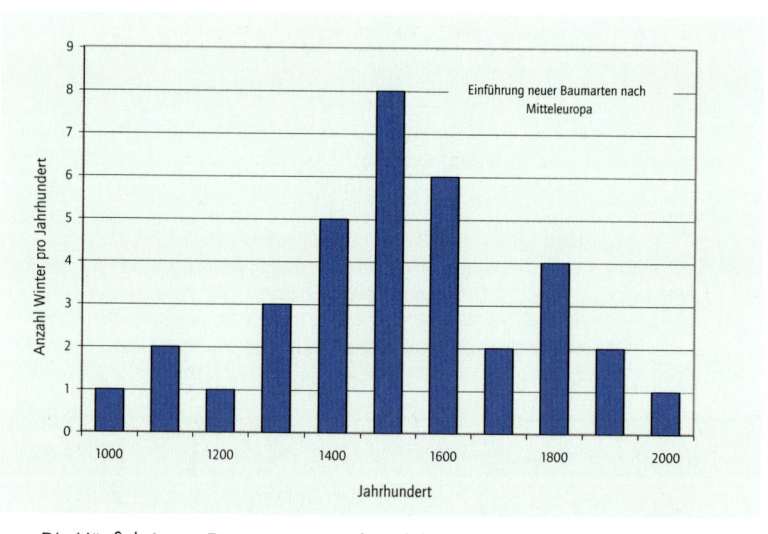

Abb. 93: »Jahrhundertwinter« mit zugefrorenem Bodensee

Die Häufigkeit von Extremwintern während der so genannten Kleinen Eiszeit in Mitteleuropa zeigt sich in der Zahl der Winter pro Jahrhundert, in denen der Bodensee im Verlauf des letzten Jahrtausends zugefroren war. Die Einführung fremder Baumarten setzte erst gegen Ende dieser Kälteperiode ein.

Dass auch vom Borkenkäfer befallene Fichten darunter waren, überrascht nicht. Denn die Fichte könnte ohne Zutun des Menschen im Raum München praktisch nur auf den (ehemaligen) Mooren vorkommen. Folgt man der früheren Sicht der Naturschützer, die gegen die standortfremden Fichtenwälder losgezogen waren und ihre Umwandlung in naturnahe Mischwälder gefordert hatten, so hätte der Hitzesommer 2003 ein Anstoß für den Wandel sein können. Doch inzwischen änderte sich die Einstellung. Die Fichten entlang der Autobahn des Hofoldinger Forstes erhielten weiße Kreuze aufgemalt, um die Autofahrer auf die verderblichen Folgen ihres Fahrens für das Waldsterben aufmerksam zu machen. Auch diese Position wurde abgelöst von der nun noch drohenderen Gefahr des Klimawandels und ihrer Auswirkungen auf die Wälder. Die Bäume in den Städten vergaß man offenbar bei all diesen Aktionen und Aktionismen. Dabei könnten sie so aufschlussreiche Indikatoren für langfristig laufende Veränderungen sein.

Auch die heimischen Baumarten reagieren in den Städten nicht anders als draußen in den Wäldern. Wenn es dort bei den Fichten einen starken Ansatz von Zapfen gibt, dann genauso bei den einzeln oder in kleinen Gruppen wachsenden Fichten in der Stadt. Die kleineren »Zapfenjahre« folgen im Abstand von drei bis vier Jahren aufeinander und mit ihnen kommen die Fichtenkreuzschnäbel *(Loxia curvirostra)* in die Städte. In Abständen von etwa elf Jahren entwickeln sich ganz große Zapfenjahre. Das Massenfruchten erfasst große Teile (Mittel-)Europas gleichzeitig. Dann gibt es in den Wäldern so viel Nahrung für die Kreuzschnäbel, dass diese kaum noch die Städte aufsuchen (Abb. 94), obgleich sich auch hier die Äste unter der Zapfenlast biegen.

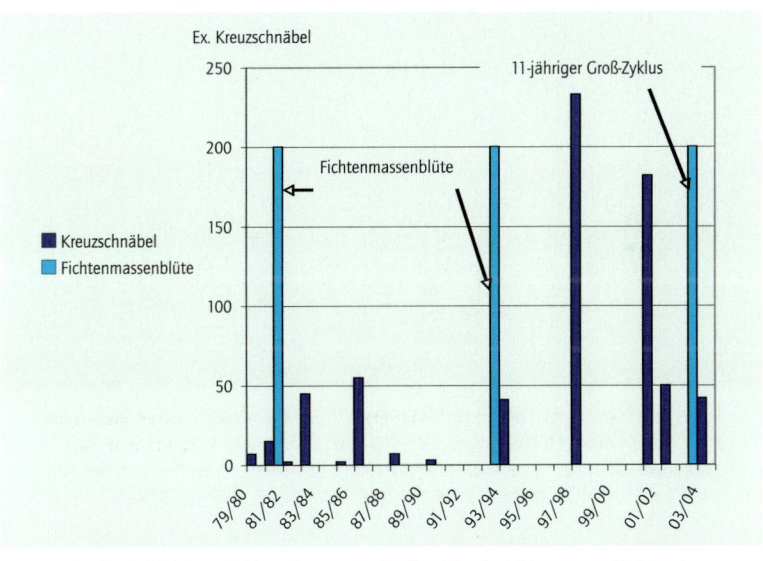

Abb. 94: Kreuzschnabeljahre in München und Oberbayern

Großer, elfjähriger Zyklus der massenhaften Zapfenbildung von Fichten in Oberbayern und kleinere, drei- bis vierjährige Zapfenmast als Grundlage für das Auftreten von Fichtenkreuzschnäbeln in der Stadt (dargestellt wurden nur drei Jahre mit der größten Zapfenernte, nicht die Zwischenernten). Die »Großen Jahre« heben sich im Auftreten der Kreuzschnäbel in der Stadt wenig heraus, weil es in den Wäldern eine Schwemme gibt. Der Zapfenansatz zu den kleineren Zyklen in den Städten ist offenbar für die so hochgradig spezialisierten Kreuzschnäbel als Nahrungsquelle wichtiger.

Gute und schwache Jahre mit Samen- oder Fruchtansatz folgen bei den meisten Bäumen und Sträuchern aufeinander. So zum Beispiel bei den Kornelkirschen *(Cornus mas)*, die in der Wärme der Stadt noch ein gutes Stück früher blühen als draußen. Der Unterschied kann eine ganze Woche ausmachen; also jene Zeitspanne, um die sich seit der kurzen Kältephase der frühen 1960er Jahre der »durchschnittliche« Frühlingsbeginn zeitlich vorverlagert hat. Wie unbedeutend eine derartige, rein statistische Feststellung ist, zeigte das extrem späte Frühjahr 2006. Die Schwankungen von Jahr zu Jahr fallen viel größer aus als die statistischen Mittelwertsverschiebungen.

So ergaben die »frühen Frühjahre« von 2002 und 2003 höchst unterschiedliche Mengen an Kornelkirschen: das frühe von 2002 und das sehr späte von 2006 jeweils Massen von Früchten. Bei hohem Fruchtansatz produziert ein einziger Busch von nur etwa zwei Metern Höhe 2,7 bis 3,1 Kilogramm reife Kirschen (Abb. 95). Diese Leistung, die in den Nachwuchs gesteckt wird, entspricht gewichtsmäßig einem neugeborenen Menschenbaby.

Abb. 95: Die Kornelkirsche produziert in »guten« Jahren bis zu drei Kilogramm reife Kirschen – das entspricht gewichtsmäßig einem neugeborenen Menschenbaby.

Massenjahre (= Mastjahre) gibt es bei den Buchen *(Fagus sylvatica)* in Stadt und Wald. Darauf reagieren die nordischen Bergfinken *(Fringilla montifringilla)*, die im Winter als Gäste in ganz unterschiedlichen Mengen kommen. In Mastjahren der Buchen treffen sie zu Millionen ein. Dann können sie auch in der Stadt zu den häufigsten Finkenvögeln am Futterhaus und an den Futterstellen im Park gehören. Jahrelang fehlen sie oder sie sind nur einzeln vorhanden.

Die aus Nordamerika stammende Robinie *(Robinia pseudoacacia)* folgte hingegen ihrem eigenen, viel längeren Rhythmus von Blühen und Samenproduktion (Abb. 96). Dieser unterscheidet sich sehr stark von dem einer anderen amerikanischen, in den Städten häufig angepflanzten Baumart aus der Gattung der Ahorne, dem Silberahorn *(Acer saccharinum)*. Tief geschlitzte, unterseits silbrig glänzende Blätter kennzeichnen ihn. Die Massen seiner Flügelsamen, die schon im Frühsommer »ausgeschüttet« werden, wechseln von Jahr zu Jahr sehr stark (Heinrich 2000). Darin ließe er sich mit den heimischen Spitz- und Bergahornen vergleichen, die zu unterschiedlichen Zeiten blühen und fruchten und zudem mit anderen »Flügelwinkeln« der Flugfrüchte Variationen in der Effizienz der Ausbreitung aufweisen. Nirgendwo sonst können spezifische Eigenschaften von Bäumen so gut untersucht werden wie unter den Stadtbedingungen, weil sie vielfach in freiem Stand und ohne direkte Konkurrenz mit den Artgenossen aufwachsen.

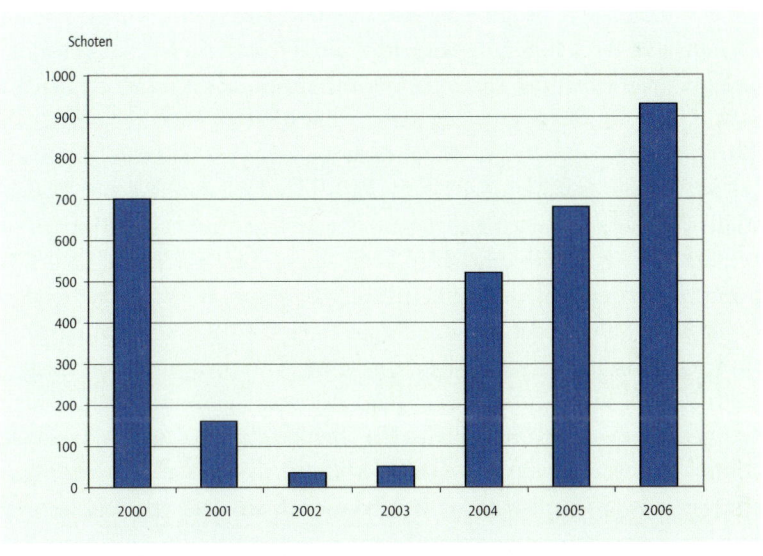

Abb. 96: Schotenmenge an der Robinie

Längerfristiger Zyklus des Samenansatzes (Schotenmenge) bei einer Robinie im Garten der Zoologischen Staatssammlung München

Man mag solche Exoten für uninteressant halten. Ihre Zeit wird kommen, wenn sie lange genug im Lande sind. Ganz von selbst wechseln sie vom Fremdling zu den Heimischen hinüber. Fremdes braucht eben seine Zeit, bis es vertraut geworden ist und angenommen wird. Umgekehrt verschwindet manche Art, die ursprünglich weit verbreitet, häufig und sogar typisch für die Wälder Mitteleuropas gewesen war, allmählich aus dem Bewusstsein und wird so fremd, dass sie als »heimisch« gar nicht mehr so recht erkannt wird. So erging es der Eibe *(Taxus baccata),* die in den Stadtgärten wie ein Fremdling wirkt, im historischen Rückblick vor einem Jahrtausend aber im Tiefland und im niedrigeren Bergland häufiger als die Fichte gewesen war. Nur die Urwälder am Südrand des Kaspischen Meeres vermitteln gegenwärtig noch eine Vorstellung davon, wie dominant die Eibe im europäischen Urwald zur Zeit der Kelten und Germanen noch gewesen war. Hierzulande wachsen längst hundertmal mehr Eiben in den Gärten und Parks der Städte als in den mitteleuropäischen Wäldern, wo diese Baumart ohne intensive Schutzmaßnahmen wohl auch schon ausgestorben wäre. Auch auf heimische Arten bezogen sollten die Städte daher nicht von vornherein geringschätzig behandelt werden. Bei den langlebigen Bäumen müssen wir andere Zeithorizonte betrachten als bei uns Menschen, die wir im Durchschnitt kaum ein Zehntel ihrer Lebensspanne erwarten können. Bei Bäumen und Wäldern bemisst sich die Lebenszeit in Jahrhunderten.

Für eine kurzfristige Betrachtungsweise eignet sich die weniger beständige Flora, die sich aus einer noch größeren Anzahl von Arten in den Städten zusammensetzt als die Holzgewächse und ihre Zuchtformen. Wie im allgemeinen Teil schon kurz dargelegt, nimmt die Artenvielfalt der nicht angepflanzt wachsenden Arten vom Stadtzentrum zur Peripherie zunächst zwar zu, geht dort aber deutlich zurück und sinkt im Umland stark ab. In Nürnberg ergab der Vergleich rund doppelt so viele Arten in der Stadt (1.100) wie auf gleich großer Fläche im Umland. Den zahlreichen Detailstudien zufolge dürfte ganz allgemein der Artenreichtum von Pflanzen in den Städten wenigstens doppelt so hoch wie im Umland liegen. Natürlich hängt es von der strukturellen Reichhaltigkeit der an die Stadt grenzenden Gebiete ab, ob dort der Artenreichtum stärker oder weniger ausgeprägt zurückgeht. In besonderen Fällen, etwa wenn Höhenzüge mit Kalkmagerrasen an die Stadt grenzen, die ganz besonders artenreich sind, könnten auch »ausgeglichene« Verhältnisse oder ein Überwiegen »der Natur« zustande kommen. Oft handelt es sich bei solchen Flächen jedoch auch um vom Menschen gestaltete Natur. Intensive Beweidung mit Schafen zum Beispiel oder mit Hirschen im Gebirge vergrößert den Artenreichtum ganz beträchtlich. Die meisten der besonders geschätzten und geschützten, weil floristisch höchst wertvollen Flächen verdanken ihre Artenvielfalt der früheren Beweidung.

In der Stadt verhält es sich nicht anders. Wo die Flächen ganz sich selbst überlassen werden und nicht mehr »gestört« werden dürfen, wachsen sie zu und verlieren Artenvielfalt – an Pflanzen wie auch an Insekten und anderen Tieren!

Doch all diese Erörterungen berücksichtigen den weitaus vielfältigsten und für die pflanzliche Stadtnatur wichtigsten Teil der Arten überhaupt nicht. Es sind dies die gepflanzten Arten. Dieses Artenspektrum deckt in den

Gärten und in vielen Anlagen einen erheblich größeren Teil der Fläche, als von heimischen Arten eingenommen wird. Und sie übertreffen diese an Zahl gleich um ein Mehrfaches. Das hatte sich schon aus dem Verhältnis von etwa 800 Baumarten und -formen zu ein paar Dutzend heimischen ergeben. Werden alle in Arboreten, also in (botanischen) Gärten für Bäume und in Hausgärten angepflanzten Holzgewächse in Mitteleuropa berücksichtigt, so stiege die Gesamtzahl auf etwa 1.500. Mit noch viermal so vielen Arten ist aber bei den anderen Pflanzen, die in den Gärten wachsen, zu rechnen. Damit übertrifft wahrscheinlich jede Großstadt an Pflanzenarten die gesamte wild wachsende und (weitgehend) heimische Flora Deutschlands mit ihren rund 3.000 Arten. In Berlin dürften es sicherlich wenigstens doppelt so viele Pflanzenarten sein, die es im Stadtgebiet gibt. Das hat Folgen für die Tierwelt. So bietet die Stadt nahezu das ganze Jahr über ungleich mehr Blüten als jeder natürliche Lebensraum. Selbst die blühende Heide kann nur kurzzeitig mit dem Nektarangebot im Blütenmeer der Städte konkurrieren, und das auf eine höchst einseitige Weise mit einer einzigen Art im Herbst dem Heidekraut *(Calluna vulgaris)*.

Wie es um die Mengenverhältnisse in der vom Menschen gepflanzten Stadtflora bestellt ist, geht aus keinerlei umfassenden Untersuchung hervor. Was jeder weiß, lässt sich immer noch nicht so recht in Mengen- und Zahlenverhältnissen ausdrücken, weil die Gesamtflora der Städte kaum erforscht ist und noch seltener in ihrer Entwicklung längere Zeit mitverfolgt wird. Wer interessiert sich schon für all die »fremden Arten« in den Gärten, deren Namen selbst die Besitzer kaum kennen. Man kaufte sie, weil sie auf den Samentüten oder in den Katalogen verheißungsvoll ausgesehen hatten. Und staunt dann vielleicht, was alles unter diesen Unbekannten im Gartenbeet doch oder wider Erwarten und entgegen der Reklame auch nicht angeht und gedeiht. Ein durchschnittlicher Katalog bietet Hunderte verschiedener exotischer Pflanzenarten in schier unbegrenzter Menge an Sorten und Zuchtformen an. Was halten die Bienen davon? Was die vielen anderen Insekten, die Blüten besuchen? Richten sie sich danach, ob die Art fremd oder zur heimischen Flora im weiteren Sinne zugehörig ist? Für die Pflanzen selbst spielt das meistens keine Rolle, weil sie ohnehin aus der Gärtnerei oder vom Versandhaus stammen. Mit vielen Gartenpflanzen hat man genügend Erfahrungen gesammelt, um sie weiterpflegen zu können; mit Dahlien etwa oder mit den als Balkon- und Fensterschmuck so beliebten Geranien. Letztere gelten inzwischen schon als »typisch« für das oberbayerische Bauernhaus. Nur in den wenigen Fällen der so genannten invasiven Arten, wie etwa beim rot, rosa und weiß blühenden Drüsigen Springkraut *(Impatiens glandulifera)* (Abb. 27; s. o. S. 70), wird seitens des Naturschutzes (jedoch zumeist recht einseitig) diskutiert, welche Wirkungen es (auch) auf Insekten, wie Hummeln und Wildbienen (geschützte Arten!) haben könnte.

Die gründliche Erforschung und Würdigung der Wirkungen von Blumen in den Stadtgärten hat noch nicht einmal ansatzweise begonnen. Es gibt nur wenige gut untersuchte Beispiele. Um ein besonderes hervorzuheben, muss man nach England hinübergreifen, wo die renommierte Ökologin Jennifer Owen (1991) ein dickes Buch über die Ökologie ihres 741 Quadratmeter großen (»kleinen«) Gartens in Leicester publiziert hat. Sie stellte in ihrem Gärtchen 397 (!) verschiedene Arten von Pflanzen fest. Abzüglich der Gräser und Moose/Flechten setzten sich 360 Arten davon zusammen aus 266 kultivierten und 94 spontan aufgetretenen (= 26 Prozent der 360 Arten). Fremde Arten (»Aliens«) machten mit 214 der 360 einen Anteil von fast genau 60 Prozent aus. Dieser Prozentsatz verweist auf die Größenordnung, mit der in der gesamten Stadtflora zu rechnen ist. Zwei Drittel der vorhandenen Pflanzenarten dürften fremder Herkunft sein. Vom »heimischen« Rest müsste meistens ein Großteil auch als zumindest »gebietsfremd« eingestuft werden, weil die Arten ohne die Stadt und ihre Gärten an Ort und Stelle nicht wachsen würden. Daher stellt jede Stadt ein unbeabsichtigtes Großexperiment für die Pflanzenwelt dar, die sich unter neuen Verhältnissen zu entwickeln hat. Häufig wird versucht, die Entwicklung zu lenken, sei es durch Vorgaben über Bepflanzungs- und Gestaltungspläne, oder aber über bauliche Veränderungen. Was entsteht, ist weder ein Chaos, noch die beabsichtigte Ordnung. Das Neue passt nicht zum Wunschbild von Ökologen, die sich »an der Natur« orientieren und von dort, von früheren Zuständen, Leitbilder entwickelt haben. Es passt aber auch nicht zur festen Planung, denn diese würde andauernd lenkende Eingriffe voraussetzen, wie sie für eine »französische Parkanlage« oder einen traditionell japanischen Garten bezeichnend sind. Die Entwicklung der Flora in der Stadt verläuft zwischen Zwang und Freiheit. Ihre hohe Dynamik entspricht vielleicht nur einem stark zusammengedrängten Zeitmaß wie bei neuen Sukzessionen in der Natur selbst, wo es auch keine feste Beständigkeit gibt.

Greifen wir zur näheren Charakterisierung zwei recht unterschiedliche Beispiele heraus, die in vielleicht ganz gut nachvollziehbarer, auch durch eigene Untersuchungen leicht zu ergänzender Weise aufzeigen, wie fremde Arten mit heimischen zusammen regieren und wie sich eine geradezu »sehr heimische« Pflanze in der Stadt im Vergleich zum Land verhält. Mit dieser ist der Löwenzahn *(Taraxacum officinale)* gemeint; bei den anderen handelt es sich um Frühlingsblüher unterschiedlichster Herkunft. Diese wachsen in einer naturnahen, seit einem Vierteljahrhundert nicht mehr nennenswert veränderten Ecke auf dem Gelände der Zoologischen Staatssammlung in München. Dort hat sich eine »ganz natürliche« Abfolge des Blühens im Frühjahr in einem bunt gemischten Bestand von Arten entwickelt. Er setzt sich zusammen aus Elfenkrokussen *(Crocus tommusinianus)* (Abb. 153; s. u. S. 289), einigen Goldkrokussen *(Crocus chrysanthus)*, sehr viel Schneeglanz *(Chionodoxa luciliae)*, aus Leberblümchen *(Hepatica nobilis)*, Scharbockskraut *(Ranunculus ficaria)* und Blauen Anemonen *(Anemona blanda/apennina)* (Abb. 154; s. u. S. 289) sowie den beiden Lerchensporn-Arten *Corydalis solida* und *C. cava*. Den Abschluss in der Blühfolge bilden Hahnenfuß *(Ranunculus acer)* und Löwenzahn *(Taraxacum officinale)* gegen Ende April oder Anfang Mai. Es handelt sich also um eine Mischung aus heimischen Frühlingsblühern und fremden Arten süd- und südosteuropäischer Herkunft. Dennoch erzeugt ihre Blühfolge ein gestaffeltes Zeitmuster, das, würde man es neu »entdecken«, den Eindruck erwecken müsste, es handle sich um eine seit langem existierende Abstimmung der beteiligten Arten untereinander; vielleicht sogar um eine Co-Evolution.

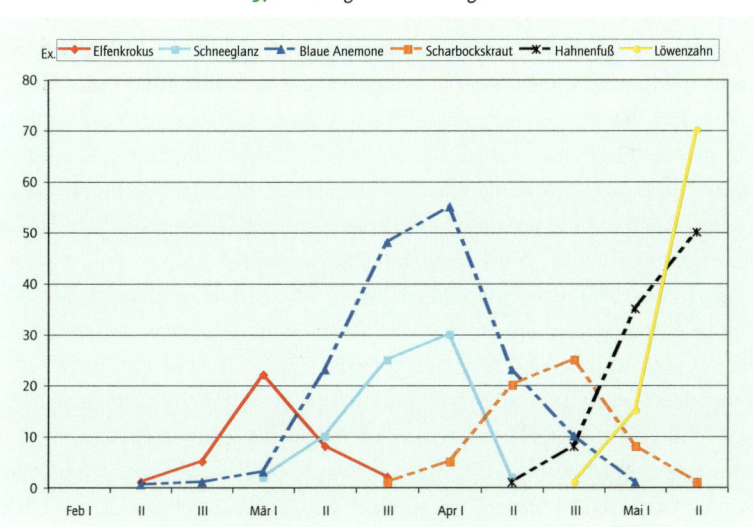

Abb. 97: Blühfolge von Frühlingsblumen

Kein Durcheinander, sondern eine klare Abfolge der sechs verschiedenen Arten ergibt das Blühen der Frühlingsblumen in einer etwa 100 Quadratmeter großen Ecke im Garten der Zoologischen Staatssammlung in München (Beispieljahr 2001).

Schneeglanz und Elfenkrokusse als Zwiebelpflanzen unterscheiden sich ebenso deutlich in der Hauptphase ihres Blühens wie die drei Hahnenfußgewächse *(Ranunculaceen)*, die Blaue Anemone, das leuchtend gelbe Scharbockskraut und der gleichfalls gelbe, aber vom Boden mit der aufwachsenden Vegetation schon waden- bis kniehoch abgehobene Hahnenfuß. Die Löwenzahn-Vollblüte setzt ein, wenn die Frühlingsblüher verblüht sind. An anderen Stellen kommen in den Gärten und Anlagen vielfach die Schneeglöckchen *(Galanthus nivalis)* und die Frühlingsknotenblumen *(Leucojum vernum)* vorneweg dazu, so dass sich auch die im blumenreichen

Frühlings(au)wald kennzeichnende Abfolge der dominanten Blütenfarben einstellt: von Weiß zu Beginn über Blau (mit Blausternen *Scilla bifolia* und Gartenarten dieser Gattung) zum intensiven Gelb. Auf dieses folgen dann die farblich unscheinbaren »grünen« Blüten, die mit Duft locken (müssen), weil sich das Blätterdach geschlossen hat. Im nahen Nymphenburger Park sind das Aronstab *(Arum maculatum)*, Bingelkraut *(Mercurialis perennis)* und andere. Spätestens mit Beginn der »blauen Blütezeit« besuchen Insekten, allen voran die Honigbienen, die Blüten. Sie nutzen den Elfenkrokus, den Schneeglanz und die Blauen Anemonen, weniger das Scharbockskraut und den Hahnenfuß. An diesen finden sich jedoch unauffällige Wildbienen ein, wie die Rotpelzige Sandbiene *(Andrena rufa)*. Gerade die Bienen, ob »wild« oder domestiziert, unterscheiden nicht erkennbar zwischen den heimischen und den fremden Arten. Sie richten sich nach dem Angebot und dieses wurde durch die vielen fremden Blütenpflanzen stark vergrößert.

Draußen auf den offenen Wiesen und an den Wald- und Gebüschrändern setzt nun aber nach den Frühlingsblumen die Massenblüte des Löwenzahns ein (Abb. 98). Erste findet man schon Ende März an sonnigen Stellen. An warmen Flächen erblühen die robusten Pflanzen früher als in Schattenlagen. Die Hauptblüte kann, je nach Verlauf der Frühjahrswitterung, schon Anfang April oder erst Anfang Mai eintreten. Der Löwenzahn ist, wie die allermeisten zeitig im Jahr blühenden Arten, sehr flexibel.

Auf dem Gelände der Zoologischen Staatssammlung entwickelte sich wenige Jahre nach Inbetriebnahme des Instituts ein Massenvorkommen als Folge vorausgegangener Begrünungsmaßnahmen. Anstatt die Fläche sich weitgehend selbst zu überlassen, wie in den ersten Jahren nach Erbauung (seit Frühsommer 1985), war »zum Schließen der Bauwunde« die zu den Schmetterlingsblütlern gehörende Geißraute *(Galega officinalis)* eingesät worden (Abb. 158; s.u. S. 298). In wenigen Jahren überwucherte sie praktisch das ganze Gelände und düngte mit ihrer Fähigkeit, mit Hilfe von Wurzelknöllchenbakterien Luftstickstoff zu binden, den anfänglich mageren Boden so sehr, dass nach ihrer Bekämpfung und weitgehenden Entfernung Massenbestände von Kanadischen Goldruten *(Solidago canadensis* und *S. gigantea)* aufwuchsen.

Dann kam der Löwenzahn: Am 28. April 2001 gab es zwischen 30 und 50 Blüten pro Quadratmeter auf mehreren Teilflächen, die von ihm deckend bewachsen waren. Aus zahlreichen Zählungen einzelner Quadratmeter ließ sich eine Bestandsfläche von etwa 4.700 Quadratmetern und eine Bestandsgröße von fast 270.000 Blütenständen errechnen. Jeder Blütenstand erzeugte im Durchschnitt etwa 300 Samen, so dass im Maienwind über 80 Millionen Löwenzahnfallschirmchen davondrifteten. Zusammen mit kleineren Teilvorkommen hatte das Gelände im Frühsommer 2001 sicherlich über 100 Millionen Samen geliefert – dank der guten Düngung durch die

Abb. 98: Die Massenblüte des Löwenzahns kann – je nach Frühjahrswitterung – bereits Anfang April einsetzen. Löwenzahn ist eine »sehr heimische« Pflanze in der Stadt, die sich bestens mit fremden Arten verträgt.

vorher eingesäte Geißraute! Es bedurfte mehrere Jahre der Ausmagerung, bis der Löwenzahn auf kleine, nur noch unbedeutende Flächen und auf einen weitaus schwächeren Wuchs zurückgedrängt werden konnte. Neue Massenvorkommen von Pflänzchen, die Magerkeit des Bodens anzeigen, bestätigten die Entwicklung: Frühlings-Hungerblümchen *(Erophila verna)* vor allem. Aber es kamen nun auch Pechnelken, Glockenblumen und viele andere Arten. Und mit ihnen kehrten die Schmetterlinge wieder, die es in den ersten Jahren so reichhaltig gegeben hatte, bis die Geißraute alles überwucherte.

23 Fernwanderer unter den Schmetterlingen

Man hat sich daran gewöhnt, draußen über den saftigen Wiesen des Wirtschaftsgrünlandes keine Schmetterlinge, außer gelegentlich Kohlweißlingen, mehr fliegen zu sehen. Früher habe es viel mehr gegeben, beklagen die Älteren das Schwinden der Falter. Dieses »Früher« liegt nun mit 40 bis 50 Jahren schon so weit zurück, dass die Erinnerungen daran verblassen. Die jüngere Generation kennt den alten Zustand nicht mehr. Wer in unserer Zeit bunte Tagfalter sehen möchte, sollte sich in blumenreichen Gärten umsehen oder solche Parkanlagen aufsuchen, in denen Blumenwiesen aufwachsen dürfen. Hier fliegen sie.

Den Anfang machen die ersten Zitronenfalter *(Gonepteryx rhamni)* des Jahres, denen im April die zarten Aurorafalter *(Anthocharis cardamines)* folgen, deren Männchen die unverkennbare orange-rote Spitze der Vorderflügel auszeichnet. Früh fliegen auch die buntscheckigen Kleinen Füchse *(Aglais urticae)* und die allgemein bekannten Tagpfauenaugen *(Inachis io)*. Im Sommer kommen karminrot gebänderte Admiräle *(Vanessa atalanta)* und hell-bräunlich scheckige, unterseits bunt gemusterte Distelfalter *(Cynthia cardui)*, die im Spätsommer und Herbst in der hier entstandenen Generation wieder zurückfliegen über die Alpen, von wo ihre Eltern im Frühsommer gekommen waren. Dazwischen gibt es Große und Kleine Kohlweißlinge *(Pieris brassicae* und *P. rapae)* und zahlreiche bräunliche Falter mittlerer Größe sowie auch solche, die leicht als Bläulinge zu erkennen sind. Es fliegen Dickkopffalter mit schnellem, wie kippend plötzlich die Richtung wechselndem Flug von Blüte zu Blüte; nicht selten sieht man auch kleine »Kolibris«, die sich bei genauerer Betrachtung jedoch nicht als solche erweisen, sondern als Schmetterlinge aus der Verwandtschaft der Schwärmer mit Namen Taubenschwänzchen *(Macroglossum stellatarum)*.

Wer ein brauchbares Bestimmungsbuch für Schmetterlinge zu Rate zieht, kann es ohne weiteres auf 20 und mehr Tagfalterarten in einem Stadtpark oder in größeren, blütenreichen Gärten im Wohnsiedlungsbereich bringen.

Das entspricht in etwa dem Jahresdurchschnitt der Artenzahl an schmetterlingsreichen Dämmen. Berücksichtig man zudem, dass die Mehrzahl der rund 200 Arten von Tagfaltern, die es in Mitteleuropa gibt, recht spezialisiert in ganz bestimmten Lebensräumen wie Hochmooren, Bergwiesen, Bachschluchten oder Auwäldern vorkommen, so kommt der verbleibende Rest des Artenspektrums ziemlich komplett auch im Stadtgebiet vor; solche inzwischen zu Besonderheiten gewordene Arten wie Schwalbenschwanz (*Papilio machaon*), Großer Fuchs (*Nymphalis polychloros*) und Kaisermantel (*Argynnis paphia*) mit eingeschlossen.

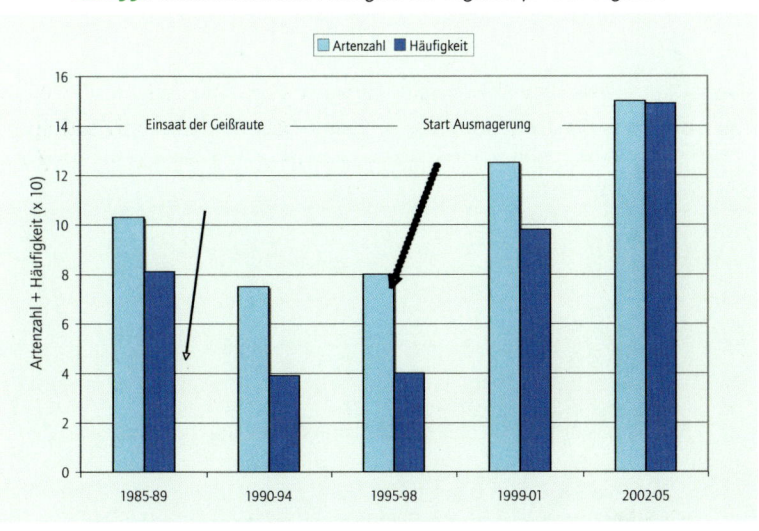

Abb. 99: Artenreichtum und Häufigkeit der Tagfalter je nach Vegetation

Schmetterlinge lieben magere Flächen. Das zeigt die Entwicklung des Artenreichtums und der Häufigkeit (Säulenhöhe x 10) von Tagfaltern auf dem Gelände der Zoologischen Staatssammlung (ZSM) in München seit der Inbetriebnahme des Instituts 1985: Mit Beginn der Ausmagerung nahmen Artenvielfalt und Zahl der Tagfalter zu.

Es könnte dagegen eingewendet werden, dass Schmetterlinge herumfliegen und daher auch an Stellen, wie in die Städte, geraten, die gar nicht als Lebensraum für sie in Frage kommen und die vor allem auch nicht für ihre Raupen geeignet sind. Im Einzelfall mag das richtig sein, aber die meisten Schmetterlinge, die im Stadtgebiet angetroffen werden, können sich hier auch fortpflanzen. Die Futterpflanzen sind vorhanden; genügend warme und ungestörte Ecken auch. Und wenn sich diese verändern, weil sie zuwachsen, verschwinden manche Arten auch wieder und die Falter werden seltener. Das zeigte sich nach dem Bezug der Zoologischen Staatssammlung in München-Obermenzing im Jahr 1985. Der größte Teil der Anlage ist unterirdisch gebaut. Oben auf dem »Dach« wächst Gras und es fliegen Schmetterlinge; neuerdings wieder reichlich, nachdem sie – wie oben beschrieben – zwischenzeitlich fast schon verschwunden waren, weil die vom Bauamt angesäte Geißraute *(Galega officinalis)* das Gelände überwuchert hatte (Abb. 99). Insgesamt sind bisher 31 Tagfalterarten und sechs weitere Arten tagfliegender Schmetterlinge aufgetreten. Das Häufigkeitsspektrum dieser Arten zeigt das völlig normale Bild weniger häufiger und vieler seltener Arten, wie es bei jeder Untersuchung zustande kommt (Abb. 100).

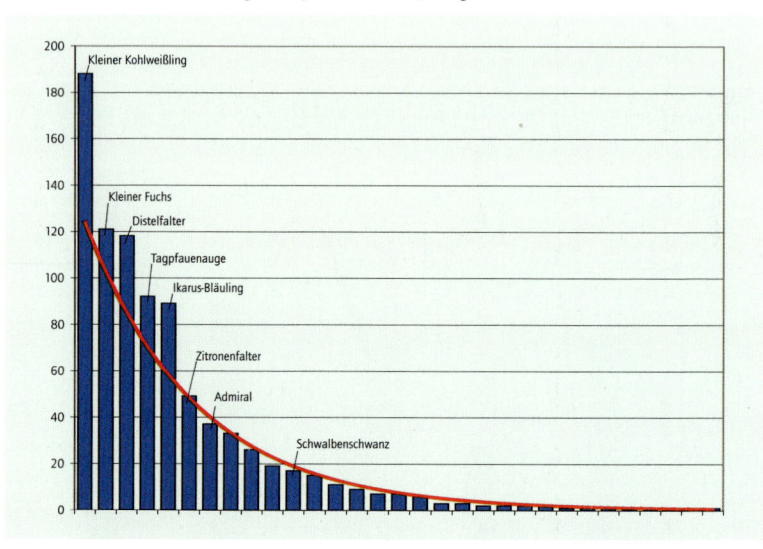

Abb. 100: Häufigkeitsspektrum von 31 Tagfalterarten in München

Häufigkeitsverteilung von 31 auf dem Gelände der Zoologischen Staatssammlung in München festgestellten Tagfalterarten (bei einer Gesamtzahl von 867 Exemplaren). Die häufigsten Arten sind der Reihe nach (von links): Kleiner Kohlweißling, Kleiner Fuchs, Distelfalter, Tagpfauenauge, Ikarus-Bläuling, Zitronenfalter, Admiral und Ochsenauge. Der Schwalbenschwanz nimmt Rang 11 ein, gehört also noch zum häufigeren Drittel. Der Häufigkeitsverlauf folgt einer mathematischen Exponentialfunktion (im Diagramm angegeben), die eine sehr hohe statistische Übereinstimmung mit den Zahlen ergibt.

Für eine ganz ähnliche Gesamtzahl von Tagfaltern ergaben frühere Untersuchungen am unteren Inn (Damm zwischen Auwald und Stausee) von 1971 bis 1981 insgesamt 46 Arten und durchschnittlich 26 Arten pro Jahr (Reichholf 1986). Die »Insel« der Zoologischen Staatssammlung schneidet somit gar nicht schlecht ab, verglichen mit einem »guten« Tagfalterbiotop am Naturschutzgebiet unterer Inn in der für Schmetterlinge zudem noch recht »guten Zeit« der 1970er Jahre. Inzwischen ergaben Artenschutzkartierungen in vielen Städten, dass in diesem Lebensraum tatsächlich mit Vorkommen von Arten zu rechnen ist, die als schutzbedürftig eingestuft sind. Immerhin gelten fünf der in Abb. 100 enthaltenen Tagfalterarten nach der

Abb. 101: Kleiner Fuchs

Bayerischen Roten Liste von 2003 als gefährdet. Schmetterlingskenner würden schnell ins Detail gehen. So sollten die »Bodenständigen« von den Wanderfaltern getrennt werden, da deren Häufigkeit selbstverständlich viel mehr vom Zuggeschehen abhängt als von ihrer Fortpflanzung an Ort und Stelle. Auch dazu kann die Stadt Neues bieten, wie am nachfolgenden Beispiel zweier unserer bekanntesten Tagfalter gezeigt wird, dem Kleinen Fuchs (Abb. 101) und dem Tagpfauenauge (Abb. 102).

Man wird sie fraglos für einen festen Bestandteil unserer heimischen Schmetterlinge halten. Das ist auch richtig, nur verhält es sich nicht ganz in dem damit gemeinten Sinn. Denn beide Arten legen zwar ihre Eier an Brennnesseln ab, die ihre Haupt- oder alleinige Futterpflanze für die Entwicklung der Raupen sind. Aber was geschieht mit den Nachkommen am Ende des Sommers? Überwintern die geschlüpften Pfauenaugen und Kleinen Füchse bei uns? Wenn ja, wo verstecken sie sich? Woher kommen sie im März und April, wenn sie wieder »auftauchen« und eine erste Generation im neuen Jahr starten? Wer in den Handbüchern über Schmetterlinge, zum Beispiel im großartigen Werk von Ebert (1993), oder in den Fachzeitschriften zur Schmetterlingsforschung darüber Näheres in Erfahrung bringen möchte, sieht sich nur vagen Angaben ausgesetzt. Da und dort wurden Tagpfauenaugen, seltener noch Kleine Füchse, in Winterverstecken, wie Gartenhäuschen, Ställen oder Dachböden gefunden. Aber reichen diese wenigen Funde aus, um die alljährliche Wiederkehr dieser so häufigen Schmetterlinge zu erklären?

Abb. 102: Das Tagpfauenauge

Kleiner Fuchs und Tagpfauenauge zählen zu den »Fernwanderern« unter den Schmetterlingen. Im Frühling kommen sie über die Alpen, legen ihre Eier an Brennnesseln ab und fliegen nach dem Sommer wieder in wärmere Gefilde zurück. Im Alpenvorland überwintern nicht viele.

Bei einem echten Überwinterer, dem Zitronenfalter, ist gut bekannt, dass sich die Falter im Herbst einfach im Wald oder im Gebüsch wie dürre Blätter hinhängen und ohne jeden weiteren Schutz Schnee und Frost überstehen. Sie dicken ihre Körpersäfte mit einem biologischen Frostschutzmittel ein. Damit halten sie Bodenfröste von minus 25 Grad Celsius aus. Die Strahlungswärme der Vorfrühlingssonne weckt sie auf. Mitunter fliegen die ersten Zitronenfalter bereits im Vorfrühlingswald, obwohl am Boden noch Schnee liegt. Für Pfauenauge und Kleinen Fuchs gibt es keine solchen Befunde zur Überwinterung. Die wenigen Einzelfälle erwecken Zweifel, ob sie ausreichen, um der Wiederkehr beider Arten im Frühjahr zu entsprechen. Hinzu kommt, dass die Häufigkeit beider »so häufigen« Arten von Jahr zu Jahr ohne erkennbaren Rhythmus sehr stark schwankt. In manchen Frühsommern sind sie schon überall zu sehen, in anderen Jahren den ganzen Sommer aber nur vereinzelt.

Der Vergleich ihrer Vorkommen in der Stadt (München) und draußen im Wald (an der Isar südlich von München) bringt die Lösung: Die Häufigkeit beider Arten hängt davon ab, wie stark der Einflug aus dem Süden im Frühjahr war. Wie ihre weitere Verwandtschaft, die Admiräle und Distelfalter, die als große Wanderer seit Jahrhunderten bekannt sind, gehören nämlich auch Pfauenauge und Kleiner Fuchs offenbar zu den regelmäßigen

Abb. 103: Vorkommen des Tagpfauenauges in Wald und Stadt

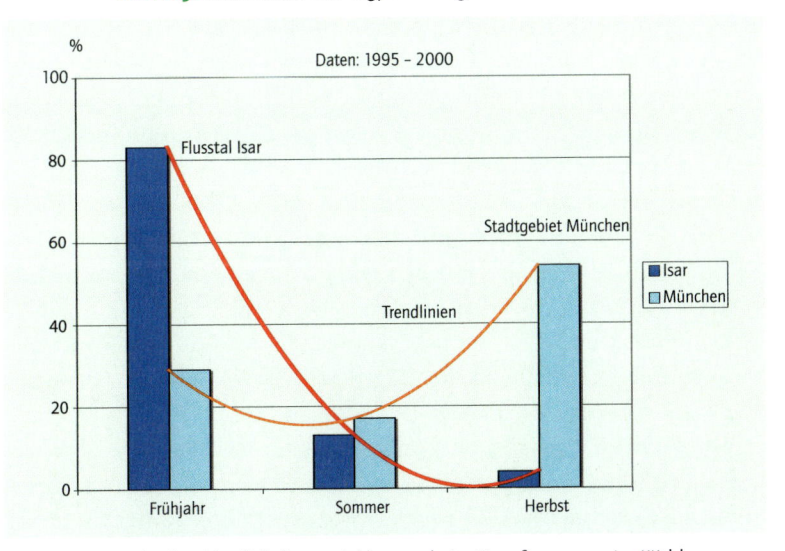

Gegenläufige Häufigkeitsentwicklungen beim Tagpfauenauge im Wald
an der Isar südlich von München und im Stadtgebiet (1995–2000).
Der hohe Anteil im Frühjahr kommt durch den Zuzug aus dem Süden zustande.

Abb. 104: Vorkommen des Kleinen Fuchses in Wald und Stadt

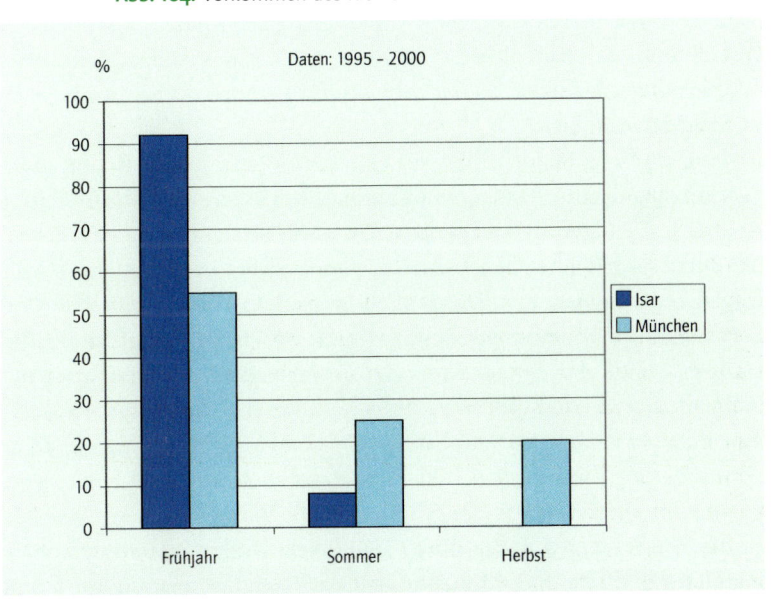

Verschwinden des Kleinen Fuchses nach dem Durchzug im Frühjahr
aus dem Isarwald südlich von München sowie Durchzug des Schmetterlings
in der Stadt und Aufbau eines Sommerbestandes (1995–2000).
Die Rückwanderung im Herbst wird nur ausnahmsweise beobachtet,
wie etwa im Oktober 2006 im Isartal am Alpenrand.

Fernwanderern. Im Frühling fliegen sie über die Alpen nordwärts, legen an den sich gerade entwickelnden, jungen Brennnesseln ihre Eier ab und erzeugen so die erste Generation von Nachkommen. In normalen Sommern folgt eine zweite, in sehr günstigen auch noch eine dritte Generation. Von diesen fliegen dann die Falter wohl zum allergrößten Teil, aber recht unauffällig, wieder über die Alpen zurück. Erkennbar wird dieses Zugverhalten erst durch den Vergleich der Häufigkeitsmuster beider Arten draußen im Isartal, dem die Einwanderer im März und April nordwärts folgen, und ihrer Anwesenheit in der Stadt, wo es sicherlich unvergleichlich mehr und sicherere Plätze zur Überwinterung gäbe als im Wald. An der Isar sind die Kleinen Füchse und die Pfauenaugen am häufigsten im zeitigen Frühjahr, bevor sie sich fortgepflanzt haben (Reichholf 2005d). In der Stadt werden sie mit jeder Generation häufiger (Abb. 103 und 105).

So eröffnet die genauere Registrierung »ganz gewöhnlicher Tagfalter« tiefere Einblicke in ihre Lebensweise und fördert Unerwartetes zutage. Umso deutlicher wird dabei auch die Bedeutung der Städte und Siedlungen für die Erhaltung dieser schönen Schmetterlinge. An ihnen ließe sich am einfachsten die großartige Verwandlung von der dornigen, wurmförmigen Raupe über die Puppe zum farbenprächtigen, leichtflügeligen Schmetterling mitverfolgen, weil nur Brennnesseln als Futter für die Raupen benötigt werden. Dass völlig überzogene Artenschutzbestimmungen es heute sogar den Schulen sehr schwer machen, diese Verwandlung den Kindern im Unterricht vorzuführen, wird den solcherart »geschützten« Schmetterlingen mehr schaden als nützen. Denn wer sich nicht mehr für sie interessiert, wird sie auch nicht erhalten wollen.

Nur selten einmal hat man das Glück, eine ganz große, richtig spektakuläre Massenwanderung von Faltern zu erleben. Eine solche flutete Anfang Juni 2003 durch weite Bereiche Süddeutschlands und auch mitten durch Großstädte. Distelfalter *(Cynthia cardui)* waren es, die zu Millionen nordwärts flogen. Die großen bräunlichen und recht schnellen Falter waren nicht zu übersehen, kamen sie doch bis in den Münchner Hauptbahnhof. Im Botanischen Garten belagerten sie zu Hunderten blühende Büsche, dass diese von Schmetterlingen bedeckt waren. Sie überflogen die Autos auf den Autobahnen, wichen zum Höhepunkt der Massenwanderung kaum noch den Menschen aus, so dass es passieren konnte, dass sie im Vorbeiflug mit der Flügelspitze die Wange streiften. Tausende zogen in wenigen Minuten durch, Millionen an den Haupttagen ihrer Wanderung. Allein über München und das Isartal wanderten am 1. Juni 2003 auf einer Breite von 20 Kilometern etwa 22 Millionen Distelfalter (Reichholf & Sakamoto 2005). Den ganzen Sommer 2003 über waren und blieben die Distelfalter die häufigsten Schmetterlinge in München (die Massenwanderung ist deshalb auch nicht in Abb. 100 aufgenommen worden, damit dieses Einzelereignis die Häufigkeitsstruktur nicht zu sehr stört). Zurück kamen keine mehr im Herbst dieses Jahres.

Doch in vielen anderen Jahren sammeln sich im Spätsommer und Herbst die rückwärts in den Süden wandernden Schmetterlinge in kleineren Mengen am Sommerflieder, an der Buddleia *(Buddleja davidii)*. Unter ihnen sind auch Eulenfalter an den Blütentrauben, die am Tag wandern: die schnellen Gamma-Eulen *(Plusia gamma)*. Ihren Namen erhielt diese Art nach einer feinen Gamma-förmigen, silber-weißen Zeichnung auf dem Vorderflügel. Gut zu beobachten sind die Gamma-Eulen auch an den Blüten vom Phlox *(Phlox subulata)*, in die sie ihre langen, dünnen Rüssel eintauchen, um Nektar zu trinken. Beide Gartenpflanzen, der stellenweise verwilderte Sommerflieder aus Ostasien und der Phlox aus Nordamerika, sind die ergiebigsten Nektarquellen für Wanderfalter im Spätsommer. An den Blüten »tanken« sie auf für den Rückflug ins Mittelmeergebiet, von wo ihre Vorgänger im Frühsommer gekommen waren. In den letzten Jahrzehnten wurde klar, dass nicht nur Vögel zu Millionen regelmäßig in den Süden ziehen und von dort zurückkehren, sondern auch Schmetterlinge. Die besten Befunde dazu lieferten Lebendfänge von nachtaktiven Schmetterlingen mit Lichtfallen (Abb. 36; s. o. S. 86). Erst mit dieser Technik zeigte sich das ungleich größere Ausmaß des Zuggeschehens in der Nacht. Denn der Tag bietet uns nur einen kleinen Ausschnitt aus dem wirklichen Artenreichtum der Schmetterlinge und vieler anderer Insektengruppen. Es gibt über zehnmal mehr nachtaktive Falter und noch einmal so viele Kleinschmetterlinge, von denen die meisten auch nur nachts aktiv werden.

24 Unsichtbare Schönheiten

Die Motten, die das Licht umschwirren, sind nur selten richtige Motten, deren Raupen Kleidung und Pelze zerfressen. Die Kleidermotte *(Tinea biselliella)* ist ein unscheinbarer Winzling mit gelblichen bis grau-gelben Flügeln, die ausgestreckt nur etwa eineinhalb Zentimeter spannen, und scheinbar langsamem Flug, bei dem sie sich aber doch nicht leicht fangen lässt. Die Schäden verursacht ihre Raupe, die als solche zunächst gar nicht zu erkennen ist, weil sie in einem Köcher steckt, aus dem nur der Kopf zur Nahrungsaufnahme hervorkommt. Den Köcher fertigt sie aus den Haaren und Federn oder der Wolle, die sie frisst. Sie ist in der Lage, das Keratin, aus dem Haare, Tierwolle (Schafwolle) und Federn bestehen, zu verdauen und sie braucht dazu nicht einmal Wasser. Daher können sich solche echten Motten in einem ansonsten sauberen und trockenen Kleiderschrank rasch in Massen vermehren und große Schäden anrichten, wenn sie hineingelangen. Die Behandlung mit einem chemischen Stoff, Eulan®, verändert die Struktur der Eiweißstoffe, aus denen das Keratin gebildet worden ist, so sehr, dass es die Mottenraupen nicht mehr verdauen können. Seit rund 30 Jahren steht die Methode der Eulanisierung allgemein zur Verfügung. Motten sind entsprechend selten geworden.

Deshalb handelt es sich bei den mottenartigen Schmetterlingen, die abends und in den frühen Nachtstunden zum Licht fliegen, fast immer um ganz andere und für den Menschen gänzlich harmlose Arten. Es gibt so viele davon, dass sie kaum ein Spezialist alle kennt. Die Spezialisten müssen Spezialisten für Untergruppen der Nachtschmetterlinge werden, um die Fülle der Arten bewältigen zu können, die es allein schon in Mitteleuropa gibt. Manche sind so winzig, dass erst unter einer starken Lupe betrachtet die kennzeichnenden Details sichtbar werden. Bei anderen gelingt das auch nicht; die Spezialisten müssen sie präparieren, um nach dem Bau des Genitalapparates die Artbestimmung vorzunehmen. Auch nach 250 Jahren gründlicher Schmetterlingsforschung werden auf diese Weise und mit den modernen Methoden der Molekulargenetik sogar in Mitteleuropa noch neue Arten gefunden, die man bisher nicht erkannte, weil sie mit anderen verwechselt worden waren. Deshalb ist es so gut wie unmöglich, alle Schmetterlingsarten eines größeren Gebietes, wie einer ganzen Stadt, mit nur einer Methode (und alleine) zu erfassen. Die Artenfülle und die Bestimmungsschwierigkeiten sind zu groß. Erschwerend kommt hinzu, dass man am Tage einen Großteil der Arten nicht zu Gesicht bekommt und dass die Bestimmung der Raupen vor allem kleiner, unscheinbarer Arten eine Wissenschaft für sich darstellt. Bleibt noch hinzuzufügen, dass sich die Schwierigkeiten noch viel mehr vergrößern, wenn man nicht nur die Schmetterlinge, sondern auch die nachts aktiven Käfer, Wanzen, Köcher- und Eintagsfliegen, Mücken und all die anderen, noch weniger bekannten Gruppen von Insekten erfassen und bestimmen möchte.

Doch auch sie sind enthalten in den Insektenfängen mit einer Methode, die beim Umschwirren der Motten von Lichtquellen ansetzt. Bestimmte Wellenlängen des Lichts, vor allem der so genannte weiche oder UV-A-Anteil des Ultravioletten Lichtes, ziehen auf irgendeine, anscheinend noch immer nicht so recht verstandene Weise sehr viele Insekten in der Dunkelheit an. Da auch eine normale Glühbirne etwas von diesem UV-Licht aussendet, wirkt sie anlockend, wenn auch schwach, verglichen mit Speziallampen. Solche sind im Einsatz, seit es billige UV-Lampen vom Typ der Neonröhren gibt, um Lichtfang zu betreiben.

Die mit Abstand beste, weil die geringsten Verluste verursachende Fangmethode mit Licht bieten Lebendfang-Fallen, weil sie die ans Licht geflogenen und in die Trichterfalle geratenen Insekten nicht töten. Diese sammeln sich im Fangsack an, der bei Bedarf, wenn guter Anflug zu erwarten ist, mit Eierkartons »innere Struktur« bekommt, und können schon am frühen Morgen des nächsten Tages ausgewertet und gleich wieder an Ort und Stelle frei gelassen werden. Im Einführungsteil ist bereits auf die generellen Ergebnisse hingewiesen worden, die mit einer solchen Fangmethode erzielt werden können. Ihre Vorzüge sind klar: Die Lichtfalle fängt »physikalisch« und automatisch. Sie lässt sich beliebig in gleicher Ausführung nachbauen und anwenden. Ihre Fangeffizienz kann mit anderen Methoden getestet werden. Die Überlebensraten der Schmetterlinge lassen sich mit Hilfe der individuellen Markierung feststellen und damit auch Wiederfangraten ermitteln. Und so fort. Zum Lichtfang gibt es viele Veröffentlichungen; auch zu anderen Formen des Leuchtens, bei denen es weniger um quantitatives Arbeiten geht, sondern um möglichst viele Nachweise verschiedener Arten. Dazu sind »Leuchttürme« konstruiert worden.

Beim Lichtfang in der Stadt geht es um die Lösung solcher Fragen: Wie häufig sind nachtaktive Schmetterlinge? Welche Arten kommen vor? Sind es nur solche allgegenwärtige Schmetterlinge, die uninteressant sind und um die sich der Naturschutz nicht zu kümmern braucht? Können Nachtfalter überhaupt in nennenswertem Umfang in der von Licht durchfluteten Stadt leben? Die permanente Beleuchtung in den Nächten wird von Umweltschützern als »Lichtverschmutzung« (»light pollution«) bezeichnet und problematisiert. Ändern sich mit der Zeit die Häufigkeiten? Wie sieht es im Vergleich zum Land, zu Dorf und Wald aus?

Diese Fragen können mit den Lebendfang-Lichtfallen sehr gut behandelt werden. Voraussetzung ist jedoch ein langjähriger Betrieb. Denn kurzzeitig (das heißt: in einem Jahr oder in wenigen Fangjahren) lassen sich noch keine ausreichend aussagekräftigen Ergebnisse erzielen. Umfangreiche Studien haben gezeigt, dass nach einem Jahr nur etwa die Hälfte des im Fanggebiet zu erwartenden Artenspektrums festgestellt wird. Im nächsten Jahr kommen weitere Arten hinzu. Das Artenspektrum baut sich ganz regelmäßig auf und erreicht, je nach Größe des tatsächlichen Artenreichtums im Fanggebiet, nach drei, vier oder erst nach sieben/acht Jahren 90 Prozent des Grenzwertes, der sich kalkulieren lässt. Für einen allseits mit hohen Gebäuden abgeschlossenen, rund 6.000 Quadratmeter großen Innenhof in der Schlossanlage von Nymphenburg ließ sich dieser Aufbau des Artenspektrums sehr klar zeigen.

Aus Abb. 105 geht dies hervor: Das erste Fangjahr ergab mit zwei bis drei Fangnächten pro Woche lediglich 45 Prozent des Endwertes. Nach dem zweiten Jahr war die Artenzahl auf gut zwei Drittel angestiegen und erst das vierte Jahr überstieg die 90-Prozent-Grenze. Bei sehr artenreichen Gebieten, wie etwa in Auwäldern, dauert es sieben bis acht Fangjahre, bis die 90-Prozent-Grenze erreicht wird. Auch nach langjährigen Fängen kommen immer noch einzelne Arten hinzu, aber dafür verschwinden andere. Dieser Artenumsatz (Turnover) betrifft durchschnittlich pro Jahr etwa ein Drittel des Artenspektrums. Auch dies bestätigten zahlreiche Lichtfang-Untersuchungen, darunter die besonders umfangreichen Fänge von Axel Hausmann (ZSM) mit netzartig postierten Lichtfallen bei Oberschleißheim im Norden von München. Aus all dem geht hervor, dass Lichtfänge, die über zu kurze Zeiträume betrieben worden sind, keine hinreichend verlässlichen Befunde, weder für das Spektrum der Arten noch im Hinblick auf ihre Häufigkeitsveränderungen, liefern (können).

Wie aber sieht es nun aus in der Stadt? Am einfachsten ist das Problem der Lichtverschmutzung zu behandeln, wenn man Fallen ohne Störlicht mit solchen in für die Stadt normaler Lichtumgebung vergleicht. Das Ergebnis fällt qualitativ (Artenzahlen) und quantitativ (Individuenmengen) eindeutig aus: Es lässt sich kein Unterschied ausmachen. Da dies nun aber beides schon »Stadtverhältnisse« sein könnten, ist der Vergleich mit einem Dorfrand ohne Einwirkung der Straßenbeleuchtung zur Absicherung angebracht. Auch hier zeigt sich kein Unterschied. Abb. 106 fasst diesen Befund zusammen.

Abb 105: Entwicklung der Artenzahlen im Lichtfang

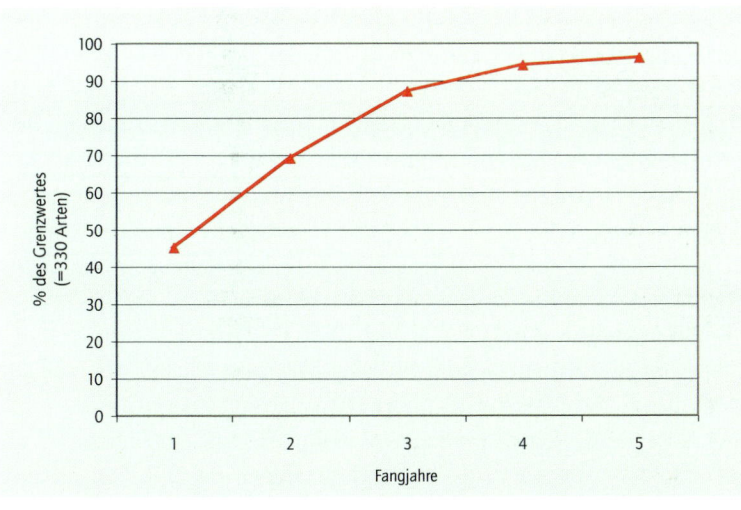

Die Lichtfang-Methode erfordert eine mehrjährige Erfassung, um zu hinreichend verlässlichen Befunden hinsichtlich der Artenzahlen zu gelangen. Dies zeigt die kumulative Darstellung des Anstiegs der Artenzahlen in Prozent des Grenzwertes von etwa 330 Arten von Großschmetterlingen mit fortschreitender Zahl der Fangjahre. Der Lichtfang wurde auf dem Gelände der Zoologischen Staatssammlung München durchgeführt. Die Sättigungskurve ergibt den Grenzwert, der erst nach fünf Jahren erreicht wurde.

Abb. 106: Häufigkeit nachtaktiver Schmetterlinge

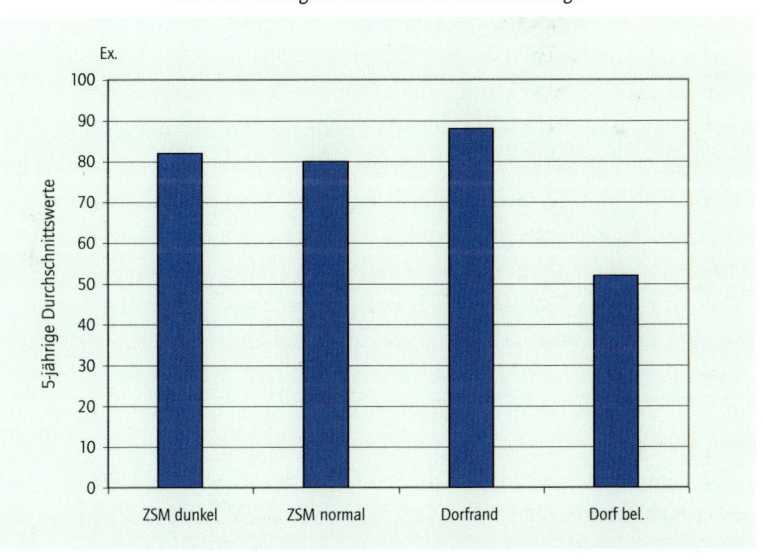

Durchschnittliche Anzahl nachtaktiver Schmetterlinge im Lichtfang zur Hauptflugzeit Juni, Juli und August (ZSM = Zoologische Staatssammlung München; Dorf bel. = Fangstelle im Wohnsiedlungsbereich eines niederbayerischen Dorfes mit Straßenbeleuchtung)

Der Einfluss der Straßenbeleuchtung wird also möglicherweise überschätzt. Der Unterschied im Artenreichtum der Wohnsiedlung eines niederbayerischen Dorfes dürfte sich daraus erklären, dass die dortigen Gärten noch jung gewesen sind im Vergleich zu den Waldresten auf dem Gelände der Zoologischen Staatssammlung (ZSM) in München. Denn simultane Vergleichsfänge mit der ZSM im Sommer 2006 in einem an Pflanzenarten sehr reichhaltigen Garten in einem östlichen Stadtteil von München hatten einen mengenmäßig ganz ähnlichen Unterschied ergeben: Ein gutes Drittel weniger Arten kam vor und knapp die Hälfte der Schmetterlingsmenge. Dieser Befund weist auf zwei wichtige Aspekte des Artenreichtums und der Schmetterlingsmenge hin.

Die Zierpflanzen bieten zwar viel, aber bei weitem nicht so viel wie alte Restflächen früherer Waldstücke oder Heideflächen. Dieser Gesichtspunkt muss in Kapitel 32 vertieft werden, weil nicht jede unbebaute Fläche für die Tiere und Pflanzen gleich »gut« ist und nur der Größe und Flächenbilanz nach beurteilt werden könnte. Dieses Problem stellt sich bei den Ausgleichsflächen, die für Eingriffe zur Verfügung gestellt werden müssen. Der zweite Aspekt verbindet sich damit: Weil auch in Restflächen »alter Biotope« ein hoher Artenreichtum stecken kann, dürfen diese nicht einfach als »Stadtgelände« oder Unland abgetan und gegen die »echte«, die freie Natur gestellt werden. Letztendlich sollten die Vorkommen und Häufigkeiten der Arten selbst das Maß abgeben, und nicht die Leit- oder Wunschbilder von Menschen, die im Naturschutz engagiert oder hauptberuflich tätig sind.

Diese Problematik verschärft ein weiterer Befund, der mit den Entwicklungen auf dem Land zu tun hat. Dort nimmt der Artenreichtum seit Jahrzehnten stark ab, weil die hochgradig intensivierte Landwirtschaft dem Artenreichtum zu wenig oder keinen wirklichen Freiraum mehr lässt. Wie eingangs ausgeführt, kommt dabei der Überlastung der Landschaft mit Pflanzennährstoffen, der Eutrophierung, eine vorrangige Bedeutung zu. Die Städte werden weit weniger gedüngt. Hier können sich magere, nährstoffarme Flächen erhalten. Offenbar war demzufolge auch kein massiverer Artenschwund in Großstädten seit den 1970er Jahren zustande gekommen. Die Verhältnisse zwischen Land und Stadt haben angefangen, sich anzugleichen, seit das Land so viel von seinem früheren Artenreichtum verloren hat. Die Städte übertreffen gegenwärtig das Land vielfach schon ganz erheblich (Abb. 107).

Die aufgeworfenen Fragen können somit beantwortet werden. Doch bei so wenigen Fangstellen kann es sich selbstverständlich nur um einen ersten Einstieg handeln, der entsprechender Ausweitung und Vertiefung bedarf. Die Linien aber sind vorgegeben. Eine detaillierte Darlegung des Artenspektrums der Schmetterlinge und all der vielen anderen gefangenen und bestimmten Insekten ist hier nicht angebracht, handelt es sich doch allein

Abb. 107: Fangzahlen für Schmetterlinge in Stadt und Dorf

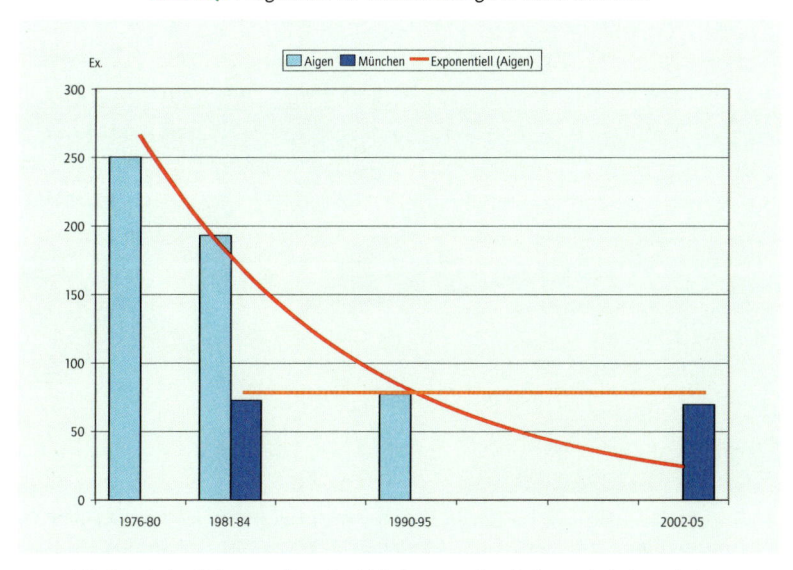

Häufigkeit der Schmetterlinge im Lichtfang am Rand eines niederbayerischen Dorfes und in München. Erfasst wurden die durchschnittlichen Fangzahlen pro Fangnacht in der Hauptflugzeit von Juni bis August. Die Angleichung der »Landverhältnisse« an die Stadt geht daraus hervor. Die exponentielle Abnahme am Dorfrand dürfte mittlerweile zu Ende sein und nicht ganz das tiefe Niveau erreicht haben, das von der Rückgangskurve angezeigt wird.

schon um mehr als 450 verschiedene Arten von Schmetterlingen. Schöne und eindrucksvolle Arten sind darunter; Raritäten auch. Sie machen jeden Lichtfang »spannend«. So können die schnittigen, roten Weinschwärmer beider Arten (Mittlerer *Pergesa elpenor* und Kleiner *Pergesa porcellus*) gefangen worden sein, deren Raupen eine gefährlich »blickende« Schlange mit falschen Augen simulieren (Abb. 108). Oder die großen Ligusterschwärmer (*Sphinx ligustri*), deren Gewicht zu spüren ist, wenn sie sich auf der Hand mit Flügelzittern aufwärmen, bevor sie pfeilschnell starten (Abb. 109). Es gibt die wunderschönen Nachtpfauenaugen (*Saturnia pavonia*) (Abb. 110), deren noch größerer, in seiner Gestalt und Größe schon »tropisch« wirkender Verwandter, das Wiener Nachtpfauenauge (*Saturnia pyri*), auch in den Vororten von Wien fliegt, wenn es dort an den Straßen die mitteleuropäische Hauptfutterpflanze der Art, die Walnussbäume, zur Verfügung hat. Im Spätsommer kann das Rote Ordensband (*Catocala nupta*) an der Lichtfalle sitzen. Anders als die meisten Nachtschmetterlinge halten sich die fledermausartig fliegenden, großen Ordensbänder aber etwas vom Licht fern und landen in der Nähe. Wo es im Nahbereich Holunderbüsche (*Sambucus nigra*) gibt, fliegt der ungemein zarte Nachtschwalbenschwanz (*Ourapteryx sambucaria*) und so weiter.

Abb. 108: Die Raupe des roten Weinschwärmers simuliert mit falschen Augen eine gefährlich »blickende« Schlange.

Abb. 109:
Ligusterschwärmer

Abb. 110: Kleines Nachtpfauenauge

Die Schönheit vieler Arten von Nachtschmetterlingen zeigt sich erst im Detail und in der Vergrößerung. Es ist voll und ganz verständlich, dass sie von zahlreichen Menschen gesammelt worden sind, ehe die Artenschutzbestimmungen das Sammeln heimischer Falterschönheiten so gut wie unmöglich gemacht haben. Den Schmetterlingen und all den anderen »geschützten« Insektengruppen nützte das Verbot überhaupt nichts. Vielmehr entzog ihnen damit der Naturschutz die besten Freunde und den interessierten Menschen wurde die Freude an ihrer Schönheit genommen. Das Vorurteil war und blieb gewichtiger als das sachliche Urteil. Denn es gibt weder einen Beweis, nicht einmal einen Hinweis darauf, dass das Schmetterlingssammeln und der Lichtfang die Bestände beeinträchtigt, noch dass die Unterschutzstellung irgendeine positive Wirkung auf die Schmetterlinge gebracht hätte.

Ein Beispiel aus dem großen Spektrum der Schmetterlingsarten soll diesen Teil der Thematik beschließen. Mit Lichtfallen werden selbstverständlich auch typische Schädlinge wie der Apfelwickler *(Cydia pomonella)* gefangen, dessen Raupen der bekannte »Wurm« im Apfel sind. Die Abb. 111 zeigt, dass der Apfelwickler im freien Fanggelände von München-Obermenzing, an das typische Stadtgärten angrenzen, die auch Obstbäume enthalten, hier so häufig ist wie früher im niederbayerischen Dorfgarten, in dem wenig Spritzmittel gegen Obstschädlinge angewandt worden sind. Bevor gegen die Schädlinge chemische Mittel eingesetzt wurden, waren die Apfelwickler Ende der 1960er/Anfang der 1970er Jahre allerdings noch rund zehnmal so häufig wie in den letzten Jahrzehnten (Abb. 111). Es dürfte

Abb. 111: Häufigkeit des Apfelwicklers

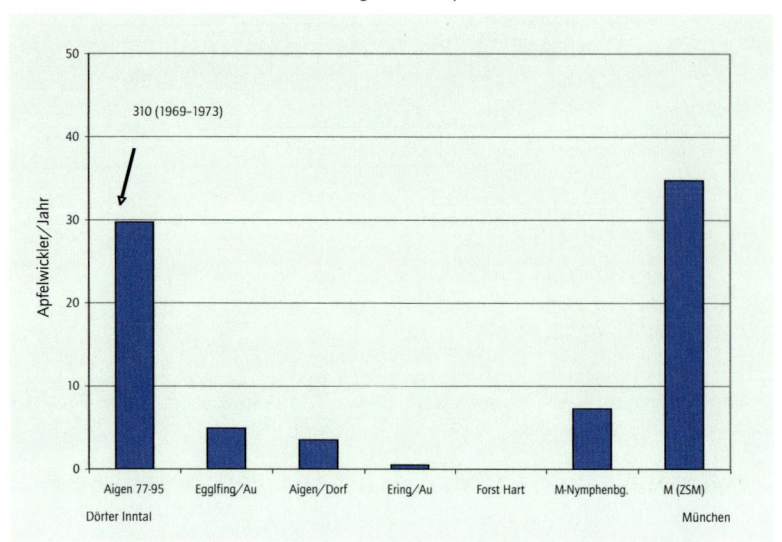

[Balkendiagramm: Apfelwickler/Jahr; 310 (1969–1973); Standorte: Aigen 77-95, Egglfing/Au, Aigen/Dorf, Ering/Au (Dörfer Inntal), Forst Hart, M-Nymphenbg., M (ZSM) (München)]

Anzahl der Apfelwickler in verschiedenen Fanggebieten auf gleich großen Flächen. Auf dem Gelände der Zoologischen Staatssammlung München (ZSM), das unmittelbar an typische Stadtgärten mit Obstbäumen grenzt, kommt der Schmetterling ebenso häufig vor wie in einem niederbayerischen Dorfgarten. Vor Einsatz chemischer Pflanzenschutzmittel in den Jahren 1969–1973 lag die Anzahl der Schmetterlinge jedoch noch um ein Zehnfaches höher.

somit anzunehmen sein, dass in der Stadt weniger Gift gespritzt wird als üblicherweise auf dem Land und daher viele Insekten, allen voran auch Kleinschmetterlinge der unterschiedlichsten Arten, in der städtischen Umwelt besser überleben können. Die Lichtfänge sind tatsächlich so reichhaltig an Kleinschmetterlingen, dass diese Gruppe oft allein über die Hälfte der Arten einer Fangnacht stellt.

25 Lichter der Großstadt –
Glühwürmchen und ihre Leidenschaft für Schnecken

Von oben betrachtet ist die Stadt nachts ein blinkendes Lichtermeer. Früher waren die Wiesen am Rand der Auen in den Flusstälern auch voller Lichtchen, wenn man zur Mittsommerzeit nach Einbruch der Dunkelheit von einem Hochsitz aus nach unten blickte. Unzählige kleine bläulich-weiße Lichter schwebten umher, blitzten auf, verschwanden wieder, tauchten erneut auf und erzeugten den Eindruck regen Verkehrs in einer anderen, viel kleineren Größendimension als im Lichtermeer der Großstädte. Das Schauspiel der »Glühwürmchen«, wie sie volkstümlich genannt werden, ist weithin rar geworden. Wo es sie noch vor 30 oder 40 Jahren zu Tausenden und Abertausenden gab, blinken, wenn überhaupt noch, nur einzelne auf, bevor die Nebel in den feuchten Niederungen auch diese letzten verschwinden lassen.

Viel eher wird man die Lichtspiele der Leuchtkäfer dort finden, wo man sie am wenigsten vermutet: in den Gärten und Parkanlagen in der Stadt. Dort tanzen sie in den letzten Juninächten und zu Beginn des Julis vielleicht nicht gerade in den großen Mengen früherer, längst trockengelegter oder intensiv bewirtschafteter Auen, aber dennoch nicht selten zu Dutzenden oder sogar zu Hunderten. Es muss nur dunkel genug geworden und warm sein. Dann beginnt ihr Reigen. Am ehesten wird man die Lichtspiele am schattigen Südrand von offenen Parkanlagen und in feuchteren Gärten mit größeren, tagsüber schattigen Stellen finden. Die Flugzeit der Glühwürmchen liegt um die Sommersonnenwende. Sie kann sich in den Juli hineinziehen. Der Flug beginnt nach Einbruch der Dunkelheit, vor allem wenn die Luftfeuchte so weit angestiegen ist, dass der Taufall naht. Dann fliegen die Männchen des Kleinen Leuchtkäfers (*Lamprohiza splendidula*) (Abb. 112) knie- bis brusthoch über dem Boden in erratischen Kreisen und Bahnen. Sie sind auf der Suche nach den am Boden verbleibenden Weibchen, die viel weniger leuchten und vielleicht erst durch die Lichtsignale der Männchen

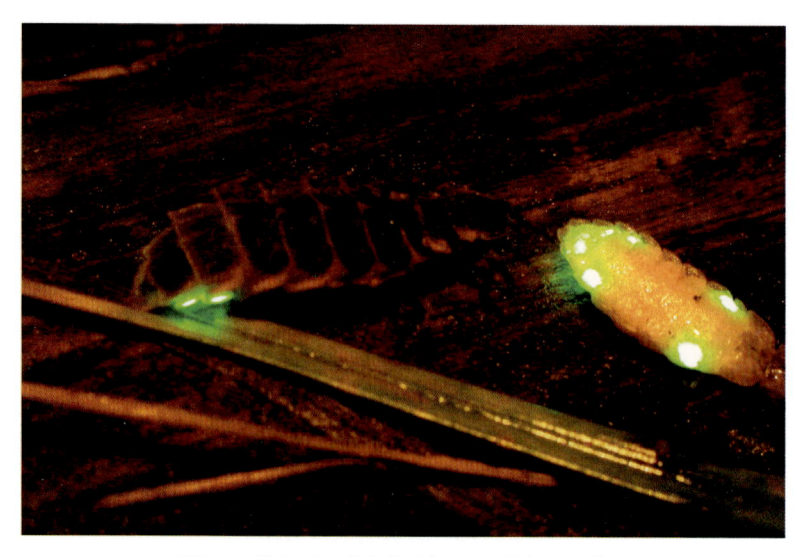

Abb. 112: Kleine Leuchtkäfer (die sog. Glühwürmchen) sind auf dem Land seltener geworden, während sie sich in der Stadt halten oder sogar vermehren.

dazu animiert werden. Das Licht erzeugen diese kleinen Käfer in besonderen Leuchtorganen durch eine chemische Reaktion als so genanntes kaltes Licht, das keine Wärme freisetzt. In den Tropen gibt es viele verwandte Arten von Leuchtkäfern, die im englischen Sprachraum Feuerfliegen (»fire flies«) genannt werden. Was sich dort in der Wärme der Tropennacht vollzieht, stellt eine Vervielfachung des Schauspiels dar, das die beiden häufigeren heimischen Leuchtkäferarten in Mitteleuropa bieten. Dennoch ist ihr Leuchten eindrucksvoll genug, um von vielen Menschen bewundert zu werden.

Dass nun aber, wie oben schon angedeutet, die Glühwürmchen weithin draußen auf dem Land um so vieles seltener geworden sind als früher, während sie sich in der Stadt halten oder sogar vermehren konnten, passt gar nicht so recht in das übliche Klischee von Stadt (= Unnatur) und Land (= Natur). Die Hintergründe treten erst zutage, wenn wir uns die Lebensweise der Leuchtkäfer etwas näher betrachten. Der allergrößte Teil ihres Lebens spielt sich im Verborgenen ab. Beim Spaziergang spätabends bemerken wir nur den kleinen Ausschnitt davon, der das Vorspiel zur Fortpflanzung darstellt. Die umherfliegenden Käfermännchen und die am Boden ihr Signal an sie sendenden Weibchen gingen aus Larven hervor, die unscheinbar am Boden leben.

Dort suchen sie nach Gehäuseschnecken, deren Schleimspuren sie folgen. Schnecken bilden ihre Nahrung. Nun bedeuten für eine Larve, die auf sechs kurzen Beinchen flach über den Boden kriechen muss, Entfernungen von ein paar Metern schon gewaltige, kaum zu bewältigende Dis-

Abb. 113: Die am Boden kriechenden Baumschnecken sind die passende Beute für die Larven der Leuchtkäfer.

tanzen, auch wenn sie schneller als die Schnecken laufen können. Glühwürmchen entwickeln große Vorkommen, wo es viele Gehäuseschnecken gibt. Wer sich im Garten genauer umsieht, weiß Bescheid, ob dieser »reich« an solchen zumeist ganz harmlosen Schnecken ist oder ob der Kampf gegen die Schneckenplage hauptsächlich den Massen von Nacktschnecken gilt. Gehäuseschnecken hinterlassen außerdem nach ihrem »natürlichen« oder durch Feinde verursachten Ableben die leeren Häuschen, an denen man zumindest die größeren Arten leicht erkennen kann. Am auffälligsten sind natürlich die mit Abstand größten von allen, die grau-weißen Weinbergschnecken *(Helix pomatia)*, die von manchen (französischen) Feinschmeckern als Delikatessen gegessen werden. Um diese Schnecken geht es im Zusammenhang mit den Glühwürmchen nicht, sondern um die kleineren Arten mit braunfleckigem oder schwarz gebändertem Gehäuse. Das sind die Baumschnecken *(Arianta arbustorum)* und Gartenschnirkelschnecken *(Cepaea hortensis* und *C. nemoralis)*. Auch ein paar noch kleinere Gehäuseschnecken kämen in Zusammenhang mit den Larven der Glühwürmchen in Betracht. Auf sie wird hier nicht näher eingegangen.

Entscheidend ist, dass die Schnecken am Boden leben und häufig sind. Dann sind sie für die Leuchtkäferlarven als Beute geeignet. Besonders häufig kommt vielfach die gewöhnliche Baumschnecke *Arianta* vor (Abb. 113). Ansammlungen davon können über 100 auf einem einzigen Quadratmeter ergeben; ausgewachsene Schnecken mit fertig ausgebildetem Häuschen, und keine Jungen. Die Jungschnecken dieser Art sind nicht nur kleiner, sondern in allen Größen bis zum fertigen Haus auch daran zu erkennen, dass die

Mündung des Gehäuses noch keinen glatten, nach außen etwas umgelegten Rand trägt. Solche Schnecken wachsen noch. Ob ausgewachsen oder noch jung, sie bilden die passende Beute für die Larven der Glühwürmchen. Daher entstehen die Mittsommer-Lichtspiele dort, wo es diese Schnecken in Massen gibt.

Nicht jeder Garten und Park eignet sich dafür, weil sich die Schnecken da am besten entwickeln, wo es feucht ist und die Nahrung ergiebig ausfällt. Wieder spielen Rasenpflege und nahes Buschwerk die vergleichbare Hauptrolle wie bei Amsel, Igel, Dachs und Rotkehlchen und den Regenwürmern, denen das fein gehäckselte, frische Pflanzenmaterial direkt zugute kommt. Die frühe und wiederholte Mahd der Auwiesen, die Frischfutter für das Vieh lieferten, die Streuentnahme aus den Niederwäldern und der dadurch offen gehaltene Boden erzeugten zusammen in früherer Zeit in den Auen die günstigen Lebensbedingungen für die Larven der Leuchtkäfer. Glühwürmchen flogen in Massen. Das Phänomen Millionen tanzender Lichtpünktchen gibt es immer noch, wo die Auen so bewirtschaftet werden. Als sich die Landwirtschaft in den 1960er und 1970er Jahren umstellte und diese alten

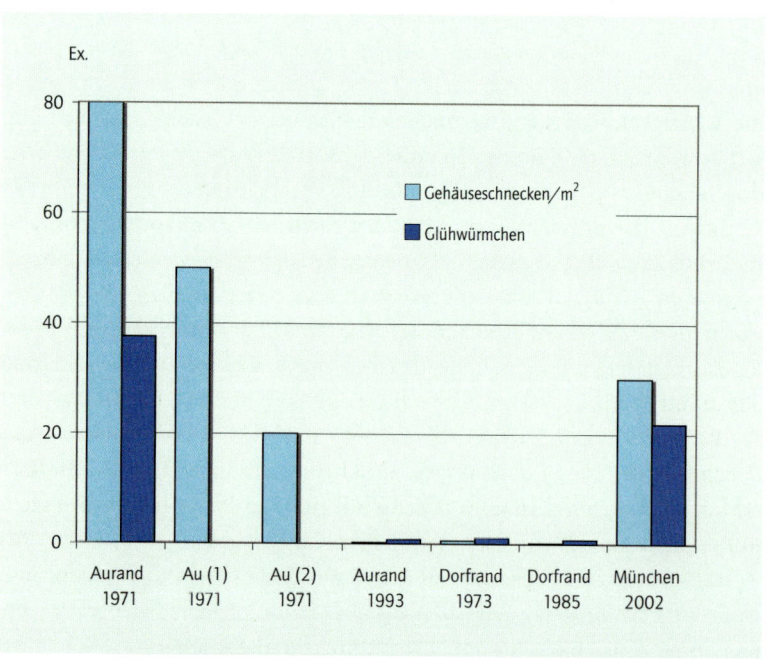

Abb. 114: Schneckenhäufigkeit und Glühwürmchenflug

Häufigkeit der Gehäuseschnecken pro Quadratmeter und im Lichtfang ermittelte Anzahl der fliegenden Männchen des Kleinen Leuchtkäfers im niederbayerischen Inntal (Auwald- und Dorfrand, drei Fangstellen) sowie in München-Obermenzing (ZSM). Die Skalierung von 0–80 entspricht den betreffenden Zahlenwerten.

Abb. 115: Häufigkeit von Glühwürmchen in Stadt und Land

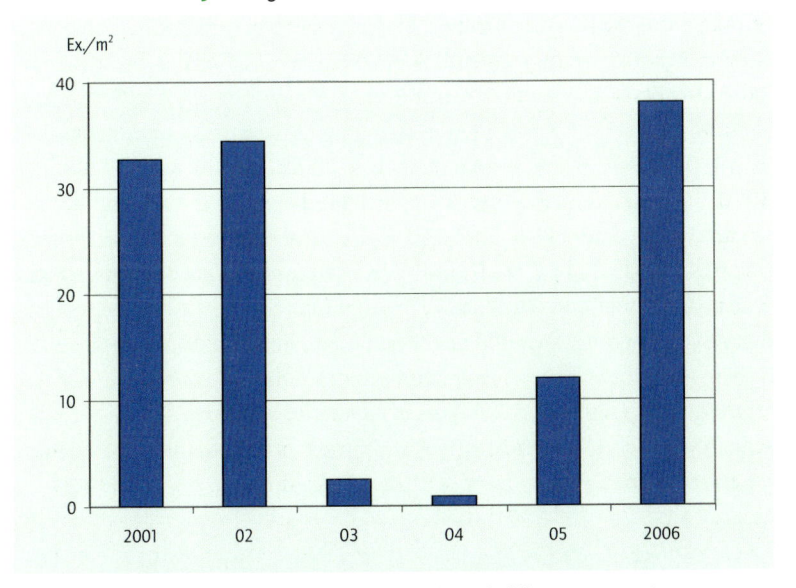

Anflug von Kleinen Leuchtkäfern an die Lichtfallen (1981–2005). Die Fangstelle der Nymphenburger Schlossanlage (1981–1984) im recht trockenen, schneckenarmen Innenhof ergab keinen einzigen Leuchtkäfer.

Formen aufwändiger, weil von Hand durchgeführter Bewirtschaftung einstellte, ging es abwärts mit den Schnecken und mit den Glühwürmchen (Abb. 114). Schon vor 35 Jahren waren etwa im niederbayerischen Inntal die großen Massen an Glühwürmchen verschwunden. Es hatten sich ähnliche Verhältnisse wie gegenwärtig in München eingestellt. Doch dort verschlechterte sich die Lage für die Leuchtkäfer und ihre Nahrung weiter, während in den Städten die Lebensbedingungen für sie eher besser wurden. Das zeigten die Lichtfallenfänge (Abb. 115). Denn Leuchtkäfer lassen sich auch von diesem noch viel stärkeren Licht, als sie selbst aussenden, anlocken (Reichholf 2006c).

Wer also im Garten viele Gehäuseschnecken vorfindet, aber keine Schäden an Gemüse und Blumen von diesen zu befürchten oder bereits zu beklagen hat, darf auf das Tanzen der »Feuerfliegen« zur Mittsommernachtszeit hoffen. Ein Problem haben die Glühwürmchen jedoch in den Städten. Die Schneckenvorkommen sind häufig sehr stark voneinander isoliert. Eine breite Straße mit vielen Lichtern von Autos und Schaufensterbeleuchtungen zu überfliegen, um ein neues, besseres Schneckenvorkommen ausfindig zu machen, das schaffen vielleicht die Großen Leuchtkäfer und die Männchen der Kleinen mit Glück, nicht aber ihre Weibchen, weil diese nur zu Fuß weiterkommen. Deshalb bleiben die Vorkommen dieser Glühwürmchen »Inseln« und auf beständige Lebensrauminseln angewiesen.

Die Schnecken hingegen werden, obgleich noch »schlechter zu Fuß«, offenbar viel leichter verschleppt. Sie gelangen auf geeignete Flächen, wo sie rasch große Bestände aufbauen. Im Sommer 2006 gab es auf dem Gelände der Zoologischen Staatssammlung auf einem nur gut 15 Meter langen und knapp zwei Meter breiten, gemähten Streifen Ansammlungen von bis zu 1.150 Schnecken der Art *Arianta arbustorum,* im Durchschnitt also 38 pro Quadratmeter. Ähnliche Häufigkeiten zwischen 24 und 33 pro Quadratmeter waren 2001 und 2002 vorhanden. Danach nahm der Bestand aufgrund der extremen Trockenheit im Hitzesommer 2003 kräftig ab und erholte sich nach und nach wieder bis 2005/06. Solche ausgeprägten Häufigkeitsschwankungen sind bezeichnend für isolierte Vorkommen, denn bei diesen funktioniert der Ausgleich über Zu- und Abwanderung nicht so schnell und so gut wie in komplex zusammenhängenden Beständen; eine Folge der starken Isolation der Vorkommen in den Städten mit Konsequenzen für die Erhaltung der örtlichen Ansiedlungen.

26 Die Stadt als Labor – Schnirkelschnecken, Drosseln und die natürliche Selektion

Die Beziehung zwischen den Schnecken und den Leuchtkäfern zieht noch erheblich weitere Kreise. Gehäuseschnecken bilden auch eine sehr wichtige Nahrung für Drosseln, vor allem für die Singdrossel *(Turdus philomelos)* (Abb. 116). Einst war diese Drossel im Auwald so häufig, dass sie die Amsel um rund das Zehnfache übertraf. Überall, wo größere Steine lagen, fand man ihre »Schneckenschmieden«. Es sind dies Stellen, an denen die Singdrossel die Häuschen aufschlägt, in die sich die Schnecken zurückziehen. Die leeren, in typischer Weise seitlich zerschmetterten Gehäuse bleiben auf der »Schmiede« zurück. Als die Schnecken im Auwald immer seltener wurden,

Abb. 116: Singdrosseln zählen in vielen Großstädten zu den häufigsten Brutvogelarten – vorausgesetzt, es gibt viele Schnecken und offene Rasenflächen.

nahm auch die Häufigkeit der Singdrosseln stark ab. Gegen Ende der 1990er Jahre sind sie nahezu ganz verschwunden. In vielen Städten jedoch wurden sie häufig und fast so vertraut wie die Amseln. Die Verfügbarkeit von Schnecken verrät, weshalb. Denn es sind besonders die Ränder von Wäldchen und Gebüschen, an denen sich die von den Singdrosseln bevorzugten Gehäuseschnecken ansammeln (Abb. 117). Nach Drosselart suchen die Singdrosseln am Boden. Ist dieser dicht und hoch zugewachsen, erreichen sie die Schnecken nicht mehr, selbst wenn diese noch reichlich vorhanden sein sollten. Daher kommt die Garten- und Parkpflege auch den Singdrosseln zugute. Sie zählen in vielen Großstädten zu den häufigsten Brutvogelarten. In Hamburg nimmt die Singdrossel mit rund 5.000 Brutpaaren die Rangnummer 18 unter den 160 Brutvogelarten des Stadtgebietes ein. Sie übertrifft damit sogar den Hausrotschwanz und die Bachstelze (Mitschke & Baumung 2001).

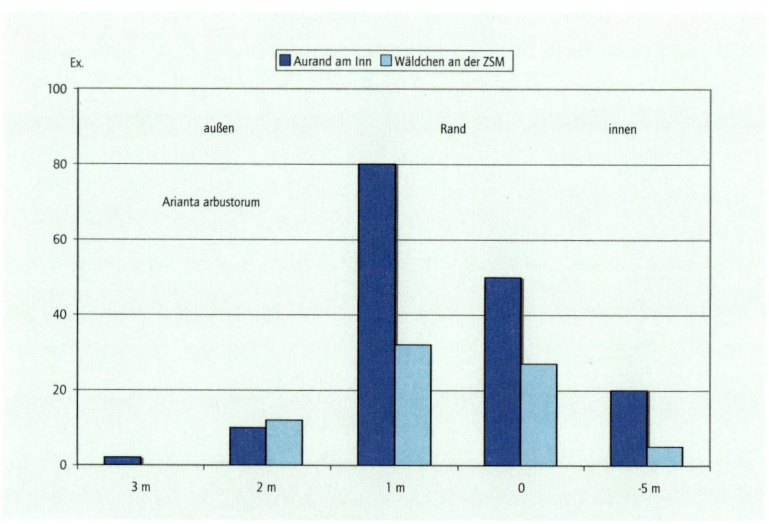

Abb. 117: Schneckenhäufigkeit

Häufung der Baumschnecken am Gebüschrand (»Randeffekt«).
0 = Gebüschrand; die Zahlen geben Abstände nach außen und innen in Metern an.

Ganz anders entwickelte sich die Singdrosselhäufigkeit in den Auen, ihrem früheren Schwerpunkt, und auch in vielen Wäldern. Bauer & Berthold (1996) vermerken dazu allgemein: »Langfristig kam es bei der Singdrossel in Mitteleuropa zu Bestandsabnahmen, was insbesondere aus dem Verhältnis zur inzwischen fast überall häufigeren Amsel deutlich wird.« Diese ist jedoch nicht auf Schnecken angewiesen und kann daher auch überall dort leben und sehr produktive Bestände entwickeln, in denen Gehäuseschnecken rar geworden sind. Die Singdrossel verstädterte übrigens rund ein Jahrhundert später als die Amsel, nämlich etwa um die Mitte des 19. Jahrhunderts. Abb. 118 zeigt den Zusammenhang zwischen der Abnahme der Gehäuseschnecken im Auwald und dem Rückgang der Singdrosseln. Die Schneckenhäufigkeit war zwar in den 1960er Jahren noch nicht untersucht worden, aber sie lag damals sicherlich noch höher als zu Beginn der 1970er Jahre. Denn aus den Auen wurde in jener Zeit noch regelmäßig die im Herbst trocken gewordene Bodenstreu entfernt und als Einstreu für das Stallvieh verwendet. Mit Aufkommen der Schwemmentmistung wurde diese Streu nicht mehr benötigt und seither wachsen die Auen zu. Der Bodenbelag ist inzwischen so dicht, dass auch die Häufigkeit der Baumschnecken stark zurückgegangen ist. Die früher typischen Frühlingsblumen, die Schlüsselblumen *(Primula elatior)* und die Blausterne *(Scilla bifolia),* wurden von der Streu erdrückt. Der Unterschied zum Stadtpark drückt sich damit auch in der Fülle des Blühens während der Frühjahrszeit augenfällig aus.

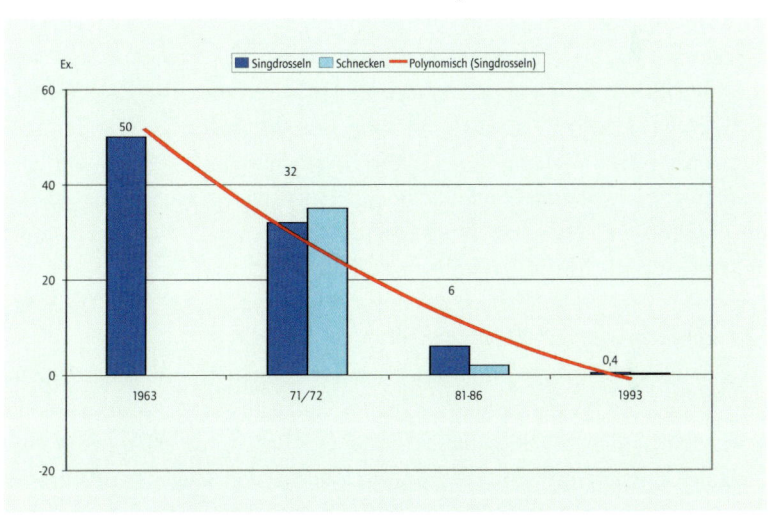

Abb. 118: Schnirkelschnecken und Singdrosseln im Auwald

Abnahme der Schneckenhäufigkeit und der Singdrosseln im Auwald am unteren Inn (Reichholf 2006d). Gezählt wurden bei den Singdrosseln die singenden Männchen pro Quadratkilometer und bei den Schnirkelschnecken die pro Quadratmeter gefundenen Exemplare.

Den Städten blieb die der Streumahd entsprechende Bewirtschaftungsform mit der Pflege der Anlagen hingegen erhalten. Daher konnte sich die Singdrossel nicht nur allmählich auch in die Vogelwelt der Städte integrieren, sondern dort, wo diese entsprechend große Grünanlagen und Gärten bieten, auch höhere Siedlungsdichten aufbauen als in den Wäldern ihres ursprünglichen Lebensraumes. Diese erreichte in Hamburg 75 bis 80 Paare pro Quadratkilometer (Mitschke & Baumung 2001) oder 43 im Münchner

Westfriedhof (Wüst 1986). Solche Siedlungsdichten liegen deutlich höher als in den Innauen zu den besten Zeiten der Singdrossel mit 32 bis 50 Brutpaaren (Reichholf 2006d) oder als in Oberbayern, wo sich die Häufigkeit zwischen 0,6 und fünf Brutpaaren pro Quadratkilometer bewegte (Bezzel et al. 2005).

Eine so geringe Häufigkeit drückt aus, dass es auf dem Land nur an bestimmten Stellen günstige Verhältnisse für die Singdrossel gibt. Doch auch in den Städten ist das grundsätzlich nicht anders. Nur können dort schon auf wenigen Hektaren größere Brutbestände zustande kommen, wenn es viele Schnecken und offene Rasenflächen gibt. Wo gutes Schneckenvorkommen jedoch auf eine kleine »Insel« beschränkt ist, die höchstens einem Brutrevier Platz bieten würde, ist das zu wenig. Das »Wäldchen« an der Zoologischen Staatssammlung in München stellt so eine Habitatinsel mit zeitweise sehr hoher Schneckendichte dar, die für Singdrosseln zu klein geworden ist. Ohne Artgenossen auf Hörweite kam es, trotz des intensiven Versuchs eines singenden Männchens, zur besten Schneckenzeit nicht zur Ansiedlung (Abb. 119). Damit verblieben aber auch die Schnecken ohne die »Auslesewirkung« der Drosseln, die sich auf den Schneckenschmieden stets sehr deutlich zeigt. Denn die Überreste enthalten ein erheblich einheitlicheres Spektrum an Färbungs- oder Zeichnungsformen als sie in der umliegenden Natur vorhanden sind. Die Drosseln wählen selektiv. Sie entwickeln ein so genanntes Suchbild bei der Nutzung der Schnecken. Muster, die diesem Bild bzw. Schema nicht entsprechen, werden übersehen. Damit kommt eine natürliche Selektion in Abhängigkeit von der Häufigkeit der verschiedenen Formen (den so genannten Phänotypen) zustande. Die Singdrossel wird zu einem »Selektionsfaktor« (Ford 1971).

Die selektive Bevorzugung einer Form des Aussehens (oder einiger weniger) fördert die Häufigkeit der anderen so lange, bis die gewählte so selten geworden ist, dass die Singdrossel nun überwechselt. Am stärksten betroffen sind stets die in ihrem Lebensraum (für die Vogelaugen) auffälligsten (Colling 1985). Auf diese Weise wirkt die natürliche oder, wie sie auch genannt wird, die Darwinsche Selektion. An Stellen ohne Drosseln zeigt sich daher ein sehr breites Spektrum von Schneckenformen derselben Art (Colling 1985). So zum Beispiel im Botanischen Garten in München (Abb. 121). Die gleiche Schnirkelschneckenart *(Cepaea hortensis)* (Abb. 120) kommt in der Isaraue fast ausschließlich nur in zwei sehr einheitlichen, im Gebüsch am wenigsten auffälligen Formen (Morphen) vor (Abb. 122).

Mit solchen und weiteren, ähnlich gelagerten Fällen erweist sich die Stadtnatur geradezu als »öffentliches Laboratorium« für Vorgänge, die als Anfangsstadien von Evolution zu betrachten sind. Ein paar umgesetzte Individuen eines bestimmten Färbungs- und Zeichnungstyps dieser Schnirkelschnecken ergeben eine »Gründerpopulation« mit ganz bestimmten

Abb. 119: Änderung der Schneckenhäufigkeit im Münchner Biotop

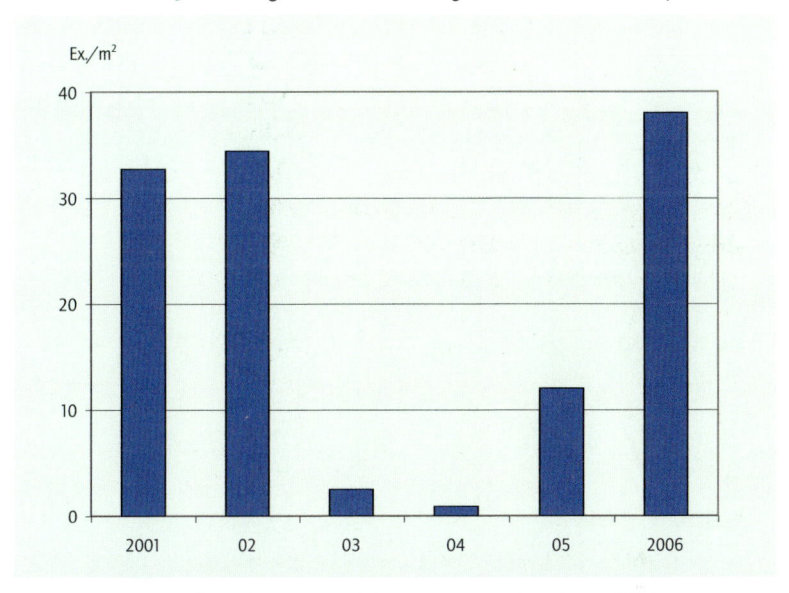

Ex./m²

Rasche Änderung der Häufigkeit von Baumschnecken auf dem Gelände der Zoologischen Staatssammlung in München von 2001 bis 2006. In den Jahren 2002 und 2006 sang im April anhaltend eine Singdrossel, aber es kam zu keiner Ansiedlung.

Abb. 120: Singdrosseln bevorzugen bestimmte Formen der Schnirkelschnecke. Das Vorhandensein von Singdrosseln entscheidet, welche Farb- und Bändertypen an Schnecken in einem Areal vorkommen.

Abb. 121: Gartenschnirkelschnecken im Münchner Botanischen Garten

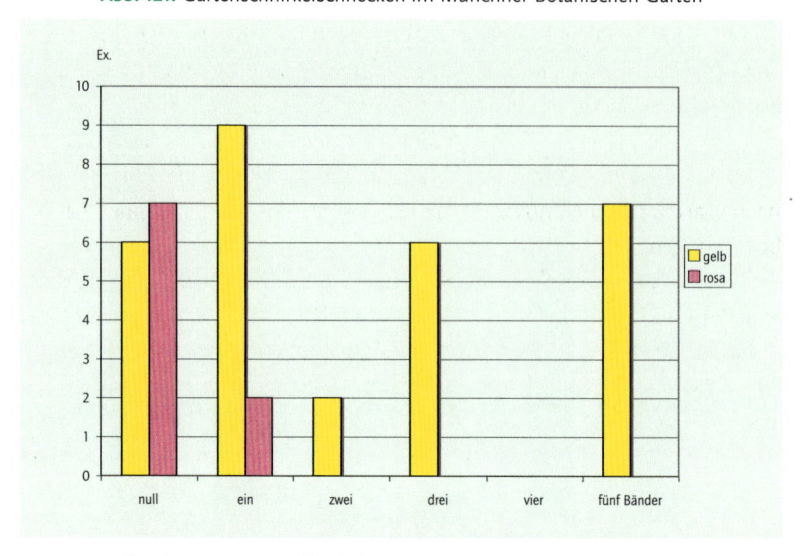

Stichprobe von Gartenschnirkelschnecken aus dem Botanischen Garten München (ohne Singdrosseln) vom Sommer 2004. Zwei Farbtypen (Grundfarbe Gelb oder Rosa) und fünf Bändertypen (ohne, ein Band etc.) zeigen die genetische Variabilität dieser Lokalpopulation.

Abb. 122: Gartenschnirkelschnecken am Rande des Isar-Auwaldes

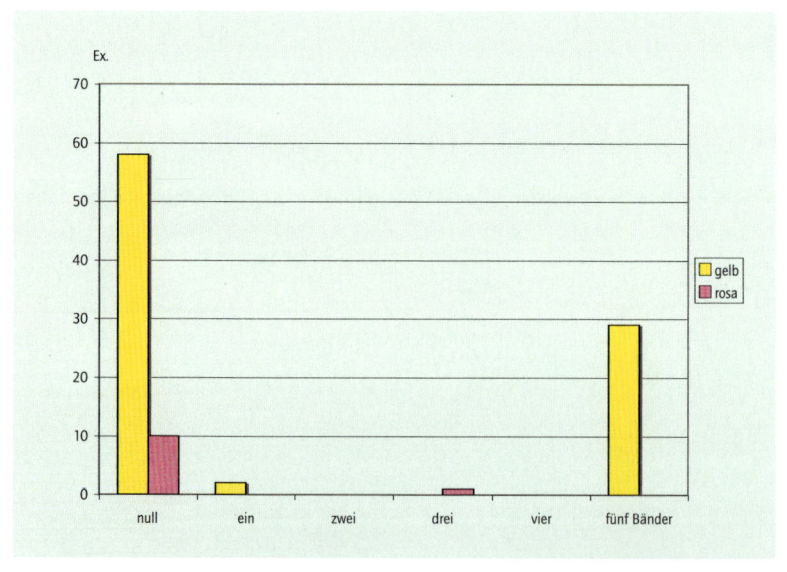

Stichprobe von Gartenschnirkelschnecken vom Sommer 2004 am Ismaninger Speichersee, einem Randgebiet des Isar-Auwaldes (mit Singdrosseln). Es sind fast nur noch zwei Typen übrig, nämlich ungebänderte gelbe und gelbe mit fünf (schmalen) Bändern.

Eigenschaften. Diese wird nun rasch häufig. Ob die Tiere, von denen diese Gründer- oder Startpopulation abstammt, rein- oder mischerbig waren, wird nach wenigen Generationen erkennbar. Das Experiment kann auch komplizierter gestaltet werden mit einer gleichen Anzahl von Schnecken zweier oder dreier Typen, um zufallsbedingte oder durch Selektion erzwungene Entwicklungen in der Häufigkeit zu ermitteln, die sich nach und nach einstellt. Das Naturexperiment hat klare Vorteile gegenüber Laborbedingungen.

Die gelbe Grundfarbe wirkt vielleicht wie ein Lichtfleck der Sonne im Schattenspiel der Blätter im Auwald, während die ausgeprägte schmale Bänderung ähnlich wie die Zebrastreifung die Schneckenform optisch »zerlegt«. An Mauern von Stadtgärten findet man übrigens vorwiegend oder fast ausschließlich gelbe und ungebänderte in sonniger bzw. rosafarben ungebänderte in schattiger Lage. Verfeinerte Untersuchungen können leicht an diesen (durch den Artenschutz nicht für Experimente beeinträchtigten) Arten im Rahmen des Schulunterrichts vorgenommen werden.

27 Gartenteiche – Zeitraffer natürlicher Sukzession

Gartenteiche bilden kleine Welten, die wie Inseln im Meer je nach Größe und Entfernung zueinander recht unterschiedliche Entwicklungen nehmen können (Abb. 123). In mancher Hinsicht ähneln sie Aquarien. Wie sie nach einiger Zeit aussehen, hängt vom Besatz ab, der anfangs vorgenommen wurde. Aber während Aquarien beständig überwacht und gepflegt werden müssen, damit sie in der trockenen Umwelt, in die sie eingeschlossen worden sind, funktionieren, bleiben die Gartenteiche längere Zeit oder ganz sich selbst überlassen. Damit können sich in ihnen Entwicklungen vollziehen, die im weitesten Sinne natürlich sind.

Wie sie verlaufen, bestimmen dennoch zwei Hauptfaktoren, nämlich die Anfangsausstattung und die Herkunft des Wassers. Gartenteiche werden in aller Regel nach ihrem Bau »bepflanzt«, damit sie von Anfang an schön sind. Es gibt sogar darauf spezialisierte Gärtnereien, die eine Teichgestaltung anbieten. Nur ausnahmsweise überlässt man die Wasserlöcher sich selbst, obwohl dadurch die spannendsten Vorgänge zustande kämen: Wer oder was besiedelt zuerst? Woher mögen die frühen Kolonisten stammen? Was zeichnet sie aus? Auf welche Weise werden insbesondere Pflanzen und unbewegliche Tiere, wie Muscheln, in den neuen Teich übertragen? Den neugierigen Fragen sind keine Grenzen gesetzt.

Aus Forschungsgründen hat man ganze Batterien von Teichen im Rohzustand »in Betrieb« genommen und auf ihre Entwicklung hin untersucht. Überraschenderweise gab es Ergebnisse, die in beide Richtungen wiesen, nämlich ähnliche bis weitgehend übereinstimmende Abläufe in der Besiedelung mit Kleinlebewesen, Pflanzen und Tieren oder auch recht verschiedene. Einen großen Unterschied macht es von Anfang an, woher das Wasser kommt. Stammt es aus der Leitung, aus dem Niederschlag oder vom Grundwasser? Alle drei Möglichkeiten gibt es. Kleine, flache Teiche brauchen, um zwischendurch nicht immer wieder auszutrocknen, Wasser aus der Leitung. Größere, mit guter Folienabdichtung am Boden versehene kommen zumeist, wenn auch nicht immer, mit dem Niederschlagswasser aus, wenn die Gegend nicht zu regenarm ist. Hoher Grundwasserstand erzeugt fast zwangsläufig die Versorgung des Teichs aus dieser Quelle, weil die Trennung von Teich- und Grundwasser zu aufwändig wäre.

Doch, um einen grundlegend wichtigen Befund vorwegzunehmen, Grundwasser vermindert die Zeit beträchtlich, in der sich der Teich in einem (aus menschlicher Sicht) guten Zustand befinden wird. Fast überall ist nämlich das Grundwasser viel zu stark mit Nährstoffen belastet, die Massenentwicklungen von Grün- oder, noch problematischer, von Blaugrünalgen (eigentlich Blaugrün- oder Cyano-Bakterien) auslösen. In wenigen Jahren wandelt sich das anfangs klare Teichwasser in eine schmutzig grünliche Algenbrühe um. Umgangssprachlich heißt es, der Teich ist »gekippt«. Man wird nun nur noch wenig Freude haben an Libellen und Wasserkäfern, Molchen oder kleinen Fischen, die den Teich bevölkern sollen. Zwei ähnlich große Teiche, der eine als Grundwasserteich angelegt, der andere als »Himmelsteich« mit dicker Folie am Boden und mehreren Metern Abstand vom Grundwasser, entwickelten sich bei ähnlicher Anfangsbepflanzung nicht nur höchst unterschiedlich, sondern der Grundwasserteich »kippte« bereits nach zwölf Jahren Existenz, während der »Himmelsteich« erst die Phase höchster Artenvielfalt erreichte. Diese wird auch in größeren Gartenteichen so groß, dass umfangreiche Bücher über Teiche und ihr Leben nicht ausreichen, die Fülle und ihre Entwicklung umfassend zu beschreiben. Die Veränderungen über die Jahre verlaufen zu komplex.

Abb. 123: Stadtteiche bedürfen der Pflege, sonst »verlanden« sie, weil vom Ufer her die Vegetation vorrückt und die Wasserpflanzen selbst immer üppiger gedeihen.

Wahrscheinlich sagen uns die Gartenteiche in den Städten und Dörfern mehr über die »wahre Natur« der Natur als die wissenschaftlichen Vorstellungen zur natürlichen Sukzession (geregelte Abfolge von Entwicklungsstadien) bis hin zur Klimax, dem Endstadium. Denn Teiche vergehen auch rasch wieder; oft schon nach wenigen Jahrzehnten. Sie »verlanden«, weil von den Ufern her die Vegetation vorrückt und weil die Wasserpflanzen selbst einen immer dichteren Bewuchs ausbilden, bis schließlich kein freies Wasser mehr übrig ist. Der Teich ist vom Tümpel in einen Sumpf übergegangen und dieser wird nach und nach ähnliche Verhältnisse annehmen wie das umliegende Land. Was in den Teichen abläuft, stellt daher so etwas wie einen Zeitrafferfilm zu den allgemein laufenden Entwicklungsprozessen in der Natur dar. Dauern diese, wie in Wäldern, Hunderte oder Tausende von Jahren, empfinden wir eine derartige Natur als »stabil«. Die schnellen Veränderungen in den Gartenteichen hingegen halten wir für »instabil« und für ein Kunstprodukt, also für unnatürlich. Doch das sind sie ganz und gar nicht, wenn wir nicht unsere Menschenzeit mit Tagen und Jahren als Zeitmaß zugrunde legen, sondern die Generationszeiten der Lebewesen im Teich. Dann ändert sich die Welt der Algen im Gartenteich ebenso in Dutzenden von Generationen wie auch jene der richtigen Wasser- und Uferpflanzen und der Tiere, die im Teich und an seiner Vegetation leben. Größere Veränderungen finden jeweils nach ein paar Dutzend von Generationen oder sogar noch schneller statt. Was sich für uns Menschen über Jahrzehnte und Jahrhunderte ausbreitet, läuft im Teich in Wochen, Monaten und Jahren ab. Die nacheiszeitlich entstandenen Wälder Europas stellen auch nur eine Folge von ein paar Dutzend Baumgenerationen dar, auch wenn die Zeitspanne fast 10.000 Jahre umfasst. Die Einblicke in die Lebenswelt dieser Kleingewässer relativieren unseren Maßstab. Sie sind nicht vergänglicher als unsere Welt, sondern ihre Lebenszyklen verlaufen viel schneller.

    Genau darin steckt das Faszinierende dieser kleinen Welten: Wir können ihr Werden und Vergehen in einem oder in zwei Jahrzehnten mitverfolgen, so als ob wir auf mehrere Jahrhunderte in der Menschenwelt blicken würden. Sie zeigen uns den Zusammenhang zwischen Verfügbarkeit von Nährstoffen und Artenvielfalt. Solange die Kleingewässer noch wenig zu bieten haben, also sehr nährstoffarm sind, fallen Pflanzen und Tiere nicht auf, weil sie klein bleiben und sich nicht in Massen vermehren. Mit zunehmender Anreicherung von Nährstoffen nimmt der Artenreichtum steil zu, aber es werden nicht einfach nur mehr Arten, sondern einzelne fangen an, sich in den Vordergrund zu schieben. Sie werden »dominant«. Das Kräftespiel entwickelt sich mitunter in geradezu spannender Weise.

    Da hat man zum Beispiel an einem Ende eines nierenförmigen Teiches eine Weiße Seerose (*Nymphaea alba*) (Abb. 124) und eine Gelbe Teichrose (*Nuphar luteum*) gepflanzt. Beide bilden große, tellerartig auf der Oberfläche liegende Schwimmblätter aus. Wie Miniaturseerosenblätter sehen die Schwimmblätter der dritten eingebrachten Art aus, die mit kelchartig angehobenen gelben Blüten blüht und eine entfernte Verwandte der Enziane ist, die Seekanne *(Nymphoides peltata)*. Am anderen Ende startet ein Büschel Fieberkleepflanzen *(Menyanthes trifoliata)* mit dreilappigen, übers Wasser empor ragenden Blättern und weißen, zart rosa überhauchten und fiedrig ausgefransten Blüten auf kerzenartigen Blütenständen (Abb. 125). Ende April/Anfang Mai blühen sie. Dazwischen wächst Schwimmendes Laichkraut *(Potamogeton natans)*, dessen Blattwerk gleichfalls auf der Wasseroberfläche schwimmt, aber viel kleiner bleibt als das der See- und Teichrosen. Es hatte anfangs auch den mit zu Fangblasen für Wasserflöhe umgebauten Blättchen ausgestatteten Wasserschlauch *(Utricularia vulgaris)* gegeben, dessen Blüten auf dünnen Stängeln übers Wasser ein bis zwei Handbreit hoch emporgehoben werden und an Löwenmäulchen erinnern. Denn der Teich war arm an Nährstoffen. Die Niederschläge bilden die einzige äußere Quelle und die fällt in der Stadt magerer aus als am Land, wo Gülle ausgefahren wird. Als der Landteich mit Grundwasseranschluss im Alter von zwölf Jahren kippte und die Krebsscheren *(Stratiotes aloides)* und das Schwimmende Laichkraut sowie unter Wasser das Glänzende Laichkraut *(Potamogeton lucens)* verfaulten, fingen auf dem Stadtteich die genannten Arten erst an, über die Vergrößerung ihrer Bestände miteinander Kontakt zu bekommen. Obwohl nun schon 22 Jahre vergangen sind, ist die Konkurrenz noch nicht entschieden. Aber einige Vorentscheidungen haben sich ergeben.

Abb. 124: Die Weiße Seerose bildet tellerartig auf der Oberfläche liegende Schwimmblätter aus.

Abb. 125: Fieberklee mit seinen weißen, zartrosa überhauchten Blüten.

Als erste der genannten Arten (es gab noch ein paar mehr, die mit der »Erstausstattung« in den Teich gebracht worden waren) verschwand der Wasserschlauch. Darin glichen sich beide Teiche. Diese natürlicherweise in sehr nährstoffarmen, eher moorigen Gewässern vorkommende Wasserpflanze hielt sich im Grundwasserteich lediglich drei Jahre, im städtischen Regenwasserteich aber 15. Dann starb in diesem auch die Seekanne aus. Nach genau 20 Jahren ihres Vorkommens war sie endgültig zugrunde gegangen, nachdem sich fünf Jahre lang ein stetiger Rückgang abgezeichnet hatte. Der so schnellwüchsige Bestand des Schwimmenden Laichkrautes verlor die Hälfte seiner Ausdehnung, die er im Alter von 15 Jahren erreicht hatte. Sein »Hauptfeind« ist der Fieberklee, der inzwischen, nach 22 Jahren, fast 40 Prozent der Teichfläche einnimmt. Die Gelbe Teichrose dürfte gegen die zartere Weiße Seerose gewinnen, aber seit die Ufer so flach geworden sind, dass das Eis nach strengen Frösten stellenweise schon den Grund erreicht, geht es ihr und ihren Nachkommen auch nicht mehr so gut. Von den Rändern drängen immer stärker auch Sumpfpflanzen nach, vor allem Teichbinsen *(Scirpus lacustris)* und Seggen *(Carex elata)*. Im Alter von 22 Jahren gab es erstmals im Hochsommer von den anfänglichen 60 Quadratmetern keine freie Wasseroberfläche mehr. Der gesamte Teich ist nun mit Wasser- und Uferpflanzen bedeckt. Sollte er, wie die meisten Gartenteiche, »schön« bleiben und Wasser zeigen, so hätte er längst teilentlandet werden müssen.

Die Libellen sind seltener geworden. Vier bis fünf Arten, unter ihnen natürlich die auffälligen und auch an den meisten anderen Gartenteichen vorkommenden großen Blaugrünen Mosaikjungfern *(Aeshna cyanea)*, fliegen sommers nur noch in halb so großer Zahl wie noch vor fünf Jahren. Aus dem Ansiedlungsversuch der blutroten, aus Südeuropa stammenden Feuerlibelle *(Crocothemis erythraea)* im Hitzesommer 2003 ist nichts geworden. Es gab sie schon im darauf folgenden Jahr nicht mehr. Im Spätsommer fliegen einzelne Heidelibellen *(Sympetrum vulgatum)*. Dafür wimmelt es, dank der reichhaltigen Vegetation, schon seit zehn Jahren vor Wasserschmetterlingen.

Die größere der beiden Arten, der Seerosenzünsler *(Nymphula nymphaeata)*, hängt tagsüber mit schräg abwärtsgerichtetem Körper, über den die Flügel dachförmig gestellt sind, in der Ufervegetation. In der Abenddämmerung beginnt der herumgeisternde Suchflug der Männchen, der natürlich den tagsüber frisch geschlüpften Weibchen gilt. Die Raupen dieses Wasserschmetterlings fressen an Schwimmblättern aller genannten Arten von Wasserpflanzen und zahlreichen anderen mehr. Die kleinen Raupen benetzt das Wasser, und sie atmen durch die Haut. Aber auch sie tragen schon Blattstückchen als keine Köcher, zumindest als einseitige Abdeckung Die größeren fertigen sich auf jeden Fall einen richtigen, doppelseitigen, ganz flachen Köcher, in dem sie eine Luftblase tragen. Denn in den letzten beiden Entwicklungsstadien vor der Verpuppung atmen sie Luft. Einen Luftvorrat nehmen sie auch zur Verpuppung unter Wasser mit. Die übrig bleibende Luftblase trägt den schlüpfenden Falter wie ein Luftballon an die Oberfläche, wo die Blase platzt und den Schmetterling freigibt. Wie eine Nymphe (Name!) entsteigt er dem Wasser, streckt die Flügel und fliegt zum Ufer, um bald darauf am Abend nach erfolgter Paarung eine neue Generation zu begründen.

Ganz ähnlich, aber im Detail verschieden, lebt die zweite, erheblich kleinere Art von Wasserschmetterlingen, der Teichlinsenzünsler *(Cataclysta lemnata)*. Die weitgehend weißen Männchen kreisen oft zu Dutzenden und bei großen Beständen gegen Abend zu Hunderten über der Wasseroberfläche oder sie sitzen wie festgeklebt, vom Wind verwehte Blütenblätter an den Stängeln des Röhrichts. Den bräunlicheren Weibchen gilt ihr Suchflug. Drei weitere, seltenere Arten von Wasserschmetterlingen kommen vor und damit hat der Teich in der Stadt tatsächlich das gesamte in Mitteleuropa vorkommende Artenspektrum dieser einzigartigen Schmetterlingsgruppe. In freier Natur wird es nur höchst selten gelingen, in einem Kleingewässer alle fünf heimischen Arten von Wasserschmetterlingen zu finden, während in den meisten städtischen Gartenteichen, wenn sie nicht zu klein geraten sind, wenigstens eine dieser Arten vorhanden sein dürfte.

Das Leben und Treiben der Kleintiere am und im Teich ist so vielfältig, dass man sich, ist erst einmal das Interesse erweckt, Stunde um Stunde beim Zuschauen verlieren könnte. Der große Vorteil besteht darin, dass man meistens ganz bequem von außen zuschauen kann, weil diese Teiche nicht wie die wenigen Naturtümpel irgendwo in schwer zugänglicher Wasserwildnis gelegen sind. Wer genauer nachsehen möchte, und das geschieht am besten mit dem Binokular oder Stereomikroskop, holt sich die Proben mühelos aus dem Teich. Wiederum ist der Vergleich mit dem Aquarium angebracht, in das man von außen schaut. Beim Teich stört höchstens der allzu steile Blick von oben, weil sich der Himmel an der Oberfläche spiegelt. Doch auch dies hat seinen Reiz und es eröffnet einen interessanten Zusammenhang.

Die Teichpflanzen bilden irgendwann, von Art zu Art im Jahreslauf verschieden, ihre Blüten aus. Die weißen, leicht rosa überhauchten Strahlenkelche der Seerosen sind bekannt; die viel kleineren gelben »Fäuste« der Teichrosen, die im Süddeutschen und Österreichischen Mummeln genannt werden, weniger. Sie sind aber nicht zu übersehen, wenn sie blühen. Gelb blüht die Seekanne, weiß der Wasserhahnenfuß *(Ranunculus aquatilis)*, gelb der hohe Zungen-Hahnenfuß *(Ranunculus lingua)*, weiß der Fieberklee, gelb der Wasserschlauch, weiß der Froschbiss *(Hydrocharis morsus-ranae)*, gelb die Wasserschwertlilie *(Iris pseudacorus)* (Abb. 126), die Sumpfdotterblume *(Caltha palustris)* und so fort. Einige wenige Arten blühen rot, aber diese heben ihre Blüten deutlich übers Wasser hinaus, wie die Schwanenblume *(Butomus umbellatus)* und der rötliche Wasserknöterich *(Polygonum amphibium)*. Blau fehlt so gut wie ganz, zumal wenn es sich um ein Blühen auf oder knapp über der Wasseroberfläche und nicht im grünen Sumpf handelt. Die Häufigkeit der Blütenfarben von Wasserpflanzen unterscheidet sich ganz markant von den Verhältnissen bei den Landpflanzen (Abb. 127).

Abb. 126: Die gelbe Wasserschwertlilie ist für Insekten ebenso wie die weißen Wasserpflanzen gut zu erkennen. Rote und blaue Blüten gibt es auf dem Wasser kaum, weil sie keinen Kontrast zum gespiegelten Himmelsblau bieten.

Abb. 127: Blütenfarben auf Wiesen und Wasser

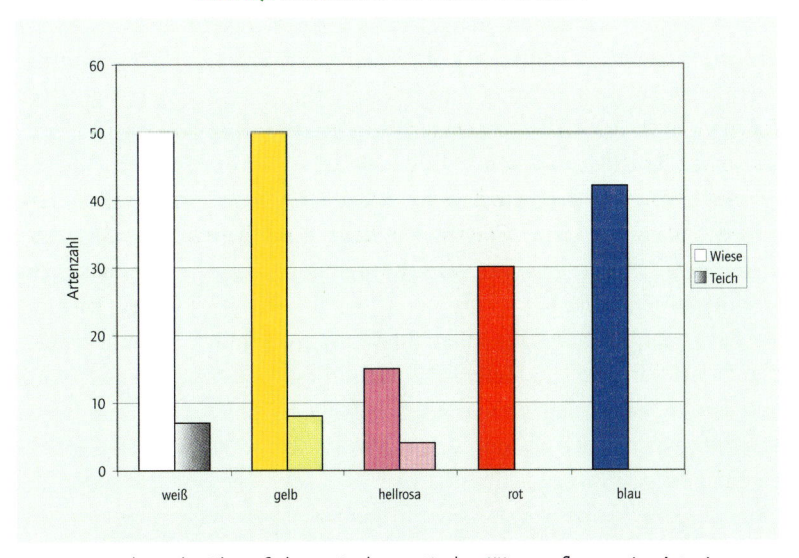

Verteilung der Blütenfarben mitteleuropäischer Wasserpflanzen (19 Arten) und auf Wiesen (187 Arten). Deutlich erkennbar ist, dass die Farben Rot und Blau unter den Wasserpflanzen – mangels farblichem Kontrast zum Wasser – nicht vertreten sind.

Die Blütenfarbe hat mit den Blütenbesuchern, den Insekten, zu tun. Blaue Blüten bilden keinen Kontrast zum gespiegelten Himmelsblau. Gelb hingegen sehen die allermeisten Insekten am besten. Auch Weiß hebt sich stark ab; insbesondere wenn viel Grün darunter vorhanden ist, wie bei den flutenden Rasen des Wasserhahnenfußes oder den grünen Blatttellern der Seerosen. Damit zeigen die Blüten mit ihrer Farbverteilung die andersartigen Bedingungen an, die am und auf dem Wasser im Vergleich zum Land gegeben sind. Schon Rot passt nicht mehr so gut, weil die dunkleren Anteile davon, das »langwellige Rot«, von den Insekten nicht gesehen werden. Rote Blüten brauchen Ultraviolett als Markierung und zur Ausbildung von Leitwegen an die richtigen Stellen in den Blüten. Was uns gefällt am kräftigen Rot dient eher der raschen Aufwärmung der Blüten selbst als den Insekten als Signal. Bei roten Blüten, die in den Tropen und Subtropen Vögel anlocken, ist das natürlich anders. Aber solche Vögel gibt es außerhalb der Tropen nur wenige und am oder auf dem Wasser gar keine.

Ein weiterer Unterschied zum Blühen an Land wird deutlich, wenn man dem zeitlichen Verlauf der Blütenbildung folgt. Die meisten Arten schicken eher Blüte für Blüte nach oben, als plötzlich alle anzubieten. Die Blütezeit kann sich daher über mehrere bis viele Wochen hinziehen. Bestäuber werden einzeln angelockt; nicht jeder Tag taugt aufgrund der Witterung dafür. Über der Wasseroberfläche erwärmen sich die Blüten nicht so schnell wie an Land. Das Wasser kühlt unablässig. Entsprechend verschiebt sich die Hauptblütezeit der Wasserpflanzen insgesamt in den Hochsommer hinein, während an Land die große Mehrzahl der Arten im Frühsommer blüht, viele auch schon im Frühling. Ganz entsprechend schicken die Wasserpflanzen ihre Samen auch stärker verteilt auf die Reise, die sie oft nur an den gegenüberliegenden Rand führt. Vegetatives Wachstum durch Wurzelsprosse und Seitentriebe kann so ausgeprägt bei Teichpflanzen und solchen Arten sein, die Gräben, langsam fließende Bäche und überhaupt eher Kleingewässer besiedeln, dass Vermehrung über Sprosse, auch über Bruchstücke davon ausreicht.

Die in jüngerer Vergangenheit am meisten öffentlich bekannt gewordene Wasserpflanze, die Kanadische Wasserpest *(Elodea canadensis)*, hatte sich ausschließlich vegetativ vermehren können, weil lediglich weibliche Pflanzen davon nach Europa gelangt waren. Diese blühen wohl, erzeugen aber mangels männlicher Pflanzen bei dieser »getrenntgeschlechtlichzweihäusigen Pflanze« keine Samen. Trotzdem ist die Wasserpest zu einem großen Schädling geworden, der in den 1950er und 1960er Jahren Wasserstraßen verstopfte, den Abfluss von Gräben und Kanälen beeinträchtigte und hohe Kosten bei der Bekämpfung verursachte. Der Grund für ihren Erfolg war die Verschmutzung der Gewässer mit Phosphaten aus Waschmitteln und Pflanzennährstoffen aus der Landwirtschaft. Als mit modernen Kläranlagen die gründliche Abwasserreinigung eingeführt und die Waschmittel weitgehend phosphatfrei gemacht wurden, starb die Wasserpest weithin aus. Inzwischen ist sie eine Seltenheit, die wahrscheinlich bald noch eher in Gartenteichen als in der freien Natur zu finden sein wird.

Über Gartenteiche gibt es eine schier unübersehbare Literatur, auf die hier nicht näher eingegangen werden kann. Empfehlenswerte Einführungen sind die von Bellmann (1988), Engelhardt (1986), Streble & Krauter (1973) sowie Thomspon et al. (1986).

V. PROBLEME

28 Stadt-Enten –
ein heilloses Durcheinander?

»Leider ist es auch hierzulande üblich geworden, allerlei gezüchtete Schläge von Stockenten auszusetzen und sich selbst zu überlassen. Wohin das führen kann, sieht man am Kleinhesseloher See im Münchner Englischen Garten, wo sich verschiedene Kleinschläge wie Hochbrut-Flugenten, Lock- und Smaragdenten sowie deren Bastarde seuchenartig ausgebreitet haben. In Nymphenburg herrscht dagegen die reinblütige Stockente immer noch bei weitem vor (Abb. 130). Doch sind dort ebenfalls bereits ein paar Keimzellen buntscheckiger Zierenten entstanden, die das Dutzend Individuen schon überschritten haben und sich derzeit auf Futterplätze im Rondell und südlich vom Schloss konzentrieren. 1927 bis 1931 notierte ich ein bis zwei Paare Smaragdenten, ab 1954 bis 1957 höchstens drei weiße, gelbschnäbelige Hochbrut-Flugenten und seit 1960 vielerlei Varianten der Stockenten, vor allem beigefarbene und weißbrüstige, dazu neuerdings Haubenenten und auch wieder Smaragdenten. Dazu kommen zur Zeit bis zu fünf Exemplare einer schweren, weißen, gelbschnäbeligen Hausentenrasse, die flugunfähig ist.« So charakterisiert Wüst (1973) die »stockentenblütigen Zierenten«, wie er sie nennt. Genauere Zahlen sind diesen Angaben nicht zu entnehmen. Nehmen wir einmal an, dass »das Dutzend überschritten« und »bis zu fünf Exemplare« zusammengefasst etwa 20 solcher Entenbastarde bedeutet haben könnte. Gezählt hatte er im Nymphenburger Park nur die »richtigen« Stockenten, und zwar von November bis Januar einen Besatz, »der um die 600 Exemplare schwankt«. Die Bastarde machten daran somit lediglich etwa drei Prozent aus. Dennoch meint Wüst, dass eine Kontrolle der Bastarde nun auch hier nicht mehr möglich sei, hatten sie sich doch schon im Englischen Garten »seuchenartig ausgebreitet«.

Zwar geht aus dieser Beurteilung ganz klar hervor, was gemeint ist, nämlich dass die Wildform der Stockente rasserein gehalten werden müsse, obgleich all diese gezüchteten Enten von ihr abstammen, also genetisch in der Art Stockente enthalten sein müssen. Woher sonst hätten die »Hausenten-Gene« kommen können? Aber Zahlen dazu anzugeben, blieb der Ornithologe Walter Wüst schuldig. Auch in seiner Avifauna Bavariae (1980) ist hierzu in der Artbearbeitung der Stockente nichts zu finden. Er stellt darin zu den Rassen nur mit zwei Sätzen klar: »Bei der großen Beweglichkeit der Stockente konnten sich nur auf entlegenen Inseln oder isolierten Festlandsplätzen wenige geographische Formen ausbilden. Selbst die nordamerikanische Stockente gehört derselben Rasse an wie unsere paläarktische: *Anas platyrhynchos platyrhynchos* L., 1758.« Weshalb also die Sorge um die Reinheit der heimischen Stockenten, wenn diese ohnehin gar nicht so bodenständig sind? Allein schon aus Wüsts Zählungen im Nymphenburger Park ging hervor, dass alljährlich ein beträchtlicher Austausch zwischen den auf den Parkgewässern lebenden Stockenten und ihren »wilden« Artgenossen abläuft. Zur Brutzeit sind viel weniger anwesend als während des Herbstzuges oder im Winter. Abb. 128 fasst die Zählungen aus Wüst (1973), ergänzt von den eigenen Untersuchungen für den Nymphenburger Park zusammen.

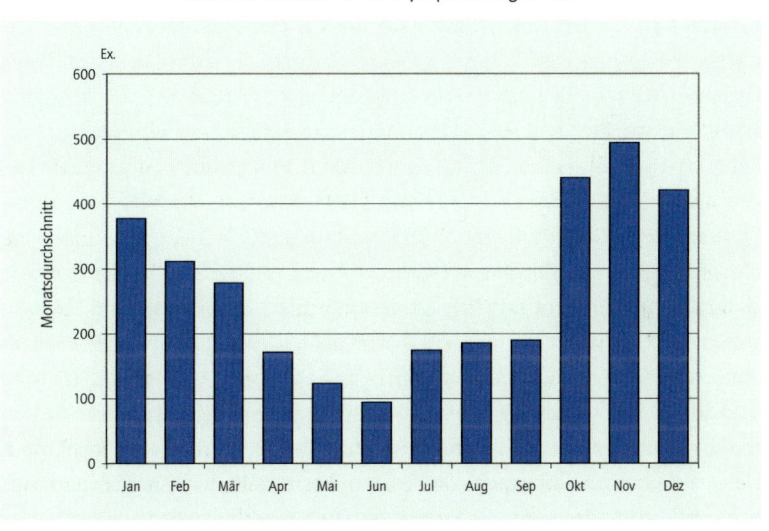

Abb. 128: Stockenten im Nymphenburger Park

Häufigkeit der wildfarbenen Stockenten im Nymphenburger Park, München, von 1967 bis 1975 (Daten aus Wüst 1973 und von Reichholf)

Hieraus geht klar hervor, dass die Parkstockenten Zuzug von außen erhalten, wenn die Hauptzugzeit der Stockenten im Herbst beginnt. Dann verdoppelt sich in etwa die den Sommer über vorhandene Entenmenge. Die Hinzugekommenen beteiligen sich auch im Gewimmel an den winterlichen Futterplätzen auf eisfreien Stellen des Kanals vor dem Schloss und verschwinden wieder, wenn sich die nächste Brutzeit nähert (Abb. 131). Der

Brutbestand, insbesondere die Zahl der Junge führenden Weibchen, fällt viel niedriger aus, als aufgrund der Entenmengen im April erwartet werden könnte. Wüst (1973) nennt zwar als Brutbestand 45 Weibchen, führt aber nichts zum tatsächlichen Bruterfolg aus. Eigenen Zählungen zufolge (Mai 1974) waren nur neun Stockentenweibchen mit zusammen 43 kleinen Jungen (knapp 5/♀) im Park, aber 60 feste Paare und drei einzelne Weibchen ohne Nachwuchs sowie 51 »überzählige« Männchen. Von diesen sind noch die Erpel der Junge führenden und erfolglosen Weibchen, zusammen zwölf, abzuziehen, um den eigentlichen Überschuss an Männchen zu ermitteln. Dieser betrug im Mai 1974 also 39 Erpel.

Wüst (1973) beschäftigte sich ausführlicher mit diesem Männchenüberschuss, den er nach Auszählung von 34.699 Stockenten im Park (von 1967 bis 1972) mit 21 Prozent ermittelte (121 ♂ je 100 ♀). Die Folgen dieses Überschusses schilderte er in drastischen Vergewaltigungsszenen, wie sie tatsächlich immer wieder unter Parkstockenten, aber auch draußen auf Gewässern in der freien Natur zu beobachten sind. Das Zusammenhalten der nicht brütenden Paare über die ganze Brutzeit und offenbar einen Großteil des Jahres, vermindert das Risiko für die Weibchen, von fremden Erpeln vergewaltigt zu werden. Zur Brutzeit lag der Erpelüberschuss nach den Zählungen von Wüst (1973) bei 567 Männchen zu 271 Weibchen, also beim Doppelten der Weibchenzahl und fast dreimal so hoch wie bei der Bestandserfassung zur Brutzeit 1974. Dass in der Gesamtbilanz dennoch nur 121 Erpel je 100 Weibchen zustande kamen, zeigt eine andere Komponente des Austausches an. Sie wird erst verständlich, wenn man die weitere Brutverbreitung der Stockente in der Stadt berücksichtigt.

Umfangreiche Erhebungen in den Jahren 1995 bis 1999 ergaben, dass in den unmittelbar an den Nymphenburger Park anschließenden Stadtgebieten etwa 2,5 Stockentenweibchen pro Quadratkilometer brüteten. Zusammen mit den Häufungen in der Nähe der Baggerseen an den Stadträndern und an der Isar ergab dies einen Gesamtbestand von brütenden Stockenten in der Größenordnung von 1.000 Paaren. Für das Zustandekommen eines Überschusses von 200 Erpeln im Nymphenburger Park (während der Brutzeit) bedarf es somit lediglich eines Fünftels des Stockentenbrutbestandes im Münchner Stadtgebiet. Die Überzähligen im Park hatten schlicht und einfach ihrer natürlichen Lebensweise gemäß die fest brütenden Weibchen in den Gärten und Anlagen verlassen und sich auf bestimmten Gewässern im Park eingefunden. Dort trafen sie auf den örtlichen Brutbestand und störten diesen so sehr, dass der weitaus größte Teil davon, nämlich mehr als 80 Prozent, gar nicht zum Brüten kam. Die neun Weibchen mit 43 Jungen ergeben daher, auf den »Brutbestand« umgerechnet, der die Erfolglosen mit einschließt, eine äußerst geringe Vermehrungsrate von nur 0,6 Jungen pro vorhandenem Weibchen. Und selbst von diesem Nachwuchs haben mit

Sicherheit nicht alle Entchen überlebt, weil sie als »kleine Junge« notiert worden waren. Üblicherweise wird nicht einmal ein Drittel der aus dem Ei geschlüpften Entenjungen flügge und erwachsen.

Was Wüst (1973) somit in Wirklichkeit gesehen und beschrieben hatte, ohne den Zusammenhang herzustellen, war die ganz selbständig ablaufende Regulierung der Bestandsgröße bei den Parkstockenten. Deshalb hatte sich der Brutbestand auch unbeschadet kurzzeitiger Spitzenwerte während des Herbstzuges oder im Winter, wenn Enten von draußen in die Stadt drängten, all die Jahre und Jahrzehnte auf der gleichen Höhe gehalten. Das vermeintliche Anwachsen der Entenbestände im Park war die Fehldeutung der herbstlichen oder winterlichen Gipfel, die durch den Zustrom fremder Enten zustande gekommen waren, aber ohne Nachwirkungen geblieben sind, weil diese Enten im Frühjahr den Park wieder verließen. Das zeigt der regelmäßige Abfall der Zahlenwerte vom Januar zum April/Mai (Brutzeit) in Abb. 128 ganz klar.

Das »wüste« Verhalten der »überzähligen« Erpel und ihre Vergewaltigungen stellen eine vermenschlichende Sicht dar, deren Folge dann zwangsläufig der Ruf nach Bekämpfung solcher Missstände ist. Ob es den Enten wirklich so schlecht erginge, wenn man sie leben lassen würde, darf zumindest stark bezweifelt werden. Dazu sind den Ausführungen von Walter Wüst aufschlussreiche Hinweise über die so genannten hahnenfedrigen Stockentenweibchen zu entnehmen. Er schrieb: »Seit zwanzig Jahren beobachte ich mit großer Regelmäßigkeit im Nymphenburger Park ein bis drei Stockenten, die Weibchenschnäbel haben, somit Weibchen sind, aber mehr oder weniger reines Männchenprachtgefieder, auch Schwanzlocke, tragen. Dieses Fortschrittskleid ist ja bei Enten das neutrale Gefieder. Das schlichte Weibchen entsteht durch eine feminine Hormonbremse. Fällt sie aus, etwa durch Verletzung des Eierstocks, durch Geburtsfehler oder Versagen der Produktion von Ovarhormonen infolge hohen Alters, so wird die Federentwicklung auf ein anderes Programm umgestellt. Die fortpflanzungs*un*fähigen Weibchen sehen dann den Brutkleiderpeln ähnlich.« Solche Feststellungen von (sehr) alten Stockenten, die an ihrem schmutzig orangefarbenen Schnabel an sich leicht von echten Männchen (dunkel zitronengelber Schnabel) zu unterscheiden sind, treten hauptsächlich auf Stadtparkgewässern auf.

Das Leben in der freien Natur ist härter. Ein Entenweibchen wird wahrscheinlich nur ausnahmsweise draußen so alt, dass es in den Zustand der Hahnenfedrigkeit übergeht. Wüst (1973) schilderte näher, dass diese Weibchen von den Artgenossen offenbar mitunter falsch eingestuft werden. Erpel greifen sie an, Weibchen gesellen sich zu ihnen – und auch Bastarde! Die entscheidende Schlussfolgerung fehlt jedoch in der Beurteilung dieser zu alt gewordenen Weibchen (von denen ich insgesamt auf Münchner Parkgewässern bisher elf Stück gesehen habe): Sie drücken aus, dass die Weibchen in so einem Bestand von Parkstockenten offenbar länger überleben als draußen in der aus unserer Sicht »besseren« freien Natur. Wir können es einfach nicht lassen, Vorgänge in der Natur, die wir meistens auch nur höchst unvollständig durchblicken, mit Begriffen von (menschlicher) Moral zu belegen und daraus unkritische Wertungen abzuleiten.

Das wird noch deutlicher beim Problem der Bastarde (Abb. 132). Schon in ihrem geringen Prozentsatz waren sie »zu viel« und wurden/werden von den allermeisten Ornithologen und Vogelschützern als zu bekämpfendes Problem betrachtet. Das Urteil ist längst gefällt, bevor es überhaupt zu entsprechenden Untersuchungen kommt, die das Vorgehen auf einer vernünftigen Bezugsbasis begründen und rechtfertigen würden. Dabei ist die stark verminderte Fruchtbarkeit der gezüchteten Hausentenformen, von denen es etwa ein Dutzend klar erkennbarer, züchterisch auch definierter Rassen gibt, längst bekannt. Bereits in Grzimeks Tierleben (1968/1993) ist über sie zu lesen: »In ihrem Verhalten gleicht die Hausente weitgehend der Stockente, nur ist den meisten Rassen der Bruttrieb verloren gegangen.« Eigentlich besagt dies schon alles. Diese Zuchtformen sollten keine Gefahr für die Wildvögel ihrer Art sein, weil sie entweder selbst kaum brüten oder so sehr im Aussehen vom Wildtyp abweichen, dass sie gar nicht als Partner erkannt werden.

Vergewaltigungen von Hausenten durch frei lebende Erpel sind zwar unter den Verhältnissen von Stadtgewässern, wie oben dargelegt, durchaus möglich, aber Folgen daraus sind nicht ersichtlich geworden. Wären die Befürchtungen, die Bastarde könnten die Rassereinheit der vielen Millionen frei lebender Stockenten (allein in Mitteleuropa mehr als eine Million Brutpaare) gefährden, berechtigt, müssten die Bastarde vitaler als der Wildtyp sein. Darauf gibt es nicht die geringsten Hinweise. Im Gegenteil: Nur ausnahmsweise trifft man auf Junge führende Bastardweibchen in den städtischen Stockentenbeständen, es sei denn, die Bastardenten werden abgeschlossen für sich allein gehalten. Weder kann Wüst (1973) entsprechende Feststellungen anführen, noch sah ich echte Zuchtrassen von Hausenten mit Jungen jemals auf den Nymphenburger Parkgewässern. Das schließt nicht aus, dass es doch welche geben kann, aber es besagt, dass die genetische Durchdringwahrscheinlichkeit unvergleichlich geringer ist, als angenommen wird. Die wirklichen Bastarde aus fehlfarbenen Stockenten, die viel häufiger vorkommen als Mischlinge mit Zuchtrassen, bleiben zudem auf die Städte so sehr beschränkt, dass deren Außengrenzen auch identisch werden mit den Grenzen ihrer Vorkommen. Die Münchner Stockentenbastarde zeigen eine sehr hohe Beständigkeit ihres Anteils auf den Stadtgewässern. Sogar die verschiedenen Stadtgewässer lassen sich daran klar voneinander unterscheiden (Randler 1994). Somit fliegen diese Bastardenten nicht einmal innerhalb der Stadt frei von Gewässer zu Gewässer. Nach draußen nimmt die Frequenz ihres Auftretens schlagartig auf Einzelvögel ab, sobald die Bebauung aufhört und das Freiland erreicht worden ist (Abb. 129).

Auch für Stuttgart kommt Randler (1994) zur selben Schlussfolgerung wie für München: »So lange Hybriden nur auf Parkteichen und ähnlichen urbanen Ökosystemen in größerer Zahl auftreten, und die Ausbreitung in das Umfeld der Städte nur von wenigen Individuen vollzogen wird, stellen sie für die Wildform keine Gefährdung dar.« Die Hybridenten verhalten sich tatsächlich so, als ob sie auf Inseln sitzen würden, die sie am besten nicht verlassen, auch wenn größere Gewässer mit vielen Artgenossen in der Nähe sind und die Flüsse Leitlinien geradezu anbieten. Diese enge Stadtbindung ergibt sich aller Wahrscheinlichkeit aus der Abhängigkeit von menschlicher Fütterung. Da diese draußen aufhört, ist ein Verlassen der Stadt nicht nur nicht reizvoll für diese Enten, sondern lebensgefährlich. Denn sie sind nicht auf Lebenstüchtigkeit gezüchtet worden, sondern nach ähnlichen Gesichtspunkten wie viele für das freie Leben in der Natur untaugliche Hunderassen auch.

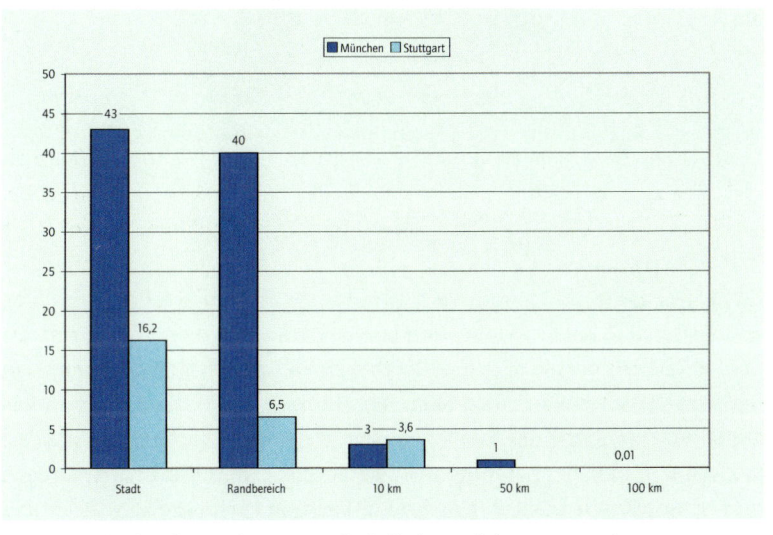

Abb. 129: Enge Stadtbindung der Hybridstockenten

Hybridstockenten kommen außerhalb der Stadt kaum vor, weil sie von der menschlichen Fütterung abhängig zu sein scheinen. Dies zeigt die extrem starke Abnahme des Anteils von Hybridstockenten am Stadtrand von München und Stuttgart (Zahlen in Grafik = %). Auf Gewässern in mehr als 50 Kilometern Entfernung treten nur noch Einzelvögel (unbekannter Herkunft) davon auf (Daten für den Großraum Stuttgart aus Randler 1994).

Sehen wir uns diese Enten etwas genauer an. Die normale, wildfarbene Stockente kommt in drei ganz unterschiedlichen Gefiederversionen vor: Das männliche Prachtkleid, das weibliche Normalkleid und das männliche

Schlichtkleid. Die stabilste Form ist das normale Weibchenkleid mit schuppigem Braun, schwärzlicher Musterung der Federn ohne besondere, aus der Körperform abweichende Federn und eher düster orangefarbenem Schnabel mit dunklen Stellen auf dem First. So eine Ente, auf ihr Nest gedrückt, übersieht man auf wenige Schritt Entfernung, so gut passt ihr tarnfarbenes Gefieder zur Laubstreu am Boden, zum Buschwerk und zum Licht-Schatten-Spiel.

Abb. 130: Stockentenpaar. Der Erpel ist durch das farbenprächtige Federkleid zu erkennen.

Hier bietet es sich an, einzufügen, dass bei den Vögeln nicht das Männchen das Geschlecht mit zwei unterschiedlichen Geschlechtschromosomen ist, wie wir das von uns und den Säugetieren kennen und daher als »normal« annehmen, sondern das Weibchen. Für die Vogelweibchen gilt, dass sie WZ sind, so die Bezeichnung der Geschlechtschromosomen der Vögel, und nicht XX, wie bei uns. Unserem XY-System entspricht das WZ in der Vogelwelt – und die Männchen tragen entsprechend zwei gleichförmige Geschlechtschromosomen. Daher können Hormone aus aktiven Geschlechtsdrüsen (Gonaden) beim Männchen den Gefiederwechsel vom weibchen-farbenen Schlichtkleid im Sommer zum männlichen Prachtkleid im (Spät-)Herbst und Winter bewirken, wenn die Keimdrüsen (die männlichen Hoden) wieder aktiv geworden sind. Umgekehrt besteht beim WZ-Weibchen die Möglichkeit, dass ihr Gefieder zum männlichen Zustand umschlägt, wenn keine weiblichen Geschlechtshormone mehr im Körper erzeugt werden, weil die Ente zu alt geworden ist. Rein formal betrachtet kommt es also bei den hahnenfiedrigen Weibchen zu einer Art Menopause und einem anschließenden, nicht mehr reproduktionsfähigen Seniorinnenalter. Wie schon betont, stellen sich solch günstige Umstände nur in der Stadt oder in langjährig direkter menschlicher Obhut ein. Das harte Leben in »freier Wildbahn«, wo man ihnen auch mit den Schrotkugeln der Jäger zu Leibe rückt, lässt keinen Raum für ein friedliches Altern.

Die Zuchtformen der Hausenten unterscheiden sich daher entweder durch gänzlichen oder weitestgehenden Ausfall der Bildung von Federfarben (Pigmenten), wie bei den hellgelb-schnäbeligen, weißen Hausenten oder weniger hellen, fahlfarbenen Gelblingen, die als »flavistische Mutanten« davon abgesetzt werden, weil noch braune Farbstoffe erzeugt und in den Augen, den Schnäbeln und den Beinen abgelagert werden. Solche Weißlinge (Albinos) und Gelblinge (Flavinos) sind nichts Besonderes und auch keine spezifische züchterische Leistung. Sie können sogar bei schwarzen Krähen und Amseln auftreten und sie sind bei sehr vielen Vogelarten nachgewiesen worden.

Anders verhält es sich mit den Formen, bei denen sich die Muster der Gefiederfärbung und Zeichnung teilweise auflösen. Sie fallen in den Bereich des Schizochromismus, also der Farb-Zerlegung. Solche Formen gibt es sehr viele. Das Flaschengrün des Kopfes der Erpel geht dann zum Beispiel nicht in eine, mit schmalem weißen Ring abgesetzte, braune Vorderbrust über, sondern in eine weiße, schwarze oder ebenso grüne. Der Kopf kann fleckig weiß durchsetzt sein. Und so fort. Sehr viele verschiedene Kombinationen treten auf. Auf diesen Typ richtet sich das Augenmerk der züchterischen Auslese verständlicherweise wegen seiner Unbeständigkeit kaum jemals. Die Zuchtrasse soll hingegen für die gewünschten Merkmale »stabil« sein. Daher finden sich die ganz glänzend grünen »Smaragdenten« oder die in ihrer Körperhaltung komisch schräg aufwärtsgerichteten »Laufenten« in solch stabilen Rassenformen. Zu Letzteren gehören auch Erpel, die nicht nur die ihre Männlichkeit kennzeichnende, wie von einem Lockenwickler gedreht aussehende »Erpellocke« über den Schwanzfedern tragen, sondern auch wie Pfauenkrönchen hoch gestellte Federbüschel auf dem Oberkopf. Schon die Jungenten entwickeln dieses Merkmal, das deshalb leicht weiter ausgelesen werden kann. In der zweiten Hälfte der 1970er Jahre gab es mehrere solcher »Kronenenten« im Nymphenburger Park. Vorurteilslos betrachtet, war ihnen ein Gewinn an Schönheit sicherlich nicht abzusprechen. Ihre eigenständige Fortpflanzung funktionierte aber anscheinend nicht so recht, denn noch bevor die Ausmerzung aller von der Norm abweichenden Enten im Park anfing, gab es nur drei oder vier von ihnen. Sie waren sehr »futterzahm« und bei Angriffen von wildfarbenen Enten hoffnungslos unterlegen.

Dennoch wäre dies nicht das entscheidende Kriterium gewesen, denn es sind nicht die Angriffe anderer Erpel, die über die erfolgreiche Fortpflanzung bei den Enten entscheiden, sondern die Weibchen mit ihrer Wahl. Die allermeisten Entenarten zeichnen sich nämlich durch eine so genannte Gesellschaftsbalz aus. In dieser präsentieren sich die Männchen in Gruppen von mehreren bis über zehn oder 20 und stellen sich mit ihrem Balzverhalten zur Schau. Der Ablauf dieser Balz ist ebenso ritualisiert wie das Vorspiel zur Paarung, die zur Bildung eines festen Paares (auf Zeit) und nach der Paarbalz zur Befruchtung der Eier führt. Bei einem Überschuss von Männchen, wie er bei den meisten Arten von heimischen Enten vorhanden ist, können die Weibchen damit wählen. Sie tun dies nicht anhand der Beobachtung aggressiver Verhaltensweisen eines Männchens gegenüber einem anderen, sondern sie richten sich bei ihrer Wahl danach, wie gut und wie ausdauernd das betreffende Männchen bestimmte Verhaltensweisen in der Balz vorträgt. Den »Grunzpfiff« zum Beispiel oder das »Kurzhoch«. Da nun aber die Zuchtrassen sehr stark in Aussehen und, wie im Fall der Laufenten, auch in der Körperform vom Wildtyp abweichen, haben sie in der Konkurrenz mit normalen Erpeln bei der Gesellschaftsbalz kaum Chancen. Nur wo die Zuchtrasse auf sich allein gestellt ist, bleibt den Weibchen gar nichts anderes übrig, als sich mit dem/den vorhandenen Männchen zu paaren. Sie haben keine Wahl. Im Park ist das anders – und daher erwiesen sich auch die gezüchteten Entenrassen als nicht konkurrenzfähig bei der Überzahl der wildfarbenen, »normalen« Erpel.

Hier kommen die Zahlen wieder mit ins Spiel. Selbst wenn nur 21 Prozent Erpel im Durchschnitt mehr vorhanden sind, als ein ausgeglichenes Geschlechterverhältnis nötig hätte, reicht dieser Überschuss, um die etwa 20 insgesamt von Wüst (1973) angeführten Bastarde auszustechen. Denn bei einem Brutzeitbestand von mehr als 100 Stockenten hätte diese Übermacht von 21 zusätzlichen Erpeln schon genügt. Nun findet aber bei den Stockenten die Gesellschaftsbalz vom Dezember/Januar bis in den April hinein statt. In dieser Phase überstieg das Erpelangebot jenes der Weibchen aber gleich um mehr als 100 Individuen, also um das Fünffache der Zahl der Bastarde. Kein Wunder, dass diese offensichtlich keinen Nachwuchs hinterließen. Was wäre aber gewesen, wenn die Hausentenrassen aus irgendwelchen Gründen genügend häufig geworden wären, dass sie schon aus rein statistischen Gründen die Möglichkeit zur Fortpflanzung bekommen hätten?

Genau diese Frage hat sich nicht mehr weiter verfolgen lassen, denn die »Ausmerzung« der Abweichler, der nicht naturgemäßen Rassen, setzte mit aller Härte ein. Die Jäger erhielten (und erhalten) hier Rückendeckung und Unterstützung durch den Naturschutz. Denn die Rassenvermischung wird als ein Übel betrachtet, das von Grund auf bekämpft werden müsse. Der gezielte Abschuss aller erkennbaren »Abweichler« vereitelte somit dieses in Gang gekommene Experiment in der Natur, das nach den vorhandenen Befunden zur Stadtbindung der Hausenten keinen Anlass zu Befürchtungen gegeben hatte. Aber es wäre ökologisch und evolutionsbiologisch höchst aufschlussreich gewesen. Schließlich gibt es verschiedene Rassen von Hausenten schon seit Jahrtausenden. Niemand wird behaupten können, dass Angehörige dieser Zuchtrassen niemals in Freiheit gelangt seien. Aber niemand kann auch nachweisen, dass solche irgendwann ins Freie gekommene Hausenten die »Wildenten« genetisch durchseucht und verschlechtert hätten.

Abb. 131: Brütende Stockente. Nur knapp ein Drittel der aus dem Ei geschlüpften Entenjungen werden flügge und erwachsen.

Verloren ging bei diesem merkwürdigen und in mancher Hinsicht auch recht bedenklichen Streben der Jäger und Naturschützer nach Rassereinheit bei der Stockente also ein ausgesprochen spannendes Großexperiment, das uns in mehrfacher Hinsicht Einsichten hätte vermitteln können, wie und auf welche Eigenschaften bezogen natürliche Selektion wirkt und wie damit Evolution abläuft. Denn mehrere unterschiedliche »genetische Linien«, die unter sehr verschiedenartigen Ausgangsbedingungen zustande gekommen waren – die einen durch die Natur und ihre Anforderungen selbst, die anderen durch menschliche Züchtung nach Kriterien von »Schönheit«, Körpergewicht, Fleischansatz oder Körperhaltung – und die nun einander im Wettbewerb der gänzlich neuartigen Stadtnatur ausgesetzt waren, hätten zeigen können, was »zählt« und was nicht in Balz, Paarung, Fortpflanzung und Überlebensfähigkeit dieser Enten. Da die Eigenschaften der Zuchtformen äußerlich so schön und klar zu sehen sind und die Enten keine Scheu vor den Menschen haben, wäre dieses Experiment sicherlich besser als viele

Laboruntersuchungen geeignet gewesen, genetische Konkurrenz und evolutionäres Durchsetzungsvermögen zum Ausdruck zu bringen. Laborexperimente können auch bei noch so guter Planung doch nur »Künstliches« wiedergeben. Außer dem Vorurteil der Rassereinheit gab es keinen vernünftigen Grund, diesen angelaufenen Großversuch zu unterbrechen. Denn die Stockenten und ihre gezüchteten Abkömmlinge taten niemandem, auch keiner anderen Vogelart, etwas zu Leide. Es bestand auch überhaupt kein Risiko, dass sie sich mit anderen Arten von Enten vermischen könnten, was tatsächlich bei den »echten und guten Arten« von Enten in Freiheit immer wieder vorkommt (und die Ornithologen verwirrt, wenn sie solche Artbastarde bestimmen wollen). Die Kreuzungsprodukte sind unfruchtbar.

Abb. 132: Hybrid-Stockente bzw. Bastarde kommen fast nur in städtischen Gewässern vor. Diese enge Stadtbindung ergibt sich aus der Abhängigkeit der Enten von der Fütterung durch Menschen.

Schließlich fällt auch ein letztes Argument für die Ausrottung der Bastarde in sich zusammen, und das ist die Verschmutzung der Parkgewässer durch dieses »urbanisierte Wassergeflügel«. Zwar ist es richtig, dass Enten die Parkgewässer verschmutzen, wenn sie vom Menschen in beträchtlichem Umfang gefüttert werden. Sie tun dies zwangsläufig, weil sie im Jahreslauf den (städtischen) Gewässern mehr Nährstoffe über die Exkremente, die sie abgeben (müssen), zuführen, als sie diesen durch Nutzung der natürlich vorhandenen Nahrungsquellen entnehmen. In der massiven Zufütterung liegt in der Tat der entscheidende Unterschied zu den Entenansammlungen auf Seen und Stauseen. Auch wenn sich dort im Herbst oder Winter Tausende oder

Zehntausende einfinden, entnehmen sie den Gewässern mehr Nährstoffe, als sie diesen über ihren Kot wieder zurückgeben. Als grobe Faustregel kann gelten, normale natürliche Nahrung, wie Wasserpflanzen und Kleintiere des Bodenschlammes vorausgesetzt, dass sie gut ein Drittel der aufgenommenen Nahrungsmenge wieder ins Wasser zurückgeben, etwa 40 Prozent »veratmen«, also im Stoffwechsel verbrennen, und dabei in Wärme-Energie und Bewegung (Flug, Tauchen) umsetzen und den Rest in Form von Reservestoffen, vor allem von Fett, im Körper speichern. Von 100 Prozent der Nährstoffe, die von den Enten mit der Nahrung dem Gewässer entnommen werden, kommen daher nur etwa 35 bis 38 Prozent wieder zurück. Wenn die Wasservögel später die Seen und Stauseen verlassen, exportieren sie Nährstoffe. In die Stadtgewässer »importieren« sie, weil der Hauptteil ihrer Nahrung von den Menschen kommt und somit von außen ins Gewässer gelangt. Tatsächlich verschlammen flache Stadtgewässer im Laufe der Jahre schneller mit vielen Enten als ohne Entenbestand. Aber dies hat absolut nichts mit der Frage, ob es sich um Wild- oder Bastard- und Zuchtenten handelt, zu tun, sondern mit der Zufütterung durch die Menschen. Je mehr die Leute verfüttern, desto stärker verschmutzen die Wasservögel die Stadtgewässer.

Soll deshalb die Fütterung verboten werden? An dieser Frage scheiden sich die Geister. Sie ist ähnlich umstritten wie das Kleinvogelfüttern am Fensterbrett und in Futterhäuschen. Warum tun wir das? Sollen wir, abgesehen von akuten Notzeiten, füttern? Sollen die Jäger das auch nicht, weil Reh und Hirsch den Wald verbeißen und tatsächlich sehr große wirtschaftliche Schäden damit verursachen, die von den Steuerzahlern so oder so mitgetragen werden, weil auch die Vermeidung der Schäden mit langen Zäunen viel Geld kostet? Kosten und Nutzen lassen sich nicht immer, meistens sogar nur ganz unbefriedigend, so direkt gegeneinander aufrechnen, dass klare Entscheidungen möglich werden. Förster und Waldbesitzer könnten die Ansicht vertreten, wir brauchen weder Hirsch noch Reh im Wald, denn für die Jäger handelt es sich bei der Jagd auf dieses Wild nicht um einen Lebensunterhalt, sondern um ein aus der Sicht sehr vieler Nichtjäger recht zweifelhaftes Vergnügen, Tiere tot zu schießen. Hirsch und Reh sind dadurch viel zu scheu geworden, um die Bevölkerung, von der die Steuergelder kommen, wenigstens mit dem Vergnügen zu belohnen, diese edlen Tiere in aller Ruhe beobachten zu können. Das ginge ungleich besser in Wildparks, von denen es eine große Anzahl gibt, die auch sehr gut angenommen werden. Also sollte alles Schaden verursachende Wild aus dem Wald verbannt und in die Gehege geschickt werden, wo es für die Jäger immer noch möglich wäre, gegen gutes Geld zum Schuss zu kommen. Auch solches wird längst international praktiziert. Dennoch entscheidet die Politik nicht so und wir zahlen weiter für die Kosten, die mit der Wild- und Waldproblematik zustande kommen.

Das Entsprechende muss auch für die Fütterung der Vögel gelten. Wir können und sollten aus der Argumentation der Jagd für das Wild die Problematik der Enten, Gänse und Schwäne in der Stadt betrachten. Natürlich verursachen die Wasservögel Kosten, weil sie die Stadtgewässer verschmutzen. Aber rechtfertigen sich diese nicht, wenn beträchtliche Teile der Bevölkerung an ihnen Freude haben? Diese Menschen haben dasselbe Recht auf ihre Interessen wie die Freunde von Fußballspielen oder anderen Großveranstaltungen. Niemand wird erwarten, dass diese keine Schäden verursachen und Aufräumarbeiten hinterlassen. Die ohrenbetäubenden Materialschlachten der Silvesternächte werden als »zur Kultur gehörig« hingenommen und nicht etwa extra anhand der Säuberungskosten berechnet und den Verkäufern der Feuerwerkskörper als Sondersteuer angerechnet. Es gehört zur Vielfalt der Kultur und zur demokratischen Toleranz der unterschiedlichen Gesellschaftsgruppen untereinander, die anders gearteten Wünsche mancher Menschen zu respektieren und genauso zu behandeln wie die eigenen Gruppeninteressen. Die Ansammlungen von Enten, Gänsen und Schwänen gehören zu den Städten, weil es die Menschen dieser Städte sind, die diesen Vögeln das Leben in der Stadt ermöglichen. Die Kommunen müssen daher auch die Kosten genauso selbstverständlich tragen, wie sie andere übernehmen.

Es ist, gelinde ausgedrückt, ziemlich befremdlich, wenn angesehene Organisationen für Vogelschutz die Stadtvögel ausklammern und deren Fütterung abschätzig behandeln oder ablehnen. Mit welcher Berechtigung sollten wir das millionenfach bis tief nach Sibirien hinein verbreitete und häufige, nur bei uns ziemlich seltene Weißsternige Blaukehlchen *(Cyanosylvia svecica)* besonders zu schützen oder den Eisvogel *(Alcedo atthis)*, wenn solche Arten in ihrem Gesamtareal des Vorkommens gar nicht gefährdet sind, den Höckerschwan in den Städten aber missachten, obgleich es nur wenige Tausend echte Wildvögel davon auf den Seen Masurens, des Baltikums und im südlichen Skandinavien gibt? Sie machen keine zehn Prozent mehr des halbwilden, vornehmlich in den Städten lebenden Höckerschwanenbestandes aus. Für das Überleben des Höckerschwans als Art sind die frei lebenden Vorkommen in den Städten längst gewichtiger geworden als die Wildpopulation.

Führen wir uns aus diesem Blickwinkel betrachtet die Bestandsverhältnisse bei der Stockente vor Augen, dann kommt Erstaunliches zutage. Im weithin (in Kennerkreisen) für Enten und andere Wasservögel berühmten, über zehn Quadratkilometer großen Ismaninger Teichgebiet und Speichersee bei München, einem »Europareservat« und »Feuchtgebiet von internationaler Bedeutung«, brüteten 1957, als die ersten Bestandsaufnahmen im Nymphenburger Park durchgeführt wurden, nur 80 Stockentenweibchen. 45 Brutpaare hatte Wüst (1973) im Park allein ermittelt. Das Stadtgebiet von

München übertraf mit 1.000 Stockentenbruten pro Jahr dieses erstklassige Wasservogelgebiet also um das mehr als Zehnfache. 1958 waren es nur noch 60 Bruten im Teichgebiet, wie auch etwa in den folgenden zehn Jahren. Dann sank der Brutbestand auf 45 (1971), und 1976 gab es gar nur noch sechs Stockentenweibchen mit Jungen in diesem für die Öffentlichkeit gesperrten »Totalreservat«. Zwei Quadratkilometer oder ein Hundertfünfzigstel der Stadt München brachten es damals auf dieselbe Zahl von Stockentenbruten.

Am Kochelsee mit zu einem Großteil naturnahen Ufern brüteten in den 1970er Jahren 20 Paare Stockenten, auf 75 Quadratkilometer im Dachauer Moos 73 und im ganzen Werdenfelser Land 450 bis 600 (auf der fast fünffachen Fläche Münchens). Letzteres Gebiet erzielte somit ein Zehntel der Münchner Bestandsdichte an Stockenten. Das Dachauer Moos brachte es auf etwa ein Drittel im Vergleich zu München. Sollten die Hochrechnungen von Bauer & Berthold (1996) mit gut einer Million Brutpaare Stockenten in Mitteleuropa einigermaßen stimmen, so würde das gesamte Münchner Stadtgebiet pro Quadratkilometer im Durchschnitt 2,5- bis dreimal höher liegen. Bleibt nur noch hinzuzufügen, dass wieder einmal ein höchst unzureichender Erfassungsgrad zu beklagen ist, weil sich kaum jemand für »die Stadt-Enten« interessiert.

Sie werden meist unausgesprochen für »Schädlinge« gehalten, mit denen sich ein anständiger Vogelschützer und Ornithologe am besten gar nicht befasst. Das schützt davor, urteilen zu müssen. So bleibt es der Boulevardpresse vorbehalten, darüber zu berichten, wie wieder einmal, wie in den meisten Jahren und in vielen Städten, eine Entenmama mit ihren Kleinen ganze Straßenzüge blockierte, weil sie im Gänsemarsch darüber hinweg spazierte. Welcher Autofahrer würde es wagen, so ein Familienidyll zu zerstören? Es gibt Fälle, wie im Innenhof der Schlossanlage von Nymphenburg, wo Stockenten mit Erfolg und dank ihrer Toleranz den (harmlosen) Menschen gegenüber erfolgreich gebrütet hatten, mit ihren frisch geschlüpften Kleinen ratlos im allseitig geschlossenen Hof lautstark quakend herumirrten, bis jemand kam, die Entenküken in eine Schachtel packte und zum Schlosspark hinübertrug, wo sie von der aufgeregten, aber sogleich zufriedenen Mutter in Empfang genommen und zum Wasser geführt wurden. Allein die Leistung der Entenmutter, dieses Geschehen irgendwie zu begreifen, gibt Anlass genug zum Staunen. Dass sie aber erst dann abflog, als wirklich alle Kleinen in der Schachtel waren und keines zurückgelassen wurde, und sie die freundlichen Helfer schon jenseits des Schlossgebäudes an der richtigen Stelle mit eindeutigen Rufen erwartete, erstaunt sicherlich noch mehr.

Besonderheiten sind auch von den Graugänsen *(Anser anser)* zu berichten (Abb. 133). Den Beringungen zufolge stammen vielleicht alle, zumin-

Abb. 133: Die Graugänse in München und Umgebung stammen zu einem Großteil aus der Gänsehaltung des Verhaltensforschers und Nobelpreisträgers Konrad Lorenz, der südlich von München sein Institut hatte.

dest aber einige von ihnen, die in München und Umgebung vorkommen, aus der Gänsehaltung des Verhaltensforschers und Nobelpreisträgers Konrad Lorenz in Seewiesen südlich von München ab. Schon in den 1960er und frühen 1970er Jahren war ihr Bestand im Englischen Garten, dank vieler erfolgreicher Bruten, auf über 100 angewachsen und damit der Zahl der erheblich größeren und kräftigeren Kanadagänse *(Branta canadensis)* in Nymphenburg gleichgekommen (Abb. 134). Diese hatte man schon Ende des 19. Jahrhunderts im Schlosspark angesiedelt, wo sie anfänglich ihrer laut schallenden, klangvollen Rufe wegen »Trompetergänse« genannt worden waren. Im Mai 1928 gab es im Park drei Paare mit zwei, drei und vier kleinen Jungen. 1930 umfasste die Gruppe von Kanadagänsen etwa 20 Individuen. Während es Zweiten Weltkriegs verschwanden sie (vermutlich in Kochtöpfen). 1954 wurde wieder ein Paar eingesetzt, dessen Flügel kupiert worden waren, damit sie nicht wegfliegen konnten. Die Bestandsentwicklung verlief schnell. 1960 verzeichnete die Chronik von Wüst 32, 1963 schon 81 und 1970 162 Kanadagänse, davon 59 Junge des laufenden Jahres. Rasch kamen Kreuzungen mit anderen Gänsen, wie Schneegänsen und später mit den Graugänsen hinzu, die jedoch steril blieben.

In den 1980ern setzte dann die Eroberung des Parks durch die Graugänse ein, ohne dass dies ungünstige Auswirkungen auf die Kanadagänse gehabt hätte. Von wenigen Paaren zu Beginn stieg die Gänseschar nun rasch auf über 100, bald auf mehr als 300 und schließlich auf 500 an, bis die Bejagung einsetzte. Anders als die Kanadagänse, die von wenigen kleinen und

Abb. 134: Kanadagänse bleiben – anders als die Graugänse – vorwiegend in der Stadt.

unbeständigen Ausnahmen abgesehen in der Stadt blieben und sich nicht annähernd so stark vermehrten, breiteten sich die Graugänse auch aufs Land hinaus aus. Die Kanadagänse wurden dennoch massiv bejagt, so dass es zu Beginn des 21. Jahrhunderts innerhalb des Münchner Stadtgebietes nur noch etwa 70 und unter Einschluss der Peripherie 400 von ihnen gab. Die Graugänse spalteten hingegen rasch erfolgreiche »Tochterkolonien« ab. Ende des 20. Jahrhunderts belief sich ihr hauptsächlich südbayerischer Bestand auf 250 bis 350 Brutpaare (Bezzel et al. 2005), was jedoch mit Sicherheit zu niedrig angesetzt ist, weil allein an den Stauseen am unteren Inn und am Altmühlsee in Mittelfranken Hunderte leben. Bei der Kanadagans sollen lediglich 80 bis 100 Brutpaare in Bayern vorhanden sein, von denen die weitaus meisten im Großraum München vorkommen. Die Angaben passen nicht einmal bei dieser großen, unverkennbaren Vogelart untereinander zusammen: 400 Kanadagänse allein im Großraum München, aber 40 sichere und wahrscheinliche Brutplätze außerhalb der Stadt in Süd- und Nordbayern bei insgesamt nur 80 bis 100 Paaren. Von einer ordentlichen Bestandserfassung und einem angemessenen Umgang mit dieser Gans kann keine Rede sein.

Die Graugans hat jedenfalls vorerst »gewonnen« und die Kanadagans überholt. Der Einfluss der Bejagung ist auch bei ihr wegen gänzlich unzureichender Dokumentation der Entwicklungen nicht abschätzbar, aber eine Verhaltensweise zeigen die Graugänse Münchens dafür umso eindrucksvoller. Wenn die Zugzeiten nahen, fangen sie an, über der Stadt ihre Runden zu drehen. Laut schnatternd fliegen sie vom Nymphenburger Park zum westlichen Stadtrand, drehen wieder um, kommen noch aufgeregter zurück, kreisen weiter und beruhigen sich schließlich am alten Platz wieder. Sie machen dies ab Ende Juli/Anfang August, wenn die Jungen flügge geworden sind, verstärkt im September zur Zeit des Zwischenzuges, wo sich ihre Artgenossen zum Beispiel weiter östlich am Neusiedler See schon zu Tausenden einfinden, und nochmals besonders intensiv zur Hauptzugzeit im Oktober/November. Den Winter über beruhigen sie sich, bis sie Ende Februar/Anfang März nochmals kurz »zugunruhig« werden und bis die Weibchen ihre Nistplätze gewählt haben. Dann herrscht Flugruhe bei den Gänsen über der Stadt. Die Graugänse werden also zur richtigen Zeit von der so genannten inneren Zugunruhe erfasst. Diese arbeiten sie mit ihren scheinbar ziellosen Rundflügen ab. Denn wegziehen, das können und wollen sie anscheinend doch nicht. Die Stadt ist für sie trotz der zeitweiligen Bejagung, der diese menschenvertrauten, klugen Vögel ausgesetzt sind, immer noch besser und sicherer als das Umland.

Vielleicht merken sie irgendwann, wenn der böse Spuk im Nymphenburger Park wieder beginnt, dass sie auf direktestem Weg in die Gärten außerhalb fliegen und dort in völliger Sicherheit des Privatbesitzes abwarten sollten, bis alles wieder vorbei ist. Gänse sind auch nur Menschen, hätte Konrad Lorenz wahrscheinlich lächelnd gemeint, wenn er gebeten worden wäre, diese Flüge über der Stadt zu kommentieren. Sie könnten sich sogar die richtigen, die ihnen wohl gesonnenen Menschen durchaus aussuchen, um der Bejagung zu entgehen. Einige der Stadtgänse kennen bestimmte Personen ganz genau. Sie wissen, dass sie diesen absolut vertrauen können.

29 Fuchsbandwurm und Marderschäden

Füchse gehören zum Tierleben in der Großstadt (Abb. 135/136). Meistens verstehen sie es sehr geschickt, sich den Blicken der Menschen zu entziehen. Wer spät in der Nacht in der Nähe von Parks oder im Tempo-30-Bereich der Wohnsiedlungen unterwegs ist, hat die besten Chancen, einen Fuchs zu sehen, wie er ohne Hast über die Straße trottet und in der nächsten Hecke verschwindet. Er kennt sich offensichtlich aus, denn er ist dort zu Hause. In vielen Städten sind mindestens die Randbereiche, zumal wenn sie an Wald grenzen, unter den Füchsen fest aufgeteilt. Revier grenzt dort an Revier, wie es König (2005) für den Münchner Vorort Grünwald feststellte.

Mit Funksendern ausgerüstete Füchse dienten dazu, die Lage und Größe der Streifgebiete und die benutzten Baue zu ermitteln. Die Befunde überraschten selbst die Fuchskenner. Während in Wald und Flur etwa ein bis zwei Füchse pro Quadratkilometer leben, sind es in den Randbereichen von Städten fast zehnmal so viele, nämlich zehn bis 16 pro Quadratkilometer. Im Durchschnitt hat man in Wäldern und Kulturland 1,3 benutzte Fuchsbaue pro Quadratkilometer gefunden, in Grünwald aber 7,5. Die Fortpflanzung der Stadtfüchse klappt bestens. König (2005) sah in Grünwald Fuchsfamilien mit fünf bis sechs ausgewachsenen Füchsen. Vielfach bemühen sich diese gar nicht mehr um eine nächtliche Lebensweise, sondern lassen sich auch am Tage sehen, wenn sie sich sicher genug fühlen. Die Entwicklung geht auch in Mitteleuropa in die gleiche Richtung, wie sie seit langem aus England und anderen Ländern bekannt ist, wo es keine Tollwut gibt. Der Fuchs wird (wieder) Tagtier und vermindert seine Scheu.

Die Intensivbekämpfung der Füchse zur Eindämmung der Tollwut machte die wenigen Überlebenden so extrem scheu, so dass auch jetzt kaum jemand eine Vorstellung hat, wie viele Füchse es in Deutschland gibt. Allein in Bayern verdoppelte sich die Zahl der jagdlich erlegten Füchse von etwa 60.000 pro Jahr in den 1980er Jahren auf 120.000 und mehr seit 1995. Legt man die Abschusszahlen aus ganz Mitteleuropa zugrunde, so kann von einem Jahresbestand ausgegangen werden, der mindestens zwei bis drei Millionen Füchse umfasst. Dass der Gesamtbestand klar über den Durchschnitt von Wald und Flur steigt, demzufolge es auf einer Million Quadratkilometer in Mitteleuropa ein bis zwei Millionen Füchse geben sollte, liegt an der Fuchshäufigkeit in den Städten, Industriegebieten und an Verkehrsanlagen. Mit acht Prozent der Gesamtfläche und einer zehnfach höheren Fuchsdichte als auf dem Land stellt dieser Teilraum eben gut und gern eine weitere Fuchsmillion. König (2005) resümiert daher sicherlich ganz zutreffend: »Städte und Gemeinden bieten Füchsen ein üppiges Angebot an Nahrung und Nischen. Ein Zurückdrängen der Stadtfüchse ... in ländliche Gebiete ist allein aus diesem Grund gar nicht mehr möglich.«

Zudem haben sich die Stadtfüchse einen »städtischen Lebensstil« zu eigen gemacht. Ihre Wohnstätten, die schwerlich noch als »Fuchsbaue« zu bezeichnen sind, befinden sich im Münchner (Nobel-)Vorort Grünwald zu 63 Prozent in Gartenhäusern und Fertiggaragen. Nur ein gutes Drittel bezog eher fuchstypische Verstecke für die Anlage der Baue. Allerdings enthalten auch nur 37 Prozent der Gärten von Grünwald keine Gartenhäuser. In der Mehrzahl konnten sich die Füchse zwischen Gartenhaus und Garage »entscheiden«, weil beide vorhanden und als Wohnstätte für Füchse geeignet waren. Die Ausführungen von König (2005) erwecken den Eindruck, es handle sich um »Luxusfüchse«: Die Zeit außerhalb der Baue »verbringen (dort) die Füchse unter dichten Büschen, Treppen- oder Terrassenvorsprüngen, Hollywood-Schaukeln, Holzstadeln oder Ähnlichem und lassen sich auch von spielenden Kindern nicht stören.« Die Bewohner mögen die Füchse offenbar mehrheitlich, denn viele bieten ihnen direkt Nahrung an. In nur 21 Prozent der Gärten gibt es nichts für die Füchse, was direkt von menschlicher Nahrung stammt. Aber sie haben, je nach Jahreszeit, dennoch Obst, Beeren, Kleintiere und Vögel sowie Insekten und vor allem Regenwürmer auf den gepflegten Rasenflächen zur Verfügung. Weggeworfene Essensreste und sonstiger Abfall ergänzen den Bedarf im Nahbereich, wo der Garten zu wenig Nahrung bieten sollte.

So kommt eine Siedlungsdichte der Füchse zustande, die weit höher als in Wald und Flur liegt. Dort braucht ein Fuchs ein Streifgebiet von mehreren Hundert Hektar Größe, um genügend Nahrung zu finden (bevor er abgeschossen oder auf der Straße überfahren wird). In suburbanen und urbanen Lebensräumen kommt er mit 30 bis 50 Hektar zurecht; so in England wie auch in vielen Städten auf dem europäischen Kontinent. Die Häufigkeit der Füchse in Grünwald liegt also zwar hoch, aber keineswegs »unnormal« hoch. Ganz ähnliche Häufigkeiten gibt es in Berlin, wo die Füchse bis ins Stadtzentrum vordringen und sich anscheinend mit dem Verkehr auch recht gut auskennen. Es werden innerhalb der Städte sogar ungleich weniger Füchse überfahren als draußen. Das liegt nicht nur an den

Geschwindigkeiten der Fahrzeuge. Denn im Bereich bis 300 Meter Abstand von der Orts- und Geschwindigkeitsbegrenzung gibt es auf dem Land mindestens fünfmal so viele überfahrene Füchse wie in den Städten und deutlich mehr pro Kilometer als entlang von Waldstrecken. Die Häufigkeitsverteilung, mit der Füchse dem Straßenverkehr zum Opfer fallen, drückt somit auch die relative Häufigkeit der Füchse selbst aus.

Abb. 135: Füchse gehören mittlerweile zum Tierleben in der Großstadt. Wenn sie sich sicher fühlen, lassen sie sich auch am Tage sehen.

Füchse sind faszinierende Tiere. Wo sie ihre Scheu vermindert oder abgelegt haben, zeigen sie mehr an interessantem Verhalten, dem gerne zugeschaut wird, als frei laufende Katzen. Allein schon ihr »Mäusesprung« ist ein Erlebnis, so elegant wirkt er in seiner Ausführung. Mit beiden Vorderpfoten drückt der Fuchs die Maus fest an den Boden, bevor er mit seiner spitzen Schnauze zubeißt. Katzen müssen anders vorgehen, weil ihr Schnauzenteil zu kurz entwickelt ist. Dafür können sie mit spitzen Krallen die Beute sicherer festhalten als der Fuchs mit seinen »Hundepfoten«. Nicht selten entkommt ihm die Maus. Dann meint man, am Gesichtsausdruck des Fuchses eine Art von Verlegenheit zu sehen, wie sie die Katze nie zeigen würde.

Wenn es um die Mäuse geht, sind Fuchs und Katze tatsächlich auch Konkurrenten; erheblich stärkere sogar als bei der Jagd auf Kleinvögel. Die Füchse erwischen höchstens vorzeitig aus dem Nest geflogene/gefallene Jungvögel oder sie finden ein Bodennest. Mit Krallen den abfliegenden Vogel doch noch zu packen, gelingt ihnen nicht. Ihre Stärke ist die Vielseitigkeit. Katzen ginge es schlecht, wenn sie sich längere Zeit nur von Regenwürmern ernähren müssten. Den Füchsen bekommt die Wurmnahrung und sie stehen damit nicht nur in Konkurrenz zu den Igeln, die sie gar nicht schätzen, sondern auch zu den Amseln und, wo diese vorkommen, insbesondere zu den Dachsen. Denn auch der Dachs *(Meles meles)* gehört zu den regelmäßigen, gebietsweise durchaus auch häufigen Stadtbewohnern, der zuweilen auch gerne Mülltonnen auf Nahrung hin durchstöbert. Doch weil Dachse viel langsamer als der Fuchs und weniger bereit sind, größere Strecken zu laufen, eignen sich für sie nur solche Stadtviertel, die – neben Mülltonnen – große Gärten und Parkanlagen aufweisen, in denen es viele Regenwürmer gibt (Abb. 137). Diese machen der Menge nach in der Dachsnahrung mehr als die Hälfte aus und eine ähnlich große Bedeutung haben sie für den Igel *(Erinaceus europaeus)*. Dieser wird im nächsten Kapitel näher behandelt. Aber hier ist es angebracht, auf die gemeinsame Hauptnahrung der genannten Arten einzugehen, den Regenwurm *(Lumbricus terrestris* und verwandte Arten).

Abb. 136: Stadtfuchs auf Reifenhalde.

Charles Darwin hat ihm vor eineinhalb Jahrhunderten schon ein ganzes Buch gewidmet. Regenwürmer fördern die Bodenfruchtbarkeit. Das ist längst bekannt. Aber woran liegt es, ob es viele Regenwürmer im Boden gibt oder wenige und vor allem, für wen? Es nützt Igel und Fuchs, Dachs und Amsel gar nichts, wenn Maulwürfe im Boden viele Würmer bekommen und sich sogar Klumpen von mehreren 100 Gramm davon als Reserven für schlechtere Zeiten in unterirdischen Depots anlegen können. Sie beißen dazu den Würmern in den Kopfteil und zerstören deren Beweglichkeit, nicht aber ihr Leben. So sind sie als Frischnahrung für Monate zwischengelagert. Ein solches »Wurmnest« auszumachen und auszugraben, gelingt höchstens dem Dachs. Amseln, Drosseln, Füchse, Igel oder, wenn es sich um Würmer handelt, die noch klein genug sind, auch Rotkehlchen brauchen die Regenwürmer an der Bodenoberfläche. Nun besagt zwar der Name Regenwurm schon, dass dieser Wurm vornehmlich nach (starkem) Regen aus der Erde herauskommt, aber wie viele Würmer es werden, hängt davon ab, wie groß der Regenwurmbestand im Boden ist. Darauf wurde in Kapitel 14 schon hingewiesen. Gärten und Anlagen mit kurzem Rasen zeichnen sich durch eine viel höhere Häufigkeit der Regenwürmer aus als Langgrasflächen in Parks oder Blumenwiesen. Noch weniger bietet der Waldboden. Das hängt mit der Ernährung der Würmer zusammen. Sie fressen Erde, verwerten darin aber nur bestimmte Anteile von organischen Stoffen. Je reicher der Boden an abgestorbenen, in Zersetzung befindlichen Pflanzen ist, desto besser können sich die Regenwürmer von diesen organischen Resten ernähren.

Abb. 137: Der Dachs ist nachtaktiv und durchstöbert gerne den Abfall der Menschen. Mehr als die Hälfte seiner Nahrung besteht jedoch aus Regenwürmern.

Die beste Nahrung liefert die Rasenpflege, zumal wenn sie sehr häufig betrieben wird, um »englischen Rasen« zu erzeugen. Dann werden die frischen Triebe der Gräser fein zerhackt. Diese sind besonders reich an Proteinen. Dürres, abgestorbenes Gras enthält nur noch geringfügige Reste davon. Es ist unergiebig. Keine Kuh und keine Ziege könnten davon leben, bekämen sie das dürre Gras nicht in ihrem Magen (im Pansen vor allem) von darin lebenden, symbiontischen Mikroben veredelt. Wohl aber geht das mit jungen Grasspitzen, von denen sich die Gänse ernähren. Diese zupfen sie intensiv ab, während sie das hohe Gras, das nur scheinbar ergiebiger wäre, stehen lassen. Die Gänse gehören daher eigentlich auch in den engsten Nutzerkreis um die Regenwürmer, weil ihr gemeinsamer Ursprung von Nahrung in den jungen Gräsern steckt, die durch die menschliche Rasenpflege kurz und damit sehr ergiebig gehalten werden. Wer also den Rasen wöchentlich oder in noch kürzeren Abständen mäht, fördert Regenwürmer, Igel, Gänse, Füchse, Dachse, Amseln, Drosseln, Rotkehlchen und auch die Nachtigall, wenn es sie im Garten gibt.

Wo aber steckt nun das Problem mit dem »englischen Rasen«? Den Füchsen geht es gut damit, den Vögeln auch, so dass Verluste an die frei laufenden Hauskatzen, die ihrem Jagdtrieb nicht widerstehen können, obgleich sie satt sind, ihre Bestände nicht beeinträchtigen. Igel gibt es zahlreich, Marder, auf die gleich noch eingegangen wird, ebenfalls. Ärgern sich also nur deswegen viele Menschen über die »übertriebene« Rasenpflege, weil die Rasenmäher so viel Lärm machen und ein andauernd frisch geschorener Rasen einfach künstlich wie aus Plastik gemacht aussieht? Er blüht auch nicht. Vielfach dürfte es sich auch so verhalten. Wir urteilen immer nach eignen Maßstäben. Für manche Gartenbesitzer ist nur der intensiv gepflegte Rasen schön, für andere die Blumenwiese. Die Natur zu »befragen« ist aufwändig und damit mühsam. Sie gibt oft auch keine eindeutigen Antworten. Wie in diesem Fall von Füchsen und gepflegten Gärten.

Das Problem kam aus ganz anderer Richtung und ziemlich unerwartet. Sein Name ist *Echinococcus multilocularis*, zu Deutsch der Kleine Fuchsbandwurm. Die gründlichen Forschungen am Fuchs in Grünwald und andernorts hatten einen anderen Grund als nur das Leben von »Luxusfüchsen« aufzudecken. Es ging und es geht darum, ob der Kleine Fuchsbandwurm bereits die Stadtfüchse infiziert hat und mit ihnen in die direkte Menschenwelt eingedrungen ist. Dieser Bandwurm gilt als besonders gefährlich, weil es kaum brauchbare Bekämpfungsmöglichkeiten gegen ihn gibt. Hat er sich im Körper des Menschen festgesetzt, bildet er krebsähnliche Knoten und Wucherungen aus, welche die Leber schwer schädigen und schließlich funktionsunfähig machen können. Auch andere Organe werden befallen.

Die Zahl der Infektionen mit dem Kleinen Fuchsbandwurm steigt seit Jahrzehnten an. Das Gebiet, in dem er in Europa vorkommt, weitet sich immer stärker aus. Um 1990 gab es erst einen größeren Herd davon, der vom französischen Zentralmassiv über die Vogesen und die Schweiz bis nach Südwestdeutschland reichte, wo insbesondere die Schwäbische Alb betroffen war. Ein Jahrzehnt später waren praktisch ganz Deutschland, Österreich, Tschechien, die Slowakei und große Teile Polens befallen. Die Ausbreitung vollzog sich so rapide, dass Zweifel laut geworden sind, ob der Fuchs allein der Hauptüberträger ist. Weltweit gibt es den Kleinen Fuchsbandwurm in fast ganz Nord-, Zentral- und Südwestasien sowie im nördlichen Nordamerika und in den USA. Warum Europa lange Zeit verschont blieb und sich der Bandwurm jetzt so sehr ausbreitet, ist ein Rätsel. Was die neuen Befunde zeigen, ist alarmierend genug: Von 4.056 bis Oktober 2004 in Oberbayern untersuchten Füchsen trugen 29 Prozent den Kleinen Fuchsbandwurm. In Schwaben lag der Befallsgrad um zehn Prozent höher, in Mittelfranken mit knapp elf Prozent am niedrigsten und in den übrigen bayerischen Bezirken zwischen 21 und 27 Prozent. Keine infizierten Füchse sind bis Oktober 2004 im Münchner Stadtgebiet festgestellt worden. Der Befallsgrad an der südwestlichen Peripherie fiel mit weniger als 15 Prozent gering aus, stieg aber rasch in den Gebieten um Starnberg, Tutzing und in deren Umgebung auf 43 Prozent an. Weiter westlich davon, zum Ammersee hin, waren 2004 bereits ungefähr 80 Prozent der Füchse infiziert.

Da die Eier des Fuchsbandwurms winzig klein sind und mit dem Fuchskot abgegeben werden, können die Exkremente der Füchse zu Stellen werden, von wo aus es zu Neuinfektionen kommt – und zwar auch für Hunde und Katzen sowie für die Menschen. Hunde sind wahrscheinlich besonders stark gefährdet, weil sie das merkwürdige Verhalten der »Coprosmie« zeigen. Sie beriechen die Exkremente anderer Hunde und auch von Füchsen mehr oder minder intensiv und nicht selten verzehren sie diese auch (»Coprophagie« genannt). Die Bandwurmeier können auch am Fell haften bleiben, so dass überall, wo es den Kleinen Fuchsbandwurm gibt, auf besondere Hygiene geachtet werden muss. Die Hände gründlich zu waschen, gebietet der vernünftige Umgang mit dieser neuen Gefahr ebenso wie die Hunde von Fuchskot fern zu halten. Wer sich dieser Gefährdung bewusst ist, wird das auch tun. Schwieriger ist, die notwendige Hygiene bei den Kindern durchzusetzen. Hunde lassen sich unmöglich vor Infektionen schützen, wenn sie nicht konsequent an der Leine gehalten werden und rechtzeitig genau kontrolliert wird, was sie beriechen oder zu verzehren versuchen.

Mäuse gelten als Zwischenträger für die Entwicklungsstadien des Kleinen Fuchsbandwurms (Bayerische Akademie der Wissenschaften 2005). Allzu schlüssig sind die Befunde jedoch noch nicht. Denn Füchse fangen überall in ihrem Areal Mäuse, aber sie sind bei weitem nicht überall infiziert. In Nordamerika scheint hauptsächlich der Polarfuchs *(Alopex lagopus)* betroffen, aber alle Raubtiere können Träger und Ausscheider sein. Solange nicht klar ist, wie die Verbreitung wirklich erfolgt, bliebt nur die regelmäßige Kontrolle der Stadtfüchse, ihrer Exkremente und auch die Untersuchung der Hunde.

Vielleicht sollten auch die Marder (Abb. 138) mit in das Überwachungssystem einbezogen werden, denn es gibt sie überall in den Städten, Siedlungen und Dörfern, noch weitaus flächendeckender als die Füchse. Zur Kir-

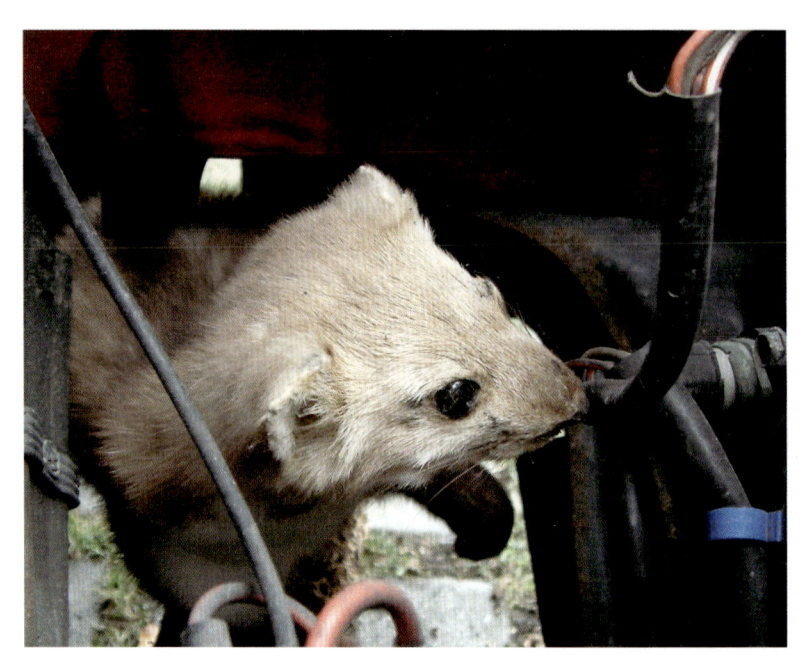

Abb. 138: Noch verbreiteter als die Füchse sind Stein- oder Hausmarder in den Städten. So manches Auto wurde von ihnen bereits »lahmgelegt«.

Abb. 139: Auch Haustiere können Parasiten übertragen: Das Erbrochene einer Katze enthält zahlreiche Würmer.

schenzeit ist gut zu sehen, wo sie überall vorkommen, denn dann enthalten ihre »Häufchen« in bezeichnender Weise die Kirschkerne. Aus ihrer Verteilung und Häufigkeit lässt sich schließen, dass wenigstens doppelt so viele, wahrscheinlich aber ein Mehrfaches an Stein- oder Hausmardern *(Martes foina)* als Füchse in den Städten leben. Berüchtigt wurden sie wegen der Schäden in abgestellten Autos. Aus noch immer nicht wirklich verstandenen Gründen beißen die Marder offenbar gern in Bremsschläuche und Stromkabel im Motor. Sie reißen Dämmstoffe von den Verkleidungen und legen sich auch schon einmal ein gemütliches Schlafnest unter der Motorhaube an. Aus noch weniger nachvollziehbaren Gründen gelingt es angeblich den Autoherstellern nicht, den Motorraum mardersicher zu machen. Die Stadtbevölkerung ist anscheinend zu tolerant, nicht nur den Mardern, die ihre Schäden ja nicht mit böser Absicht anrichten, sondern auch den Autoherstellern gegenüber. In Amerika hätte es wohl längst eine verheerende Welle von Schadensersatzklagen gegeben.

Zunehmend wird auch der einst so scheue »Waldmarder«, der Baum- oder Edelmarder *(Martes martes)* in den Städten festgestellt. Er jagt ungleich ausgeprägter und erfolgreicher in den Bäumen als am Boden und unterscheidet sich damit vielleicht auch gut genug vom Steinmarder, um gemeinsam mit seiner Zwillingsart in der Stadt leben zu können. Eichhörnchen *(Sciurus vulgaris)*, die Hauptbeute der Baummarder im Wald, gibt es in den Städten längst in mindestens ebenso großen Häufigkeiten wie in Wäldern. Ein halber Kilometer Rand mit Bäumen und dichtem Gebüsch einer offenen Parkanlage im Münchner Westen ergab im Dezember 14 Schlafnester von Eichhörnchen in den Baumkronen. Die munteren Hörnchen besuchen von dort aus die Häuser, klettern an den Wänden hoch und fallen auch nicht mehr in so großer Zahl den Autos zum Opfer, seit fast überall in den Wohnsiedlungsbereichen Tempo 30 eingeführt ist.

Doch wenn wir der Menge nach »werten« sollten, dann nehmen zwei Säugetiere zweifellos überall in den Städten die Spitzenpositionen ein: Hund und Hauskatze. Sie werden zumeist »vergessen«, wenn es um die Beurteilung von Füchsen, Mardern oder anderen Säugetieren in der Stadt geht, weil es sich bei ihnen um domestizierte Tiere handelt. Das ist richtig und belanglos zugleich. Denn für solche Probleme, wie die Übertragung der Eier des Kleinen Fuchsbandwurmes und anderer Krankheitserreger, die auch für den Menschen riskant sein können, ist es gleichgültig, ob das infizierte »Häufchen« von einem Fuchs, einer Katze (Abb. 139) oder einem Hund stammt. Abb. 140 verdeutlicht, um wie viel häufiger Füchse, Marder und Hunde im Siedlungsbereich vorkommen als »draußen in der Natur« in einem naturbelassenen Wald an der Isar südlich von München, einem Naturschutzgebiet ohne Gebäude im Nahbereich.

Abb. 140: Kotfunde von Hund, Fuchs und Marder

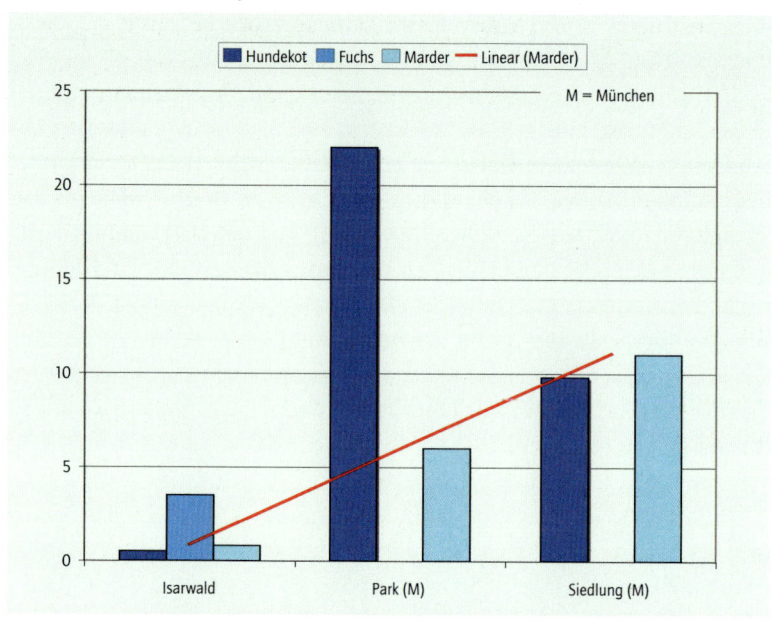

Häufigkeit von Kotstellen pro Kilometer im Isarwald südlich von München (Naturschutzgebiet), in Münchner Parkanlagen und Wohnsiedlungen. Die Trendlinie zeigt die Zunahme für den (Stein-)Marder.

Abb. 141: Straßenverkehrsverluste bei Katzen

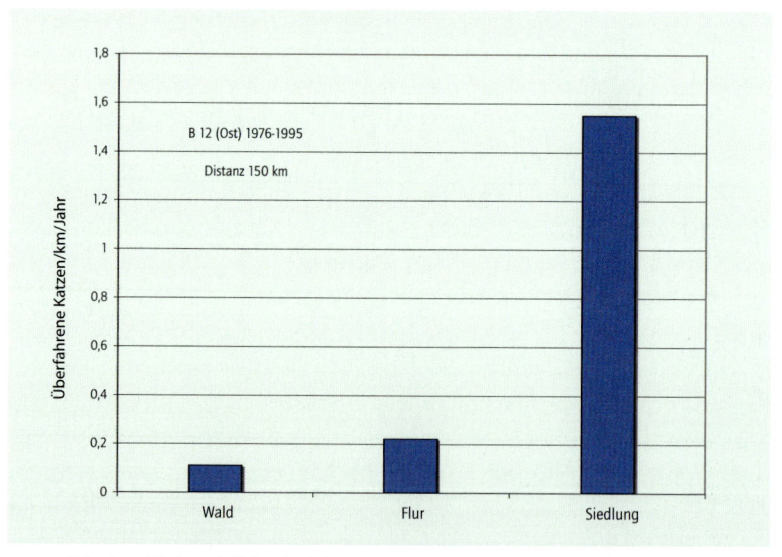

Die Anzahl der jährlich überfahrenen Katzen nimmt in Siedlungen deutlich zu und ist zugleich ein Hinweis für die Häufigkeit (Aktivität im Freien) von Hauskatzen (Reichholf 1988/2005b). Die Zahlen wurden in den Jahren 1976–1995 auf der B 12 (Ost) auf einer Wegstrecke von 150 Kilometern ermittelt.

Eine Vorstellung von der Aktivität von Hauskatzen *(Felis catus)* im Freien vermitteln auch die Häufigkeiten, mit denen sie Opfer des Straßenverkehrs werden. Aus den über 30 Jahre lang durchgeführten Untersuchungen geht hervor (Abb. 141), wie groß der Unterschied in der Häufigkeit und in der zumeist nächtlichen Aktivität von Hauskatzen in den verschiedenen Bereichen tatsächlich ist. Im Siedlungsbereich sind die Katzen 14-mal häufiger als im Wald und, obwohl auf dem Land die meisten Katzen aus den Dörfern frei hinauslaufen können, immer noch siebenmal häufiger als auf den Fluren. In Wäldern werden hingegen extrem wenige Hauskatzen überfahren.

30 Zeckengefahr durch Igel

Igel *(Erinaceus europaeus)* sind erstaunlich beliebt, obwohl sie sich mit ihren spitzen Stacheln nicht als Streicheltiere eignen. Ihre rundliche Tollpatschigkeit, ihre Hilflosigkeit dem Menschen gegenüber, dem sie wie allem, was sie beunruhigt, damit begegnen, dass sie sich zur Stachelkugel zusammenrollen und ihre »Nützlichkeit« als Schneckenvertilger im Garten kommen ihnen so sehr zugute, dass es sogar zahlreiche spezifische Organisationen und Aktionen zum Igelschutz gibt. Auf dem Land galten sie früher als Eierräuber und man kann sich dort vielfach noch immer nicht so recht von diesem alten Vorurteil trennen.

Eigentlich ist es auch gar keines, denn Igel verzehren tatsächlich die Eier am Boden brütender Vögel, wenn sie dieser habhaft werden. Als »Nesträuber« dürften sie bei Bodenbrütern sogar bedeutender als die Hauskatzen sein. Diese werden, da am Tag aktiv, einfach viel eher auf frischer Tat ertappt als die nächtlich herumrumorenden Igel. Diese verschmähen auch hilflose Jungvögel nicht. Sie würden diese, vor die Wahl gestellt, mit Sicherheit den schleimigen Nacktschnecken vorziehen, die sie nach Meinung der Gartenbesitzer »dezimieren sollen«. Igel sind in durchaus ähnlicher Weise Allesfresser wie die Füchse. Wo eine Katze längst die Nase gerümpft und mit unmissverständlichem Schütteln einer Pfote ihren Abscheu kundgetan hätte, versuchen Fuchs wie Igel der möglichen Nahrung doch noch ihr Gutes abzugewinnen. Beide können sich auch nachts an der Schale mit Milch treffen, die entweder für sie oder für die Katze auf die Terrasse hinausgestellt worden war. Füchse fangen flinke Mäuse, Igel holen sich die Jungmäuse aus den Nestern. Igel fressen auch Schlangen und Blindschleichen, aber vor allem und mit großer Bevorzugung Regenwürmer.

Diesen folgen sie nachts auf die regennassen Wege und Straßen. Auf die Erschütterungen, die der Verkehr verursacht, reagieren sie auch nach Jahrzehnten, die sie dieser neuartigen Gefahr ausgesetzt sind, nahezu ausnahmslos mit ihrer viele Millionen Jahre alten, bewährten Methode, sich einzuigeln. Was ihnen bekanntlich nichts nützt. Daher zählen Igel zu den häufigsten Opfern des Straßenverkehrs (Abb. 143). Der Zahl nach werden sie höchstens unter besonderen örtlichen Gegebenheiten von Kröten übertroffen, die auf der Wanderung zu ihren Laichplätzen sind oder von diesen zurückkommen. Dann können sie gleich zu Hunderten oder Tausenden an einer Stelle überfahren werden. Aufs ganze Land und sein Straßennetz bezogen, steht der Igel jedoch an der Spitze der Opfer, die unter Säugetieren vom Straßenverkehr gefordert wird. Millionen sind es Jahr für Jahr.

Langjährige Zählungen auf unterschiedlichen Strecken zeigten, dass die Bundesstraßen mit Abstand am gefährlichsten für Igel und für die meisten anderen Tiere sind, während die Autobahnen die geringsten Verluste verursachen. Die meisten Autobahnstrecken sind durch Zäune abgesichert und ihre Ränder wurden so gestaltet, dass, wenn überhaupt, weit weniger Regenwürmer auf die Fahrbahn kriechen als an Landstraßen. Am weitaus gefährlichsten für Igel sind jedoch die Durchfahrten durch größere Siedlungen, die Stadtrandzonen und überhaupt der Ein- und Ausfahrtbereich von Städten und Dörfern. Auf den 200 Metern bis zum Ortsende und danach werden zehnmal so viele Igel überfahren wie auf den Durchschnittsstrecken.

Die Todesrate pro Kilometer ergibt, ähnlich wie bei den Hauskatzen oder den Füchsen, ein ganz aufschlussreiches Maß für die Igelhäufigkeit (Abb. 142). Die Igel sind also fünf- bis achtmal häufiger im Siedlungsraum als in Wald und Flur. Selbst Innenstadtbereiche können noch ähnliche Igel-Häufigkeiten wie Wälder und offene Fluren ergeben. Der Grund ist im vorigen Kapitel schon dargelegt worden: Die Verfügbarkeit von Nahrung fällt in den Gärten und Anlagen weitaus besser als draußen auf dem Land aus. Für den Igel sind vor allem zwei Gegebenheiten von größter Bedeutung. Es gibt in diesen vom Menschen gestalteten Lebensräumen das zehn- bis 20fache an erreichbaren Regenwürmern und jede Menge bester Verstecke.

Im Vergleich zu einem »ordentlichen« Hochwald oder zur im Spätherbst weithin ausgeräumten Flur stellen die Gärten ein regelrechtes Durcheinander von Zäunen, Gebüsch, Hecken, Laubhaufen, Gartenhäuschen oder Holzstapeln dar, die sich alle auch zur Überwinterung eignen. Denn die Igel sind echte Winterschläfer. Sie suchen sich einen dafür geeigneten Platz, in den der Frost nicht hineindringen kann, der aber auch nicht zu warm wird. Darin machen sie sich aus Laub und dürrem Gras ein kugelförmiges Nest, rollen sich zur Stachelkugel zusammen und fallen in einen Tiefschlaf. Ihre Körpertemperatur sinkt im Kern auf etwa vier bis fünf Grad Celsius über Null ab und bleibt auf diesem niedrigen Niveau bis zum Aufwachen im Frühjahr. Wird es zwischendurch kälter, erzeugt der langsam weiterlaufende Stoffwechsel entsprechend mehr Wärme und drosselt sie umgekehrt, so dass sich bis zu einer »Wecktemperatur« von etwa 15 Grad Celsius der Igel mit dem geringstmöglichen Energieverbrauch am Leben erhält. Dabei nimmt er kräftig ab, denn der Winterschlaf dauert von Oktober/Anfang November bis in den März oder April hinein. Ein 1,5 Kilogramm schwerer, »fetter« Igel kommt recht schlank im nächsten Frühjahr aus seinem Schlafnest hervor. Zu milde Winter mit kurzen Wärmezeiten zwischen Frost vertragen die Igel schlechter als gleichmäßig anhaltende Kälte, sofern sie nicht zu extrem wird.

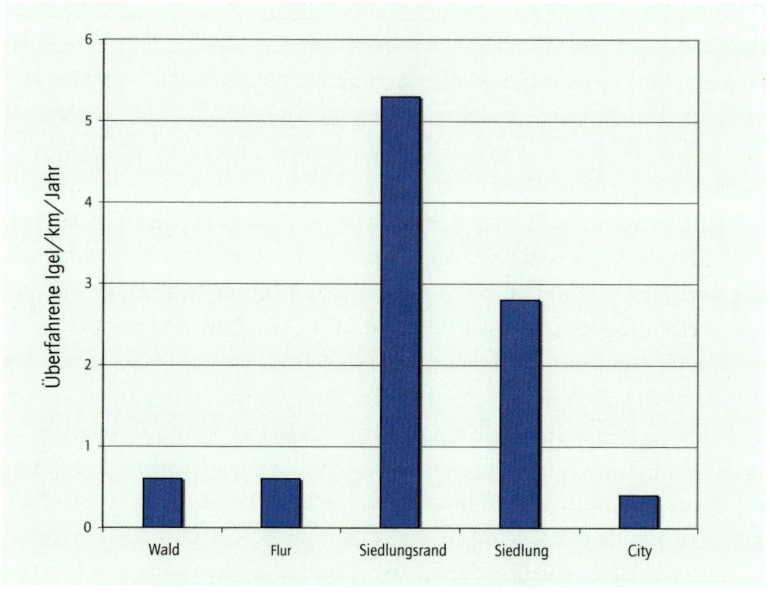

Abb. 142: Straßenverkehrsverluste bei Igeln

Dem Straßenverkehr zum Opfer gefallene Igel pro Kilometer und Jahr in Südbayern, bezogen auf freie Waldstrecken (= Wald), offene Fluren, den ± 200 Metern Siedlungsrand und die innerstädtischen Wohnbereiche sowie die City

Die um bis zu drei oder vier Grad Celsius höhere durchschnittliche Wintertemperatur, verglichen mit Überwinterungsplätzen in Feld und Wald im Umland, kommt für die Igel als weiterer Vorteil des Siedlungsraumes hinzu. Die Überwinterung in der Stadt erfordert erheblich weniger Energie. Für einen großen, kräftigen Igel, der schon mehrere Jahre alt geworden ist, mag das bedeutungslos sein, nicht aber für die Jungen vom letzten Sommer. Wurden sie spät geboren und waren Hochsommer und Herbst sehr trocken, erreichen sie mangels Nahrung und mit zu kurzer Zeit für das Wachstum die kritische untere Gewichtsgrenze nicht. Diese liegt, je nach Region und Härte des Winters, bei 350 bis 400 Gramm. Nur schwerere Igel haben genügend Fettreserven für eine erfolgreiche Überwinterung. Die kleineren suchen im Spätherbst noch lange herum. Dabei kommen sie entweder unter die

Räder oder sie fallen hilfsbereiten Menschen auf, die diese Untergewichtigen nun im frostfreien Keller mit Futter versorgen und durch den Winter bringen.

Die späteren Überlebenschancen sind jedoch gering, auch wenn die Freigelassenen im Frühjahr scheinbar munter ihrer Wege gehen. Draußen in den Wäldern fallen die zu klein geratenen und zu spät gekommenen Igel nicht auf. Sie werden vom Wetter, vor allem vom Winterwetter, ausselektiert. Igel können aber bis zu zwei Mal im Jahr bis zu sieben Junge zur Welt bringen, wenn die Weibchen in guter Kondition sind. Eine so hohe Fortpflanzungsrate drückt aus, dass auf ganz natürliche Weise hohe Verluste auftreten und häufig auszugleichen sind. Es reicht, wenn die Stadtigel auch nur ein Junges pro Jahr im Durchschnitt mehr durchbringen und dieses, weil kräftig genug geworden, in der milderen Stadt erfolgreich überwintert, um den Bestand rasch anwachsen zu lassen. Das geschah in den 1960er und 1970er Jahren als gepflegte »englische« Rasen modern geworden waren. Rasenmäher hielten das Gras kurz, versorgten, wie im vorigen Kapitel dargelegt, die Regenwürmer mit bester Pflanzenkost und damit die Igel mit einer stark gesteigerten Regenwurmhäufigkeit. Auf der Grundlage früherer Angaben zur Häufigkeit von Igeln lässt sich schließen, dass es nach der Mitte des 20. Jahrhunderts zu wenigstens einer Verdreifachung der Igelhäufigkeit im Siedlungsraum gekommen ist, während gleichzeitig der Wechsel von der Freiland- auf die Stallhaltung des Viehs die Lebensmöglichkeiten auf dem Land verschlechterte. In der Bilanz ergab sich daraus, dass die Igelbestände auf Mitteleuropa bezogen ziemlich gleich geblieben sind.

Langfristige Zählungen überfahrener Igel auf einer 150 Kilometer langen Bundesstraßenstrecke in Südbayern (Reichholf 2005c) ergaben keinen Trend in der Gesamthäufigkeit, aber die Verschiebung hin zur Stadt. Waren in den 1970er Jahren etwa zwei Drittel aller Igel im Siedlungsrandbereich überfahren worden und somit auf das freie Land noch 35 Prozent entfallen, so sank der Landanteil in den 1990er Jahren auf 15 Prozent und die Städte und größeren Siedlungen ergaben 85 Prozent der Verluste. Dennoch sinkt der Igelbestand nicht, weil die hohe Fortpflanzungsrate in den straßenferneren Gärten und Parks anscheinend genug Überschuss erzeugt. In kleinen Dörfern, durch die eine stark befahrene Bundesstraße führt, können die Straßenverkehrsverluste eines Sommers schon einmal das örtliche Igelvorkommen vernichten. Dann dauert es mehrere Jahre, bis wieder Igel nachgewandert sind und überfahrene, zumeist Jungtiere, auftreten. Diese machen, wie auch die Altigel, im Herbst eine »Ausbreitungsphase« durch, in der sie ihre Wohngebiete verlassen. Daher gibt es nach dem Hauptgipfel im Hochsommer im September/Oktober noch einen Nebengipfel bei den Straßenverkehrsverlusten. Diese zeigen, ob es viele Junge im betreffenden Jahr gegeben hat, und im nächsten Frühjahr, wie diese durch den Winter gekommen sind. Manche Winter verliefen offenbar für Igel so ungünstig, dass im Frühjahr und Frühsommer nur voll ausgewachsene Igel überfahren zu finden waren, aber keine Junge vom letzten Jahr, die wegen ihrer geringeren Körpergröße als solche leicht zu erkennen sind. Ohne eine aufwändige Technik, wie Kontrolle des nächtlichen Igelverhaltens mit kleinen Radiosendern (Telemetrie), die in Privatgärten nicht gerade einfach durchzuführen ist, vermitteln die Straßenverkehrsverluste, auch in der Stadt, gute Einblicke in das Geschehen im Igelbestand.

Abb. 143: Igel zählen zu den häufigsten Opfern des Straßenverkehrs.

Frisch tot gefundene Igel können auch auf Innen- und Außenparasiten untersucht werden. Sie tragen viele davon. Doch während die Untersuchung der diversen Würmer und anderer Innenparasiten eine Sache für Spezialisten ist, die über entsprechende parasitologische Kenntnisse und Labors verfügen, kann man sich die beiden wichtigsten Außenparasiten auch ohne fachliche Hilfe selbst leicht ansehen; am toten wie am lebenden Igel! Zwischen den Stacheln, insbesondere am Kopf und an den Seiten, wo weichere Haare wachsen, wimmelt es nicht selten von Igelflöhen (*Archaeopsylla erinacei*). Dieser Floh entwickelt sich nur im Nest von Igelweibchen mit Jungen und wird so von Generation zu Generation weitergegeben. Manche Igelnester können, wenn man sie etwa in einem dichten Gebüsch im Garten entdeckt, dermaßen voller Flöhe sein, dass sie »lebendig« wirken, obgleich kein Igel darin ist.

Solche Spezialisten unter den Parasiten sind nicht das eigentliche Problem. Igel können nämlich auch Hundeflöhe *(Ctenocephalides canis)*, Rattenflöhe *(Nosopsyllus fasciatus)* und Menschenflöhe *(Pulex irritans)* tragen. Und diese steigen auch auf den Menschen um. Sehr zu leiden haben die Igel, die sich wegen ihrer Stacheln nicht richtig kratzen können, um sie zu entfernen, unter Zecken. Die zumeist häufigste Igelzecke ist *Ixodes hexagonus*, aber auch die gewöhnliche Zecke, Schafszecke oder Holzbock genannt, *Ixodes ricinus*, befällt die Igel und die verschiedensten anderen Wildtiere (Reeve 1994).

Daraus entwickelt sich nun ein echtes Problem. Denn an keinem anderen »Blutspender« können sich die Zecken so gut entwickeln wie am Igel, und von keinem anderen Tier werden sie an so viele so günstige Stellen für die Jungzecken, die Nymphen, transportiert. Igel zwängen sich durch Zaunritzen, an Mauern vorbei und überklettern erstaunlich geschickt niedrige Hindernisse. Sie schnüffeln dort herum, wo auch Hunde und Katzen nachsehen, die oft sogar die Igelpfade benutzen, um von Garten zu Garten zu kommen. Die Häufigkeit der Zecken in Wald, Flur und Gärten entspricht der Igelhäufigkeit (Abb. 144).

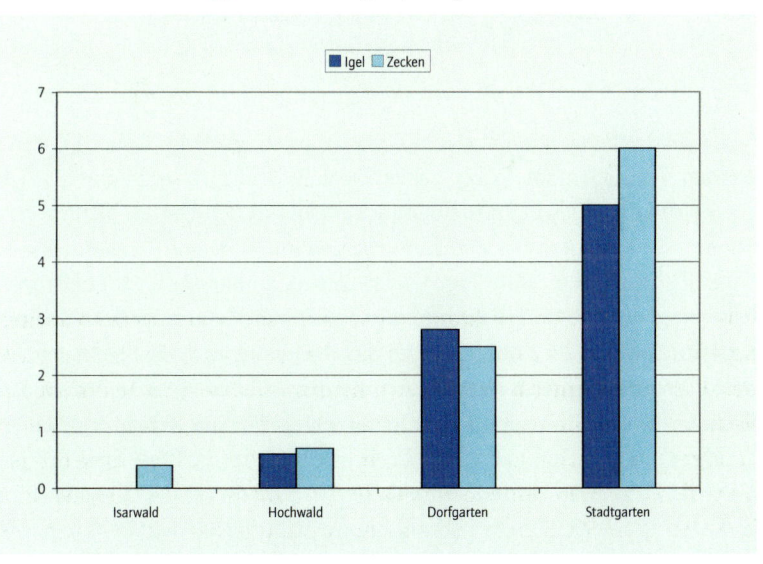

Abb. 144: Relative Häufigkeit von Igeln und Zecken

Der Igel ist ein wichtiger Träger und Verbreiter von Zecken. Diese können auch von zahlreichen anderen Tieren ge- und übertragen werden, aber mit der Häufigkeit der Igel steigt auch die Zeckenhäufigkeit stark an: Dorfgärten haben gegenüber dem Naturschutzgebiet der Isarauen eine fast dreimal, Stadtgärten eine fünfmal so große Igelhäufigkeit sowie eine ganz entsprechend gestiegene Zeckenhäufigkeit.
(Die Anzahl der Zecken wurde jeweils bei zehn Kontrollen ermittelt.)

Abb. 145: Zeckenhäufigkeit und Risiko

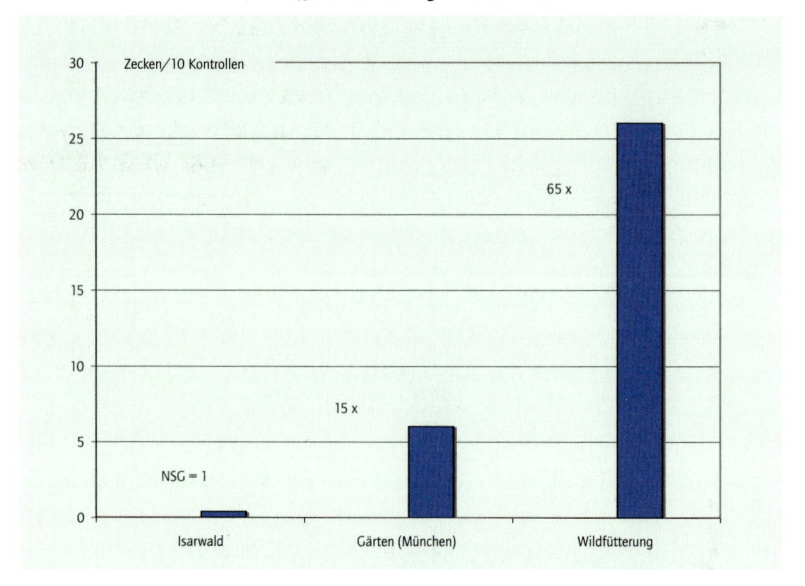

Die Abbildung zeigt eine ungefähre Risikoabschätzung, Zecken zu bekommen. 1 = Zeckenhäufigkeit im wildarmen, nahezu igelfreien Isarwald (Naturschutzgebiet) südlich von München. Die Zahlen für Münchner Gärten und die nächste Nähe von Wildfütterungen sind – bei jeweils anteilig gleicher Größe der Untersuchungsfläche – als Vielfaches darauf bezogen.

Nur in unmittelbarer Nähe von Wildfütterungen im Wald (Abb. 145) kann es noch erheblich mehr Zecken geben. Doch Futterstellen sind für Menschen gut sichtbar und leicht zu meiden; die Zecken in den Gärten bleiben verborgen. Man bemerkt sie erst hinterher, wenn es vielleicht schon zu spät ist, weil sie mit ihrem Blutsaugen gefährliche Krankheitserreger übertragen haben können: die Borreliose und die vom FSME-Virus ausgelöste Gehirnhautentzündung. Die Förderung des Igels hat somit auch eine recht problematische Seite. Denn ein wesentlicher Teil der auch, und gerade auch in den Gärten vorkommenden Zecken trägt die Erreger beider Krankheiten.

Der Durchseuchungsgrad der Zecken beträgt für die Borreliose-Erreger *(Borrelia burgdorferi)* in Süddeutschland zwischen drei und 30 Prozent (Fingerle 2005). Die bakterielle Erkrankung verläuft mitunter recht untypisch. Wird sie nicht erkannt und rechtzeitig behandelt, treten schwere Spätsymptome auf (vgl. dazu den Tagungsband der Bayerischen Akademie der Wissenschaften 2005). Auch Münchner Zecken können Träger dieser Borrelien sein. Eine Reihe schwerer Erkrankungen ist bekannt geworden. Hunde, die viele Zecken abbekommen haben, bekommen auch Borreliose, so dass entsprechende tierärztliche Untersuchungen anzuraten sind.

Mit nur etwa drei Prozent Durchseuchungsgrad der Zecken ist selbst in den Risikogebieten die Häufigkeit der FSME-Erreger (noch) erheblich geringer vertreten als die Borreliose. Die Viren, die diese Frühsommer-Meningo-Encephalitis, kurz FSME genannte, einer Hirnhautentzündung ähnliche Erkrankung auslösen, gehören zur Gruppe der Flaviviren. Hauptvorkommen von FSME sind Österreich, die Slowakei und das südliche Tschechien sowie Regionen in Süddeutschland. Die mitunter an Grippe erinnernden Symptome sind nicht leicht zu deuten, können sich aber zu einer sehr gefährlichen Erkrankung entwickeln. Gegen FSME steht eine recht wirkungsvolle Schutzimpfung zur Verfügung. Gegen die Bakterien der Borreliose gibt es keine Vorbeugung, sondern im Falle einer Infektion nur eine umfassende Behandlung mit bestimmten Antibiotika. Schutz vor Zeckenbissen ist daher die wichtigste Vorbeugungsmaßnahme.

Abb. 146: Zecken übertragen gefährliche Krankheitserreger. Verbreitet werden sie in Städten vor allem durch Igel.

Wer glaubt, nur »draußen in der Natur« ein Repellent nötig zu haben, geht leichtfertig vor, weil die Zeckenhäufigkeit, wie oben dargestellt, in einem gewöhnlichen Stadtgarten und -park weit höher sein kann als am freien Seeufer oder bei der Wanderung im Gebirge. Wie stark Hunde, die täglich auf Zecken abgesucht werden, innerhalb des Stadtgebietes von München von Zecken befallen werden können, geht aus Abb. 174 hervor. Sie zeigt, dass von April bis in den Herbst hinein mit Zecken in der Stadt zu rechnen ist. Die hauptsächliche Aktivitätsphase ist der Frühsommer, weshalb es auch in dieser Zeit die meisten Fälle von FSME gegeben hat. Keineswegs bedeutet dies aber, dass im Hoch- und Spätsommer die Zecken nicht mehr infektiös wären. FSME-Fälle treten nach Dobler et al. (2005) bis Anfang November in Deutschland auf. Der Höhepunkt liegt zwischen der 25. und 35. Woche, also zwischen Mitte Juni und Ende August. Inkubationszeit, Erkrankung und

Meldung nehmen etwa drei Wochen in Anspruch. Damit deckt sich das zeitliche Muster der Feststellungen von FSME-Erkrankungen in Deutschland (Dobler et al. 2005) ganz genau mit dem Auftreten der Zecken am Hund in München (Abb. 147).

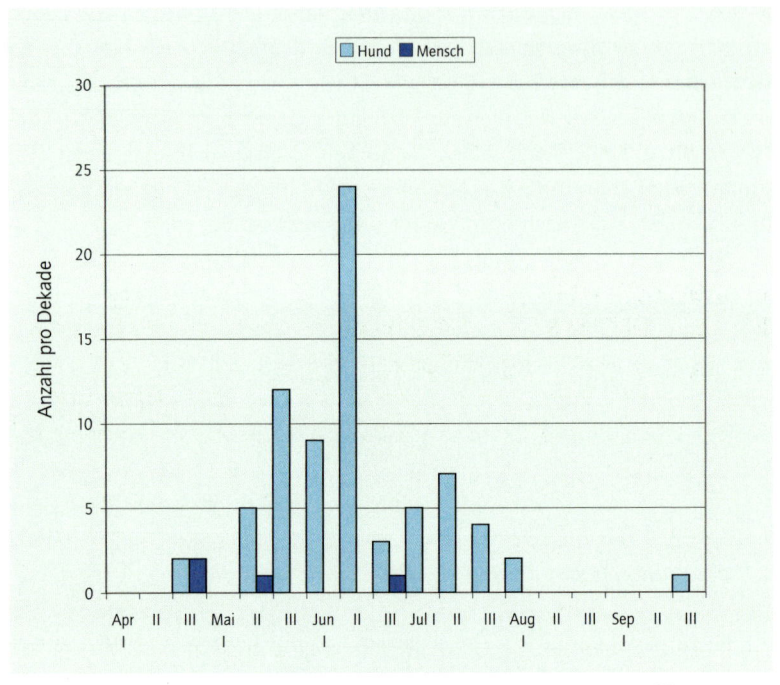

Abb. 147: Zeckenbefall in München 2006

Von einem Haushund mittlerer Größe mit dichterem Fell von April bis Oktober 2006 pro Monatsdrittel abgelesene Zecken (*Ixodes ricinus*).

Diese Ausführungen sollen nun weder Panik verbreiten, noch Tierarten, wie den Igel, in Misskredit bringen. Vielmehr geht es darum, weit gründlicher als bisher das Leben und Treiben der Tiere in der Stadt zu erforschen, und zwar unter umfassender Einbeziehung der Haustiere. Sie stellen nicht nur der Zahl nach den größten Anteil unter den größeren Stadttieren, sondern sie schaffen auch die direkte Verbindung zu uns. Für Millionen von Menschen wäre es wichtiger, über die Parasiten, Krankheitserreger und andere problematische Lebewesen in der Stadt, wie Ratten und Mäuse, bessere Informationen zu bekommen, als »spannende Details« einer menschenfernen Natur in entlegenen Gebieten zu erforschen. Es reicht auch ganz und gar nicht, mit modernster Technik Laborforschung zu betreiben, wenn man nicht weiß, was »draußen« abläuft und wie die Laborbefunde ins wirkliche Leben zu übertragen sind.

Die »Invasion« der Nacktschnecken

Der umfassende, ganz ausgezeichnete »Farbatlas der Schädlinge an Zierpflanzen« (Alford 1997) behandelt merkwürdigerweise die Schnecken auf lediglich eineinhalb Seiten. Drei Arten werden konkret genannt, die Schäden verursachen können, nämlich die Genetzte Ackerschnecke *(Deroceras reticulatum)*, der Boden-Kielschnegel *(Milax = Tandonia budapestensis)* und die Echte Gartenwegschnecke *(Arion hortensis)*. Wer sich im Garten mit den Schnecken herumplagt, kennt diese Arten kaum. Die beiden letzteren Arten verursachen auch nur höchst selten einmal Schäden in den Gärten. Am ehesten fällt von den Dreien noch der Genetze Ackerschnegel auf. Diese Nacktschnecke wird ausgewachsen vier bis sechs Zentimeter lang. Sie ist hellgraubraun mit leicht gelblicher Tönung und sie trägt eine feine, meist deutliche Netzzeichnung auf dem Körper. Dieses Kennzeichen drückt ihr umgangssprachlicher Name aus. Im Kulturland gehört sie zu den häufigsten Nacktschnecken. Oft hält sie sich unter am Boden liegenden Brettern oder Ästen auf. Wie alle Nacktschnecken ist sie bei feuchter Witterung am Tage und ansonsten in der Nacht aktiv.

Doch nicht um sie handelt es sich, wenn von Schneckenplagen die Rede ist, sondern um eine im oben genannten Werk gar nicht enthaltene, viel größere und weitaus auffälligere Nacktschnecke. Diese wird acht bis zwölf Zentimeter lang und erheblich massiger. Sie kriecht noch umher, wenn andere Nacktschnecken längst in feuchte Verstecke verschwunden sind. Schnecken dieser Art kommen in vorwiegend braunroten, umbra- bis rötlichbraunen, mitunter auch etwas schmutzig ziegelroten Formen vor. Und sie kommen selten allein, sondern meist in Gruppen oder in Massen, denen man irgendwie hilflos gegenübersteht, wenn das abendliche Absammeln und Vernichten dieser Schnecken doch nicht verhindert hat, dass die Nacht über wieder erhebliche Fraßschäden an Salat oder Blumen aufgetreten sind. Die Schnecke, um die es sich handelt, ist die Spanische Wegschnecke *(Arion lusitanicus)* (Abb. 148).

Abb. 148: Die Spanische Wegschnecke wurde erst Ende der 1970er Jahre vermutlich mit Gemüseimporten von der Iberischen Halbinsel eingeschleppt. Inzwischen zählt sie zu den größten Schädlingen in Gärten und in Gartenbaukulturern.

Das im englischen Original 1991 erschienene Werk von Alford (1997) enthält sie noch nicht, denn damals hatte sie gerade angefangen, vom äußersten Südwesten Englands her die Britischen Inseln zu erobern. Das geht aus den Verbreitungskarten im umfassenden und fachlich sehr guten »Feldführer« (field guide) zur Bestimmung von Landschnecken von Kerney & Cameron (1979) hervor. Damals, Ende der 1970er Jahre, schob sich erst ein Keil dieser südwestlichen, ursprünglich von der Iberischen Halbinsel stammenden Art nach Baden-Württemberg und Bayern hinein. Ganz West-, Mittel- und Norddeutschland waren noch unbesiedelt. Die Ausbreitung der Spanischen Wegschnecke hatte in den 1960er Jahren begonnen und sie wurde anfänglich kaum wahrgenommen. Zwei ähnlich große, nur »knalliger« gefärbte Verwandte, die glänzend Schwarze Wegschnecke *(Arion ater)* und die intensiv ziegelrot gefärbte Rote Wegschnecke *(Arion rufus)*, die noch erheblich größer als die Spanische Nacktschnecke werden können, waren bekanntere Vertreter der großen Nacktschnecken, ohne aber früher sonderlich auffällig geworden zu sein. Die neue wirkte wie eine Kreuzung zwischen beiden. Nur eine spezielle Untersuchung der Genitalien im Körperinnern vermag eindeutig zu klären, um wen es sich handelt, weil all diese großen Nacktschnecken in der Färbung stark variieren können.

Eindeutig ist hingegen das Verhalten. Die aus Spanien gekommene, wahrscheinlich mit Gemüseimporten eingeschleppte Schnecke entwickelte so rasch so große Massenvorkommen, dass sie inzwischen zu den größten Schädlingen im Garten und in Gartenbaukulturen gerechnet wird. Zu den

Unangenehmsten gehört sie auf jeden Fall auch, denn ihre Bekämpfung möchte man am liebsten den Igeln überlassen. Doch diese ziehen andere Nahrung vor, wenn sie das irgendwie können. Gerade in den Stadtgärten finden sie auch zumeist Besseres als Spanische Nacktschnecken. Nehmen sie dennoch welche zu sich, streifen sie die Schnecken mehrfach am Gras ab, um sie vom Schleim zu befreien, und schmatzen dabei laut, so klebrig bleibt der Rest. Am ehesten verzehren die so genannten Laufenten, eine Zuchtrasse der Stockenten, die nicht mehr (richtig) fliegen kann, diese Nacktschnecken. Daher werden Laufenten neuerdings wieder häufiger gehalten.

Die meisten Menschen würden wohl, vor die Wahl gestellt, lieber einen Regenwurm als eine solche Nacktschnecke verspeisen. Die Ekelreaktion ist zwar verständlich, gleichwohl aber unangebracht. Denn in einer Hinsicht sind diese Spanischen Nacktschnecken ganz sicher interessant und vielleicht sogar irgendwie auch heilsam. Sie schaffen es nämlich, mit Inhaltsstoffen ihres Schleims zu verhindern, dass es zu Infektionen mit Bakterien und Pilzen kommt. Dabei sollten ihre Körper für diese Mikroben eigentlich eine ideale Vermehrungsstätte sein. Denn auf dem Körper der Nacktschnecken ist es feucht und bleibt es dies auch meistens, weil sich die Schnecken rechtzeitig zurückziehen, wenn die Luft oder die Umgebung zu trocken wird. Die Schnecke enthält Proteine und jede Menge Schleimzucker. Aber trotzdem kommt es nicht zur Infektion. Seit Jahrmillionen nicht!

Nacktschneckenschleim galt in früheren Jahrhunderten als bewährtes Mittel gegen Halsentzündungen. Daraus geht hervor, dass wahrscheinlich der Schleim selbst antibakteriell wirkt und nicht nur verhindert, dass sich Keime ansiedeln. Die beiden Verwandten, die Roten und die Schwarzen Wegschnecken, hatte früher die Volksmedizin dazu genutzt und mitunter mühsam suchen müssen, so selten waren sie. Im Winter, wo es die meisten Halsentzündungen gibt, fielen die großen Nacktschnecken als Heilmittel ohnehin aus. So machten sie nicht gerade Karriere. Die von Spanischen Nacktschnecken geplagten Menschen denken auch nicht an die möglichen nutzbringenden Wirkungen von Schneckenschleim, wenn sie diesen von ihren Händen zu entfernen versuchen. Sie wollen die Schnecken vernichten. Alle Mittel werden angewandt, ob umweltfreundlich oder nicht. Das Arsenal der Anti-Schnecken-Waffen reicht von »Schneckenkorn« und ähnlichen Chemieprodukten bis zu alten Hausmitteln wie flache Schalen mit dunklem Bier, vom Zerschneiden bis zum einfachen Absammeln mit problematischer Entsorgung der vollen Eimer im Biomüll.

Zwei Gegebenheiten sind im Zusammenhang mit der Spanischen Nacktschnecke auffällig und auch erklärungsbedürftig – unabhängig davon, ob man es gerade mit einer Schneckenplage zu tun hat oder nicht. Die erste hängt mit ihrer »Ankunft« und so raschen Ausbreitung zusammen. Was zeichnete die 1960er oder 1970er Jahre aus, dass in dieser Zeit, und nicht schon früher, diese Schnecke von der Iberischen Halbinsel in andere Regionen Europas vordringen konnte? Die zweite Merkwürdigkeit betrifft ihre enge Bindung an Städte und Dörfer. In die »freie Natur« ist *Arion lusitanicus* weit weniger vorgedrungen oder gar nicht hinausgekommen, als dies aufgrund ihrer Invasivität befürchtet worden war. Und wo sie doch hinausgelangte, blieben ihre Bestände unauffällig. Die Massenvermehrungen der Spanischen Wegschnecke müssen also irgendetwas mit den besonderen ökologischen Bedingungen in den Städten zu tun haben. Werden diese erkannt, könnte diese Schnecke vielleicht auch besser bekämpft und in Schach gehalten werden als bisher. Die Schneckenbücher geben dazu jedoch so gut wie nichts her. Fechter & Falkner (1990) schreiben zum Lebensraum dieser Art lediglich: »Kulturland; zunehmend (besonders durch Forstwegebau) in naturnahe Biotope eindringend, wo der heimische *Arion rufus* verdrängt wird. Die ursprünglich nahezu unbekannte lokale Art der westlichen Iberischen Halbinsel hat sich seit den 60er Jahren über fast ganz Europa verbreitet und ist heute die häufigste und einzig wirklich schädliche Nacktschneckenart.«

Auch Bogon (1990) bietet nicht mehr Aufschluss: »*Arion lusitanicus* wurde 1969 erstmals in Deutschland nachgewiesen. Über die Lebensräume ist noch nicht allzu viel bekannt. Bisher beziehen sich die meisten Funde auf Kulturgelände (Gärten, wo sie als Schädling auftritt) und Ödland, wo sie nach vorangegangener Verschleppung oft starke Populationen bildet.«

Wenn es stimmt, was stark anzunehmen ist, dass die Spanische Nacktschnecke mit Gemüse verschleppt worden ist, könnte man meinen, sie wäre eben per Zufall nach Mitteleuropa gekommen. Dagegen spricht der hauptsächliche Verlauf der Ausbreitung von Südwesten her, der einem flächigen Vorrücken gleicht und nicht punktuellen Ansiedlungen, von denen es sicher auch viele gegeben hat. Deshalb kam es zum Beispiel schon 1975 zu ersten Nachweisen dieser Art in Schweden und Finnland, aber erst 1991 in Ostdeutschland und 1994 in Polen (Reischütz 2005). Die schnellen Massenvermehrungen weisen jedoch auf einen anderen Zusammenhang hin; die enge Bindung an Gärten ebenfalls. Die rasche, sehr erfolgreiche Vermehrung setzt nämlich eine entsprechend ergiebige Nahrung voraus. Ergiebig insbesondere an Proteinen! Denn aus Zellulose oder Zuckern können auch Schnecken kein Eiweiß machen. Welche Art von Nahrung verschafft ihnen nun die Proteine in solchen Mengen? Es handelt sich um dieselbe Quelle, wie bei Amsel und Igel dargelegt: um das klein gehäckselte, sprießende Gras gepflegter Rasenflächen. Solches gibt es draußen in der freien Natur von Natur aus nicht. Die Wiesen sollen bis zur Mahd mindestens kniehoch aufwachsen, um viel Heu zu ergeben. Der Schnitt von Langgras erzeugt nur Anschnitte, aber keine Massen an zerfetztem frischen Grün wie bei der Rasenpflege. Selbst eine mehrschürige Wiese liefert pro Sommer und Quadratmeter bei weitem nicht die Menge dieser proteinhaltigen Grasstückchen wie eine einzige Rasenmahd im Garten. Das aber ist das Hauptfutter für die Spanischen Nacktschnecken. Und sie kamen zu uns mit nur geringfügiger Zeitverzögerung, als diese Rasenpflege überall in den Städten und zum Teil auch draußen in den Dörfern allgemeine Gepflogenheit geworden war.

Die Rasenpflege erklärt somit beides in einem Zusammenhang: die Zeit der Ankunft und die Massenvermehrungen in den Städten. Dort finden die Schnecken auch jede Menge geeigneter Unterschlupfmöglichkeiten unter Brettern, Steinhaufen, Gartenhäuschen und in aufgeschichteten Laubhaufen oder Kompost, wie sie draußen in den Wäldern fehlen oder in ungleich geringerem Maße vorhanden sind. Von ihnen gehen dann, während der Rasen wieder aufwächst, die »Invasionen« in die Gärten aus, die Salatbeete und Zierpflanzen zum Ziel haben, weil Salat weich genug ist für die Raspelzunge der Schnecken, und manche Zierpflanzen sind das auch. Langgraswiesen in Parks, die erblühen sollen, enthalten daher ungleich geringere Anzahlen dieser Nacktschnecken als gepflegte Rasenflächen wie Liegewiesen an Badegewässern oder in Parkanlagen. Gemüse- und Blumengärten neben solchen Rasenflächen werden am stärksten von den Schnecken heimgesucht.

Aber die Spanischen Nacktschnecken begünstigt ein weiterer Umstand, der wohl dazu geführt hat, dass sie vorher in ihrer iberischen Heimat unauffällig geblieben waren. Die dort geringeren, unregelmäßigeren Niederschläge im mediterranen Sommer bremsen mit Trockenheit und Hitze immer wieder die Vermehrung dieser Nacktschnecken. Die Natur ihrer Heimat hat die Spanische Nacktschnecke auf rasches Reagieren und hohe Fortpflanzungsraten selektiert, sobald es feucht genug geworden ist. Genau solche Verhältnisse bietet die neue Heimat in Mitteleuropa normalerweise den ganzen Sommer über. So kommt es zu explosionsartigen Massenvermehrungen.

Die Reaktion der Bestandsentwicklung einer nicht bekämpften Stadtpopulation der Spanischen Nacktschnecke auf einen ausnahmsweise richtig mediterranen Hitzesommer mit großer Trockenheit und auf die anschließend normal feuchten, wochenlang kühlen Sommer zeigt Abb. 149. Die Häufigkeitsreaktion entspricht genau der Erwartung, die an eine solche atlantisch-mediterrane Nacktschneckenart gerichtet werden kann. Die trockene Hitze des Sommers 2003 vernichtete ihren Bestand auf dem Gelände der Zoologischen Staatssammlung in München fast vollständig. Aber der Aufbau eines neuen Bestandes kam schon Ende des nächsten Sommers wieder richtig in Schwung. Im Sommer 2005 erreichte *Arion lusitanicus* stellenweise solche Bestandsdichten, dass es schwierig wurde, überhaupt noch irgendwo hinzutreten, ohne auf einer Schnecke zu landen. Die massive Absammlung zum Sommerende 2005 erzielte für 2006 einen ganz ähnlichen Effekt wie Hitze und Trockenheit 2003. Dafür kam es jedoch nun wieder zu einer Massenvermehrung der Gehäuse tragenden, gewöhnlichen

Abb. 149: Zusammenbruch und Wiederaufbau einer Stadtpopulation der Spanischen Wegschnecke in München

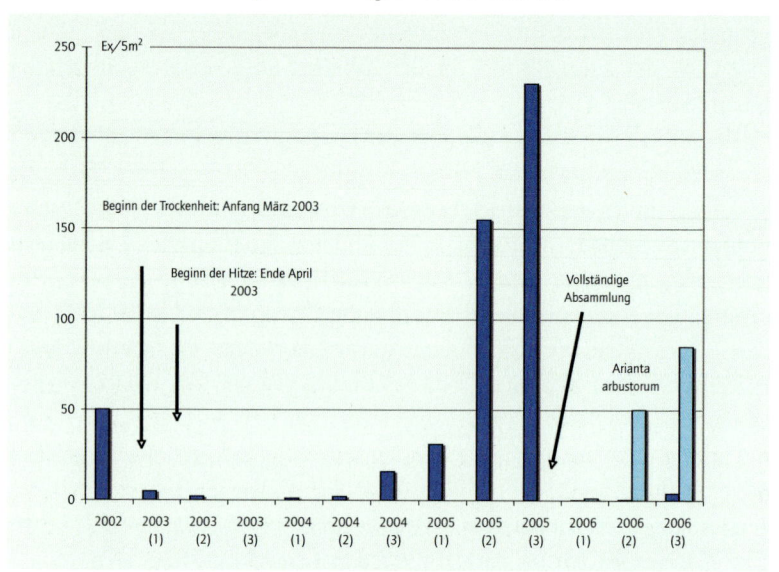

Bestandszusammenbruch und Wiederaufbau des örtlichen Vorkommens der Spanischen Wegschnecke auf dem Gelände der Zoologischen Staatssammlung (ZSM) in München. Ende August/Anfang September 2005 wurden alle erreichbaren Wegschnecken abgesammelt. Ende des Sommers 2006 hatte sich, ganz entsprechend wie 2004 (Reichholf 2004c), der Bestand noch nicht wieder erholt. Aber im Sommer 2006 kam es zur Ansammlung (!) von über 1.000 erwachsenen Gemeinen Strauchschnecken *Arianta arbustorum*.

Baumschnecke *Arianta arbustorum* mit ähnlichen, stellenweise sogar noch höheren Bestandsdichten pro Quadratmeter. Das Nahrungsangebot ist entscheidend und es wurde genutzt. Denn die Hauptbefallszonen waren stets die regelmäßig gemähten Streifen und Pfade.

Diese Verbindung von Naturvorgang (Hitzesommer 2003) und gezielter Kontrollmaßnahme drückt aus, worauf die Spanische Wegschnecke reagiert. Als ihr Bestand praktisch verschwunden war, rückten aus den Gebüschen der Umgebung die Strauchschnecken zu Hunderten nach und sammelten sich in großen Massen an den Überresten des frischen Mähgutes. Da es sich zu mehr als 99 Prozent um voll ausgewachsene Schnecken handelte, ist klar, dass es sich lediglich um die Verschiebung einer vorhandenen Population, und nicht um eine Neuentwicklung gehandelt hatte. Daher sind alle Annahmen mit großer Skepsis zu betrachten, die ohne entsprechende Untersuchungen (mit markierten Tieren) eine Verdrängung heimischer Schnecken durch die Spanische Wegschnecke annehmen (Fechter & Falkner 1990, Reischütz 2005).

Ein Eindringen der Spanischen Wegschnecke in naturnahe Lebensräume mit Verdrängung des heimischen *Arion rufus* ist anscheinend noch nicht wirklich dokumentiert, sondern lediglich vermutet worden; ebenso wenig bestätigt ist eine mangelnde Nahrungskonkurrenz, die *Arion lusitanicus* begünstige, wie Frank (1995) meint. Im Naturschutzgebiet Isarauen südlich von München suchte ich in den Jahren 1999 bis 2006 vergeblich nach der Spanischen Wegschnecke unter den dortigen Vorkommen der Schwarzen *Arion ater* und der Roten Wegschnecke *Arion rufus*, obwohl es viele Spanische Wegschnecken unmittelbar am Isarufer gibt. Wie so oft stammen die schon vorab als Feststellung verkündeten Annahmen der Verdrängung heimischer Arten durch Fremde von vorgefassten Meinungen, beruhen aber nicht auf entsprechenden Untersuchungen.

Umgekehrt legen die Befunde jedoch auch in aller Deutlichkeit offen, wo das Ausgangsproblem steckt: Die moderne Rasenpflege ist es, die oft auch noch in Verbindung mit reichlich Düngung, damit das Grün perfekt wächst, diesen Schnecken den Nährboden bereitet. Die Invasivität der Spanischen Nacktschnecken ist keine schlechte Eigenschaft, die sie aus fremder Herkunft mitgebracht haben, sondern die Folge der ihnen passend zubereiteten Lebensmöglichkeiten. Bekämpfungsmaßnahmen werden daher stets nur für eine gewisse Zeit wirksam bleiben, wie dies Utschick (1987 & 1990) mit seinen genauen Untersuchungen in einem Garten bei Passau nachgewiesen hat. Viel bedeutsamer dürfte in den meisten Fällen sein, ob es in der Nähe entsprechend gepflegte Rasenflächen gibt. Denn diese Wegschnecken sind besser zu Fuß, als man aus ihrer Kriechgeschwindigkeit schließen möchte.

Der Vorteil, der invasiven Art ihre Invasivität selbst zuzuschreiben, liegt darin, dass sie damit zum Verursacher gemacht ist und nicht der Mensch, der die günstigen Bedingungen geschaffen hat. Wenn aber Massen von Gehäuseschnecken *(Arianta arbustorum)*, die uns als heimisch vertraut sind, die gemähten Flächen und die Graswege bedecken, so dass mit jedem Schritt ihre Häuschen knackend zerbrechen, wird diese Schnecke dennoch nicht als »invasiv« eingestuft. Natürlich lässt sie sich auch leichter, vor allem mit weniger schleimigen Fingern von den Stellen absammeln, wo man sie nicht haben möchte. Die Frage, warum sie in solchen Massen vorkommt, dass sich mehr als 100 auf einem Quadratmeter ansammeln, wird erst gar nicht gestellt. Dabei führen diese Schnecken in ein, zumindest für den Artenschutz ganz besonders spannendes und wichtiges Problemfeld hinein. Es sind dies die »Restvorkommen« von Arten in einer stark zergliederten, zerstückelten (fragmentierten) Umwelt und ihre Chancen. Wie können/konnten sie überleben? Wie viel Raum brauchen sie, um nicht auszusterben? Wie stark müssen/sollten die Restvorkommen untereinander vernetzt sein/werden, um nicht irgendwann plötzlich auszusterben? Die Stadt bietet mit ihrer extremen Strukturiertheit hierzu das vielleicht bestmögliche nicht-experimentelle Forschungsfeld. Auch Experimente sind möglich; leichter wohl als in der »freien«, d. h. weniger begrenzten Natur draußen.

VI. AUSBLICK

32 Restbiotope, Restpopulationen und ihr Überleben

Jede Stadt stellt ein Mosaik von Biotopresten zwischen bebauten Flächen dar. Viele davon, die allermeisten wohl, sind klein und isoliert durch Straßen, Gebäude oder Schienenverkehrstraßen. Die Erkenntnisse und Modelle der Biogeographie besagen dazu, dass die auf einer Fläche (einem »Biotop«) dauerhaft lebende Anzahl von Arten mit zunehmender Verkleinerung und Fragmentierung stark absinkt. Für Vögel wird es schon bei weniger als einem halben Quadratkilometer kritisch, und Wäldchen unter zehn Hektar enthalten nur noch einen mehr oder weniger kleinen Teil des zu erwartenden oder für den Biotop typischen Artenspektrums. Eine mindestens ebenso wichtige Rolle spielt die Entfernung zu den nächsten Vorkommen, die Vernetzung. Im Grundsatz gilt: Je isolierter, desto weniger Arten und umso geringer die Beständigkeit der örtlichen Vorkommen. Denn diese haben Austausch nötig. Die kleinen, kein »Bild« mehr ergebenden, weil zu zerstreut liegenden Mosaiksteinchen im Häusermeer der Stadt vorhandenen Restbiotope entsprechen formal diesen Modellvorgaben: Sie sind klein und isoliert, von wenigen großen Stadtparks abgesehen. Warum sind die Städte dann aber so artenreich? Widerspricht der Befund dem Modell?

Wenn man die Theorie nur halb betrachtet, dann wohl. Doch die andere Hälfte des biogeographischen Modells besagt, dass viele kleine Inseln, die als Archipel angelegt sind, sogar einen wesentlich höheren Artenreichtum aufweisen können als die gleiche Fläche, würde sie zusammenhängen und nur ein einziges größeres Stück darstellen. Für die am besten untersuchte Vogelwelt lässt sich das direkt nachprüfen. Im Stadtgebiet von München kommen, wie mehrfach angeführt, rund 110 verschiedene Arten vor, die hier auch brüten. Auf die nicht bebaute Stadtfläche umgerechnet, wären nur gut 80 Arten zu erwarten (vgl. Kapitel 1). München würde damit immer noch im allgemeinen Landesdurchschnitt liegen. Der tatsächliche Artenreichtum übersteigt also den errechneten um ein gutes Drittel; auf die durchschnittlichen Verhältnisse im Münchner Umland bezogen sogar um glatt das Doppelte. Die Brutvögel bestätigen also die andere Seite des Modells, dass viele kleine Inseln einen größeren Artenreichtum ergeben. Bei der Behandlung der Säugetiere (Kapitel 11) hatte sich eine ganz ähnliche Feststellung ergeben. Die Artenvielfalt der Schmetterlinge übersteigt in München viele vergleichbar große Flächen im Umland noch stärker (Kapitel 3), wenn nicht besonders artenreiche Auen oder lichte Wälder mit Kalkmagerrasen zum Vergleich herangezogen werden. Auch dazu sind in diesem Buch zahlreiche Befunde zusammengestellt und erörtert worden.

Bilanzen verschleiern aber die Verhältnisse im Detail. Was für »alle Brutvögel« Gültigkeit haben mag, kann für die besondere Art bedeutungslos sein, weil ihr spezifischer Lebensraum zu klein geworden ist oder sich mit der Zeit zu sehr verändert hat. So wissen wir nicht, was die wirkliche Ursache für den Zusammenbruch des früheren Münchner Brutbestandes des Halsbandschnäppers *(Ficedula albicollis)* gewesen war. Leibl & Burbach (in Bezzel et al. 2005) führen dazu Folgendes aus: »Der Halsbandschnäpper ist ein in Bayern seltener Brutvogel, 1975 bis 1999 sind keine generellen Bestandstrends erkennbar ... Der Zusammenbruch der nicht unbedeutenden Münchner Population am Südrand und damit am klimatisch ungünstigsten Platz des bayerischen Brutareals war bereits ab 1970 erkennbar und zehn Jahre später abgeschlossen ... Doch nahmen weiter nördlich, zum Teil als Folge von Nistkastenaktionen lokale Bestände zu oder siedelten sich neu an, etwa in den Isarauen um Freising von fünf Paaren 1994 auf 19 Paare 1997 (Siegner 1997).« In München hatte der Halsbandschnäpper die ehemalige Isaraue im Englischen Garten und die flussabwärts anschließende Hirschau besiedelt. Die Nisthöhlen sind ihm sicher nicht entzogen worden. Mag sein, dass es zu wenige geworden sind, denn Naturhöhlen altern auch und werden unbrauchbar.

Aber es kann durchaus einen ganz anderen Grund gegeben haben. Vielleicht verminderte die Bekämpfung der Gespinstmotten, die sich in den warmen 1980er Jahren häufig in Massen entwickelt und die Bäume eingesponnen hatten, dem auf Insektennahrung angewiesenen Fliegenschnäpper die Nahrung zu sehr? Die Traubenkirschen-Gespinstmotte *(Yponomeuta evonymellus)*, um die es sich handelt, befällt zwar ausschließlich die Traubenkirsche *(Prunus padus)*, erweckte aber mit ihren Massenvermehrungen die gänzlich unbegründete Befürchtung, sie würde sich auf den ganzen Park ausbreiten. Die auf die Motte eingestellten Traubenkirschen erholen sich sogar dann wieder gut, wenn sie völlig kahl gefressen und total eingesponnen worden waren. Aber das wollte die Parkverwaltung offenbar nicht einsehen. Mit einem »biologischen Präparat«, dem *Bacillus thuringiensis*, wurde gespritzt, und es sind dabei ganz sicher nicht nur die Raupen der Gespinstmotte von diesen Bakterien vernichtet worden. Das Bekämpfungsgebiet deckte sich weitgehend mit dem Vorkommen des so seltenen (und geschützten!) Halsbandschnäppers. Silbrige Baumskelette mochte die Parkverwaltung nicht hinnehmen, obgleich wenige Wochen danach die Bäume, wie es in den Auen draußen überall zu sehen war, wieder voll ergrünen und keine Schäden zeigen. So hing das Verschwinden des Halsbandschnäppers vielleicht mit einem ganz direkten Eingriff des Menschen zusammen und es handelte sich nicht um das allmähliche Aussterben einer zu klein gewordenen Population, die zu großen Abstand zu den nächsten Vorkommen bekommen hatte. Nur etwa 20 Kilometer weiter isarabwärts ging es während des Niedergangs der Münchner Kostbarkeit aufwärts mit den Halsbandschnäppern, wie aus dem obigen Zitat zu entnehmen ist.

Abb. 150: Laubfrösche kommen in Städten wie München meist nur noch in isolierten Populationen vor.

Überzeugende Beispiele sollten daher vielleicht nicht gerade die gut flugfähigen Vögel herausgreifen. Sicher gibt es in vielen Großstädten zahlreiche Fälle, die näher untersucht sind und die zeigen, dass eine Restpopulation ausgestorben ist, weil sie zu klein geworden war, oder auch, dass sie sich schon lange gehalten hat, obwohl sie so klein geworden ist. Für München mag das hochgradig isolierte Vorkommen von Laubfröschen *(Hyla arborea)* im Teich des Botanischen Gartens ein ganz gut geeignetes Beispiel sein, denn es zeigt, dass selbst solche Arten, die regelmäßig ans Land wechseln müssen, über Jahrzehnte in der Stadt Bestand haben können. Die Laubfrösche (Abb. 150) sind mir im Botanischen Garten seit 1968 bekannt und mindestens bis 1998 war ihr Chor im Mai zu hören. Wahrscheinlich gibt es sie immer noch, wie auch die Bergmolche *(Triturus alpestris)*. Dieser Molch lebt auch im Teich der Zoologischen Staatssammlung (ZSM) seit mindestens

15 Jahren ununterbrochen in einem Kleinbestand von wohl nie mehr als 30 Tieren. Verschwunden ist hingegen vorerst der Schwalbenschwanz *(Papilio machaon)* (Abb. 151) als nach den ersten fünf Jahren der Existenz der ZSM das Gelände mit der Geißraute zuwuchs und seine Futterpflanze, die Wilde Möhre *(Daucus carota)*, vom sonnigen Dach der Zoologischen Staatssammlung München verdrängt worden war. Vielleicht wird der Schwalbenschwanz wiederkommen, denn andere, zwischenzeitlich verschwundene Schmetterlinge, taten dies auch.

Abb. 151: Frisch geschlüpfter Schwalbenschwanz (erkennbar an dem noch nicht ganz entfalteten rechte Flügel) – in vielen Städten bereits verschwunden

Bei der hohen Mobilität vieler Tiere ist es überhaupt besser, die Pflanzen zu betrachten, weil ihre Wuchsorte »fest« und ihre Vorkommen oder ihr Fehlen damit leichter zu überprüfen sind. Dazu nachfolgend zwei »positive« Beispiele, die zu Schmetterlingen überleiten sollen, die als letzte Überreste der früheren »Heidetierwelt« aus der Münchner Umgebung verblieben sind. Die beiden Beispiele beziehen sich auf fremde Arten, die bereits im Kapitel 22 in Bezug auf die Blühzeiten im Frühjahr behandelt worden sind: der Elfenkrokus (Abb. 153) und die Blaue Anemone (Abb. 154). Es gab sie 1985 schon in jeweils einem Kleinbestand von vielleicht 20 bis 30 Pflanzen unter einer über 100 Jahre alten, stark mit Misteln besetzten Linde am Rand eines Wäldchenrestes in der Ostecke des Geländes der Zoologischen Staatssammlung. Ob damals auch der Schneeglanz schon vorhanden war, ist ungewiss. 2001 war der Bestand auf fast 400 Elfenkrokusse und 420 Blaue

Anemonen sowie 370 Schneeglanz angewachsen. 2006 ergaben die Zählungen 1.510 Elfenkrokusse, 1.080 Blaue Anemonen und 1.200 Schneeglanz. Eine starke Ausbreitung in die angrenzende Wiese hat stattgefunden (Abb. 152). Solche Startpopulationen sind also recht erfolgreich. Die heimischen Arten verdrängten sie nicht, wie die Befunde zu Leberblümchen und Scharbockskraut zeigen: 2001 fanden sich 15 Leberblümchen und fünf Mal das Scharbockskraut auf dem Dachgarten der Staatssammlung, ein Jahr später waren es bereits 58 Leberblümchen und 70 Mal das Scharbockskraut.

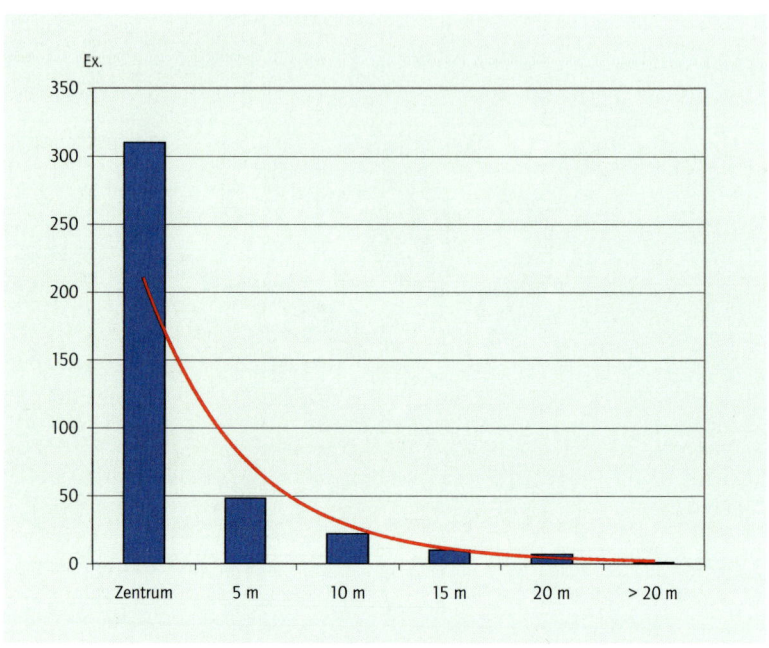

Abb. 152: Ausbreitung von Elfenkrokussen

Verlauf der Ausbreitung der kleinen Elfenkrokusse vom Zentrum, einer alten Linde, aus in die angrenzende Wiese auf dem Gelände der Zoologischen Staatssammlung München.

Die Frühlingsblüher nutzen den Vorteil der noch nicht entwickelten, erst allmählich kommenden Bodenvegetation, die sie nicht überwuchert, während sie blühen. Bei Arten, die auf magere, sonnige Verhältnisse später im Jahr angewiesen sind, verlief die Entwicklung anders. Der Thymian *(Thymus serpyllum)* verschwand wenige Jahre, nachdem sich die Rohbodenverhältnisse geändert hatten und die Geißraute eingesät worden war, wie viele andere Arten auch. Sogar die nährstoffreichere Verhältnisse vertragenden Wiesen-Glockenblumen *(Campanula patula)* wurden rar und auf einzelne steile Stellen auf dem »Dach« abgedrängt. Die Veränderungen in der Pflan-

Abb. 153: Der Elfenkrokus ist eine »fremde« Art und stammt ursprünglich aus dem westlichen Balkangebirge. Er ist als Startpopulation recht erfolgreich und verbreitet sich gut.

Abb. 154: Die Blaue Anemone ist eine südeuropäische Verwandte des Busch-Windröschens. Wie auch der Elfenkrokus verdrängt sie die bei uns heimischen Arten nicht, sondern ergänzt im Frühjahr das Blütenspektrum. Bienen nutzen sie häufig.

zenwelt sind nach wie vor in vollem Gange. Eingriffe wie Mähen mit und ohne Entfernung des Mähgutes oder das Pflanzen von Bäumen und Sträuchern wirken sich nach Jahren oder Jahrzehnten aus. Umso erstaunlicher ist es, dass Schmetterlinge, die für die früheren, aus dem 19. Jahrhundert stammenden Zustände der »Münchner Heideflächen« typisch gewesen sind, überlebten und in den Lichtfallenfängen Jahr für Jahr in Anzahl nachgewiesen werden können: die Eulenfalter *Rhyacia glareosa, R. depuncta* und *R. porphyrea* zum Beispiel. Es ist ziemlich unwahrscheinlich, dass diese nicht sonderlich flugkräftigen, kleinen Eulenfalter durch die Straßenschluchten Münchens von der Fröttmaninger oder gar von der Garchinger Heide zur Lichtfalle an die Zoologische Staatssammlung geflogen sind. Sie überlebten ganz offensichtlich auf den kleinen Restflächen im Nahbereich. Darin sind sie keine Ausnahmen, sondern lediglich bezeichnende Beispiele für den allgemeinen Zustand der Tier- und Pflanzenarten in den Großstädten. Sie müssen mit kleinen, oftmals sehr isolierten Restflächen zurechtkommen und sie tun das mit erstaunlichem Erfolg. Sonst gäbe es sie längst nicht mehr.

Ist das wirklich so überraschend, wie es auf den ersten Blick zu sein scheint? Vielleicht erliegen wir nur einer Täuschung, die wiederum von Vorurteilen genährt worden ist. Denn wenn uns auch die Gebäude und Straßen, der Verkehr und die isolierte Lage der »Biotopflächen« in der Stadt so unnatürlich und so lebensfeindlich vorkommen, muss das nicht automatisch für die Tiere und Pflanzen gelten. Sie haben ihre Ausbreitungsmechanismen. Diese nutzen sie draußen in der »freien Natur« wie in der Stadtnatur. Doch die freie Natur ist nicht so frei, wie sie uns dünkt, nur weil unsere Blicke weithin schweifen können übers Land. Die speziellen Biotope, in denen viele Arten leben, liegen für die große Mehrheit der Tiere und Pflanzen auch draußen weit auseinander und oftmals recht isoliert. Das freie Land dazwischen wird intensiv mit Giften behandelt, überdüngt und es ist Wind und Wetter ausgesetzt, was für empfindliche Arten noch destruktiver sein kann als die Gefahren und Probleme der Stadt. Größere, bejagte Arten müssen scheu sein, sonst überleben sie nicht. Ihre Scheuheit erzwingt viel größere Reviere, als sie nötig hätten, und bedingt, dass sie mehr Energie für an sich unnötige Fluchten verbrauchen; eine wesentliche »Mehrausgabe« im Vergleich zur Stadt.

Schließlich zeigt die Bilanz, dass im Großen, nämlich fürs ganze Land, gar nicht so wesentlich andere Verteilungs- und Häufigkeitsverhältnisse herrschen wie im Kleinen, in den Städten (Abb. 155). Die Biotope in den Städten machen anteilsmäßig sogar mehr aus als auf dem durchschnittlichen Land. Das sehen wir in den winzigen Prozentsätzen von Naturschutzgebietsflächen in vielen Landkreisen. Sehen wir von Ostdeutschland ab, dessen große und großartige Schutzgebiete die alte Bundesrepublik Deutschland als Geschenk zur Wiedervereinigung erhielt, so liegen die größeren und (einigermaßen) großen Naturschutzgebiete »im Westen« in typischen Randlagen der Hoch- und Mittelgebirge bzw. am Meer. Das westdeutsche Durchschnittsland, das zu gut 55 Prozent aus Agrarland und 30 Prozent aus Wald

Abb. 155: Nutzungstypen der Landschaft in Stadt und Land

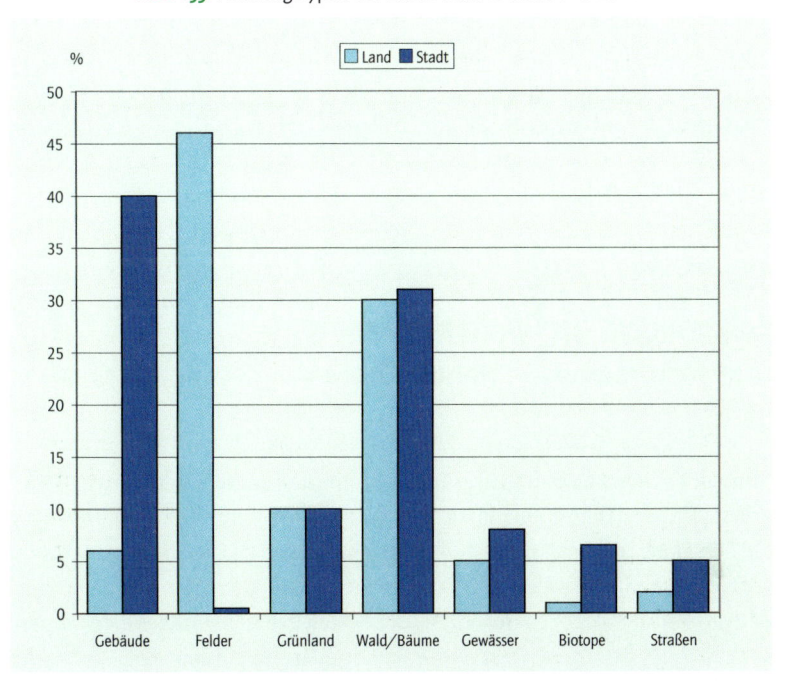

Ungefähre Flächenanteile der Nutzungstypen in Stadt und Land (ohne Küsten und Bergregionen) in Mitteleuropa. Die größten Unterschiede ergeben sich bei der Bebauung und der agrarisch genutzten Feldflur, die einander prozentual entsprechen, und in den Anteilen von Biotopen und Kleingewässern.

besteht, bringt nicht einmal ein einziges Prozent Naturschutzgebietsfläche zustande. Da machen die nicht bewirtschafteten, sich selbst weitgehend überlassenen Flächen in vielen Städten ganz erheblich mehr aus.

Da sich die Biodiversität des intensiv genutzten Agrarlandes und der dicht bebauten Stadtflächen ziemlich gleichen oder zumindest angenähert haben (Reichholf 2004a), geht allein schon aus diesem Flächenvergleich klar hervor, warum so viele Arten, in Bayern die Hälfte des gesamten Artenspektrums von Tieren und Pflanzen (16.000 untersuchte Arten!), in den »Roten Listen« gelandet sind. Viele dieser gefährdeten Arten kommen (noch) in den Städten vor. Das belegen auch die offiziellen Artenschutzkartierungen, die es mittlerweile wohl in allen größeren Städten Mitteleuropas mit umfangreichem Datenmaterial gibt. Ob die selten gewordenen Arten in der Stadt eine Zukunft haben, wird ganz entscheidend von der weiteren Stadtentwicklung abhängen. An guten Befunden mangelt es den Unteren und Höheren Naturschutzbehörden sicherlich nicht. Es wird auf die politische Durchsetzbarkeit ankommen.

33 Folgerungen für Stadtentwicklung und Naturschutz – sieben Thesen

Von außen, vom Umland her, rückt »die Natur« in die Städte hinein. Oder greifen diese in die Natur hinaus? Das hängt von Standpunkt und Meinung ab. Die gängige Ansicht lautet, dass Städte immer nur Restnatur enthalten können. Was dort lebt, hat sich irgendwie mit den Menschen arrangiert und ist zum Kulturfolger geworden. An der Spitze der Arten, die diesen Anpassungsweg an den Menschen verkörpern, stehen die Ratten und Mäuse, die Brennnesseln und der Riesenbärenklau mit seiner gefährlichen Wirkung. Empfindliche, »gute« Arten halten sich vom Menschen fern. Städte sind Arbeits- und Wohnraum für Menschen. Der Natur kann darin höchstens Kulissencharakter zugebilligt werden, damit die Erbärmlichkeit vieler Bauten und der Einheitsbrei ihrer »Ausführung nach Vorschrift« nicht allzu verletzend ins Auge springen. Aus gutem Grund werden Häuser mit Blumen geschmückt, um Fassaden ansehnlich zu machen, die sonst nichts bieten. Aus ähnlichen Gründen bepflanzt und »gestaltet« man die Anlagen, um ihren Reißbrettcharakter und ihre Zwanghaftigkeit in der Ausführung zu beschönigen. Was nicht bebaut und damit ordnungsgemäß in Nutzung genommen ist, gilt in der Flächenstatistik als Öd- oder Unland; zeitgemäßer ausgedrückt als Bauerwartungsland oder als Vorbehaltsfläche.

Die Zukunft der Artenvielfalt in den Städten liegt daher vor allem in Händen der Planungsbehörden. Sie wird sehr stark auch von den »Auflagen« beeinflusst werden, die bei Bauvorhaben geltend gemacht werden. Wo »Eingriffe«, also Baumaßnahmen, möglichst rasch durch »Rekultivierung« auszugleichen sind, wird sich zwar Kulisse weiterentwickeln lassen, aber es werden sich keine guten Lebensräume für Pflanzen und Tiere bilden, die nicht gepflanzt und künstlich angesiedelt werden.

Bekanntlich fällt den Deutschen kaum etwas so schwer, wie es »sein zu lassen«, das heißt: sich selbst entwickeln zu lassen. Alles muss begrünt, kultiviert werden. Die artenreichsten und im Hinblick auf die Seltenheiten zweifellos auch »besten« Stadtbiotope waren und sind, wo es sie noch gibt, die aufgegebenen Nutzflächen von Bahnanlagen, Industriegelände oder ehemalige, unvollendete Bebauungen (Abb. 156). Ruderalflächen hießen sie oder ganz abwertend »Unland«, offenbar weil Ödland als Ausdruck nicht stark genug empfunden worden war. In älteren Statistiken zur Flächennutzung erscheinen »Öd- und Unland« durchaus noch als Kategorie, etwa in den 1960er und 1970er Jahren. Als Naturschützer müsste man erschrecken. Damals gab es von solcherart ausgewiesenem Land auch in der alten Bundesrepublik Deutschland noch größere Flächen als Naturschutzgebiete!

Damals waren die vielen Arten, die heute in den »Roten Listen« stehen, als Ödlandbewohner (»Ödlandschrecke«) wohl bekannt und häufig. Wildbienen und Schmetterlinge, Käfer aller Artengruppen und anderes Getier mehr, zahlreiche »schöne Vögel« mit eingeschlossen, gab es auf diesem Ödland. In den Städten hielt es sich vielfach noch am längsten und trug so zu deren besonderer Artenvielfalt bei. Wo das Ödland zugebaut oder in smarte Erholungsgebiete mit vorgeschriebenem Tun (und vielen Verboten) verwandelt wird, verlieren diese Flächen ihre Biodiversität. Wo es keine Störungen mehr geben darf, kehrt bald der stille Friede der vielen Ausgestorbenen ein.

Abb. 156: Die besten Stadtbiotope finden sich in aufgegebenen Nutzflächen. Solche »Ruderalflächen« fallen jedoch zunehmend der »Nachverdichtung« zum Opfer.

Umso erstaunlicher ist es, was all diesen Widrigkeiten und den baubehördlichen Widerständen gegen mehr Natur in der Stadt zum Trotz für ein Artenreichtum entstanden ist. Steckt die Erklärung in der (glücklichen) Tatsache, dass nicht alles, was vorgesehen oder amtlich verfügt worden ist, auch gleich ausgeführt wird? Hat die Stadtnatur lediglich zeitlichen Aufschub bis zu ihrer endgültigen Vernichtung erhalten? Es steht zu hoffen, dass diese Gefahr nicht in letzter Konsequenz droht, sondern dass sie rechtzeitig abgewehrt werden kann. Dazu wäre allerdings ein umfangreicher Gesinnungswandel in den Bau- und Planungsreferaten der Städte notwendig. Solange Stadtnatur selbst in Kreisen von Naturschützern lediglich als Abfall von Natur betrachtet wird, die es richtig nur »draußen« geben kann und die dort auch erhalten werden sollte, nicht aber in der Zusammenballung von Menschen und Bauwerken auf dichtestem Raum, werden auch weiterhin artenreiche Restflächen verloren gehen.

Die größte Gefahr droht den innerstädtischen Freiflächen von der »Nachverdichtung«. Die Artenfülle in den Städten wird nur dann Zukunft haben, wenn die Freiflächen auch frei bleiben; wenn die Einschnürung der Städte durch Grenzen, die für sinnvolle Entwicklungen viel zu eng gezogen sind, die Bodenpreise nicht weiter so hoch hält oder noch weiter steigen lässt, dass der öffentlichen Hand gar nichts anderes übrig bleibt, als sie zur Bebauung zu verkaufen. Noch hat die »Nachverdichtung« in der Entwicklung der Städte fast uneingeschränkt klaren Vorrang, weil diese nicht weiter nach außen wachsen dürfen wie ein das Land fressender Moloch. Täglich werden soundso viele Hektar Land »verbraucht«, klagen Naturschutzverbände – und einige ihrer Spitzenvertreter sehen sich das solcherart verbrauchte Land lieber nicht genauer an, weil es sich als weit wertvoller für die Tiere und Pflanzen, deren Schutz man angeblich anstrebt, erweisen würde, verglichen mit den Maisfeldern oder den neuen Monokulturen für die Erzeugung von »Biomasse«.

Die »Naturschutzbasis« hingegen kennt meist diese Problematik und arbeitet für die Erhaltung der Vielfalt und für mehr Natur in der Stadt. Ganz zu Recht beklagen Biologen und Naturschützer, die das besondere Tier- und Pflanzenleben in der deutschen Hauptstadt kennen, in welch rasender Geschwindigkeit in Berlin höchst artenreiche Biotope verloren gehen, weil »nachverdichtet« wird. Mit Sorge blickt man anderswo auf die Stilllegung von Bahntrassen und Gleiskörpern, weil besonders seltene Arten, die dort letzte Zufluchtsorte gefunden haben, mit der Umwidmung dieser Verkehrsflächen in andere Funktionen ihre Refugien verlieren werden: die Blauflügelige Ödlandschrecke (*Oedipoda caerulescens*) etwa oder die Mauereidechsen (*Podarcis muralis*). Um Industriegelände wird sogar gebangt, zumal wenn es sich um eine die Umwelt verschmutzende Industrie gehandelt hatte, deren Betrieb aus Gründen des Umweltschutzes eingestellt wird. Die Lage muss für einen Außenstehenden geradezu grotesk erscheinen. Das, was Natur- und Umweltschützer in der Vergangenheit am meisten bekämpft hatten, erweist sich in der Gegenwart als Hort jener Artenvielfalt, deren Verlust allenthalben beklagt wird. Die Städte und die Großanlagen von Industrie und Verkehr könnten einen Großteil der gefährdeten Arten retten – wenn sie das nur dürften!

Noch gelten sie fast allgemein als »schlecht«, weil nicht grün genug, und wo doch, erscheint dieses Grün in den Augen derer, die nicht sehen wollen, als bedeutungsloses Einheitsgrün. Doch dieses hochgezüchtete, artenarme Einheitsgrün wächst draußen in der Natur auf den überfetteten Wiesen, während es in der Stadt überquillt an Vielfältigkeit. Warum sollte es nicht lohnen, diese Vielfalt zu erhalten? Warum sollten die Tiere und Pflanzen weniger wert sein als ihre Artgenossen draußen, nur weil sie in der Stadt leben? Warum sollten die Stadtmenschen mindere Lebensqualität hinnehmen müssen als die Landbevölkerung, nur weil längst veraltete Pläne und Vorschriften die Erhaltung und Verbesserung der Lebensverhältnisse verhindern? Naturschutzbehörden und Verbandsvertreter des Naturschutzes tun sich schwer, ihre alten Positionen aufzugeben und das lange Bekämpfte aus der Situation der Gegenwart heraus zu sehen und neu zu bewerten.

Selbstverständlich stimmt es, dass die Entwicklungen der letzten Jahrzehnte in der Gesamtbilanz nicht gut gelaufen sind für die Natur und insbesondere für die Tiere und Pflanzen, die von speziellen Biotopen leben. Die Roten Listen wurden länger und länger. Das alles ist wohl bekannt und vielfach beklagt worden. Die Städte mit ihrem Tier- und Pflanzenleben sollen auch gar nicht aufgerechnet werden gegen das Land mit seiner freien Natur. Vielmehr zeigen sie uns wie ein Spiegel, was allgemein abläuft und wie sich die Lebensbedingungen für Menschen, Tiere und Pflanzen verändern. Die Natur in der Stadt ist in mancher Hinsicht der allgemeinen Entwicklung voraus. So zum Beispiel was die Auswirkungen der Klimaerwärmung betrifft. Wie Pflanzen und Tiere darauf reagieren, sagen uns ihre Stadtvorkommen viel besser als alle Modellrechnungen, die doch immer nur so gut sein können wie die Daten, die sie bekommen haben, und die Annahmen, von denen sie ausgehen. Die Städte vermitteln aber auch, wenn entsprechend geforscht würde, die nötigen Angaben über Restvorkommen, Verinselung und Überleben von Arten. In der Stadtnatur sehen wir, was fremde Arten bewirken und was ihren Erfolg oder Misserfolg ausmacht.

Welche Folgerungen ergeben sich daraus? Im Einzelnen so viele, wie es konkrete Situationen gibt. Um den Einzelfall kommt niemand herum. Im Allgemeinen werden sich aber alle »Fälle« mit nur wenigen Ausnahmen auf folgende Bereiche beziehen lassen:

(1) Die Ziele und Leitbilder der Stadtentwicklung sollten umfassend aktualisiert werden. Sie müssen dem stark verbesserten Kenntnisstand angepasst werden. Entwickelt wurden sie unter den Verhältnissen, die in den 1950er und 1960er Jahren herrschten. Umgesetzt wurden sie in Planungsvorgaben, die aus damaliger Sicht ihre Berechtigung hatten.

Niemand konnte damals, wie auch heute, einen späteren Zustand oder gar einen »Endzustand« kennen. Die Entwicklung muss zukunftsoffen bleiben. Das setzt entsprechend offene Ziele und Leitlinien voraus.

(2) Das Bild von der »schlechten Stadt« und dem »guten Land« muss dringend revidiert werden. Was den Einsatz von Giften, Überdüngung, Grund- und Abwasserbelastungen anbelangt, haben sich die Verhältnisse zwischen Land und Stadt in den letzten Jahrzehnten geradezu umgekehrt. Die Tiere und Pflanzen sind mit ihren Vorkommen und Häufigkeiten natürliche Weiser (Bioindikatoren) für die Bedeutung und Tragweite der Veränderungen. Sie »messen integriert«, nämlich auf den Ablauf ihres ganzen Lebens bezogen, und nicht nur physikalischchemisch speziell. Die mit Apparaten gewonnenen Messwerte besagen für sich genommen gar nichts. Sie müssen erst in Bezug zur Natur oder zum Menschen gesetzt werden, um Relevanz zu gewinnen.

(3) Die frei lebenden Arten von Pflanzen und Tieren waren immer in Bewegung. Zu keiner Zeit in der jüngeren oder ferneren historischen Vergangenheit gab es einen Zustand, der als der richtige bezeichnet und festgelegt werden könnte. Fremde Arten, von denen die Städte voll sind, sollten daher nicht auf der, im ökologischen wie biogeographischen Sinne, durch nichts zu rechtfertigenden Bezugsbasis des 19. Jahrhunderts gewertet und in »heimisch« oder »fremd« geschieden werden. Was damals schon heimisch war, das war früher noch fremd gewesen, wie zum Beispiel die Ackerunkräuter, die wir heute Ackerwildkräuter nennen. In den Städten läuft seit Jahrhunderten das Dauerexperiment ab, in dem Arten aller möglichen Herkunft beteiligt sind. Sie sollten jetzt nicht ohne sachlich nachvollziehbaren Grund dezimiert oder vernichtet werden.

(4) Für eine gute Integration von Natur, von »Biotopen«, in die Städte bedarf es entsprechender (Frei-)Räume. Wer sie zubaut, vernichtet Artenvielfalt und Lebensqualität für die Menschen. Die Nachverdichtung stellt eines der größten Übel dar, das uns politisch die jüngere Vergangenheit für zukunftsweisende Stadtentwicklungen hinterlassen hat. Bauliche Verdichtung sollte nur dort vorgenommen werden, wo sie sinnvoll und wirklich notwendig ist, nicht aber um des Prinzips willen. Städtebauer und Stadtlandschaft-Architekten verfügen längst über das Potenzial zu besseren Lösungen. Sie müssen die Freiräume dafür eröffnet bekommen.

(5) Von wenigen Ausnahmen abgesehen, sind die meisten »Stadtgrenzen« viel zu eng gezogen. Unterschiedliche Planungsziele und Umsetzungsmöglichkeiten stoßen an diesen lediglich formalen, von der Natur jedoch gewöhnlich nicht vorgegebenen Schreibtischabgrenzungen aneinander. Verwaltungsvorgaben sind ein nicht sonderlich günstiges Instrument für organische, harmonische Entwicklungen. Ballungsräume mit größerem

Umfeld, wie Berlin oder die Stadtstaaten Hamburg und Bremen oder Wien, haben es viel leichter, sich zu entfalten und Qualität aufzubauen, als so eingezwängte wie Stuttgart und München. Bei der Gebietsreform der damals zu kleinen Gemeinden auf dem Land und bei den Flurbereinigungen, die so viel Geld gekostet haben, hatte man die zu starken Beschränkungen zu enger Grenzziehungen erkannt und weitgehend beseitigt. Für die Stadtentwicklung stehen solche Anpassungen an die Gegenwart für eine bessere Zukunft noch aus. Sie sind überfällig.

(6) Ein besonderes Hindernis für die Erhaltung und Förderung von mehr Natur in der Stadt sind die Grundstückspreise. Einen teueren Baugrund sich selbst zu überlassen nur der Natur wegen, kann und will sich keine Kommune leisten. Die starre, langfristige Festlegung von Baugebieten und Bauerwartungsland gab der exorbitanten Preisentwicklung und den damit verbundenen Bodenspekulationen Vorschub. Das Schlagwort des Naturschutzes vom »Flächenverbrauch« unterstützt die Preisspirale und verstärkt den Druck auf die artenreichen und für die Bevölkerung so wichtigen Restflächen. Denn die massive Beschränkung nach außen hat zwangsläufig den Preisanstieg zur Folge. Die extreme Beschränkung von Baumaßnahmen hat die Kosten für Gebäude in die Höhe getrieben. Nur sehr wenige haben daran Gewinn, aber sehr viele haben die Folgekosten zu tragen.

Abb. 157:
Eingezäunte Biotope wachsen rasch zu und verlieren ihre Qualitäten an Arten. Zudem sperren sie die Menschen von »ihrer« Natur aus. Stadtnatur braucht keine Zäune.

Abb. 158: Wucher-Grün, wie es von der Geißraute rasch erzeugt wird, deckt zwar offene Bauflächen zu, erstickt aber Artenvielfalt.

(7) Stadtnatur braucht normalerweise nicht eingesperrt zu werden. Sie sollte das auch nicht ohne wirklich zwingende Gründe. Wer »Biotope« mit hohen Zäunen absperrt (Abb. 157), erzeugt mehr Unmut über »die Natur« und Abkehr von ihr, als mit solchen Maßnahmen Schutz bewirkt wird. In den Städten ist es besonders wichtig, den Aussperr-Naturschutz zu beenden, um die Menschen, vor allem die Kinder und die Jugendlichen, wieder besser an die Natur heranführen zu können. Nicht die eingezäunten Flächen sind die artenreichsten, wie so gut wie alle längerfristig angelegten Untersuchungen gezeigt haben, sondern solche, in denen wiederholt »Störungen« auftreten, die keine Zerstörung nach sich ziehen. Eingezäunte Biotope wachsen rasch zu und verlieren ihre Qualitäten an Arten. Kulissen und »Feigenblattgrün« mag eine Einzäunung nötig haben, dynamische Stadtnatur braucht sie nicht. Und es sollte darin auch weit weniger »gestaltet« und durchgestylt werden als bisher. Die Qualität eines Naherholungsgebietes bemisst sich aus der Sicht vieler Menschen wirklich nicht nur daran, ob alles perfekt bepflanzt und mit (geteerten) Wegen erschlossen ist. Dickicht und Wildwuchs sind mindestens genauso nötig; vielleicht viel wichtiger – und sie kosten nichts.

34 Natur erleben in der Stadt

Viele kennen ihn. Sooft sie einen Spaziergang in den Park machen, schauen sie vorbei, ob er »da« ist. Ist er da, sammeln sich Gruppen an, um ihn zu bewundern. Manchmal neigt er sich ein wenig hinab und deutet an, dass er sie wahrnimmt. Dann richtet sich sein Blick aber wieder in irgendwelche Fernen oder er schließt, wie nach solcher Anstrengung schläfrig geworden, die Augen. Er, das ist der Kauz im Nymphenburger Park; ein Waldkauz (*Strix aluco*). Vor allem an sonnigen und milden Herbsttagen sitzt er in seiner Höhle in der alten Linde neben der Brücke am Großen See. Ein fast ununterbrochener Strom von Menschen zieht einige Meter unter ihm vorüber. Er kümmert sich nicht darum. Manchmal erregen ein komischer Hut oder eine schrille Bekleidung für Augenblicke sein Interesse. Dann beugt der Kauz auch schon einmal den Kopf weiter heraus und sieht der betreffenden Person kurz nach. Bekannt ist er schon seit den 1960er Jahren. Und da es auch noch ein paar weitere Höhlen im Park gibt, in denen »er« sitzen und die Menschen unter sich vorüberziehen lassen kann, handelt es sich aller Wahrscheinlichkeit nach um mehrere Waldkäuze und um Generationen von ihnen. Die Menschen im Park bedeuten für sie nicht mehr als für ihren »wilden« Kauzverwandten im Wald die Rehe oder Hirsche oder die Kühe auf der Weide, über die sie spätabends ihre Jagdflüge ausdehnen. Dass sie im Park angestarrt werden, sobald sie sich im Höhleneingang zeigen, daran haben sich die Käuze gewöhnt. Auch Ferngläser irritieren nicht. Aber als ich einmal mit einem großen Teleobjektiv von über einem halben Meter Länge fotografierte, reckte der eine Kauz sich sogar halb heraus, um dieses merkwürdige Ding näher zu betrachten (Abb. 159). Mehr Regung zeigte er nicht.

Auf dem Kanal, der zum Schloss führt, schwimmen in Vorfrühling Gänsesäger. Die Männchen tragen das volle Prachtkleid mit flaschengrünem Kopf und weißer, zart lachsrosa überzogener Brust. Das halbe Dutzend Männchen ist sichtlich erregt. Als ein Weibchen am Ufer aus dem Schlaf

Abb. 159: Der Waldkauz im Nymphenburger Park, der mit den zahlreichen Menschen, die an seiner Nisthöhle vorbeispazieren, längst seinen Frieden geschlossen hat

erwacht, dem es sich vier oder fünf Meter von den nächsten Menschen entfernt hingegeben hatte, und watschelnd zum Wasser geht, fangen die Männchen sogleich an zu balzen. Sie inszenieren ihre Gruppenbalz auf ganz ähnliche Weise wie die Birkhähne im fernen Hochmoor in den Alpen – aber vor aller Menschen Augen, die ihnen zuschauen wollen. Die Säger stört das nicht im Mindesten. Sie achten nur auf ihre Weibchen. Sie lassen sich auch zusehen, wie sie selbst ins Wasser schauen und nach Fischen spähen, denen sie dann, elegant und schnell tauchend, folgen. Andere Enten gesellen sich auf der Wasseroberfläche dazu. Es ist Frühling und Balzzeit. Das ganze Repertoire unterschiedlicher Formen der Balz breiten die verschiedenen Arten aus, während am dürren Ast der Linden am Ufer ein Buntspecht trommelt und auf der Rasenfläche davor ein Grünspecht nach Nahrung stochert. Auch der viel größere, ganz schwarze Verwandte mit dem roten Oberkopf, der Schwarzspecht *(Dryocopus martius)* kommt herbei, fliegt »wiehernd« über den Kanal und macht sich an einem großen Baum auf der anderen Seite zu schaffen. Als ein Habicht vorüberstreicht, warnen mit frenetisch tiefem Schnattern die Weißwangengänse *(Branta leucopsis)*, die schon die ganze Zeit auf dem Rasen herumzupften. Der Bussard, der hoch über ihnen kreist, irritiert sie nicht. Meisen singen überall, auch ein paar Amseln und Kleiber. Mehrere Dutzend Vogelarten sind in kurzer Zeit notiert. Ein erster Zitronenfalter gaukelt vorüber, erwärmt von der Märzsonne. Dann eilt ein Kleiner Fuchs hinterher, überholt ihn und verschwindet über den Menschen, die den Park an solchen Frühlingstagen geradezu überschwemmen, zwischen den Bäumen. Eine andere große Schar schwingt sich mit trompetenartigen

Rufen ein. Die Kanadagänse sind von einem Kurzausflug zurück. Dann folgen Ketten von Graugänsen. Krähen steigen auf und wirbeln umher. Die Luft ist plötzlich voller Vögel. Der Habicht schlug soeben aus rasantem Angriffsflug heraus eine Taube und löste damit die kurze Panik aus. Wie in der »richtigen Natur« draußen.

Ist jene Natur deshalb richtiger, weil sie vor der Stadt irgendwo auf dem Land liegt und weil all die Arten, die hier kurz geschildert wurden, so scheu sind, dass man sie kaum oder gar nicht zu sehen bekommt? Was ist Natur? Sind es nicht die lebenden Tiere und Pflanzen, die wir damit meinen? Das Leblose kann immer nur Kulisse sein; eine höchst eindrucksvolle Szenerie gewiss und manchmal eine unvergessliche. Aber das Lebendige ist mehr als das tote Land. Es hat eine ganz andere Qualität. Ihm zu begegnen in den vielfältigsten Lebensformen füllt den Begriff Natur weitaus mehr als die leblosen Bilder von grandiosen Landschaften, die es auch auf dem Mond oder dem Mars geben könnte. Fassaden von Häusern und Bauwerken empfinden wir als »tot«, wenn nicht wenigstens dahinter jemand lebt. Doch so eindrucksvoll die unerreichbaren Adler, die um ferne Gipfel kreisen, auch sein mögen, die Nähe steigert die Qualität des Erlebnisses. Das abspringende, nur noch am auf- und abhüpfenden, weißen Hinterteil erkennbare Reh ist uns zu fern. Bleibt es vertraut, ohne zahm zu sein, und lässt es uns auf wenige Meter heran, bis es ausweicht, empfinden wir so ein »Erlebnis Reh« ungleich tiefer und befriedigender. Deshalb wollen die allermeisten Safaritouristen in den wildreichen Nationalparks möglichst nahe, am besten zum Greifen nahe, an die Wildtiere herangefahren werden.

Abb. 160: Nicht vom Menschen getrennt sollen Tiere und Pflanzen überleben, sondern am besten mit uns.

Die Vertrautheit sehr vieler Tiere in der Stadt gibt uns diese Nähe (Abb. 160). Es muss gar nicht die Fütterung sein, an die sich zuerst hungrige, dann faul gewordene Tiere gewöhnt haben, um Lebendiges »hautnah« erleben zu können. Kauz und Säger, Reiher und Kaninchen sind gute Beispiele für das Vertrautwerden scheuer Tiere, wenn die Verfolgung eingestellt wird. Der Mensch braucht nicht als Futter spendender Wohltäter auftreten, um akzeptiert zu werden. Es reicht, wenn er die Tiere so sein und so leben lässt, wie sie sind. Dann werden sie ganz von selbst vertraut. In der Stadtnatur erleben wir diesen Zustand. Er sollte nicht gering geschätzt und von einigen allzu puristischen Naturschützern als »unnatürlich« abqualifiziert werden. Ein großes Potenzial hat sich mit der Stadtnatur entwickelt. Wir können es nutzen, pflegen und für die Zukunft ausgestalten. Dabei soll und darf uns auch die Empfindung des Schönen wieder leiten. Was nützlich ist oder »dem Naturhaushalt« dient, soll nicht alleinige Begründung sein. Das Erlebnis von Schönheit eröffnet einen besseren Zugang zum Wert der Natur. Nicht vom Menschen getrennt sollen Tiere und Pflanzen überleben, sondern am besten mit uns. Das ist unser Auftrag. Nehmen wir ihn an!

VII. ANHANG

Weiter forschen an der Stadtnatur – Ermutigung für Pädagogen und Naturschützer

Möglichkeiten, eigene Untersuchungen oder vertiefende Forschungen zur Stadtnatur anzustellen, drängen sich beim Lesen dieses Buches geradezu auf. Denn vieles kann und sollte in der Tat genauer studiert oder weiter geführt werden. Neues taucht auf, sobald man sich ein wenig mit den Tieren und Pflanzen in der Stadt beschäftigt. Zwei Interessentenkreise sollen hier aber ganz besonders angesprochen und ermuntert werden, eigene Forschungen an der Stadtnatur anzustellen. Die Lehrkräfte an weiterführenden Schulen im Rahmen des Biologieunterrichts oder von biologischen Arbeitskreisen und die Mitglieder naturkundlicher Gesellschaften und von Naturschutzverbänden. In jeder Stadt gibt es solche Vereinigungen. Zahlreiche Mitglieder sind sehr aktiv, insbesondere im Naturschutz. Die Befunde und die Erfahrungen, die sie bei ihren Aktivitäten sammeln, sollten nicht verloren gehen, sondern gesammelt und ausgewertet werden. Die Forderung ist so alt wie unerfüllt. Vielleicht ist es so gekommen, weil zu wenige Fragestellungen, die interessant genug erscheinen, vorgegeben waren und oft nur reagiert wurde oder werden konnte, weil irgendein Eingriff drohte oder auszugleichen war.

In einer Zeit, in der die Kinder und Jugendlichen weit mehr von den Bildschirmen der Computer und Fernsehgeräte als von der Natur gefesselt werden, weil ihnen die Natur »verboten« worden ist, sollte gerade seitens der Lehrkräfte und der privaten Verbände für Naturkunde und Naturschutz alles versucht werden, den Zugang zu den Tieren und Pflanzen wieder zu öffnen. Beginnen kann das im Unterricht mit dem, was allein schon der Schulhof bietet. Die meisten Schulen haben ein »Umfeld«, in dem sich tierisches und pflanzliches Leben regt. Wo es einen Schulteich gibt, bietet sich dessen Entwicklung geradezu an, verfolgt zu werden. Oft steht auch anderes Gelände im Nahbereich zur Verfügung, das leicht erreicht und für Untersuchungszwecke genutzt werden kann. Dafür bieten die Fallbeispiele in diesem Buch jede Menge Ansatzmöglichkeiten. Es sollten auch solche Untersuchungen wieder Eingang finden in die biologischen Arbeitsgruppen, wie etwa die Feststellung, in welchem Umfang Raupen von Schmetterlingen in der Stadt und »draußen auf dem Land« von Schlupfwespen oder von anderen parasitischen Wespen befallen sind. Das ist bereits bei Raupen der

Kohlweißlinge zu machen, für die von den Schöpfern der Artenschutzlisten tatsächlich kein Schutz vorgesehen ist. Pfauenaugen und Kleine Füchse wären leichter (mit Brennnesseln als Futterpflanze) zu züchten, aber unser »staatlicher Naturschutz« hält nach wie vor offenbar zu wenig davon, dass Kinder in Schulen etwas über die Natur und ihre Vorgänge lernen, und erteilt(e) keine allgemeine Ausnahmegenehmigung für Schulen, obgleich diese Schmetterlingsarten überhaupt nicht gefährdet sind. Vielleicht kehrt aber doch irgendwann einmal Einsicht ein. Ähnliches gilt für die Entwicklung von Kaulquappen aus dem Froschlaich zum Fröschchen (»Hüpferlinge«, die das Wasser verlassen). Im Schulteich kann man wenigstens zusehen, wenn man sie schon nicht im Schulaquarium/Terrarium halten darf.

Viele Probleme mit Tierarten in den Städten bedürften weitaus gründlicherer Untersuchungen, wie häufig die betreffenden Arten tatsächlich sind, wo sie schwerpunktmäßig vorkommen und wie sie leben. Nicht die Jagd nach der »Seltenheit« draußen liefert solide Grundlagen für den Artenschutz, sondern die Vertiefung der Kenntnisse über das »Gewöhnliche«. Denn an solchen Arten, die häufig sind oder bei denen die Vorkommen anfangen, sich stärker zu verändern, werden die wirklichen Naturschutzprobleme ansetzen. Die Städte sind riesige Freilandlaboratorien. Sie haben die Vorteile, gut oder sogar bestens mit Wegen und Straßen erschlossen zu sein, während es draußen »in der Natur« allenthalben und gänzlich unnötige Verbotsschilder gibt. Das allerbeste Untersuchungsgebiet ist auf jeden Fall der eigene Garten. Viele Menschen haben einen solchen und vielen Kindern und Jugendlichen sind Gärten zugänglich, in denen sie ihre kleinen und größeren Forschungen anstellen dürfen. Sie dazu zu ermutigen, Hilfestellungen zu bieten und Aufgaben, die reizvoll sind, zu entwickeln, sollte zu den Selbstverständlichkeiten für Biologielehrkräfte und Leiter von zoologischen oder botanischen Arbeitsgruppen gehören. Es liegt an den Entwicklungen im Naturschutz, die dieser in den vergangenen drei bis vier Jahrzehnten durchgemacht hat, dass solches nicht mehr den Stellenwert hat wie früher. Doch das kann sich ändern, wenn die Bereitschaft dazu da ist. Auch dafür will ich in diesem Buch mit den Beispielen werben. Biologie besteht nicht nur aus Genen und aus der Chemie der Fotosynthese, sondern zuallererst aus den Lebewesen, aus den Tieren, Pflanzen und Mikroben. Wir haben sie in den Städten, an den Schulen, in den Schulgärten und überall in den Gärten, Parks und offenen Flächen. Dieses Potenzial kann genutzt werden. Jedes lebende Tier, jede wachsende Pflanze ist besser als alles, was es darüber elektronisch mit Hilfe der modernen Technik zu sehen gibt. Die Fähigkeit, zu staunen, die Kinder und Jugendliche noch mitbringen, kann und sollte genutzt werden. Wo jedoch Staunen und Begeisterung vom bloßen »Lernenmüssen« ersetzt werden, wird (zu) wenig Interesse für die Natur zustande kommen.

Zitierte und weiterführende Literatur

Allgemein verständliche Überblicksdarstellungen und Nachschlagewerke sind *kursiv* gesetzt.

Alford, D. V. (1997): Farbatlas der Schädlinge an Zierpflanzen. Enke Verlag, Stuttgart.
Aubrecht, G. & G. Holzer (2000): Stockenten. Biologie, Ökologie, Verhalten. Agrarverlag, Wien.
Baines, C. (1986): The Wild Side of Town. Guild, London.
***Bauer, H.-G. & P. Berthold** (1996): Die Brutvögel Mitteleuropas. Bestand und Gefährdung. Aula Verlag, Wiesbaden.*
Bauer, U. (2000): Die Brutvögel von Augsburg. – Naturwissenschaftlicher Verein für Schwaben, Augsburg.
Bayerische Akademie der Wissenschaften (Hrsg.) (2005): Zur Ökologie von Infektionskrankheiten: Borreliose, Frühsommer-Meningoenzephalitis (FSME) und Fuchsbandwurm. – Rundgespräch 29 der Kommission für Ökologie. Pfeil Verlag, München.
***Bayerisches Landesamt für Umweltschutz** (2003): Rote Liste gefährdeter Tiere Bayerns. – Schriftenreihe Nr. 166. Augsburg (www.bayern.de/lfu).*
***Bellmann, H.** (1988): Leben in Bach und Teich. Mosaik Verlag, München.*
Bezzel, E. (1982): Vögel in der Kulturlandschaft. Ulmer Verlag, Stuttgart.
Bezzel, E., F. Lechner & H. Ranftl (1980): Arbeitsatlas der Brutvögel Bayerns. Kilda Verlag, Greven.
Bezzel, E. & R. Prinzinger (1990): Ornithologie. Ulmer Verlag, Stuttgart.
***Bezzel, E., I. Geiersberger, G. v. Lossow & R. Pfeifer** (2005): Brutvögel in Bayern. Ulmer Verlag, Stuttgart.*
Blab, J. (2004): Schnee in den Bergen – bald Schnee von gestern? – Nationalpark 4/2004.
Bogon, K. (1990): Landschnecken: Biologie – Ökologie – Biotopschutz. Natur-Verlag, Augsburg.
Brünner, K. & P. Reger (1976): Brutbiologie und Bestandsentwicklung des Sperbers in Franken. Anzeiger der Ornithologischen Gesellschaft in Bayern 15: 48–64.
***Bund Naturschutz in Bayern e.V. / Kreisgruppe München** (Hrsg.) (2007): Wildtiere in München (Broschüre). München (www.bn-muenchen.de).*
Burckhardt, D., B. Baur & A. Studer (2003): Fauna und Flora auf dem Eisenbahngelände im Norden Basels. – Monographien der Entomologischen Gesellschaft Basel 1. Basel.

Burton, J. F. (1995): Birds and Climate Change. C. Helm, London.

Colling, M. (1985): Untersuchungen zur Landschneckenfauna des Münchner Raumes unter besonderer Berücksichtigung des Polymorphismus der Gattungen *Cepaea*, *Bradybaena* und *Arianta*. – Diplomarbeit, Universität München.

Degen, G. & W. Otto (1988): Atlas der Brutvögel von Berlin. – Naturschutzarbeit in Berlin und Brandenburg. Beiheft 8. Berlin & Potsdam.

Deutscher Kanu-Verband (Hrsg.) (1997): Kanuwandern und Naturschutz. – Schriftenreihe Band 11, Duisburg.

Dobler, G., S. Essbauer, R. Wölfel & M. Pfeiffer (2005): Interaktionen von Ökologie und Epidemiologie am Beispiel der Frühsommer-Meningoencephalitis. – Rundgespräche der Kommission für Ökologie (Bayerische Akademie der Wissenschaften) 29: 43–52.

Dörfler, E. & M. (1990): Neue Lebensräume. Urania Verlag, Leipzig/Berlin.

Düll, R. & H. Kutzelnigg (1988): Botanisch-ökologisches Exkursionstaschenbuch. Quelle & Meyer Verlag, Heidelberg.

Dvorak, M., A. Ranner & H.-M. Berg (1993): Atlas der Brutvögel Österreichs. – Bundesministerium für Umwelt, Jugend und Familie, Wien.

Ebert, G. (1993): Die Schmetterlinge Baden-Württembergs. Ulmer Verlag, Stuttgart.

Engelhardt, W. (1986): Was lebt in Tümpel, Bach und Weiher? Kosmos Verlag, Stuttgart.

Fechter, R. & G. Falkner (1990): Weichtiere. (Steinbachs Naturführer) Mosaik Verlag, München.

Fingerle, V. (2005): Epidemiologie und mikrobielle Diagnostik der Lyme-Borreliose: zwischen Mythen und Fakten. – Rundgespräche der Kommission für Ökologie (Bayerische Akademie der Wissenschaften) 29: 29–42.

Ford, E. B. (1971): Ecological Genetics. Chapman & Hall, London.

Frank, C. (1995): Die Weichtiere (Mollusca): Über Rückwanderer, Einwanderer, Verschleppte; expansive und regressive Areale. – Stapfia (Linz) 37: 17–54 (»Einwanderer: Neue Tierarten erobern Österreich«).

Garthe, S. (Hrsg.) (1996): Die Vogelwelt von Hamburg und Umgebung. Wachholtz Verlag, Neumünster.

Glutz von Blotzheim, U. (Hrsg.) (1993): Handbuch der Vögel Mitteleuropas Bd. 13. Aula Verlag, Wiesbaden.

Grzimek, B. (1968/1993): Grzimeks Tierleben. Enzyklopädia des Tierreichs, 13 Bände. Kindler Verlag, Zürich.

Haeupler, H. & P. Schönfelder (1988): Atlas der Farn- und Blütenpflanzen der Bundesrepublik Deutschland. – Ulmer Verlag, Stuttgart.

Hage, H.-J. (2004): Die rezent wild lebenden Säugetiere im Landkreis Dachau, Bayern, und Umgebung. – Berichte des Naturwissenschaftlichen Vereins für Schwaben 108: 45–73.

Heinrich, B. (2000): Die Bäume meines Waldes. Ullstein Verlag, Berlin.

Hellerer, J. (1890): Die Vogelwelt im Schlosspark (Hofgarten) zu Nymphenburg. – Ornithologische Monatsschriften 15: 43–49.

Ineichen, S. (2001): Die wilden Tiere in der Stadt. Im Waldgut, Zürich.

Kahl-Dunkel, A. (1994): Siedlungsdichteuntersuchungen bei Stadt- und Parkvögeln im Kölner Süden. – Charadrius 30: 119–131.

Kerney, M. P. & R. A. D. Cameron (1979): A Field Guide to the Land Snails of Britain and North-west Europe. – Collins, London (Deutsche Ausgabe bearb. v. J. H. Jungbluth (1983): Die Landschnecken Nord- und Mitteleuropas. Parey Verlag, Hamburg).

Kinzelbach, R. (1995): Der Seidenschwanz, *Bombycilla garrulus*, in Mittel- und Südeuropa vor dem Jahr 1758. – Kaupia 5. Darmstadt.
Klausnitzer, B. (1987): Ökologie der Großstadtfauna. G. Fischer Verlag, Stuttgart.
König, A. (2005): Neue Untersuchungsergebnisse zur Ausbreitung des Kleinen Fuchsbandwurms (*Echinococcus multilocularis*) im Großraum München. – Rundgespräche der Kommission für Ökologie (Bayerische Akademie der Wissenschaften) 29: 71–86.
Konopka, T. (1999): Natur & Umwelt Heft 1/99. Bund Naturschutz in Bayern.
Kunik, W. (1974): Die Veränderung von Flora und Vegetation einer Großstadt, dargestellt am Beispiel von Berlin (West). Dissertation.
Kurth, D. (1970): Der Turmfalke (*Falco tinnunculus*) im Münchner Stadtgebiet. – Anzeiger der Ornithologischen Gesellschaft in Bayern 9: 2–12.
Latif, M. *(2006): Bringen wir das Klima aus dem Takt? S. Fischer Verlag, Frankfurt a. M.*
Lorenz, K. (1973): Die acht Todsünden der zivilisierten Menschheit. Piper Verlag, München.
Lorenz, K. (1978): Ethogramm der Graugans. Piper Verlag, München.
Luy, M. (2004): Statusreport der Brutvögel Münchens. – NaturschutzReport 1/2004.
MacArthur, R. H. & E. O. Wilson (1967): Biogeographie der Inseln. Goldmann Verlag, München.
MacArthur, R. H. (1972): Geographical Ecology. Harper & Row, San Francisco.
Mitscherlich, A. (1965): Die Unwirtlichkeit unserer Städte – Anstiftung zum Unfrieden. Edition Suhrkamp, Frankfurt.
Mitschke, A. & S. Baumung (2001): Brutvogel-Atlas Hamburg. – Hamburger Avifaunistische Beiträge. Band 31. Hamburg.
Müller, N. (Hrsg.) (2005): Biodiversität im besiedelten Bereich. – Conturec 1. – Kompetenznetzwerk Stadtökologie, Darmstadt.
Mulsow, R. (1980): Untersuchungen zur Rolle der Vögel als Bioindikatoren am Beispiel ausgewählter Vogelgemeinschaften im Raum Hamburg. – Hamburger Avifaunistische Beiträge 17: 1–270.
Ornithologische Arbeitsgruppe Berlin (West) (1985): Brutvogelatlas Berlin (West). Ornithologischer Bericht für Berlin (West) 9, Sonderheft.
Owen, J. (1991): The Ecology of a Garden. The First Fifteen Years. Cambridge University Press, Cambridge.
Pfister, C. (1990): Wetter-Nachhersage. Mannheimer Forum 89/90. Piper Verlag, München.
Pielou, E. C. (1979): Biogeography. Wiley, New York.
Randler, C. (1994): Hybrideinfluss von Hausenten und Zuchtformen bei semidomestizierten Stockenten *Anas platyrhynchos* – eine Studie aus dem Großraum Stuttgart. – Ornithologischer Anzeiger 33: 31–35.
Reeve, N. (1994): Hedgehogs. Poyser Natural History, London.
Reichholf, J. H. (1980): Die Arten-Areal-Kurve bei Vögeln in Mitteleuropa. – Anzeiger der ornithologischen Gesellschaft in Bayern 19: 13–26.
Reichholf, J. H. (1986): Tagfalter – Indikatoren für Umweltveränderungen. – Berichte der Akademie für Naturschutz, Laufen 10: 159–169.
Reichholf, J. H. (1988): Dynamik der Hauskatzenbestände *Felis silvestris* f. *catus* in Südostbayern: 10jährige Erfassung der Straßenverkehrsverluste. – Säugetierkundliche Mitteilungen 33: 264–266.
Reichholf, J. H. (1989). Siedlungsraum. Mosaik Verlag, München.
Reichholf, J. H. (2002): Gartenbruten der Haubenmeise (*Parus cristatus*) in München und Betrachtungen zu ihrer ökologischen Einstufung. – NaturschutzReport (LBV München) 1/2002: 14–15.

Reichholf, J. H. (2003a): Hohe Siedlungsdichte und Trio-Bildung bei Rabenkrähen *Corvus corone corone*. – Ornithologische Mitteilungen 55: 262–264.

Reichholf, J. H. (2003b): Umfang und Bedeutung des Nüsse-Abwerfens von Rabenkrähen *Corvus c. corone*. – Ornithologische Mitteilungen 55: 362–366.

Reichholf, J. H. (2004a): Der Tanz um das goldene Kalb. Wagenbach Verlag, Berlin.

Reichholf, J. H. (2004b): Die Wirkung des trockenheißen Sommers 2003 auf eine nicht bekämpfte Stadtpopulation der Spanischen Weg-schnecke *Arion lusitanicus*. – Mitteilungen der Zoologischen Gesellschaft Braunau 8 (4): 429–435.

Reichholf, J. H. (2004c): Die Kastanienminiermotte *Cameraria ohridella* als Neozoon in Bayern und die Auswirkungen ihres Massenvorkommens. – Nachrichtenblatt der bayerischen Entomologen 53: 46–50.

Reichholf, J. H. (2005a): Die Zukunft der Arten. C. H. Beck Verlag, München.

Reichholf, J. H. (2005b): Säugetiere im Alpenvorland: Analyse und Interpretation einer Lokalfauna. – Berichte des Naturwissenschaftlichen Vereins für Schwaben 109: 69–91.

Reichholf, J. H. (2005c): Zeckenverbreitung und Häufigkeitstrend von Zeckenträgern in Stadt, Wald und Flur. – Rundgespräche der Kommission für Ökologie (Bayerische Akademie der Wissenschaften) 29: 101–110.

Reichholf, J. H. (2005d): Regelmäßiger Frühjahrseinflug ins südbayerische Alpenvorland und der Beitrag der Falterüberwinterung zur Aufrecht-erhaltung der Bestände von Kleinem Fuchs *Aglais urticae* und Tagpfauenauge *Inachis io*. – Atalanta 36: 467–474.

Reichholf, J. H. (2005e): Häufigkeitsveränderungen bei Rotkehlchen *Erithacus rubecula* in der Region München und ihre Interpretation. – Ornithologische Mitteilungen 57: 396–401.

Reichholf, J. H. & M. Sakamoto (2005): Die Massenwanderung von Distelfaltern *Cynthia cardui* Anfang Juni 2003 durch das bayerische Alpenvorland. – Atalanta 36: 101–107.

Reichholf, J. H. (2006a): Klimaerwärmung – wie reagieren wärmeliebende Vogelarten in Bayern? – Ornithologische Mitteilungen 58: 76–82.

Reichholf, J. H. (2006b): Die Brutvögel Münchens und Bayerns. – NaturschutzReport 2/2006: 5–6.

Reichholf, J. H. (2006c): Lichtfallenfänge und Häufigkeit des Kleinen Leuchtkäfers *Lamprohiza splendidula* L. am unteren Inn und in München. – Berichte des Naturwissenschaftlichen Vereins für Schwaben 110: 107–114.

Reichholf, J. H. (2006d): Die Abnahme der Singdrossel (*Turdus philomelos*) im Auwald am Unteren Inn. – Vogelkundliche Nachrichten aus Oberösterreich 14: 159–168.

Reichholf, J. H. (2007a): Eine kurze Naturgeschichte des letzten Jahrtausends. S. Fischer Verlag, Frankfurt am Main.

Reichholf, J. H. (2007b): Greifvögel in München – vor 50, vor 100 Jahren und in der Gegenwart. – NaturschutzReport 1/2007: 8–11.

Reischütz, P. L. (2005): Weichtiere (Schnecken und Muscheln). In: Aliens – Neobiota in Österreich. S. 157–170. Böhlau Verlag, Wien.

Remmert, H. (1978): Ökologie – ein Lehrbuch. Springer Verlag, Berlin.

Riechelmann, C. (2004): Wilde Tiere in der Großstadt. Nicolai'sche Verlagsbuchhandlung, Berlin.

Rocznik, K. (1982): Wetter und Klima in Deutschland. Hirzel Verlag, Stuttgart.

Schemel, H. J. & W. Erbguth (1997): Handbuch Sport und Umwelt. Meyer & Meyer Sportverlag, Aachen.

Schneider, A. (2006): Klimawandel und die (Vogel)Welt im Wandel. – Vogelschutz 1/2006: 16–17.

Schönfelder, P. & A. Bresinsky (1990): Verbreitungsatlas der Farn- und Blütenpflanzen Bayerns. Ulmer Verlag, Stuttgart.

Schönwiese, C. (1995): Klimaänderungen. Daten, Analysen, Prognosen. Springer Verlag, Berlin.

Seewald, F., E. Kronbichler & S. Grössing (1998): Sportökologie. UTB, Limpert, Wiesbaden.

Siegner, J. (1997): Erfolgreiches Brutjahr 1997 von Halsbandschnäppern in den Isarauen im Landkreis Freising. – Avifaunistischer Informationsdienst Bayern 4: 114.

Stalla, F. (1990): Die Vogelwelt der Stadt Ludwigshafen am Rhein. – Pollichia, Buch Nr. 20. Pollichia Verlag, Bad Dürkheim.

Stephan, B. (1985): Die Amsel. (Neue Brehm Bücherei 95) Ziemsen Verlag, Wittenberg.

Streble, H. & D. Krauter (1973): Das Leben im Wassertropfen. Kosmos Verlag, Stuttgart.

Sukopp, H. (Hrsg.) (1990): Stadtökologie. Das Beispiel Berlin. Reimer Verlag, Berlin.

Thompson G., J. Coldrey & G. Bernard (1986): Der Teich. Kosmos Verlag, Stuttgart.

Tiemeyer, V. (1993): Die Vögel der Stadt Melle. E. Knoth Verlag, Melle.

Utschick, H. (1987): Änderungen der Populationsdichte der Spanischen Wegschnecke *Arion lusitanicus* in einem Garten infolge von Bekämpfungsmaßnahmen. – Mitteilungen der Zoologischen Gesellschaft Braunau 5: 43–47.

Utschick, H. (1990): Reproduktion und Migration einer durch Bekämpfungsmaßnahmen reduzierten Gartenpopulation der Spanischen Wegschnecke *Arion lusitanicus*. – Mitteilungen der Zoologischen Gesellschaft Braunau 5: 175–182.

Vidal, A. (1975): Ökologisch-faunistische Untersuchungen der Vogelwelt einiger Waldflächen im Raum Regensburg. – Anzeiger der ornitholo-gischen Gesellschaft in Bayern 14: 181–195.

Wittig, R. (1991): Ökologie der Großstadtflora. UTB, G. Fischer Verlag, Stuttgart.

Wüst, W. (1970): Die Vogelwelt der Landeshauptstadt München. – Bund Naturschutz in Bayern, München.

Wüst, W. (1973): Die Vogelwelt des Nymphenburger Parks München. D. Kurth Verlag, Barmsted.

Wüst, W. (1980): Avifauna Bavariae. Bd. I. – Ornithologische Gesellschaft in Bayern, München.

Wüst, W. (Hrsg.) (1986): Avifauna Bavariae Bd. II. – Ornithologische Gesellschaft in Bayern, München.

Zedler, W. (1959): Starenschlafplätze in der Münchner Innenstadt. – Ornithologische Mitteilungen 11: 191.

Zedler, W. (1965): Beobachtungen an Schlafplätzen des Stars (*Sturnus vulgaris*) im Zentrum von München. – Anzeiger der Ornithologischen Gesellschaft in Bayern 7: 283–298.

Zimmermann, J.-L. & B. Mulhauser (2005): Seidenschwänze. Edition V. Attinger, Chaumot, CH.

Register – Tiere und Pflanzen der Stadtnatur

Bis auf wenige, mit einem * gekennzeichnete Arten kommen sämtliche hier aufgeführten Pflanzen- und Tierarten in Städten vor.
Fett markiert sind die Stellen, in denen ein Exemplar der jeweiligen Tier- oder Pflanzenart zusätzlich abgebildet ist.

I. TIERE

1. Säugetiere

Baum- oder Edelmarder *(Martes martes)* 263
Biber *(Castor fiber)* **60**, 74
Dachs *(Meles meles)* 258, **259**, 260
Damhirsch / Damwild *(Dama dama)* 43
Eichhörnchen *(Sciurus vulgaris)* 76, **77**, 78, 263
* Eisbär *(Ursus maritimus)* 80
Fledermaus *(Microchiroptera)* 75
* Gämse *(Rupicapra rupicapra)* 18
Hase (= Feldhase) *(Lepus europaeus)* 18, 74
Haushund *(Canis familiaris)* 142, 143, 261, 263, 264, 274
Hauskatze *(Felis catus)* 87, 108, 143, 257, 262–267, 271
Hausmaus *(Mus musculus)* 179, 257, 261, 274
Hausratte *(Rattus rattus)* 58, 87, 179, 274, 292
Hirsch *(Cervus elaphus)* 43, 192, 249
Igel *(Erinaceus europaeus)* 75 f., 258–260, 266–269, **270**–277
Kaninchen *(Oryctolagus cuniculus)* 78, 302
Luchs *(Lynx lynx)* 26, 80
Maulwurf *(Talpa europaea)* 258
* Polarfuchs *(Alopex lagopus)* 261
Reh *(Capreolus capreolus)* 18, 28, 43, 76, 155, 249, 301
Rotfuchs *(Vulpes vulpes)* 28, 43, 75, 78, 255 f., **257**, **258**, 259–261, 263, 266 f.
* Steinbock *(Capra ibex)* 18
Stein- oder Hausmarder *(Martes foina)* 43, 75, 78 f., 87, 108, 154, 255, 261, **262**, 263, 264
Waschbär *(Procyon lotor)* 43

Weißwedelhirsch *(Odocoileus virginianus)* 26
Wildschwein *(Sus scrofa)* 44, 74, **75**, 80, 180
* Wolf *(Canis lupus)* 80

2. Vögel

Alpenbirkenzeisig *(Carduelis flammea cabaret)* 181 f., **183**
Amsel *(Turdus merula)* 46, 78, 85, 90, 102, **103**, 104–110, 124, 140, 143 f., 146, 154, 171, 174, 178 f., 222, 258–260
Baumfalke *(Falco subbuteo)* 82, 153
Baumläufer *(Certhia sp.)* 85
* Basstölpel *(Sula bassana)* 93
Bergfink *(Fringilla montifringilla)* 190
* Birkhuhn *(Lyrurus tetrix / Tetrao tetrix)* 300
Blaumeise *(Parus caeruleus)* 85
* Blauracke *(Coracias garrulus)* 92
Blesshuhn *(Fulica atra)* 39 f.
Brachvogel *(Numenius arquata)* 158, 160
Buchfink *(Fringilla coelebs)* 85, 110
Dohle *(Corvus monedula)* 27, 124 f., 154, 164 f., 169
Eichelhäher *(Garrulus glandarius)* 87, 108, 124, 134 f.
Eisvogel *(Alcedo atthis)* 250
Elster *(Pica pica)* 87, 108, 124 f., 132–135, 160
Fasan / Jagdfasan *(Phasianus colchicus)* 43, 81
Feldlerche *(Alauda arvensis)* 157 f., **159**, 160
Felsentaube, Wildform der Haustaube *(Columba livia)* 150, 156
Fichtenkreuzschnabel *(Loxia curvirostra)* 77, 189
Fischadler *(Pandion haliaetus)* 54 f.
* Flamingo *(Phoenicopterus ruber)* 101
Gänsesäger *(Mergus merganser)* 40, **41**, 42, 179, 299, 300, 302
Gartenrotschwanz *(Phoenicurus phoenicurus)* 176
Gebirgsstelze *(Motacilla cinerea)* 158
Girlitz *(Serinus serinus)* 10, **95**, 176 f.
Graugans *(Anser anser)* 10, **12**, 39, 251, **252**, 253 f., 301
Habicht *(Accipiter gentilis)* 152 f., 300 f.
Halsbandschnäpper *(Ficedula albicollis)* 285 f.
Halsbandsittich *(Psittacula krameri)* 69, 173, 179
Haubenlerche *(Galerida cristata)* 55
Haubenmeise *(Parus cristatus)* 89, 181
Hausrotschwanz *(Phoenicurus ochruros)* 27, **175**, 176–179
Haussperling (= Spatz) *(Passer domesticus)* 30, 55, 85, 173–175, 179, **180**
Höckerschwan *(Cygnus olor)* 39 f., **41**, 179, 250
Hohltaube *(Columba oenas)* 149
Jagdfasan *(Phasianus colchicus)* 43, 81
Kanadagans *(Branta canadensis)* 39, 40, 81, 252, **253**, 301
Kernbeißer *(Coccothraustes coccothraustes)* 85
Kiebitz *(Vanellus vanellus)* 158, 160
Kohlmeise *(Parus major)* 85, 180
Kolbenente *(Netta rufina)* 55

Kolkrabe *(Corvus corax)* 124, 126
Lachmöwe *(Larus ridibundus)* **165**, 166–169, 173
Mandarinente *(Aix galericulata)* 40, 81
Mauersegler *(Apus apus)* 10, 27, 29, **83**, 84 f.
Mäusebussard *(Buteo buteo)* 85, 153, 160, 300
Mönchsgrasmücke *(Sylvia atricapilla)* 100, 110, 143
Mehlschwalbe *(Delichon urbica)* 84, 174, 179
Misteldrossel *(Turdus viscivorus)* 112, **115**, 117 f., 121 f.
Nachtigall *(Luscinia megarhynchos)* 56, 93, 135, 138, **139**, 140–146, 260
Nebelkrähe *(Corvus corone cornix)* 108, 124, **126**, 128, 130
Neuntöter *(Lanius collurio)* 82
Pirol *(Oriolus oriolus)* 94
* Polarbirkenzeisig *(Carduelis hornemanni)* 182
Rabenkrähe *(Corvus corone corone)* 78, 87, 124, **125**, 126–128, 130–135
Rauchschwalbe *(Hirundo rustica)* 84, 174, 179
Reiherente *(Aythya fuligula)* 39
Ringeltaube *(Columba palumbus)* 90, 149, 151, 180
Rotkehlchen *(Erithacus rubecula)* **97**, 98–100, 143–146, 259 f.
Rotmilan *(Milvus milvus)* 55
Saatkrähe *(Corvus frugilegus)* 87, 108, 124, 128–130, **131**, 135, 161–163, **164**, 165, 169
Schleiereule *(Tyto alba)* 125 f., 154, **157**
Schwanzmeise *(Aegithalos caudatus)* **22**, 23
Schwarzspecht *(Dryocopus martius)* 300
Seeadler *(Haliaeetus albicilla)* 54, **55**
Seidenschwanz *(Bombicylla garrulus)* 119–122, **123**
Singdrossel *(Turdus philomelos)* 85, **221**, 222–226, 259 f.
Sperber *(Accipiter nisus)* 23, 87, **106**, 107–109, 112, 124, 153
Sprosser *(Luscinia luscinia)* 142
Stadttaube *(Columba livia f. domestica)* 29, 85, 150–152, 154, **155**, 173
Star *(Sturnus vulgaris)* 156, 170–173
Steinsperling *(Petronia petronia)* 93
Stockente (inkl. Hybride) *(Anas platyrhynchos)* 10, 39–42, 179, 238–243, **244**, 245 f., **247**, **248**, 251
Streifengans *(Anser indicus)* 81
Tafelente *(Aythya ferina)* 39
Taigabirkenzeisig *(Carduelis flammea flammea)* 182
Tannenmeise *(Parus ater)* 89, 181
Trauerschnäpper *(Ficedula hypoleuca)* 85
Türkentaube *(Streptopelia decaocto)* 93, 173
Turmfalke *(Falco tinnunculus)* 27, 85, 147 f., **149**, 153, 178 f.
Turteltaube *(Streptopelia turtur)* 94
Uhu *(Bubo bubo)* 94
Waldkauz *(Strix aluco)* 10, 82, 299, **300**, 302
Waldrapp *(Geronticus eremita)* 93
Wanderfalke *(Falco peregrinus)* 55, 66, 82, 147, **148**, 149–153
Wasseramsel *(Cinclus cinclus)* 156
Weißkopfseeadler *(Haliaeetus leucocephalus)* 54
Weißsterniges Blaukehlchen *(Cyanosylvia svecica)* 250

Weißwangengans *(Branta leucopsis)* 81, 300
Wespenbussard *(Pernis apivorus)* 10
Wiedehopf *(Upupa epops)* 92
Wintergoldhähnchen *(Regulus regulus)* 23, 101
Zaunkönig *(Troglodytes troglodytes)* 22, 96, **97**, 98 f., 101
Zilpzalp *(Phylloscopus collybita)* 110
*Zitronenstelze *(Motacilla citreola)* 92
Zwergohreule *(Otus scops)* 94

3. Schmetterlinge
Admiral *(Vanessa atalanta)* 198, 200
Apfelwickler *(Cydia pomonella)* 213 f.
Aurorafalter *(Anthocharis cardamines)* 198
Distelfalter *(Cynthia cardui)* 198, 200, 202, 204
Eichenwickler *(Tortrix viridana)* 85
Eulenfalter-Arten *(Rhyacia glareosa, R. depuncta* und *R. porphyrea)* 145, 205, 290
Frostspanner, Gemeiner *(Operophthera brumata)* 85
Blutströpfchen *(Zygaena filipendulae)* 23, **25**
Gamma-Eule *(Plusia gamma)* 205
Großer Fuchs *(Nymphalis polychloros)* 199
Großer Kohlweißling *(Pieris brassicae)* 198, 305
Ikarus-Bläuling *(Polyommatus icarus)* 198, 200
Kaisermantel *(Argynnis paphia)* 199
Kastanienminiermotte *(Cameraria ohridella)* **69**, 186 f.
Kleidermotte *(Tinea biselliella)* 206
Kleiner Fuchs *(Aglais urticae)* 198, 200, **201**, 202–204, 300, 304
Kleiner Kohlweißling *(Pieris rapae)* 198, 200
Kleiner Weinschwärmer *(Pergesa porcellus)* 211
Ligusterschwärmer *(Sphinx ligustri)* 211, **212**
Mittlerer Weinschwärmer *(Pergesa elpenor)* 211, **212**
Nachtpfauenauge *(Saturnia pavonia)* 211, **213**, 304
Nachtschwalbenschwanz *(Ourapteryx sambucaria)* 211
Rotes Ordensband *(Catocala nupta)* 211
Schwalbenschwanz *(Papilio machaon)* 199, 200, **287**
Seerosenzünsler *(Nymphula nymphaeata)* 233
Tagpfauenauge *(Inachis io)* 198, 200 f., **202**, 203 f.
Taubenschwänzchen *(Macroglossum stellatarum)* 198
Teichlinsenzünsler *(Cataclysta lemnata)* 233
Traubenkirschen-Gespinstmotte *(Yponomeuta evonymellus)* 285
Weinschwärmer, Kleiner *(Prgesa porcellus)* 211
Weinschwärmer, Mittlerer *Pergesa elpenor)* 211, **212**
Wiener Nachtpfauenauge *(Saturnia pyri)* 211
Zitronenfalter *(Gonepteryx rhamni)* 198, 200, 202, 300

4. Übrige Tiere (Reptilien, Amphibien, Insekten, Schnecken, Parasiten)
Baumschnecke *(Arianta arbustorum)* 216, **217**, 219, 222 f., 225, 280 f.
Bergmolch *(Triturus alpestris)* 286
Blauflügelige Ödlandschrecke *(Oedipodia caerulescens)* 56, 294

Boden-Kielschnegel *(Milax = Tandonia budapestensis)* 275
Borkenkäfer (Scolytidae) 188
Borrelien *(Borrelia burgdorferi)* 272 f.
Feuerlibelle *(Crocothemis erythraea)* 233
Gartenschnirkelschnecke *(Cepaea hortensis* und *C. nemoralis)* 217 f., 221, 223 f., **225**, 226 f., 275
Gartenwegschnecke *(Arion hortensis)* 216, 275
Genetzte Ackerschnecke *(Deroceras reticulatum)* 275
Glühwürmchen (= Kleiner Leuchtkäfer) *(Lamprohiza splendidula)* 215 f., **216**, 218 f.
Heidelibelle, Gemeine *(Sympetrum vulgatum)* 233
Honigbiene *(Apis mellifica)* 30, 193, 196
Hummel *(Bombus)* 193
Hundefloh *(Ctenocephalides canis)* 271
Igelfloh *(Archaeopsylla erinacei)* 270
Igelzecke *(Ixodes hexagonus)* 271
Kleiner Fuchsbandwurm *(Echinococcus multilocularis)* 260 f.
Laubfrosch *(Hyla arborea)* 10, **286**
Mauereidechse *(Podarcis muralis)* 294
Menschenfloh *(Pulex irritans)* 271
Mosaikjungfer, Blaugrüne *(Aeshna cyanea)* 232
Ödlandschrecke, Blauflügelige *(Oedipoda caerulescens)* 293 f.
Rattenfloh *(Nosopsyllus fasciatus)* 271
Regenwurm *(Lumbricus terrestris)* 85, 105 f., 257–260, 266, 269
Rote Wegschnecke *(Arion rufus)* 276–278, 280
Rote Wespe *(Vespula rufa)* 10
Rotpelzige Sandbiene *(Andrena rufa)* 196
Schafszecke (= Holzbock) *(Ixodes ricinus)* 271 f., **273**, 274
Schnaken *(Tipuliden)* 106
Schnirkelschnecke *(Cepaea hortensis* und *C. nemoralis)* 217 f., 221, 223 f., **225**, 226 f., 275
Schwarze Wegschnecke *(Arion ater)* 276 f., 281
Spanische Wegschnecke (= Spanische Nacktschnecke) *(Arion lusitanicus)* 49, 275, **276**, 277–281
Stubenfliege (*Musca domestica)* 179
Weinbergschnecke *(Helix pomatia)* 217
Wildbiene *(Apoidea)* 56 f., 193, 196, 293
Zuckmücken *(Chironomiden)* 84

II. PFLANZEN

1. Bäume
Amerikanische Rote Kastanie *(Aesculus x carnea)* 186
Amerikanische Roteiche *(Quercus rubra)* 184
Apfelbaum *(Malus)* 112
Bergahorn *(Acer pseudoplatanus)* 48, 112 f., 191
Birke *(Betula sp.)* 48, 112 f., 183
Birnbaum *(Pyrus)* 48
Blaufichte *(Picea pungens glauca)* 183

Douglasie *(Pseudotsuga menziesii)* 184
Eberesche *(Sorbus aucuparia)* 48, 119, 121 f.
Eibe *(Taxus baccata)* 192
Eiche *(Quercus sp.)* 48, 112, 184
Europäische Lärche *(Larix decidua)* 184
Feldahorn *(Acer campestre)* 48, 112
Fichte *(Picea abies)* 112, 184, 188 f., 192
Grauerle *(Alnus incana)* 48
Hainbuche *(Carpinus betulus)* 48
Hasel *(Corylus avellana)* 48
Kornelkirsche *(Cornus mas)* 122, **190**
Linde *(Tilia sp.)* 48, 111 f., 118, 122, 287
Mammutbaum *(Metasequioa sp.)* 184, 187
Omorische Fichte (= Serbische Fichte) *(Picea omorika)* 183 f.
Robinie *(Robinia pseudoacacia)* 191
Rosskastanie *(Aesculus hippocastanum)* 68 f., 185, **186**, 187
Rotbuche *(Fagus sylvatica)* 184, 190
Salweide *(Salix caprea)* 48
Schwarzkiefer *(Pinus nigra)* 111
Sibirische Lärche *(Larix sibirica)* 184
Silberahorn *(Acer saccharinum)* 112, 191
Silberweide *(Salix alba)* 48
Spitzahorn *(Acer platanoides)* 48, 112, 191
Tanne *(Abies alba)* 111
Traubenkirsche *(Prunus padus)* 48, 285
Ulme *(Ulmus sp)* 48
Waldkiefer *(Pinus sylvestris)* 48, 111, 184
Walnussbaum *(Juglans regia)* 187, 211
Weymouthskiefer *(Pinus strobus)* 184
Zitterpappel *(Populus tremula)* 48, 111 f., 121

2. Wasser- und Sumpfpflanzen
Fieberklee *(Menyanthes trifoliata)* 231, **232**, 234
Froschbiss *(Hydrocharis morsus-ranae)* 234
Gelbe Teichrose *(Nuphar luteum)* 230–234
Glänzendes Laichkraut *(Potamogeton lucens)* 231
Kanadische Wasserpest *(Elodea canadensis)* 70, 234, 236
Krebsschere *(Stratiotes aloides)* 231
Schwanenblume *(Butomus umbellatus)* 234
Schwimmendes Laichkraut *(Potamogeton natans)* 231 f.
Seekanne *(Nymphoides peltata)* 231 f., 234
Seggen *(Carex elata)* 232
Sumpfdotterblume *(Caltha palustris)* 234
Teichbinse *(Scirpus lacustris)* 232
Wasserhahnenfuß *(Ranunculus aquatilis)* 234 f.
Wasserknöterich *(Polygonum amphibium)* 234
Wasserschlauch *(Utricularia vulgaris)* 231 f., 234
Wasserschwertlilie *(Iris pseudacorus)* **234**

Weiße Seerose *(Nymphaea alba)* 230, **231**, 232
Zungen-Hahnenfuß *(Ranunculus lingua)* 234

3. Weitere Pflanzen
Aronstab *(Arum maculatum)* 196
Bingelkraut *(Mercurialis perennis)*196
Blaue Anemone *(Anemona blanda / apennina)* 195 f., 287 f., **289**
Blaue Kornblume *(Centaurea cyanea)* 72
Blaustern *(Scilla bifolia)* 196, 223
Dahlie *(Dahlia variabilis)* 193
Drüsiges Springkraut *(Impatiens glandulifera)* **70**, 71, 193
Duftendes Veilchen *(Viola odorata)* 72, 78
Eichenmistel *(Loranthus europaeus)* 111, 116 f.
Elfenkrokus *(Crocus tommasinianus)* 194–196, 287 f., **289**
Flieder *(Syringa vulgaris)* 48
Frühlings-Hungerblümchen *(Erophila verna)* 197
Frühlingsknotenblume *(Leucojum vernum)* 195
Gefingerter Lerchensporn *(Corydalis solida)* 195
Geißraute *(Galega officinalis)* 196 f., 199 f., 287, **298**
Geranien *(Pelargonium sp.)* 193
Glockenblume *(Campanula patula)* 197
Goldkrokus *(Crocus chrysantheus)* 194
Hagebutte *(Rosa canina)* 119
Hahnenfuß *(Ranunculus acer)* 195 f.
Heidekraut *(Calluna vulgaris)* 193
Hohler Lerchensporn *(Corydalis cava)* 195
Holunderbusch *(Sambucus nigra)* 211
Kanadische Goldrute *(Solidago canadensis)* 70, **71**, 196
Kiefernmistel *(Viscum laxum)* oder *(Viscum austriacum)* 111–113, 116 f.
Laubholzmistel *(Viscum album)* 111 f., **113**, 114, 115–122
Leberblümchen *(Hepatica nobilis)* 195, 288
Löwenzahn *(Taraxacum officinale)* 194–196, **197**
* Mais *(Zea mays)* 34
Mauerpfeffer *(Sedum)*-Arten 27
Mauerraute *(Asplenium ruta-muraria)* 27
Ostasiatischer Riesenknöterich *(Reynoutria-*Arten*)* 70 f.
Pechnelke *(Lychnis viscaria)* 197
Phlox *(Phlox subulata)* 205
Riesenbärenklau *(Heracleum mantegazzianum)* 70 f., 292
Scharbockskraut *(Ranunculus ficaria)* 195 f., 288
Schlüsselblume *(Primula elatior)* 223
Schneeglanz *(Chionodoxa luciliae)* 194–196, 287 f.
Schneeglöckchen *(Galanthus nivalis)* 195
Sommerflieder *(Buddleja davidii)* 72, 204 f.
Steinmispel *(Cotoneaster integerrima)* 119
Tannenmistel *(Viscum abietis)* 111, 116
Thymian *(Thymus serpyllum)* 288
Wiesen-Glockenblume *(Campanula patula)* 288
Wilde Möhre *(Daucus carota)* 287

Bildnachweis

Aboutpixel.de
 Gyross: Seite 77_hammelchen: Seite 180_Holger Pahs: Seite 123_LordG: Seite 201_
 nohelm: Seite 41_Petra Hager: Seite 115_qba-libre: Seite 155_Snuggles: Seite 164
Arco Images GmbH
 NPL, Laurent Geslin: Seite 258
Fotolia
 Andreas Böhm: Seite 262_Martina Berg: Seite 35_Till Kistner: Seite 63
Fotonatur.de
 Tanja Askani: Seite 148_Holger Duty: Seiten 95, 157, 212, 257_
 Kurt Gansner: Seite 259_Hans-Wilhelm Grömping: Seiten 115, 139, 221_
 Sönke Morsch: Seiten 55, 106, 159, 175, 183_Steffen Schellhorn: Seiten 217, 276
Hlásek, Josef
 www.hlasek.com: Seite 83
Lehmann, Hugo
 Seite 27
Okapia
 G.I. Bernard/OSF/: Seite 149
Photocase.de
 Seite 64_Thotti: Seite 270
Pixelquelle.de
 Marco Barnebeck: Seite 29_Alfred Berking: Seite 97_Karin Jähne: Seite 22_
 Jerzy: Seite 125_JL-Foto: Seite 126_Kassandra: Seiten 97, 225, 273_
 Kunstart: Seite 301_Miroslaw: Seite 159_Robert Schmetz: Seite 202_
 N. Schmitz: Seite 293_SarahC: Seite 103_turtle78li: Seite 165
Reichholf, Josef H.
 Seiten 10, 12, 18, 25, 32, 37, 41, 60, 69, 70, 71, 86, 96, 113, 131, 150, 186,
 190, 197, 212, 213, 229, 231, 232, 234, 244, 247, 248, 252, 253, 263, 286, 287,
 289, 289, 297, 298, 300
Scharon, Jens; NABU
 Seite 75
Weiß, Dieter; Universität Jena
 Seite 216
Wolfsberger, M.
 Privatarchiv: Seite 171

Reihe Stoffgeschichten

Kaffee

Nach Öl der wichtigste Rohstoff auf dem Weltmarkt und das beliebteste Getränk weltweit: Kaffee! Wie kein anderer Stoff formte er unsere Gesellschaft, beeinflusst Denken und Fühlen der Neuzeit, ist Politikum, um das Kriege geführt wurden und bestimmt noch heute das Schicksal von Millionen. Virtuos erzählt Heinrich Eduard Jacob seine Geschichte in einer einzigartigen kulturhistorischen Synthese. Aktuelle Karten und ein Nachwort zu den neuesten Entwicklungen im Kaffeehandel ergänzen den Klassiker.

H. E. Jacob
Kaffee – Die Biographie eines weltwirtschaftlichen Stoffes
Reihe Stoffgeschichten Band 2
oekom verlag, München 2006, 360 Seiten mit zahlreichen, teils farbigen Abbildungen und Karten und mit einem ergänzenden Essay von Jens Soentgen.
24,90 EUR, ISBN 978-3-86581-023-6

Staub

Staub ist überall – und überall und täglich versuchen wir, ihn wieder loszuwerden. Dabei ist Staub nicht nur ein negativer Umweltfaktor. Für viele natürliche Prozesse ist er unerlässlich. Untersucht man ihn näher, so erweist er sich als Spiegel der Umwelt und der Gesellschaft. Und er erzählt faszinierende Geschichten – von kosmischen Ereignissen und den Welten der Vergangenheit, von Kunst und Verbrechen.

J. Soentgen, K. Völzke (Hrsg.)
Staub – Spiegel der Umwelt
Reihe Stoffgeschichten Band 1
oekom verlag, München 2006, 272 Seiten
mit zahlreichen, teils farbigen Abbildungen und Karten
29,80 EUR, ISBN 978-3-936581-60-7

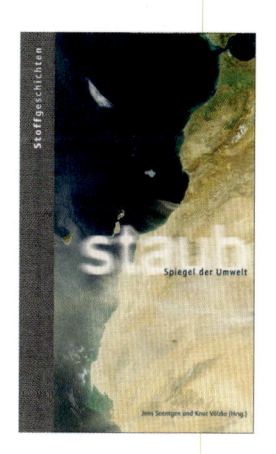

www.oekom.de

Erhältlich bei
oekom@de.rhenus.com
Fax +49/(0)81 91/970 00-405

weitere Bücher des oekom verlags

Jugendreport Natur

Jeder dritte Schüler hat noch nie einen Bach gestaut, jeder vierte noch nie ein Reh beobachtet, nur noch jeder fünfte streift gerne durch die Natur. Dafür besitzen bereits über 70 Prozent aller Schülerinnen und Schüler einen eigenen Fernseher oder Computer.
Die Hightechwelt lässt für Naturerfahrungen keinen Platz – die klassische Umwelterziehung ändert daran wenig. Der „Jugendreport Natur" plädiert dafür, spontanen Naturerfahrungen von Jugendlichen mehr Raum zu geben.

R. Brämer
Natur obskur
Wie Jugendliche heute Natur erfahren
oekom verlag, München 2006, 182 Seiten
19,80 EUR, ISBN 978-3-86581-037-3

Stadtentwicklung

Das kompakte Wissen zum ökologischen Stadtumbau – eine Pflichtlektüre für Kommunalpolitiker(innen) und Wohnungswirtschaftler(innen), Stadtplaner(innen) und Architekt(inn)en.

C. Deilmann, K. Gruhler, R. Böhm
Stadtumbau und Leerstandsentwicklung aus ökologischer Sicht
oekom verlag, München 2005, 103 Seiten
19,50 EUR ISBN 978-3-936581-71-3

www.oekom.de

Erhältlich bei
oekom@de.rhenus.com
Fax +49/(0)81 91/970 00-405